全国高等医学院校教材

细胞生物学简明教程

主　编　张秀军　肖桂芝
副主编　肖福英　陈　静　吴勃岩　李新乐
编　者　（以姓氏笔画排序）
　　　　马　曦　王　茜　王凌宇　韦日明　韦振邦
　　　　冯　冶　刘朝晖　孙　媛　李新乐　肖桂芝
　　　　肖福英　吴勃岩　吴群英　张秀军　陈　晶
　　　　陈　静　赵　杰　郭慧芳　梁　颖　蒋林彬

北京大学医学出版社

图书在版编目（CIP）数据

细胞生物学简明教程/张秀军，肖桂芝主编．—北京：北京大学医学出版社，2009（2018.1重印）
全国高等医学院校教材
ISBN 978-7-81116-869-3

Ⅰ．①细⋯　Ⅱ．①张⋯②肖⋯　Ⅲ．①细胞生物学－医学院校－教材　Ⅳ．①Q2

中国版本图书馆 CIP 数据核字（2009）第 238890 号

细胞生物学简明教程

主　　编：张秀军　肖桂芝
出版发行：北京大学医学出版社
地　　址：(100191) 北京市海淀区学院路 38 号　北京大学医学部院内
电　　话：发行部 010-82802230；图书邮购 010-82802495
网　　址：http://www.pumpress.com.cn
E-mail：booksale@bjmu.edu.cn
印　　刷：北京瑞达方舟印务有限公司
经　　销：新华书店
责任编辑：李　娜　　责任校对：杜　悦　　责任印制：罗德刚
开　　本：850mm×1168mm　1/16　　印张：13　　字数：398 千字
版　　次：2010 年 2 月第 1 版　2018 年 1 月第 7 次印刷
书　　号：ISBN 978-7-81116-869-3
定　　价：21.50 元

版权所有，违者必究

（凡属质量问题请与本社发行部联系退换）

前　言

　　细胞生物学是在细胞水平上研究生命活动规律的一门学科，其核心问题是细胞的结构与功能对有机体生命活动的作用。本教材涵盖了当今细胞生物学的大部分领域，适合医学相关专业低年级本科生使用。

　　本教材的主题是细胞——生命的基本单位。由于细胞生物学知识庞杂，我们采用了模块化处理，把知识分成几个单元，各单元间既有联系，又自成体系，做到内容的编排与学习者的学习过程相吻合。本书有几点创新：①提出细胞与环境相适应的细胞生态学与细胞微环境的观点；②突出了细胞生物学与医学的关系，每章内容均涉及相关的人类疾病，并阐述疾病的细胞生物学基础，提高学生对本课程的学习兴趣；③坚持必须、够用和精练的原则，以"简单明了"和"新"为出发点，并关注细胞生物学与医学的最新进展。

　　全书共十三章分为四个单元。单元划分遵循由表及里、从微观到宏观的顺序架构，符合结构与功能相适应、局部与整体相统一的生命科学观点。

　　第一单元　细胞与医学。通过描述细胞的共性及细胞学说，建立细胞的概念；通过揭示人类健康和疾病的细胞基础，阐明细胞生物学与医学的关系。

　　第二单元　细胞微环境与细胞边界。用生态学的观点，揭示细胞与其生活的微环境之间的关系，明确细胞离不开周围环境；本单元从外围入手，使学生认识到质膜是细胞的界线，担负着与外界物质交换的重任。

　　第三单元　细胞器的结构与功能。主要描述细胞的各个组成部分，通过对细胞内部结构体系的阐述，在显微、亚显微和分子水平揭示各种细胞器的结构及功能。

　　第四单元　细胞的生命活动。建立细胞是一个整体的概念，各个部分分工合作，共同完成一系列的生命活动。起始于细胞信息传递，进而阐明细胞的生命活动及其规律。

　　教材中的每个章节都有"医学应用"，以医学相关实例对教材的主体内容加以说明和阐述，以帮助读者理解相关知识。

　　本教材的编者都是工作在教学一线的教师，有丰富的教学经验。我们非常感谢北京大学医学出版社为本书出版所做的工作。

　　鉴于编者的水平有限，难免存在不当之处，敬请读者批评指正。

张秀军
华北煤炭医学院

目 录

第一单元 细胞与医学

第一章 细胞的基本概念 …… 2
 第一节 显微镜与细胞的发现 …… 2
 第二节 细胞的基本特性 …… 3
 第三节 细胞的分子基础 …… 6
  一、水 …… 6
  二、无机离子 …… 6
  三、有机分子 …… 7
第二章 细胞生物学与医学 …… 10
 第一节 细胞生物学与现代医学 …… 10
 第二节 细胞生物学历史与现状 …… 11
  一、细胞生物学的历史 …… 11
  二、细胞生物学的研究现状 …… 12
 第二节 细胞生物学研究方法 …… 12
  一、显微镜技术 …… 12
  二、细胞化学技术 …… 15
  三、细胞及其组分的分离和纯化 …… 16
  四、细胞培养 …… 16
  五、细胞分子生物学技术 …… 17

第二单元 细胞微环境与细胞边界

第三章 细胞微环境 …… 22
 第一节 细胞表面 …… 22
  一、细胞被 …… 22
  二、细菌的表层结构 …… 22
 第二节 细胞外基质 …… 23
  一、细胞外基质的基本组成和功能 …… 23
  二、细胞外基质的生物学作用 …… 26
 第三节 细胞识别与黏着 …… 26
 第四节 细胞连接 …… 28
  一、紧密连接 …… 28
  二、斑块连接 …… 28
  三、通讯连接 …… 31
 第五节 细胞外基质与医学 …… 32
第四章 细胞质膜及分子跨膜运输 …… 33
 第一节 质膜结构 …… 34
  一、质膜的化学组成 …… 34
  二、质膜的分子结构 …… 37
  三、质膜的特性 …… 38
 第二节 小分子物质的穿膜运输 …… 40
  一、被动运输 …… 40
  二、主动运输 …… 43
 第三节 大分子物质的膜泡运输 …… 46
  一、胞吞作用 …… 46
  二、胞吐作用 …… 48
 第四节 质膜与医学 …… 49
  一、膜转运蛋白异常与疾病 …… 49
  二、膜受体异常与疾病 …… 50
  三、质膜与肿瘤 …… 51
  四、膜生物工程与医药学 …… 51

第三单元 细胞器的结构与功能

第五章 内膜系统与蛋白质运输 …… 54
 第一节 内质网 …… 54
  一、内质网的形态结构与化学组成 …… 54
  二、滑面内质网的功能 …… 56
  三、粗面内质网的功能 …… 58
 第二节 高尔基复合体 …… 61
  一、高尔基复合体的形态结构和化学组成 …… 61
  二、高尔基复合体的功能 …… 63
 第三节 溶酶体 …… 64
  一、溶酶体的形态结构与化学组成 …… 64
  二、溶酶体的类型 …… 65
  三、溶酶体的功能 …… 66
  四、溶酶体的发生 …… 67
 第四节 蛋白质的分选与运输 …… 68
  一、蛋白质分选原理 …… 68
  二、膜泡运输及定向机制 …… 70
 第五节 内膜系统与医学 …… 73

第六章 核糖体与蛋白质合成 …… 75
第一节 核糖体的类型和化学成分 …… 75
一、核糖体的类型 …… 75
二、核糖体的化学组成 …… 75
第二节 核糖体的结构和功能部位 …… 76
一、核糖体的结构 …… 76
二、核糖体与蛋白质合成有关的活性部位 …… 76
第三节 核糖体与蛋白质合成 …… 77
一、真核细胞的基因结构及功能 …… 77
二、tRNA的结构和功能 …… 79
三、细胞中蛋白质的生物合成 …… 80
第四节 蛋白质合成与医学 …… 83
一、抗生素类阻断剂 …… 83
二、干扰素 …… 83

第七章 线粒体与能量代谢 …… 85
第一节 线粒体的形态、数量与分布 …… 85
第二节 线粒体的结构与化学组成 …… 85
一、线粒体的超微结构 …… 85
二、线粒体的化学组成 …… 87
第三节 线粒体的功能 …… 89
一、线粒体各部分的功能 …… 89
二、线粒体的能量转换机制 …… 89
第四节 线粒体的半自主性 …… 91
第五节 线粒体的增殖与起源 …… 92
第六节 过氧化物酶体 …… 93
一、过氧化物酶体的结构及所含酶类 …… 93
二、过氧化物酶体的功能 …… 94
三、过氧化物酶体的生物发生 …… 95
第七节 线粒体与医学 …… 95

第八章 细胞骨架与细胞运动 …… 96
第一节 微管 …… 96
一、微管的结构和类型 …… 96
二、微管的组装 …… 97
三、微管的功能 …… 99
第二节 微丝 …… 102
一、微丝的形态和组成 …… 102
二、微丝的装配 …… 103
三、微丝的功能 …… 104
第三节 中间纤维 …… 106
一、中间纤维的结构与类型 …… 106
二、中间纤维的组装 …… 107
三、中间纤维的功能 …… 107
第四节 细胞骨架与疾病 …… 109

第九章 细胞核与染色体 …… 111
第一节 核膜 …… 111
一、核膜的结构 …… 111
二、核膜的功能 …… 112
三、核孔复合物的结构与功能 …… 112
四、核纤层的结构与功能 …… 116
第二节 染色质与染色体 …… 116
一、染色质的组成成分 …… 116
二、常染色质与异染色质 …… 119
三、染色质组装成染色体 …… 120
四、染色体的形态结构 …… 121
五、核型与染色体带型 …… 125
第三节 核仁 …… 126
一、核仁的形态结构和化学组成 …… 126
二、核仁的功能 …… 127
三、核仁周期 …… 128
第四节 核基质 …… 128
一、核基质的形态结构与化学组成 …… 128
二、核基质的功能 …… 128
第五节 细胞核与医学 …… 129
一、肿瘤细胞出现异常细胞核形态及分裂 …… 129
二、肿瘤细胞的染色体异常 …… 129

第四单元 细胞的生命活动

第十章 细胞通讯 …… 132
第一节 细胞通讯的主要方式 …… 132
一、直接通讯——间隙连接 …… 132
二、间接通讯 …… 133
第二节 细胞间接通讯的分子基础——信号分子及受体 …… 134
一、信号分子 …… 135
二、受体 …… 135
第三节 膜表面受体介导的信号转导 …… 137
一、离子通道偶联受体信号转导 …… 137
二、G蛋白偶联受体信号转导 …… 138
三、酶偶联受体信号转导 …… 143
第四节 细胞内受体介导的信号传导 …… 148
第五节 细胞通讯网络 …… 150
第六节 细胞通讯与疾病 …… 151

第十一章 细胞增殖和细胞周期 …… 153

第一节　细胞周期……………………… 153
　第二节　细胞周期调控…………………… 154
　第三节　细胞分裂………………………… 157
　第四节　有丝分裂与减数分裂的比较…… 165
　第五节　减数分裂的生物学意义………… 166
　第六节　细胞周期与疾病………………… 166
第十二章　细胞分化与干细胞……………… 168
　第一节　细胞的分化潜能………………… 168
　第二节　细胞分化的分子基础…………… 169
　　一、细胞分化的实质是基因选择性表达
　　　　……………………………………… 169
　　二、细胞分化的基因表达调控………… 170
　第三节　影响细胞分化的因素…………… 173
　　一、影响细胞分化的内在因素………… 173
　　二、影响细胞分化的外在因素………… 174
　　三、激素对细胞分化的调控…………… 174
　第四节　干细胞…………………………… 175
　　一、干细胞的分类……………………… 175

　　二、干细胞的生物学特性……………… 176
　　三、胚胎干细胞………………………… 177
　　四、成体干细胞………………………… 179
　　五、体细胞重编程……………………… 181
　第五节　干细胞与组织工程……………… 182
第十三章　细胞衰老、死亡与癌变………… 184
　第一节　细胞衰老………………………… 184
　　一、细胞衰老与 Hayflick 寿限 ……… 184
　　二、细胞衰老与细胞寿命……………… 185
　　三、细胞衰老的表现…………………… 185
　　四、细胞衰老的理论…………………… 186
　第二节　细胞死亡………………………… 188
　　一、细胞凋亡的特征…………………… 189
　　二、细胞凋亡的生物学意义…………… 190
　　三、细胞凋亡的机制…………………… 192
　第三节　癌………………………………… 195
　　一、癌细胞的基本特征………………… 195
　　二、肿瘤发生的遗传学………………… 196

第一单元　细胞与医学

第一章 细胞的基本概念

细胞（cell）是生物体结构和功能的基本单位。像细菌、酵母、阿米巴等生物是以单细胞的形式存在。一个成人大约有 10^{14} 个细胞，这些细胞按一定的方式组成不同的组织和器官，进而构成生物个体。细胞非常小（图1-1），直径以微米（μm）计（$1000\mu m=1mm$），是由各种化学物质通过一定方式组成的具有时空特性的生命体系，通过细胞的新陈代谢、生长、分裂、分化、遗传与变异等生命现象发育成一个复杂的生物体。

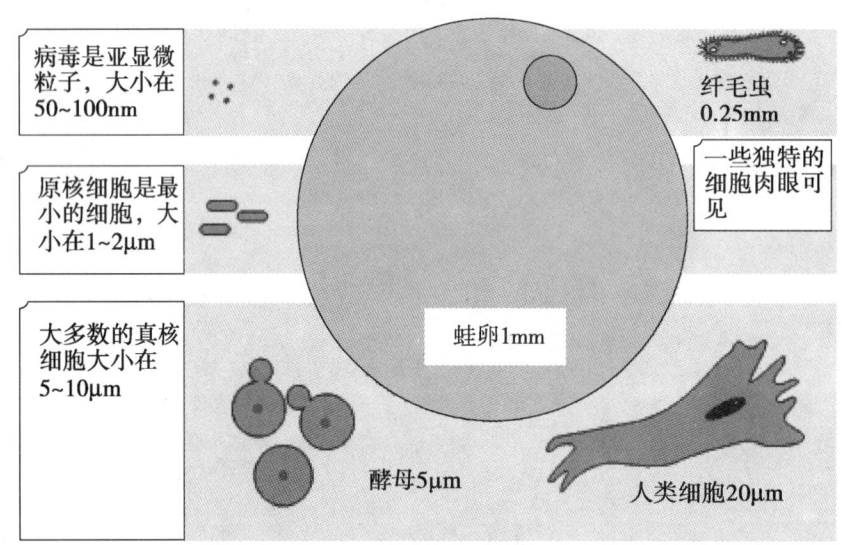

图1-1 一些典型细胞的大小

$1mm=10^{-3}m$；$1\mu m=10^{-6}m$；$1nm=10^{-9}m$

第一节 显微镜与细胞的发现

动物细胞最大径为 $10\sim 20\mu m$，植物细胞为 $20\sim 30\mu m$，支原体最小仅为 $0.1\mu m$，肉眼（最小分辨率为 $0.1\sim 0.2mm$）无法看到。因此，细胞的发现必须依靠放大工具。在显微镜发明之前，人们不知道有细胞的存在，所以说没有显微镜就不可能有细胞学的诞生。

（一）显微镜的发明与细胞的发现

在科学史上最先被发现的是植物细胞。第一个发现植物细胞的是英国物理学家和天文学家胡克（R. Hooke, 1635—1703）。1665 年他用自己设计与制造的显微镜（放大倍数为 40～140 倍，图1-2）观察了软木薄片，发现许多孔和洞，很像蜂巢，于是他首次用"cell"（小室）一词来称呼，并第一次描述了植物细胞的构造。其实，他所看到的是植物细胞死亡后留下来的空腔，是一个死细胞。尽管如此，胡克的工作还是使生物学的研究进入了微观领域，胡克的发现对细胞学说的建立和发展具有开创性的意义。

尽管胡克所看到的只是植物细胞壁，但因为他首先叙述了这样的构造，"cell"一词还是被沿用下来。1674 年，荷兰的显微镜学家列文虎克（A. P. van Leeuwenhoek, 1632—1723）用自制的显微镜发现水中有许多小动物，他还描述过鱼、蛙和鸟的红细胞以及人和其他哺乳动物的精子。因此，列文

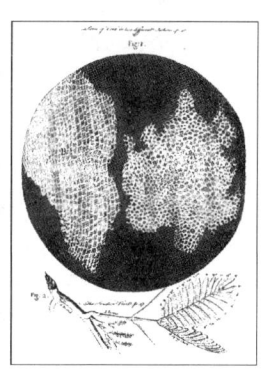

图1-2 胡克和他的显微镜及观察到的软木塞"细胞"

虎克是历史上第一个观察到活细胞的人。

(二) 细胞学说

1838年，德国植物学家施莱登（M. J. Scheiden，1804—1881）概括了前人的工作，提出植物是由细胞组成的，并且指出植物胚胎来自单个细胞，提出了细胞学说的主要论点。次年德国动物学家施万（T. Schwann，1810—1882）通过对血液的研究，提出动物和植物的细胞从整体而言，结构上是相似的，细胞是生物体的功能单位。这两位学者的研究初步创立了细胞学说（cell theory），论证了整个生物界在结构上的统一性，细胞把生物界的所有物种都联系起来了，生物彼此之间存在着亲缘关系。

1858年，德国学者威尔啸（R. Virchow）提出"一切细胞来自细胞"的著名论断，即认为个体的所有细胞都是由原有细胞分裂产生的。这不但在更深的层次上揭示了细胞作为生命活动基本单位的本质，而且被认为是对细胞学说的重要补充。

至此，细胞学说被进一步完善，其要点为：①所有生物都是由细胞和细胞的产物组成；②新的细胞由已存在的细胞分裂而产生。细胞学说在自然科学史中首次证明了生物界的统一性，是现代生物科学的基石之一，因为任何生物学的重要问题都必须从细胞中寻求答案。

第二节 细胞的基本特性

细胞是生命活动的基本单位。除病毒外，一切生物都是由细胞构成的。细胞是具有完整生命力的最简单的物质集合形式，如单细胞的蓝绿藻、有核单细胞生物草履虫等。许多动物和植物都是多细胞的复杂有机体，由各种特化的细胞协同作用，密切配合，共同完成一系列复杂的生命活动。

(一) 细胞的形状和大小

细胞形状多种多样，大小也各不相同，如球状、杆状、梭状、多角形、圆形、星形等。细胞体积都很小，最小的细胞是支原体，直径仅约 $0.1\mu m$。细胞体积虽小，但表面积大，有利于和外界进行物质交换，对细胞生活有特殊意义。例如，一个边长30mm的正方体表面积为5400mm²，若分成27个边长为10mm的小正方体，则表面积为16 200mm²，是原来的3倍。最大的细胞肉眼可见，如鸵鸟的卵细胞直径可达50mm，长颈鹿的神经细胞可达3m以上。

细胞形态结构与功能的相关性与一致性：不同的细胞形态适应不同的功能，不同生物担负相同功能的细胞形态相似。游离的细胞多为圆形或椭圆形，如红细胞和卵细胞；排列紧密的细胞有扁平、方形、柱形等，如小肠的上皮绒毛细胞；具有收缩功能的多为纺锤形或纤维形，如肌细胞；具有传导功能的多为分支或突起的星形，如神经细胞。

细胞的大小及体积的稳定性：细胞的大小不会随意改变，细胞的体积是相对稳定的，尽管不同来源的同类细胞的大小有的变化较大，但大多数物种的同类细胞体积基本相似，如人类、大象、小鼠的小肠上皮细胞基本相同，不依生物个体的大小增大或减小，器官的大小与细胞的数量呈正比，与细胞的大小无关。

（二）真核细胞的基本结构

所有生物的细胞都可以分为两种类型，即原核细胞和真核细胞。两者的区别见表1-1。

表1-1 真核细胞和原核细胞的区别

	原核细胞	真核细胞
大小	1～2μm	5～10μm
细胞核	无核膜	有双层的核膜
DNA	一个环状DNA分子	多个线性DNA分子，与蛋白质结合
细胞分裂	简单	有丝分裂和减数分裂
内膜	罕见	有，分化成各种细胞器
核糖体	70S*（50S+30S）	80S（60S+40S）
细胞骨架	无	微管、微丝、中间纤维
活动性	摆动	动力蛋白、驱动蛋白、肌球蛋白
出现的时间	3.5×10^9年前	1.5×10^9年前

* 沉降系数（sedimentation coefficients, S）：颗粒在单位离心力场中粒子移动的速度。

真核细胞（eucaryotic cell）是构成真核生物的细胞，具有典型的细胞结构，有明显的细胞核、核膜、核仁和核基质。真核细胞的种类繁多，从原生生物到哺乳动物，从真菌到植物，这些生物的细胞通常较大（5～100μm），结构复杂，动物细胞的表面没有细胞壁，仅包围有单位膜（图1-3）。

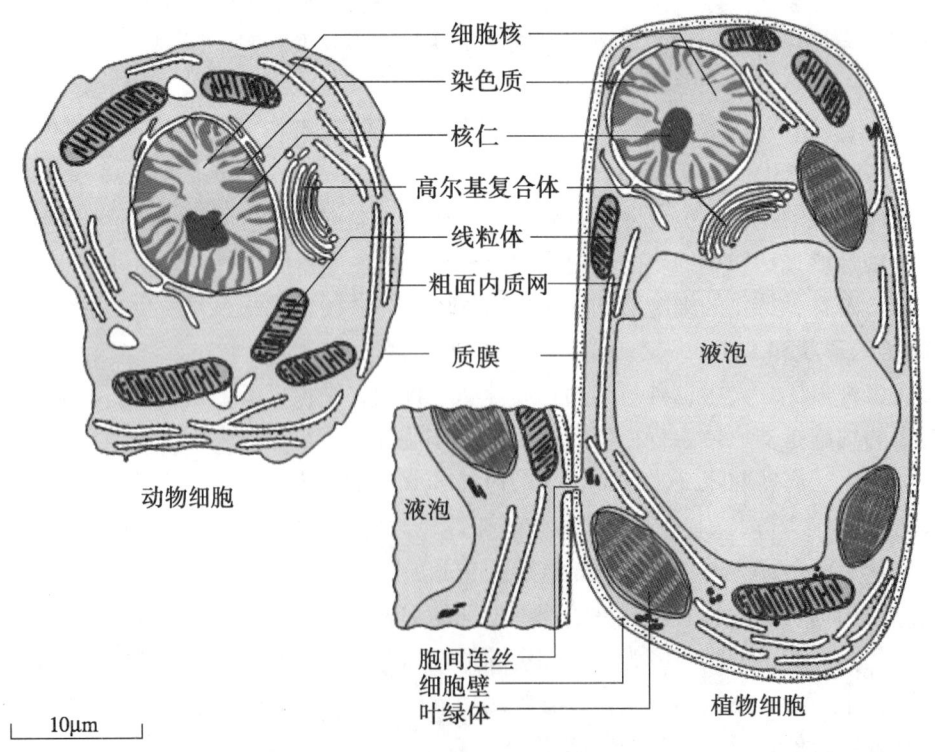

图1-3 动物细胞与植物细胞模式图

细胞内部有各种由膜结合的细胞器组成,最大的细胞器是细胞核(nucleus),被两层膜包围,细胞核含有大量的遗传信息,储存在脱氧核糖核酸(DNA)中。各种细胞器使细胞内部产生许多功能区域,它们各自分工又协同作用。植物细胞也是真核细胞,其结构与动物细胞类似,但是还有一些特殊的结构,如细胞壁、质体、液泡等。

(三)原核细胞及非细胞生命体

原核细胞(prokaryotic cell)是组成原核生物的细胞,是地球上最先出现的较原始的细胞。原核细胞的主要结构有细胞膜、细胞质、核糖体,以及由一条裸露的DNA双链所构成的拟核。拟核没有与细胞质部分相隔开的膜(核膜),这是与真核细胞的主要区别。原核细胞中除含有核糖体和间体(原核细胞近核区的细胞膜内褶,有人认为其功能与细胞分裂及呼吸有关)外,没有真核细胞中的各种细胞器(图1-4)。这类生物包括支原体、细菌和蓝藻。

细菌(bacteria)是原核细胞的主要类群。细菌细胞通常较小,只有几个微米,细胞质膜的外侧被一层坚硬的细胞壁包裹起来(图1-5)。细胞壁的厚度有15~100nm,有些细菌表面有一层荚膜。另外,细菌表面还有菌毛和鞭毛。菌毛有两种,短而细的菌毛具有呼吸作用;少而细长的是性纤毛,为雄性菌所特有。鞭毛是细菌的运动器官,鞭毛蛋白的氨基酸组成与横纹肌中的肌动蛋白相似。

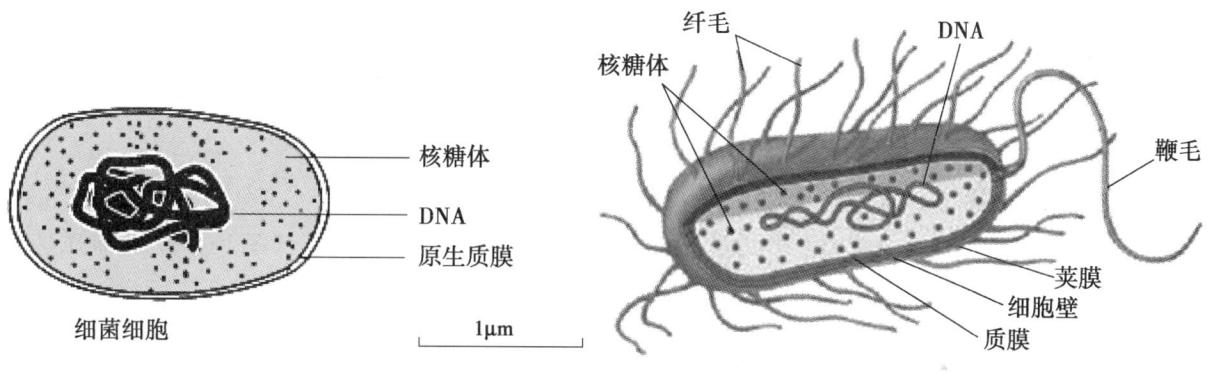

图1-4 原核细胞模式图　　　　　　　图1-5 细菌细胞的形态结构

支原体(mycoplasma)是目前发现体积最小、最简单的原核细胞。支原体细胞中唯一可见的细胞器是核糖体。

病毒(virus)是非细胞结构的生命体,必须用电子显微镜才能见到。多数病毒呈球形或近似球形,少数为杆状、丝状或子弹状,还有呈砖块状或蝌蚪状(图1-6)。绝大多数病毒直径在150nm以内。病毒的结构简单,由蛋白质外壳和内部的遗传物质组成(DNA或RNA)。根据它们寄生的细胞不同,可以将病毒分为三大类:专门寄生在人和动物细胞里的动物病毒,如甲型H1N1病毒;专门寄生在植物细胞里的植物病毒,如烟草花叶病毒;专门寄生在细菌体内的细菌病毒,也叫噬菌体,如大肠埃希菌T_4噬菌体。

病毒不能独立生活,只能寄生在活细胞里,靠自己的遗传信息,利用细胞内的物质制造出新的病毒,这就是它的繁殖。病毒要是离开了活细胞,通常会变成结晶体。一有机会侵入活细胞,生命活动就会重新开始。

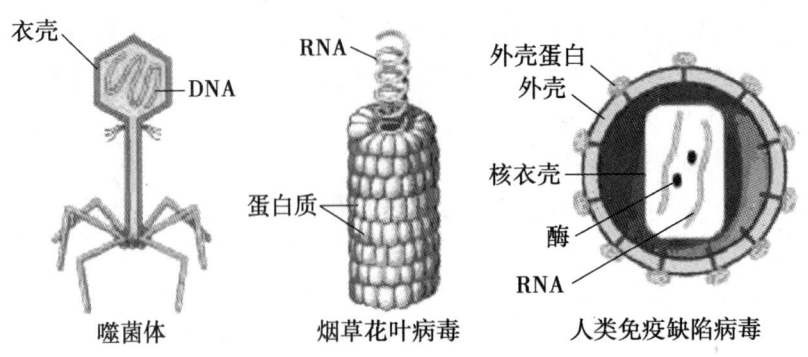

图 1-6 病毒的形态和结构

第三节 细胞的分子基础

细胞表现出各种复杂的生命现象，有其一定的物质基础，从各种小分子到大分子物质，它们相互作用，以不同的方式产生生命。细胞中的每种分子都有其特定的结构，主要包括水、无机离子和有机物等，都是维持细胞生命活动所必需的。这些内容在《生物化学》课程中有详细讲解，本书仅作简要介绍。

一、水

生命起源于水，细胞中的水非常丰富，其含量占细胞重量的70%~80%（图1-7），细胞质是由许多悬浮在胞液中的细胞器组成，细胞中所有的反应都是在水中进行，水是细胞生命活动的介质。

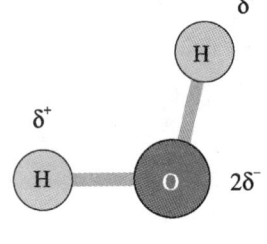

图 1-7 水是极性分子

水是由一个氧原子和两个氢原子结合成"V"字图形，这种V形结构使水分子正负电荷向两端集中，一端为两个H离子带正电荷，一端为O离子带负电荷，所以水是极性分子。液态水中，水分子通过氢键结合起来，氢键使水分子在细胞中具有独特的性质：①具有较高的溶点和沸点，维持细胞温度的相对稳定，水分子不易从细胞中挥发掉；②有一定的黏性，使水具有较高的表面密度，维持细胞的形态；③水提供了有机物和生命物质中H离子的来源，是各种极性有机分子和离子的溶剂。此外，水在细胞中还参与生命活动的重要反应，如合成反应水是反应产物，分解反应水是反应底物。

水在细胞中以两种形式存在，一种是自由水，另一种是结合水。自由水是指在生物体内或细胞内可以自由流动的水，是良好的溶剂和运输工具。结合水是指细胞内与其他物质结合在一起的水。根据对人和动物的研究发现，人和动物的年龄愈大，细胞中的结合水愈少。生病时，结合水也有变化。自由水和结合水的区分不是绝对的，两者在一定条件下可以相互转化。如血液凝固时，自由水就变成了结合水。

水在生物体中的生理功能是多方面的，如参与细胞中原生质的组成，参与生物体内各种化学反应，参与机体内物质的新陈代谢，参与养分和废物的输送和溶解，参与体温调节等。因此可以说，没有水就没有生物体的生命活动。

二、无机离子

细胞中无机盐的含量很少，约占细胞总重的1%，是细胞的重要成分，一般以离子的形式存在。主要的阴离子有Cl^-、PO_4^-和HCO_3^-，其中PO_4^-在细胞代谢活动中最为重要：①在各类细胞的能量代谢中起着关键作用；② 是核苷酸、磷脂、磷蛋白和磷酸化糖蛋白的组成成分；③ 调节酸碱平衡，对血液和组织液 pH 起缓冲作用。

主要的阳离子有 Na^+、K^+、Ca^{2+}、Mg^{2+}、Fe^{2+}、Fe^{3+}、Mn^{2+}、Cu^{2+}、Co^{2+}、Mo^{2+}。

离子的浓度用以调节渗透压和维持酸碱平衡，还可与蛋白质和脂类结合形成有特殊功能的结合蛋白，如血红蛋白含铁，甲状腺素含碘，磷脂、核苷酸含磷等；有些离子是酶的活化因子和调节因子，如 Ca^{2+}、Mg^{2+} 等。

三、有机分子

细胞中有机分子达几千种之多，约占细胞干重的 90% 以上，它们主要由碳、氢、氧、氮等元素构成四大类分子：即蛋白质、核酸、脂类和糖。

（一）蛋白质

蛋白质是构成生物体各种器官、组织、细胞的主要成分。在生命活动中，蛋白质是一类极为重要的生物大分子，几乎各种生命活动都与蛋白质的存在有关。蛋白质的组成单位是氨基酸（amino acid）（图1-8）。氨基酸有二十多种，都有一个共同的结构特点，那就是中央的碳原子和位于其两端的氨基（—NH_2）和羧基（—COOH）相结合。R 代表不同的侧链。由相同或不同的氨基酸以肽键（peptide bond）相连形成多肽链（polypeptide），构成蛋白质的基本结构。

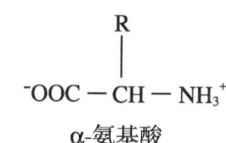

α-氨基酸

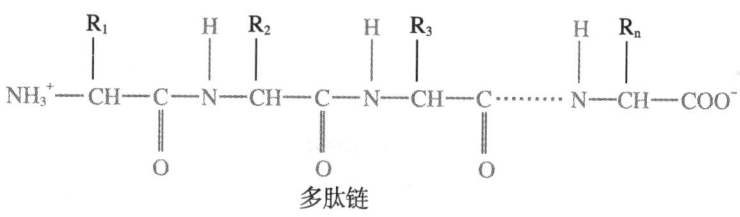

多肽链

图 1-8　氨基酸和多肽链

多肽链以螺旋、折叠等方式构成不同的空间结构（图 1-9），不同的结构域使得蛋白质能够有选择地同其他分子进行相互作用，维持生命的有序性和复杂性。

（二）核酸

核酸是生物遗传信息的载体分子。其基本单位是核苷酸，核苷酸由 1 个戊糖（核糖或脱氧核糖）、1 个含氮碱基（嘧啶或嘌呤）和 1 个磷酸脱水缩合而成（图 1-10）。

细胞中主要有五种含氮碱基：胸腺嘧啶（T）、胞嘧啶（C）、尿嘧啶（U）、鸟嘌呤（G）和腺嘌呤（A），形成八种主要核苷酸：腺苷酸（AMP）、鸟苷酸（GMP）、尿苷酸（UMP）、胞苷酸（CMP）、脱氧腺苷酸（dAMP）、脱氧胸苷酸（dTMP）、脱氧鸟苷酸（dGMP）和脱氧胞苷酸（dCMP）。多个核苷酸通过 3′,5′磷酸二酯键相连形成多核苷酸链。DNA 分子由两条反向平行的多核苷酸链组成双螺旋结构（图1-11）。

核酸可分为核糖核酸（RNA）和脱氧核糖核酸（DNA）两大类。当温度上升到一定程度时，DNA 双链即解离为单链，称为变性（denaturation）或熔解（melting），这一温度称为熔解温度（melting temperature，Tm）。碱基组成不同的 DNA，Tm 不一样，含 G-C 对（3 对氢键）多的 DNA，Tm 高；含 A-T 对（2 对氢键）多的，Tm 低。当温度下降到一定温度以下，变性 DNA 的互补单链又

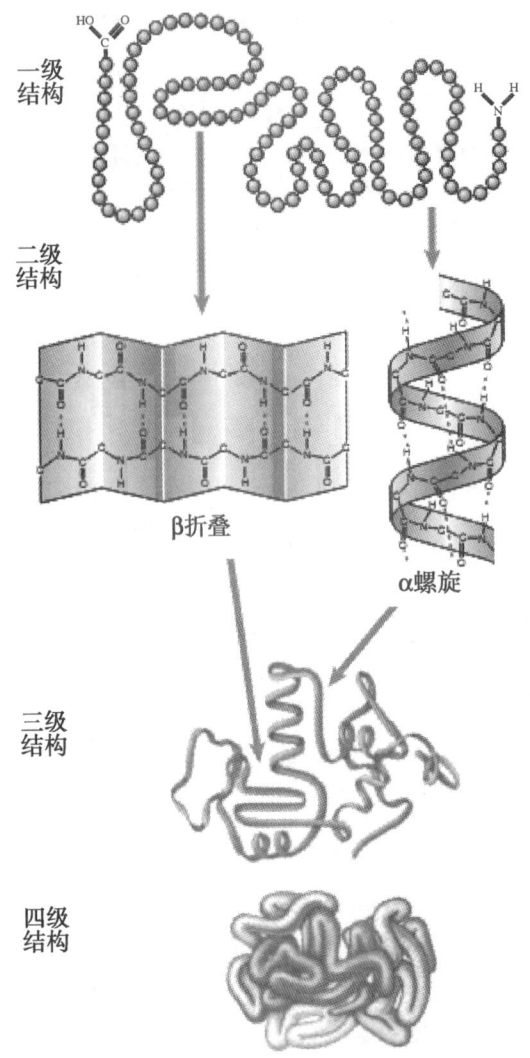

图 1-9　蛋白质的结构

可通过在配对碱基间形成氢键，恢复 DNA 的双螺旋结构，这一过程称为复性（renaturation）或退火（annealing）。

核苷酸除组成 DNA 和 RNA 外，有些核苷酸在细胞中还有重要作用，例如，腺苷三磷酸（三磷酸腺苷，ATP）是细胞内化学能的载体，参与细胞内化学反应间的能量传递。环腺苷酸（cAMP）作为细胞内通讯的信号分子，在细胞中起着传递信息的作用。

（三）糖类

细胞中的糖类既有单糖，也有多糖。重要的单糖为戊糖和己糖，其中最主要的戊糖为核糖，最重要的己糖为葡萄糖。葡萄糖是细胞的主要营养物质，经过一系列的氧化反应，释放出能量，最终变成水和 CO_2。细胞中的单糖是作为能源以及与糖有关的化合物的原料而存在。

细胞中的多糖基本上可分为两类：一类是营养储备多糖；另一类是结构多糖。作为食物储备的多糖在植物细胞中为淀粉（starch），在动物细胞中为糖原（glycogen）。在真核细胞中结构多糖主要有纤维素（cellulose）和几丁质（chitin）。多糖在细胞结构成分中占主要地位。

（四）脂类

细胞中的脂类主要是脂肪酸，还有其他一些脂类，如甘油酯、鞘脂、糖脂、类胡萝卜素等。脂肪酸是细胞膜的组分，脂肪酸分子通过它们的羧酸基团与其他分子共价连接。脂类化合物难溶于水，而易溶于非极性有机溶剂。

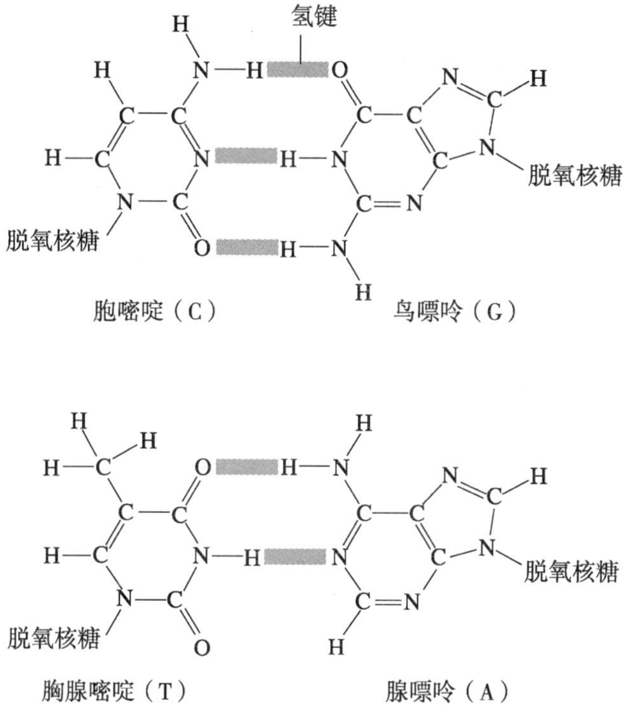

图 1-10　DNA 的结构

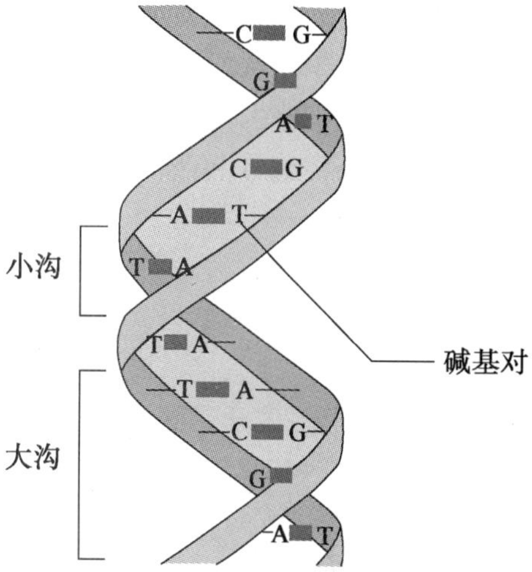

图 1-11　DNA 双螺旋结构

甘油酯是脂肪酸的羧基同甘油的羟基结合形成的三酰甘油（甘油三酯，triglyceride）。甘油酯是动物和植物体内脂肪的主要贮存形式。当体内糖类、蛋白质或脂类过剩时，即可转变成甘油酯贮存起来。甘油酯为能源物质，氧化时可比糖或蛋白质释放出高一倍的能量。营养缺乏时，就要动用甘油酯提供能量。

医学应用 1　吸烟破坏你的纤毛

呼吸道细胞表面的纤毛运动可以将颗粒和微生物带走远离肺部，这些纤毛可以被吸烟麻痹，其结果是使吸烟者纤毛的洁净度降低，不得不咳嗽以排除肺部不断积累的黏液。由于纤毛的功能受到损坏，导致吸烟者易患呼吸系统疾病，如肺气肿、哮喘。被动吸烟者的纤毛由于吸入有烟雾的空气，也会被感染。

医学应用 2　营养过剩，易患肥胖

从类脂和磷脂形成的磷酸甘油在大多数的细胞中是通过降解磷酸二羟丙酮得到的，这是依次通过糖酵解途径产生，意味着当葡萄糖充足时（吃糖或碳水化合物多时）脂肪细胞只能产生脂肪。此外，肝细胞由甘油激酶直接作用使磷酸甘油产生甘油和磷酸盐，因此即使在空腹的时候也能形成一些类脂和磷脂。

（肖福英）

第二章　细胞生物学与医学

美国生物学家威尔逊说："每一个生物科学问题的答案都必须在细胞中寻找。"细胞生物学就是以细胞为研究对象,从细胞的整体、亚显微和分子水平等层次,研究细胞的结构、功能及各种生命活动规律的学科。细胞生物学是生命科学领域中一门非常重要的学科,为医学科学的理论与实践研究提供基础,并开拓出前所未有的广阔前景。可以说,医学科学所面临的问题大多都要从细胞生物学中寻求解决的途径和方法。

第一节　细胞生物学与现代医学

(一) 细胞生物学是医学各学科的共同基础

医学各学科如解剖学、组织胚胎学、生理学、生物化学、微生物学、寄生虫学、病理学、药理学、肿瘤学、免疫学、遗传学等,都离不开细胞生物学的理论指导。尤其是现在,科学技术高度发达,各学科相互渗透、相互促进,细胞生物学的有关内容在上述这些领域中广泛渗透,使医学理论不断更新。掌握与医学有关的细胞生物学基本理论、基本知识和基本技能,可以为医学生学习基础医学和临床医学打下坚实的基础。

(二) 细胞生物学的研究成果已被广泛应用于医学领域

细胞是人体结构和功能的基本单位。人体疾病的发生很大程度上是由于细胞结构和功能的改变。因此,细胞生物学理论及应用技术的发展对医学的进步有着重要的意义。例如膜受体理论,加深了对家族性高胆固醇血症等受体病的发病机制和药物及某些毒物的作用途径的认识。膜抗原的研究促进了免疫机制、免疫性疾病及器官移植等临床医学的发展。生物电现象已被广泛应用于临床检验和科学研究。近几年发展起来的一些新的细胞生物学实验技术(如原生质体培养、细胞融合、突变体筛选、细胞器移植和外源 DNA 导入、干细胞培养、细胞芯片等)为临床医学的诊断和治疗开辟了新的途径。例如,在细胞杂交基础上发展起来的单克隆抗体技术,由于单克隆抗体与抗原反应的特异性强、反应专一、灵敏、快速并能大量制备,因此广泛应用于临床上许多疾病的诊断和治疗。免疫毒素的研究和临床应用,将在用骨髓移植治疗白血病、再生障碍性贫血等疾病中发挥重要作用。

(三) 目前医学中所面临的许多重大难题寄希望于细胞生物学

对恶性肿瘤防治机制的研究一直是预防医学中非常重要的课题。然而,这个问题的最终解决还需要细胞生物学研究的突破。因为癌细胞的特征之一就是恶性生长和无休止的分裂,它们在性质上失去了原来正常细胞的功能而出现细胞的去分化现象。如果我们将正常细胞的生长、分裂、分化和癌细胞去分化的机制弄清楚了,就有可能找到使癌细胞逆转,变为正常分化细胞的方法。现在,细胞生物学研究已经揭示出正常细胞向癌细胞的转化是个多阶段的过程,与正常细胞内癌基因的激活和抑癌基因的丢失或失去功能有关,进一步的研究必将为肿瘤的防治提供重要的理论基础。此外,对动脉内皮细胞的结构和功能变化的深入探索将为治疗缺血性心脏病和脑血管病提供重要信息。干细胞的建系和移植将使神经细胞、心肌细胞等不可增殖细胞损伤的修复及替代成为可能。

人类如何防止衰老是生物学、医学及老年学等学科非常关注的问题,而人体衰老时细胞与生物大分子变化也是细胞生物学的主要研究课题。此外,对细胞中遗传物质的分析,使我们对基因病、染色体病及线粒体病的发生有了深入理解;分子杂交等先进技术的应用,使我们找到了基因诊断、基因治疗等根除遗传病的途径。

第二节 细胞生物学历史与现状

一、细胞生物学的历史

(一)细胞学时期

施万(Schwann)、施莱登(Schleiden)和威尔啸创立的细胞学说极大地推动了生物学的发展,掀起了对细胞学广泛研究的热潮,各主要的细胞器和细胞分裂活动相继被发现,构成了细胞学的经典时期,主要是指19世纪的后半叶。

原生质理论的提出:1840年普金耶(Pukinje)和1846年冯·莫尔(von Mohl)首次将动物、植物细胞的内含物称为"原生质(protoplasm)"。1861年舒尔策(Schultze)提出了原生质理论,认为有机体的组织单位是一小团原生质,这种物质在一般有机体中是相似的。

细胞分裂的研究:1841年雷马克(Remak)发现鸡胚血细胞的直接分裂,其后弗莱明(Flemming)在动物细胞中,施特拉斯布格(Strasburger)在植物细胞中发现有丝分裂(mitosis),并证实有丝分裂的实质是核内丝状物(染色体)的形成及其向两个子细胞的平均分配。1883年贝尔登(Van Beneden),1886年施特拉斯布格(Strasburger)分别在动物与植物细胞中发现减数分裂(meiosis),至此发现了细胞分裂的主要类型。

重要细胞器的发现:这一时期,随着显微镜分辨能力的提高,石蜡切片方法和若干重要的染色方法的发明,各种细胞器相继被发现。如1883年范·贝尔登(Van Beneden)和博费里(Boveri)发现中心体,1894年阿特曼(Altmann)发现线粒体,1898年高尔基(Golgi)发现高尔基体。

细胞学的形成:对细胞形态结构认识的逐步深入,为研究细胞的各种活动打下了基础。学者们对细胞的发育和遗传现象、细胞器的功能以及细胞的生化代谢和生理活动的研究活跃地开展起来。1892年,德国胚胎学家和解剖学家O. Hertwig编写了著名专著 *Zelle and Gewebe*(《细胞与组织》),标志着细胞学(cytology)作为一门独立的生物学分支学科开始建立了。此后不久(1896年),美国胚胎学家和细胞学家E. B. Wilson编写了 *The Cell in Development and Heredity*(《细胞的发育与遗传》),是细胞学史上第一部系统性的细胞学著作。

(二)电镜下的细胞和细胞生物学的兴起

光学显微镜受光源物理性质的限制,其分辨能力无法再进一步提高。在20世纪上半叶的四十余年中,对细胞结构的认识又陷入一个停滞阶段。1933年鲁斯卡(Ruska)发明的电子显微镜,其分辨能力大大提高,促成了对一些细胞超微结构如内质网(Porter等,1945)、叶绿体(Porter等,1947)、核膜(Callon & Tombin,1950)、线粒体(Palade,Porter等,1951)、溶酶体(De Dave,1952)、核糖体(Palade,1953)、单位膜(Robertson,1958)的发现。1953年Watson and Crick提出了DNA双螺旋结构模型,标志着人类对细胞的研究进入了分子水平的时代。

1965年,戴罗伯第斯(De Robertis)率先将其编著的教科书 *General Cytology*(《基础细胞学》)第4版更名为 *Cell Biology*(《细胞生物学》)。序言中写到:"本学科发展异常迅速,不得不使我们把原来的《基础细胞学》在1965年更名为《细胞生物学》。"

细胞生物学不同于细胞学主要有两点:①深刻性:它从细胞的整体、超微和分子各个结构层次对细胞进行剖析,并把细胞的生命活动同分子水平的结构变化联系起来;②综合性:它所研究的内容极其广泛,涉及许多领域,并同生理学、遗传学、发育生物学和生物化学相互融汇在一起。细胞生物学的兴起是先进实验技术发展的必然产物:光学显微镜——细胞学;电子显微镜结合其他先进技术——细胞生物学。

(三) 分子细胞生物学的出现

所谓的分子细胞生物学的兴起，无非是细胞生物学研究重点转移的反映。把细胞的生命活动同亚细胞成分的分子结构变化联系起来，成为现代分子细胞生物学的基本特征。

20世纪50年代虽然对某些细胞器的细微结构有了一定的认识，但是由于受电镜分辨率和标本制作技术的限制，对所谓的细胞质结构几乎一无所知。当时认为，细胞质中的细胞器似乎是悬浮在溶液状的基质中。至60年代，由于电镜标本固定技术的改进，显示出基质中还有微管和微丝等的存在。至此人们才认识到，所谓的细胞质溶质并不像过去想象的那样是简单而匀质的溶液，而是具有一定秩序的立体网络结构，这些结构形成了纵横交错的"骨架"，总称为细胞骨架（cytoskeleton）。

人们认识到，细胞质的胶态是由微丝（肌动蛋白丝）的结构状态决定的，因而现在把除膜性细胞器和有形结构以外的细胞质部分称为细胞质溶质（cytosol）（又称细胞质基质、胞质溶胶）。细胞的各种活动与大分子的结构变化和分子间的相互作用有着密切的关系，越来越受到学者们的关注。

细胞生物学发展简史的3个主要阶段说明：300余年来细胞生物学的每一次大发展都是以重大的技术进步为前提。技术的不断创新，细胞生物学也将不断地发展，会出现更多革命性的发现，最终利于人类对生命活动规律的揭示。

二、细胞生物学的研究现状

过去细胞生物学是在研究细胞的结构与功能中发展起来的，今后仍将围绕细胞的结构与功能的关系来不断开拓新的研究领域，只不过使用的技术方法将更加先进，研究的结构层次将更加细微，阐明的问题将更加深刻。

当今细胞生物学的研究趋势是以动态观点把代谢活动和超微结构、分子结构结合起来，研究生命活动的具体反应过程，研究细胞器之间、细胞器与细胞整体间、各细胞间以及细胞与生物机体之间的相互配合、相互制约的关系；基因组与蛋白质组及其在细胞生命活动中的协同作用；由体外研究向体内研究的转变；信号转导途径对于细胞增殖、分化、凋亡、衰老和细胞代谢活动的控制；细胞生物学与其他学科如数学、物理、化学、计算机及纳米科学的相互渗透。

第二节 细胞生物学研究方法

细胞生物学的不断发展必然依赖于技术的进步，科学与技术总是一对相辅相成的事物。因此，了解和掌握细胞生物学的研究方法，并在此基础上不断加以创新，就会推动细胞生物学的发展。本节扼要介绍几种主要的技术。

一、显微镜技术

(一) 光学显微镜

在细胞生物学领域中，光学显微镜作为研究细胞显微结构的重要工具和手段，是应用最早也是最广的一种。目前光学显微镜已发展成多种类型，适用于各种不同的研究目的。

1. 普通光学显微镜（light microscope）　简称光镜，是一种利用光源或电源来照明，将小物体或物体微细部分的像放大以便观察，由光学系统、机械装置和照明系统三部分组成（图2-1A）。光学显微镜的核心是物镜和目镜两组透镜。物镜靠近物体，进行第一次放大，目镜靠近眼睛，将物镜放大后的像再进行放大。物体经两次放大后，总的放大倍数为两个放大倍数的乘积。光学显微镜的放大倍数是有极限的，可用公式表示：最大放大倍数＝人眼分辨率/光镜分辨率。

分辨率（resolving power）是显微镜或人眼在25cm的明视距离处，能清楚地分辨物体细微结构最小间隔的能力。光学显微镜的最小分辨率是$0.2\mu m$，人眼的分辨率是0.07mm。

2. 荧光显微镜（fluorescence microscope）　是以紫外线为光源，用以照射被检物体使之发出荧光,然后在显微镜下观察其形状及其所在位置的显微镜。细胞中有些天然物质如叶绿素,经紫外线照射后能发出荧光(fluorescence)。另一些细胞内成分经紫外线照射后不发出荧光,但若用荧光染料进行活体染色或对固定后的切片进行染色后,在荧光显微镜下也能观察到荧光,称诱发荧光。如吖啶橙能对细胞 DNA 和 RNA 同时染色,显示不同颜色的荧光,DNA 呈绿色荧光,RNA 呈红色荧光。同样原理,利用荧光染料和抗体能共价结合,被标记的抗体和相应的抗原结合形成抗原抗体复合物,经激发后发射荧光,可观察、了解抗原在细胞内的分布。荧光显微镜适用于研究荧光物质在组织和细胞内的分布,其工作原理图 2-1B。

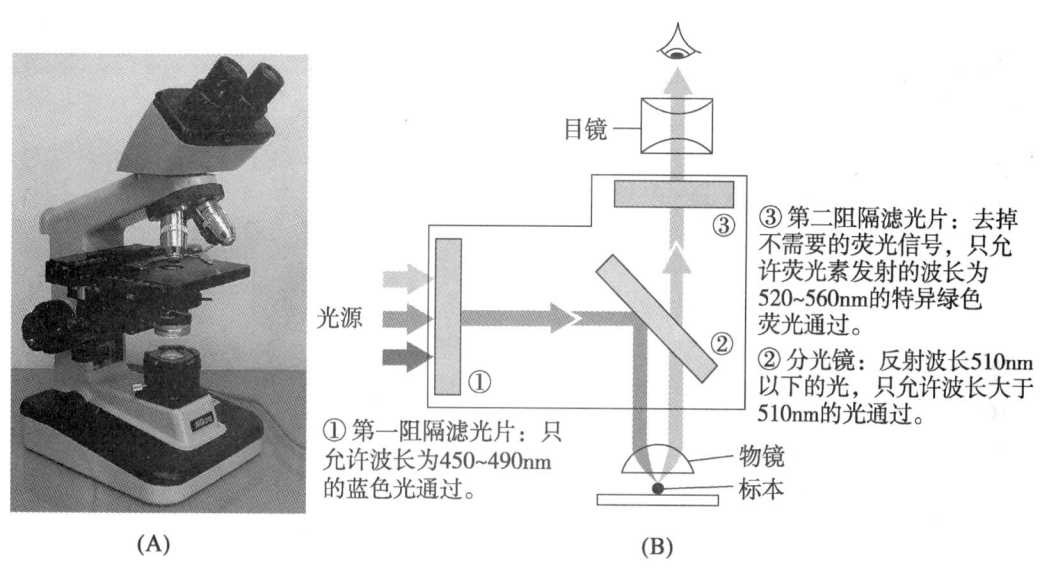

图 2-1 显微镜:(A) 光镜;(B) 荧光显微镜原理

3. 相差显微镜(phase contrast microscope) 利用相差装置将透过细胞标本不同区域的光波相差变成振幅差,从而使细胞内的各种结构之间呈现出清晰可见的、明暗对比的特殊光学显微镜。它比普通光学显微镜多出两个部件:一是能使透过聚光器的光线形成空心光锥并聚焦到标本上的附加环形光阑;二是位于物镜后焦面的相板。其原理是在振幅和波长不变的情况下使光程差(相位差)变为振幅差。相差显微镜适合于观察活细胞或未经染色标本的结构。

4. 暗视野显微镜(dark field microscope) 利用特殊的聚光器使照明光线斜射而不能直接进入物镜,形成暗视野。那些经过标本散射的光线才能进入物镜放大,在黑暗的背景中呈现标本明亮的轮廓。利用这种显微镜能见到小至 5nm 的质点,分辨率比普通光学显微镜高了 40 倍,有一些细胞器如细胞核、线粒体均清晰可见。适于观察无色透明活细胞的微细结构。

5. 激光扫描共聚焦显微镜(confocal laser scanning microscope) 以单色激光作为光源的一种特殊光学显微镜。其物镜和聚光镜互相共焦点,使得只有从标本焦面发生的光线聚焦成像,而焦面以外的漫散射光不参加成像;以单色激光作为点光源并聚焦到标本焦平面上进行光点扫描,最后在荧光屏上清晰成像;改变焦平面,可获得细胞或原标本不同层次的图像,从而得到样品的三维结构图像。主要适于观察细胞内膜系统和细胞骨架系统等细胞内的复杂网络。

(二)电子显微镜

电子显微镜(electron microscope)简称电镜,是利用高速运动电子束代替光波作为光源,电磁极作透镜的一种显微镜,能观察物质极为微细的结构形态。分为如下几种:

1. 透射电子显微镜(transmission electron microscope,TEM) TEM 的组件包括电子枪、聚光镜、样品室、物镜、中间镜、透射镜、真空泵、照相装置等(图 2-2)。TEM 是把经加速和聚集的电子束投射到非常薄的样品上,电子与样品中的原子碰撞而改变方向,从而产生立体散射角。散射角的大小与样品的密度、厚度相关，因此可以形成明暗不同的影像。由于电子易散射或被物体吸收，故穿透力低，样品的密度、厚度等都会影响最后的成像质量，必须制备超薄切片，厚度通常为 50~100nm。所以用透射电子显微镜观察样品时需要处理得很薄。样品制备的常用方法有：超薄切片法、冷冻超薄切片法、冷冻蚀刻法、冷冻断裂法等。对于液体样品，通常是挂在预处理过的铜网上进行观察。TEM 的功能主要是观察细胞内部的超微结构。其放大倍数最高可达 10^6 倍，分辨率可达 0.2nm。

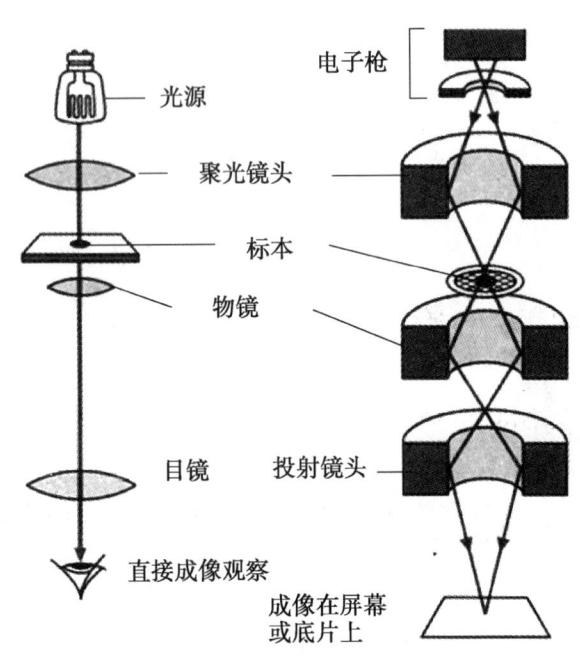

图 2-2 光学显微镜和透射电子显微镜的原理图

2. 扫描电子显微镜（scanning electron microscope，SEM） SEM 电子枪发射的电子束被磁透镜汇集成极细的电子束，即电子探针，电子探针在样品表面进行扫描。电子束激发样品表面释放二次电子，二次电子的多少与样品的表面形貌有关。二次电子经检测器收集、放大、转换，变成电压信号后，再送到显像管的栅极上并且控制显像管的亮度。显像管中的电子束在荧光屏上也做光栅状扫描，并且与样品表面的电子束的扫描严格同步，这样样品表面的形貌就真实地显示在了荧光屏上（图 2-3）。SEM 用于观察标本表面的形态结构，且景深大，图像立体感强，并且可以从各个角度对样品进行观察。SEM 的放大倍数不及 TEM，一般的 SEM 分辨率仅为 3nm，近几年研制的低压高分辨率 SEM 分辨率有了较大的提高，可达到 0.7nm。

3. 扫描隧道显微镜（scanning tunnel microscope，STM） 利用导体的隧道效应来探测物体表面形貌的仪器。它能够使人们观察原子在物体表面的排列状态以及与表面电子有关的物化性质，在纳米生物学中发挥重要的作用。利用 STM 人们已经观察到了核酸、蛋白质等生物大分子以及病毒结构。另外由于其可以用来观察物体表面的动态过程，因此 STM 在生物膜的研究中发挥重要的作用。

4. 原子力显微镜（atomic force microscope，AFM） 是在扫描隧道显微镜基础上发展起来的成像技术，是近年来表面成像技术最重要的进展之一。AFM 是一种利用原子、分子间的相互作用力来观察物体表面微观形貌的新型实验技术，其优势是实时反映样品表面形貌并可以观察液态物质。

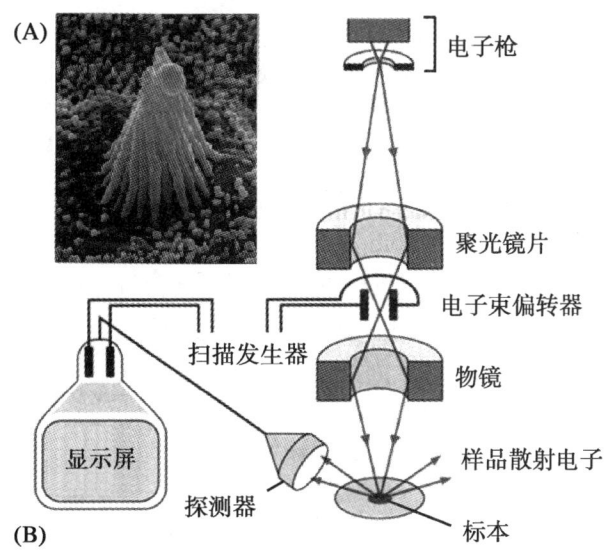

图 2-3 （A）牛蛙内耳中绒毛细胞突出的纤毛 SEM 照片；（B）SEM 成像示意图

二、细胞化学技术

细胞化学（cytochemistry）是研究细胞组成成分的定位、分布、功能、各种生化反应以及这些物质与细胞内生命现象联系的学科。细胞化学技术包括酶细胞化学、免疫细胞化学、放射自显影等技术。

（一）酶细胞化学技术（enzyme cytochemistry）

细胞内有很多酶，它们在细胞内的分布都有其特定部位。酶细胞化学技术就是通过酶的特异细胞化学反应来显示酶在细胞内的分布及酶活性强弱的一项技术。早期的酶细胞化学工作是在光学显微镜下进行的，称为组织化学（histochmistry）。自 20 世纪 60 年代开始用电镜观察酶的分布，称电镜酶细胞化学（electron microscopic enzyme cytochemistry）。

我们无法在显微镜下直接看到酶的分布，只能通过酶的细胞化学反应间接地证明酶的定位。具体做法是在一定条件下使细胞内的酶与底物相互作用，并将其反应产物在酶的作用部位用捕捉剂进行捕捉，使其在显微镜下具有可见性。

根据酶催化反应的性质，可将酶细胞化学反应分为水解酶、氧化还原酶、裂解酶、合成酶和异构酶六大类，电镜酶细胞化学中应用较多的是水解酶和氧化还原酶。

（二）免疫细胞化学技术（immunocyto chemistry）

免疫细胞化学术是利用免疫反应对组织或细胞的抗原分子进行形态定位的一项技术。应用于细胞生物学、组织学和病理学等方面的研究工作中。免疫细胞化学技术是利用抗原和抗体的结合具有高度敏感性和特异性的特点，用已知的经过标记的抗体检测组织与细胞中相应抗原的方法，但是抗原与抗体相结合形成的复合物在显微镜下是看不见的，必须用特殊的标记物进行标记，才能使抗原抗体复合物在显微镜下具有可见性。

（三）放射自显影技术（radioautography）

自然界中放射性同位素很少，因为它们不稳定会进行衰变。在衰变过程中，释放出带有能量的粒子或放射线。放射自显影技术是利用放射性同位素发射的带电粒子对乳胶的感光作用，对细胞内生物大分子进行定位和定性研究的一项细胞化学技术。

三、细胞及其组分的分离和纯化

利用各种显微镜技术可以确定细胞及其内部各细胞器或大分子的分布,但要对细胞或细胞内各组分进行深入了解,必须对这些成分进行生化分析。在进行生化分析前把不同类型的细胞或细胞组分分离和纯化出来。

(一) 流式细胞术 (flowcytometry)

流式细胞术是用流式细胞仪 (flowcytometer,FCM) 分选或检测细胞及其组分的物理或化学特性的技术。流式细胞仪原理是悬浮在液体中分散的细胞逐个地通过测量区,每个细胞通过测量区时产生电信号,这些信号可以代表荧光、光散射、光吸收或细胞的阻抗等。这样信号可以被测量、存储和显示,细胞的一系列理化特征就被快速、大量地测定出来。现代的流式细胞仪每秒钟可以分析几千种颗粒,并且可以实时地分开并隔离特定性质的颗粒。

流式细胞仪可以检测的参数有:细胞的体积和形态复杂程度、细胞中的色素、DNA、RNA、染色体分析和分选、蛋白质、细胞表面抗原、胞内抗原、核抗原、酶活性、pH、胞内离子化的钙或镁、膜电势、膜流动性、细胞凋亡等。

(二) 细胞分级分离 (cell fractionation)

细胞内各种细胞器和组分的比重、大小不同,在同一离心场内的沉降速度也不相同,所以常用不同介质、不同转速的离心,将细胞内的细胞器和各种组分分离提纯出来,即细胞分级分离方法。可分为匀浆、分级分离和分析3个步骤。离心是分离和提取细胞亚显微结构和大分子的重要手段之一,常见差速离心和密度梯度离心等方法。

四、细胞培养

(一) 细胞培养 (cell culture) 技术

细胞培养技术是人为地使活细胞在体外得以生长、繁殖的一种方法。培养细胞的优点是可在离体的条件下,根据需要人为地建立培养条件,来观察和研究细胞生命活动的规律,而不受体内复杂环境的影响,是对细胞进行实验性研究极有用的手段。一般分离的细胞采用玻璃或塑料培养皿或培养瓶进行培养。然而细胞在体外培养,由于其环境及条件的局限性,在研究中应避免将体外培养细胞的实验结果机械地看作体内同种细胞性状的必然反映。

从体内取出组织所进行的首次培养称为原代培养 (primary culture),一般持续1~4周。原代培养的细胞离体时间短,遗传性和体内细胞相似,适宜作细胞形态、功能和分化等研究。当原代培养细胞或传代培养细胞增殖到一定密度后,则需要做传代。培养细胞产生的具有无限增殖能力的变种细胞能无限地传代,称为细胞系 (cell line)。

动物细胞培养的主要步骤如下:①从健康动物体内,无菌条件下取出适量组织,剪切成小薄片;②加入适宜浓度的胰蛋白酶或胶原纤维酶与乙二胺四乙酸 (EDTA) 等进行消化作用使细胞分散;③将分散的细胞进行洗涤并纯化后,以 $(2\sim7)\times10^6$ 细胞/毫升的浓度加在培养基中,37℃下进行原代培养,并适时进行传代培养。

细胞培养技术的应用为细胞生物学的研究提供了诸多便利条件。首先,研究者可根据不同的研究内容和目的,十分方便地在细胞培养基中添加或减去某些特殊的物质,如激素或生长因子等,这样就可以确切地了解这些因子对细胞生长发育的效应及其生理、生化本质。其次,可以获得比较均一的细胞群体,为细胞的生理、生化分析以及不同细胞之间相互作用的研究创造条件。事实上,近20年来细胞生物学的一些重要理论的研究进展,例如细胞全能性的揭示、细胞周期及其调控、癌变机理与细胞衰老的研究、基因表达与调控等,都是与细胞培养技术分不开的。

(二) 细胞融合 (cell fusion) 技术

细胞融合或细胞杂交 (cell hybridization) 是应用紫外线灭活的病毒,或用聚乙二醇 (PEG) 等方法处理培养细胞，使其质膜发生改变，导致细胞互相融合成为多核细胞的过程。在自然情况下体内或体外培养的细胞发生融合的现象，称为自然融合，如受精过程就是一种典型的自然细胞融合现象。在体外可用人工方法促使相同或不同细胞间发生融合，称为人工诱导融合。细胞融合不仅可用于基础研究，而且还有重要的应用价值，如制备单克隆抗体。

单克隆抗体（monoclonal antibody）是由小鼠骨髓瘤细胞与某一B细胞融合后形成的杂交瘤细胞克隆所产生的抗体。单克隆抗体具有性质均一、特异性强的特点。单克隆抗体的制备步骤：把小鼠骨髓瘤细胞与经绵羊红细胞免疫过的小鼠脾细胞（B淋巴细胞）在聚乙二醇或灭活的病毒介导下发生融合，融合后的杂交瘤细胞具有两种亲本细胞的特征，一方面可分泌抗绵羊红细胞的抗体；另一方面像肿瘤细胞一样，可在体外培养条件下或移植到体内无限增殖，从而分泌大量单克隆抗体。

五、细胞分子生物学技术

（一）原位分子杂交技术

原位分子杂交技术（in situ hybridization）是用标记的分子探针与细胞涂片或组织切片上的细胞染色体DNA或RNA进行杂交反应，以检测靶序列或靶分子存在的量和分布的一种分子杂交方法。原位分子杂交将分子检测与形态学观察结合起来，是研究分子病理学的有用工具和手段。分子杂交是在研究DNA分子变性和复性基础上发展起来的一种技术。其原理是，具有互补核苷酸序列的两条单链核苷酸分子片段，在适当条件下，通过氢键结合，形成DNA-DNA、DNA-RNA或RNA-RNA杂交的双链分子。这种技术可用来测定单链分子核苷酸序列间是否具有互补关系。

原位杂交包括组织或细胞的固定、杂交前的预处理、探针的选择和标记、杂交、杂交结果检测等基本步骤。

（二）聚合酶链反应技术

聚合酶链反应（polymerase chain reaction，PCR）技术又称核酸体外扩增技术，是有目的地采用一对引物和耐热DNA聚合酶在试管中复制出特定的基因片段。PCR包括模板DNA热变性、引物与模板退火和引物延伸3个步骤。PCR技术在基础医学和临床医学研究中应用广泛，利用PCR可以将任何一个感兴趣的DNA分子或基因片段扩增至足够数量（百万倍以上），而只需要极微量的模板DNA。利用PCR便于进行基因结构分析、克隆基因、检测基因表达水平、疾病的分子诊断、法医鉴定等。

PCR的具体操作是：在微量离心管中加入反应体系，即适量的缓冲液、待扩增的DNA模板、4种dNTP底物、Mg^{2+}、一对合成引物、Taq酶，在PCR扩增仪上进行变性、退火、延伸"三步曲"：将反应体系加热（94℃）进行变性，使模板DNA双链解链为单链，然后降温至50～60℃，使引物和模板DNA单链结合形成双链（复性），再将温度升至72℃，从退火引物的3′端进行延伸，使原模板DNA的一条双链成为两条双链。如此循环30～35次，DNA分子呈指数增加，在几个小时内完成扩增数百万倍，可用于进一步研究分析。

（三）基因转移

基因转移（gene transfer）技术是应用物理、化学或生物学等方法将外源基因转移到受体、细胞或动植物体内使之实现转入基因的扩增或表达的技术。

脂质体常作为载体携带外源DNA，它是由磷脂在水中形成的一种由脂类双分子层围成的囊状结构，在脂质体囊状结构形成时，可以将溶液中的DNA分子包入其中，携带外源DNA的脂质体可以通过内吞作用或融合作用进入细胞。其优点是：①组成脂质体的磷脂是细胞膜结构的组成成分，对细胞的毒性很低；②脂质体进入细胞后，可以保护其中的DNA免受核酸酶的作用，提高了转移率。

转移DNA也可以借助显微注射仪将DNA溶液直接注入细胞，其优点是可以对注射的DNA定量，也可以决定注入细胞的哪个部位，所以转化效率很高（图2-4）。

基因转移后对转化细胞的筛选方法是在外源基因上结合一段筛选标记基因，只有含有外源基因的细胞同时含有筛选基因，才能在相应的培养基上生存。如对抗新霉素（G418）的 neo 基因，转移完成后将细胞在含 G418 的培养基中培养，只有表达外源基因的细胞同时表达 neo 基因，可以在含 G418 的培养基中生存。

利用基因转移的方法不仅可以获得医用蛋白，还可以研究动物的基因表达与发育、人类疾病的动物模型的建立。

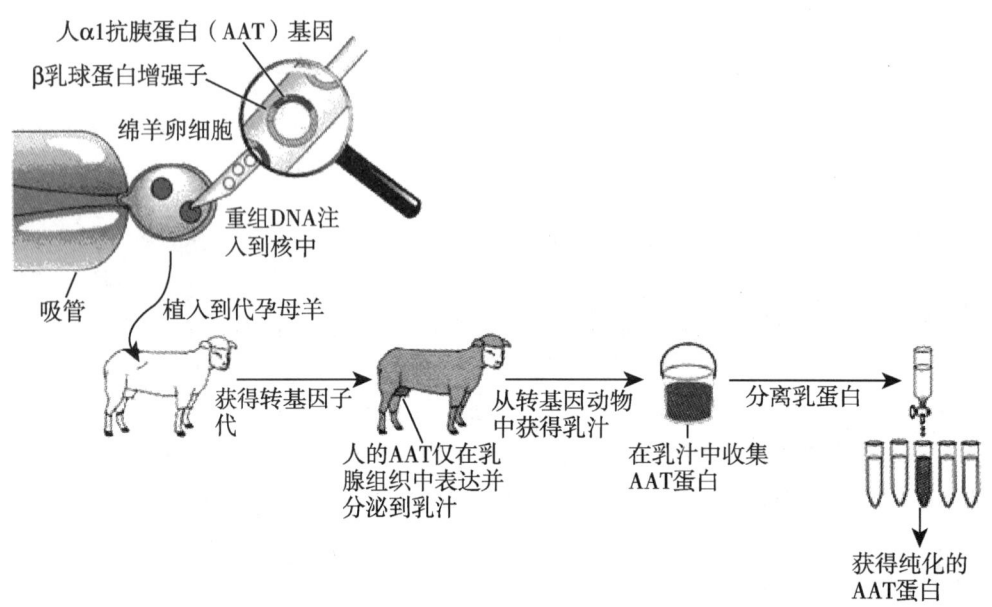

图 2-4 转基因绵羊的获得过程

（四）基因敲进与敲除

基因敲进（gene knockin）指的是用基因工程的方法，将编码某种蛋白质的 cDNA 插入到染色体的特定部位上。由于小鼠的胚胎干细胞更容易处理，这项技术在小鼠中的操作更为成熟。基因敲进与转基因技术不同的是基因敲进是将基因插入到特定的靶部位。

基因敲除（gene knockout）是用无功能的外源基因序列转入细胞与基因组中的同源序列进行同源重组，把具有同源序列的功能基因置换出来，造成功能基因的缺失或失活（图2-5）。

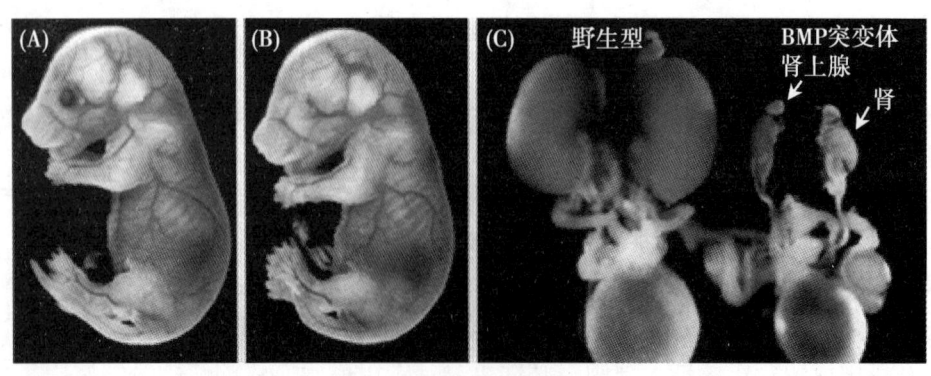

图 2-5 基因敲除小鼠

对 BMP7 基因敲除小鼠的形态学分析：野生型小鼠（A）和 BMP7 缺陷型纯合子小鼠（B）在胚胎发育到 17 天时，BMP7 缺陷型小鼠无眼。胚胎发育到 19 天时，小鼠的肾如图（C），BMP7 缺陷型小鼠肾严重萎缩，显微观察显示肾单位死亡。

基因敲除通常用来研究那些已知序列但未知或不完全了解其功能的基因。通过比较进行基因敲除的组织与正常组织的区别推断被敲除基因的功能。基因敲除可以同时敲除2个基因，也可以分别敲除3个或4个基因。美国科学家奥利弗·史密斯因发明基因敲除小鼠技术获得2007年诺贝尔生理学或医学奖。

基因敲除或敲进及由此产生的转基因动物在医学研究中有重要的应用价值：①通过同源重组产生目标基因缺失或失活的转基因动物是研究基因功能的重要方法，已得到广泛应用。它不仅可以确定被敲除的基因在体内代谢过程中的作用，还可确定被敲除基因在分化、发育、生存等过程中的作用和必要性。②转基因动物可以作为疾病模型。例如，敲除转基因动物体内与原发性高血压、动脉粥样硬化相关的基因，观察其在动脉粥样硬化和原发性高血压形成、发展过程中的作用。③可以用于药物筛选的动物模型。④转基因动物可作为"生物反应器"生产药物等。

（五）细胞拆合技术

细胞拆合是把细胞核与细胞质分离开，然后把不同来源的细胞质和细胞核重新组合，形成核质杂交细胞。细胞拆合的方法有物理法和化学法两种。物理法是在显微操纵仪的帮助下，用机械的方法或短波光把细胞核去掉或使之失活，然后用微吸管吸取其他细胞的核，使之注入去核的细胞质中，形成核质杂交细胞。化学法是用药物如细胞松弛素B处理细胞，细胞出现排核现象，细胞核在排出过程中被细胞膜包裹并携带一小部分细胞质，形成核质体，通过离心获得核质体和胞质体。不同来源的核质体与胞质体在灭活的仙台病毒或PEG等助溶剂的作用下发生融合，形成新的杂交细胞。

细胞拆合是研究核质相互作用机制、细胞内某种信使RNA或蛋白质功能的一种重要手段，同时在转基因动物、高等动物克隆方面的理论与实践研究中也取得了重大突破。

（梁颖　吴勃岩）

第二单元　细胞微环境与细胞边界

第三章　细胞微环境

细胞微环境包括内环境（细胞内微环境）和外环境（细胞外微环境）。细胞对其微环境的稳定性要求很高，其调节是通过细胞的相互作用来实现的，包括细胞与细胞、细胞与环境之间的相互作用。多细胞生物体内，每个细胞都会通过多种途径与机体的其他细胞建立结构、物质及信息的社会联系，使自己的形态结构、生命活动受整个机体、局部组织、周围细胞以及细胞外信号分子的调节与控制。除了细胞通讯使信号细胞与靶细胞产生社会联系外，细胞还通过细胞与细胞间、细胞与细胞外基质间形成一定的联系，使得机体构成一个统一的整体，对细胞的存活、发育、迁移、增殖以及基因表达等产生重要的调控作用。

本章主要通过讨论细胞的表面结构、细胞外基质、细胞识别、细胞黏着和细胞连接来认识细胞间、细胞与细胞外物质间的关系和相互作用。

第一节　细胞表面

细胞表面（cell surface）是细胞与细胞外环境的边界，是一个具有复杂结构的多功能体系，是细胞质膜功能的扩展。具有保护细胞、维持细胞相对稳定的内环境；负责细胞内外的物质交换和能量交换，并通过表面结构进行细胞识别、信息的接收和传递、进行细胞运动，以及维护细胞各种形态的作用，并且与免疫、癌变都有十分密切的关系。

结构上包括细胞被（cell coat）和细胞质膜，动、植物细胞间的连接结构，细菌与植物细胞的细胞壁以及表面的特化结构，如鞭毛等都可看成是细胞表面结构的组成部分。

一、细胞被

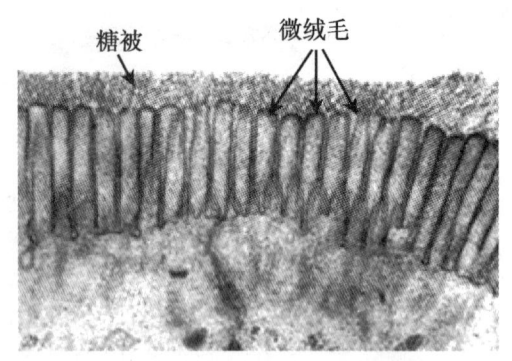

图 3-1　小肠上皮细胞细胞被
小肠上皮细胞覆盖的糖被是由糖类与质膜的蛋白质分子、脂类分子共价结合形成

由糖类形成的覆盖在细胞质膜表面的保护层，称为细胞被，由于这层结构的主要成分是糖，所以又称为糖萼（glycocalyx）或多糖包被（图 3-1）。糖被通常含有由细胞分泌出来的细胞外基质，厚约 5nm，含有两种主要的成分：糖蛋白和蛋白聚糖。其中的糖类是与质膜的蛋白质分子、脂类分子共价结合形成糖蛋白和糖脂分子。

细胞被的基本功能是保护如消化道、呼吸道、生殖腺等上皮细胞的外被，有助于润滑、防止机械损伤，同时又可保护上皮组织不受消化酶的作用和细菌的侵袭。植物和细菌的细胞壁不仅可以保护细胞质膜和细胞器，同时还赋予细胞特定的形状。革兰阳性菌的细胞壁是一种蛋白聚糖，青霉素通过抑制它的合成而抑制敏感菌的生长。

细胞被还参与细胞与环境的相互作用，包括细胞与环境的物质交换、细胞增殖的接触抑制、细胞识别等。

二、细菌的表层结构

细菌的结构按分布部位大致可分为：表层结构，包括细胞壁、细胞膜、荚膜；内部结构，包括细胞质、核蛋白体、核质、质粒及芽胞等；外部附件，包括鞭毛和菌毛（图 3-2）。

细菌的细胞壁是细菌细胞最外层的保护性结构，具有维持细胞外形、抑制机械和渗透损伤的功能。细菌细胞壁的重要成分是肽聚糖，而不含植物细胞壁中的纤维素和几丁质。多数细菌在一定条件下，细胞壁周围包被着一层黏性的薄膜，称为荚膜。荚膜是一层透明的胶状物质，由多糖类物质组成，也有少量的多肽，荚膜对细菌的生存具有重要意义，细菌不仅可利用荚膜抵御不良环境；保护自身不受白细胞吞噬；而且能有选择地黏附到特定细胞的表面，表现出对靶细胞的专一攻击能力。例如，伤寒沙门菌能专一性地侵犯肠道淋巴组织。细菌荚膜的纤丝还能把细菌分泌的消化酶贮存起来，以备攻击靶细胞之用。

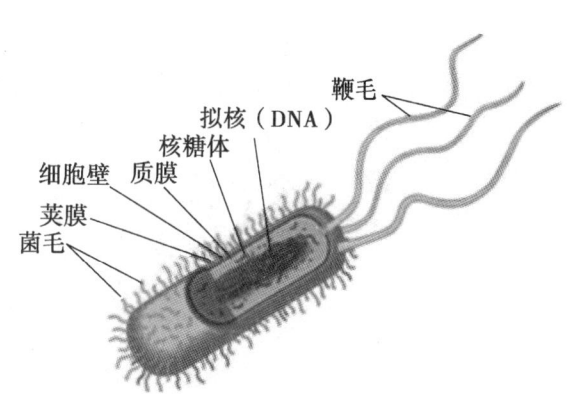

图 3-2 细菌的基本形态结构

革兰染色法（阳性紫色，阴性红色）把众多的细菌分为两大类，即革兰阳性菌和革兰阴性菌。染色的差异反映了结构和化学组成的不同，因而这两种细菌的细胞壁的结构是不相同的。另外，革兰阳性菌只有一层膜结构，而革兰阴性菌具有两层膜结构。

细菌的细胞壁和荚膜等表层结构不仅具有保护作用，而且还与细菌的侵袭性以及对药物的敏感性有一定关系。

第二节　细胞外基质

在生物学，细胞外间质或细胞外基质（extracellular matrix，ECM）是动物组织的一部分，不属于任何细胞。细胞外间质决定了结缔组织的特性，是由分泌到细胞外间质中的大分子物质及蛋白和多糖构成复杂的网架结构，支持并连接组织结构、调节组织的发生和细胞的生理活动。

植物细胞与动物细胞的组织结构差别较大，不具备动物细胞外基质的结构，但其细胞壁相当于动物体中的细胞外基质。动物细胞的细胞外基质的主要成分是胶原，而植物细胞壁的主要成分是纤维素。

一、细胞外基质的基本组成和功能

构成细胞外基质的大分子种类繁多，可大致归纳为三大类：①蛋白聚糖、氨基聚糖：它们能够形成水性的胶状物，在这种胶状物中包埋有许多其他的基质成分；②结构蛋白：包括胶原和弹性蛋白，使细胞外基质具有一定的强度和韧性；③黏着蛋白：如纤黏连蛋白和层黏连蛋白，它们促使细胞与细胞外基质的结合。其中以胶原和蛋白聚糖为基本骨架在细胞表面形成纤维网状复合物，并通过纤黏连蛋白或层黏连蛋白以及其他的连接分子直接连接或附着到细胞表面受体上。多数的受体是膜整合蛋白，胞质内侧与细胞内的骨架蛋白相连，因此细胞外基质通过膜整合蛋白将细胞外与细胞内连成了一个整体（图 3-3）。

各种不同组织的细胞分泌形成的细胞外基质在特性及组分上有显著的差异。上皮组织、肌组织及脑与脊髓中的细胞外基质含量较少，而结缔组织中细胞外基质含量较高。细胞外基质的组分及组装形式由所产生的细胞决定，并与组织的特殊功能需要相适应。例如，角膜的细胞外基质为透明柔软的片层，肌腱的细胞外基质则坚韧如绳索。

（一）氨基聚糖与蛋白聚糖

氨基聚糖与蛋白聚糖组成细胞外基质中具有凝胶样结构的基质部分，具有抵抗压力的能力，对细胞起保护作用。

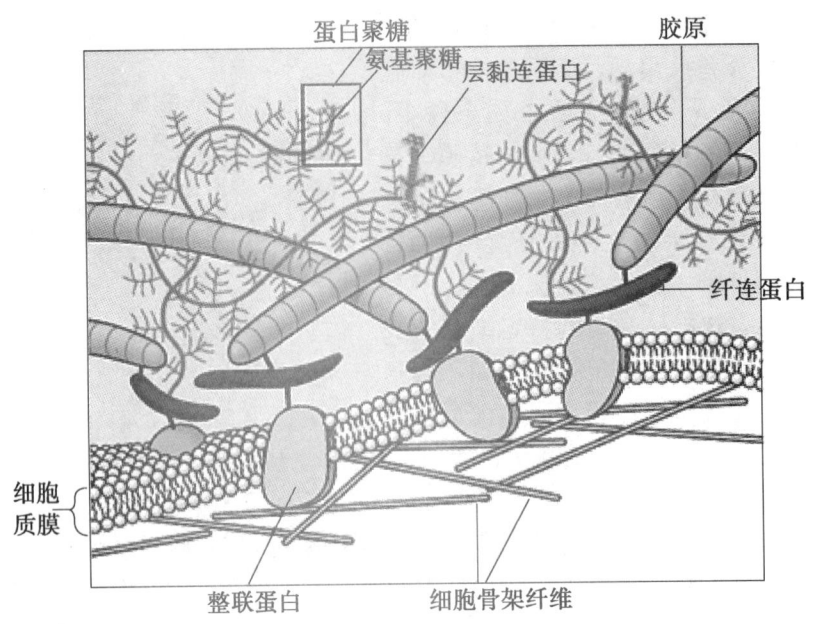

图 3-3 细胞外基质的组成及结构示意图

氨基聚糖（glycosaminoglycan, GAG）：GAG 是由重复二糖单位构成的无分枝长链多糖。其二糖单位通常由氨基己糖（氨基葡萄糖或氨基半乳糖）和糖醛酸组成。氨基聚糖依组成糖基、连接方式、硫酸化程度及位置的不同可分为六种，即：透明质酸、硫酸软骨素、硫酸皮肤素、硫酸乙酰肝素、肝素、硫酸角质素。这些二糖既含有亲水的氨基糖，又带有至少一个负电的磺酸基或羧基团，因此既能结合水分子又能结合阳离子，使得它们在细胞外形成了水合的、胶状的基质成分（图 3-4）。

蛋白聚糖（proteoglycan, PG）：PG 又称黏蛋白，是由多个氨基聚糖（除透明质酸外）与核心蛋白的丝氨酸残基（常有 Ser-Gly-X-Gly 序列）共价结合形成的糖与蛋白的复合物。不同的核心蛋白和不同的氨基聚糖组成多种不同的蛋白聚糖（图 3-4）。

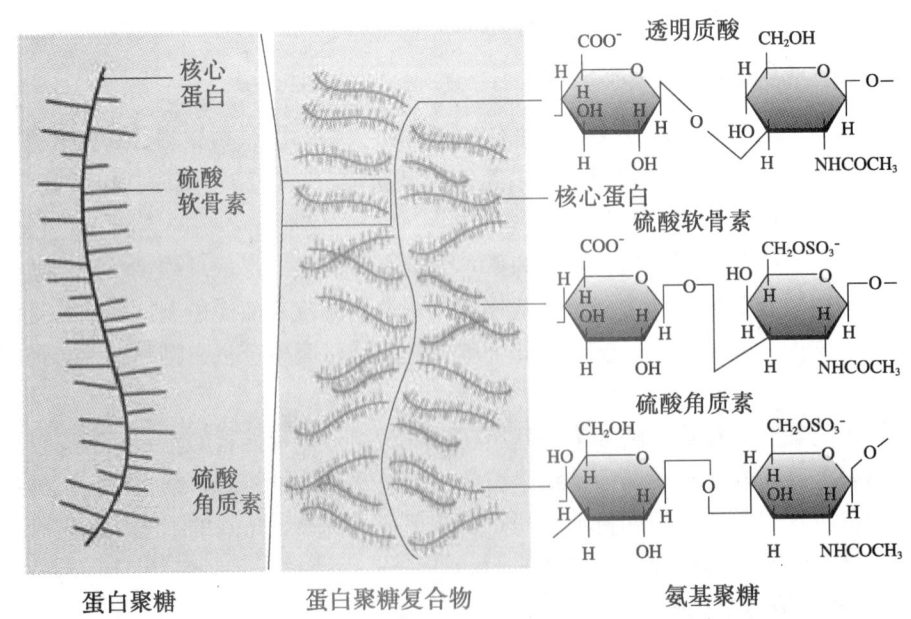

图 3-4 蛋白聚糖与氨基聚糖的结构

透明质酸（hyaluronic acid，HA）：是唯一既能与核心蛋白结合形成蛋白聚糖，又能游离存在于细胞外基质中的氨基聚糖，其糖链特别长。由于透明质酸可以以游离的形式存在，并且分子表面有大量带负电荷的亲水性基团，可结合大量水分子，因而即使浓度很低也能形成黏稠的胶体，可提高细胞外体液与滑液的黏度和润滑性。透明质酸还可以作为一个长轴，将蛋白聚糖连接在一起，形成更大的、更复杂的透明质酸-蛋白聚糖的复合物，使细胞外基质获得更大的抗压性。

（二）胶原和弹性蛋白

胶原是动物体内含量最丰富的蛋白质，约占人体蛋白质总量的 30% 以上。它遍布于体内各种器官和组织，可由成纤维细胞、软骨细胞、成骨细胞及某些上皮细胞合成并分泌到细胞外，是细胞外最重要的水不溶性纤维蛋白，与弹性蛋白共同构成细胞外基质的纤维框架结构。

目前已发现的胶原至少有 19 种，各型胶原都是由 3 条相同或不同的肽链形成 3 股螺旋，含螺旋区、非螺旋区及球形结构域。3 股这样的螺旋再相互盘绕成右手超螺旋，即原（前）胶原（图 3-5）。

弹性蛋白：纤维网络赋予组织以弹性，弹性纤维的伸展性比同样横截面积的橡皮条至少大 5 倍。弹性蛋白由两种类型短肽段交替排列构成。弹性蛋白分子间的交联比胶原更复杂。通过赖氨酸残基参与的交联形成富于弹性的网状结构。老年组织中弹性蛋白的生成减少，降解增强，以致组织失去弹性。

（三）黏着蛋白

细胞外基质中的黏着蛋白主要是一些大型的糖蛋白，包括纤黏连蛋白、层黏连蛋白等。具有将细胞外基质与细胞联系起来的桥梁作用。

纤黏连蛋白（fibronectin，FN）：是一种大型的糖蛋白，存在于所有脊椎动物体内，其作用是将细胞连接到细胞外基质上。FN 是由两个亚基组成的二聚体，在近羧基端有一对二硫键将两个亚基连在一起，使两个亚基排成"V"字形。每个亚基长约 2500 个氨基酸残基，具有 5～7 个有特定功能的结构域，这些结构域可以介导细胞与细胞外基质的结合（图 3-6）。

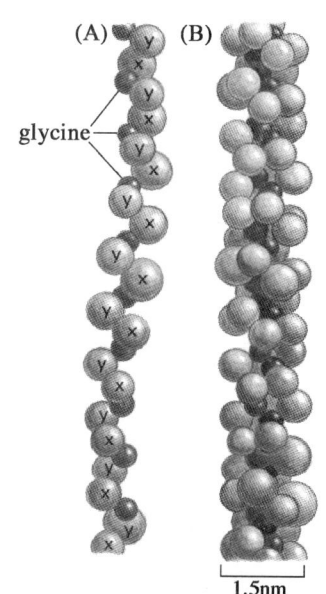

图 3-5 原胶原的分子结构图

(A) 原胶原的链；(B) 原胶原的右手超螺旋结构

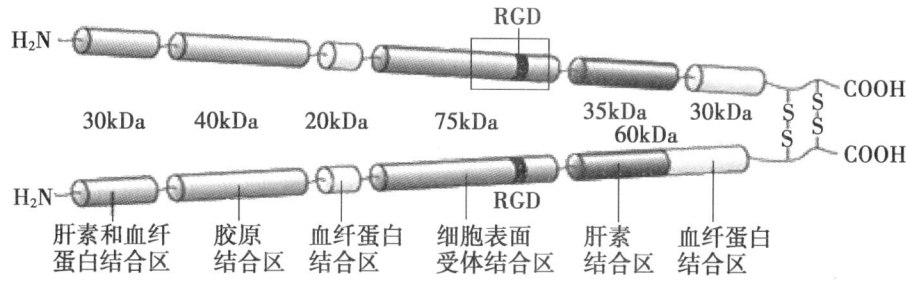

图 3-6 纤黏连蛋白分子结构图

层黏连蛋白（laminin，LN）：也是一种大型的糖蛋白，与Ⅳ型胶原一起构成基膜，是胚胎发育中出现最早的细胞外基质成分。LN 是由 3 条长肽链（α、β1、β2）组成的大复合物（～850kDa），肽链间通过二硫键连在一起，整个分子呈不对称的十字架形。在 3 条肽链上有多个球形结构域，分别是与Ⅳ型胶原、细胞表面受体等结合的区域（图 3-7）。

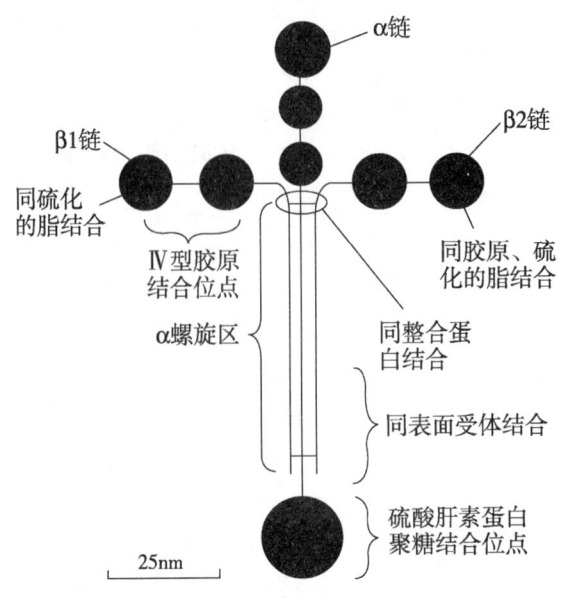

图 3-7 层黏连蛋白的结构

二、细胞外基质的生物学作用

细胞外基质不仅具有静态地发挥支持、连接、保水、保护等物理作用,而且为细胞提供支持和固定、调节细胞间沟通的动态行为。控制细胞的生长、分化,调节细胞受体及基因表达,影响细胞的代谢和运动。因而细胞外基质在器官发生、创伤愈合等方面的重要作用也逐渐引起了人们的重视。

1. 影响细胞的存活、生长与死亡　正常真核细胞,除成熟血细胞外,大多须黏附于特定的细胞外基质上才能抑制凋亡而存活,称为锚定依赖性(anchorage dependence)。例如,上皮细胞及内皮细胞一旦脱离了细胞外基质则会发生程序性死亡,即凋亡;成纤维细胞在纤黏连蛋白基质上增殖加快,在层黏连蛋白基质上增殖减慢;肿瘤细胞的增殖丧失了定着依赖性,可在半悬浮状态增殖。

2. 决定细胞的形状　细胞脱离了细胞外基质呈单个游离状态时多呈球形。同一种细胞在不同的细胞外基质上黏附时可表现出完全不同的形状。不同细胞具有不同的细胞外基质,介导的细胞骨架组装的状况不同,从而表现出不同的形状。

3. 控制细胞的分化　细胞通过与特定的细胞外基质成分作用而发生分化。例如,成肌细胞在纤黏连蛋白上增殖并保持未分化的表型;而在层黏连蛋白上则停止增殖,进行分化,融合为肌管。

4. 参与细胞的迁移　细胞外基质可以控制细胞迁移的速度与方向,并为细胞迁移提供"脚手架"。例如,纤黏连蛋白可促进成纤维细胞及角膜上皮细胞的迁移;层黏连蛋白可促进多种肿瘤细胞的迁移。

第三节　细胞识别与黏着

细胞识别(cell recognition)是指细胞通过其表面的受体与其他细胞或胞外信号物质分子(配体)的认识和鉴别,并选择性地产生相互作用的过程。在细胞识别的基础上,同类细胞发生聚集、细胞与细胞外基质形成细胞团或组织的过程叫细胞黏着(cell adhesion)。它对于胚胎发育及成体的正常结构和功能都有重要的作用。细胞的糖被在细胞识别过程中起重要作用(图 3-8),而引起细胞黏着的却是膜蛋白。

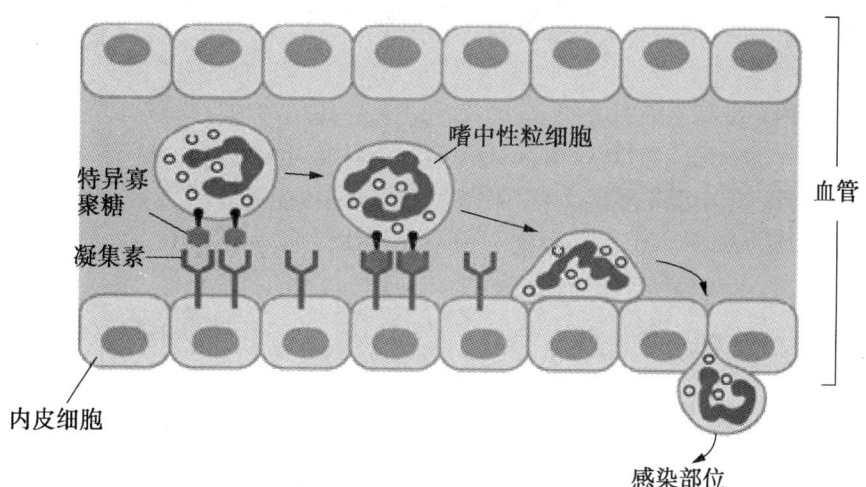

图 3-8 中性粒细胞表面糖被在识别中的作用

细胞黏着是细胞识别引起的一种细胞反应，根据细胞黏着分子的作用方式可分为 4 个家族（图 3-9）：①免疫球蛋白超家族，如细胞间黏着分子 I-CAM 等；②钙黏着蛋白家族，如 E-钙黏着蛋白（表皮组织中）、P-钙黏着蛋白（胎盘组织中）、N-钙黏着蛋白（神经组织中）等；③选择素家族，如 L-选择素等；④整联蛋白。

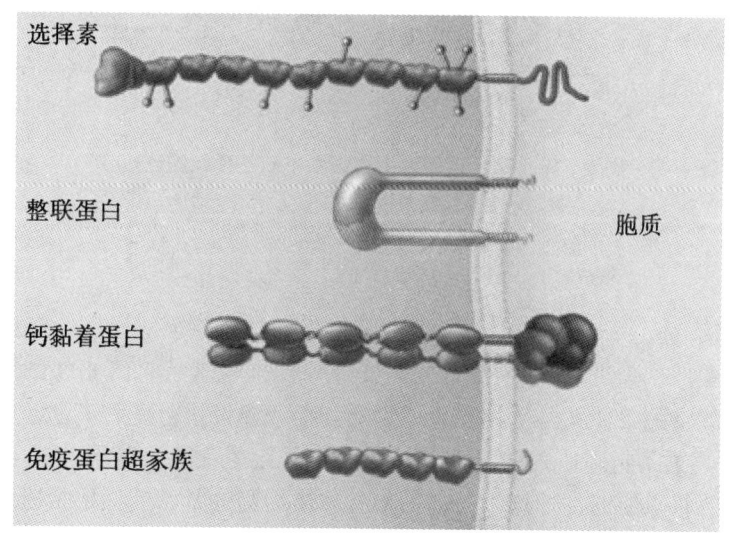

图 3-9 介导细胞黏着的因子

介导细胞黏着的分子是以配体-受体相对应的形式发挥作用，导致细胞与细胞间、细胞与基质间或细胞-基质-细胞之间的黏附，从而参与细胞的信号转导与活化、细胞的伸展与移动、细胞的生长与分化。因此，黏着分子在胚胎发育、维持正常组织结构、炎症反应、淋巴细胞归巢、免疫识别、止血与凝血以及造血调控等诸多生理过程中发挥重要的功能。

第四节 细胞连接

在多细胞生物体内，细胞与细胞之间通过细胞膜上的特定结构相互联系，形成一个密切相关、彼此协调一致的统一体，称为细胞连接（cell junction）。在多细胞动物中，细胞连接是普遍存在的。细胞连接的体积很小，只有在电镜下才能观察到，根据结构和功能可分为三大类，即紧密连接（tight junction）、斑块连接（plaque-bearing junction）和通讯连接（communicating junction）（图3-10）。

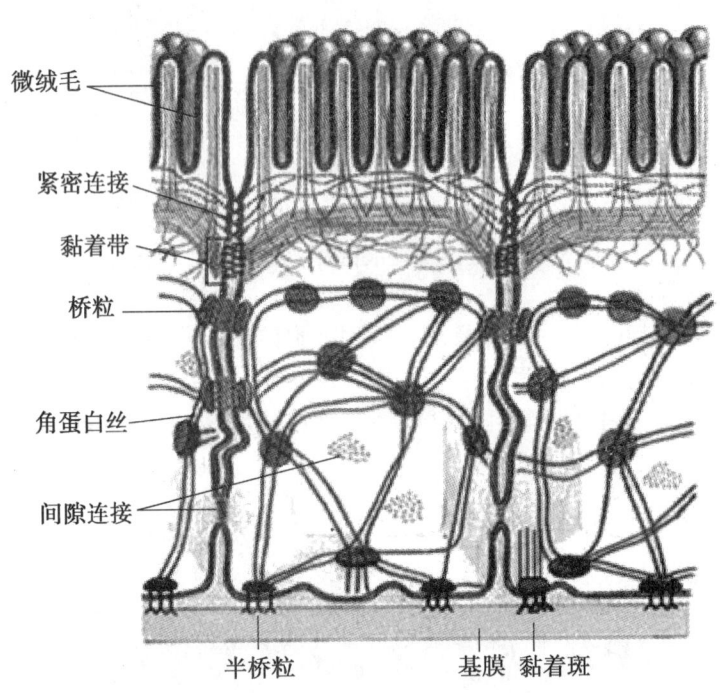

图 3-10 存在于动物上皮细胞中的各种细胞连接

一、紧密连接

又称为不通透连接（impermeable junction）。多位于上皮细胞顶部周围，细胞之间形成的密封连接。靠质膜中的紧密蛋白（occludin）颗粒重复形成的一排排的索条将两相邻细胞连接起来，像焊接线一样封闭了细胞间的空隙，使大分子物质难以通透，而只允许水分子和离子从索条衔接处的小孔透过（图3-11）。另外，索条与胞质内的骨架相连，可加强细胞韧性，使紧密连接也能起一定的机械支持作用。紧密连接有很重要的生理作用，如脑血管内皮细胞的紧密连接形成密集的屏障，以阻止血液与脑细胞外液相混等。

二、斑块连接

通过细胞质膜内侧的斑块（plaque）将细胞与细胞、细胞与细胞外基质间的细胞骨架连接起来的细胞连接方式称为斑块连接，或者称为锚定连接（anchoring junction），因为这种连接主要是通过跨膜蛋白进行细胞的锚定。

斑块连接主要通过细胞膜的跨膜蛋白与细胞骨架体系以及细胞外基质的相互作用，将相邻细胞或将细胞与细胞外基质相连形成一个牢固而有序的细胞群体或组织。斑块连接广泛存在于各种上皮细胞中，特别是在机械张力较大的组织中尤为丰富，如心肌、膀胱、子宫、子宫颈和皮肤表皮等处。

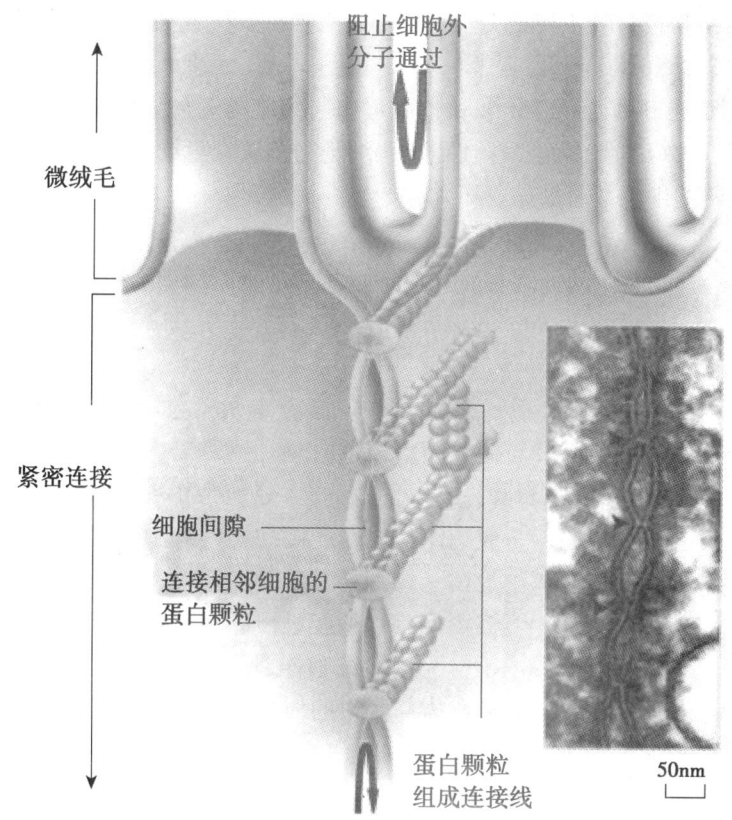

图 3-11 紧密连接的结构图

根据跨膜蛋白是与骨架蛋白中的肌动蛋白相连还是与中间纤维相连，斑块连接可分为黏着连接（黏着带、黏着斑）和桥粒连接（桥粒和半桥粒）两类。

（一）黏着连接

黏着连接中，靠膜整合蛋白与肌动蛋白相互作用，将相邻细胞连接起来的称为黏着带；若是将细胞与细胞外基质相连的称为黏着斑。

1. 黏着带　又称带状桥粒（图 3-12），位于紧密连接下方，相邻细胞间形成一个连续的带状连接结构，跨膜蛋白通过微丝束间接将组织连接在一起，提高组织的机械张力。钙黏着蛋白 E（依赖于

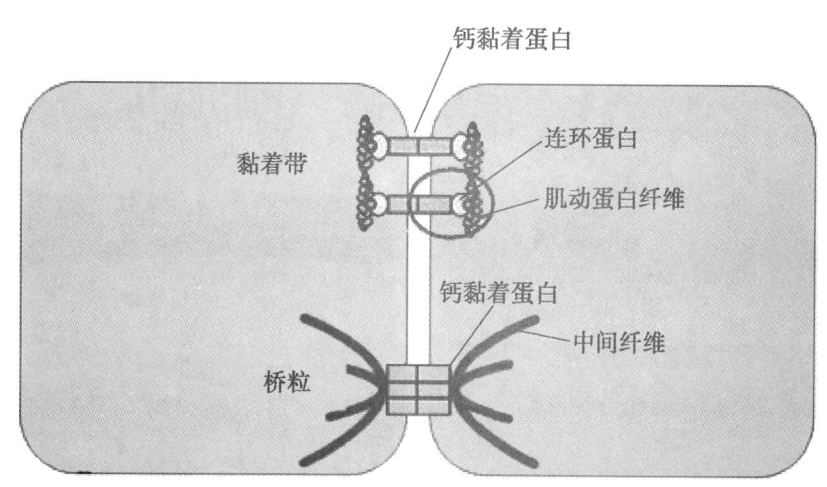

图 3-12　相邻细胞通过黏着连接固定在细胞骨架上

Ca^{2+} 的黏附分子）为跨膜蛋白的主要成分。存在于上皮细胞近顶部、紧密连接的下端，呈一环形的带状。相邻细胞的间隙约 15～20nm。

2. 黏着斑　是细胞通过肌动蛋白纤维和整联蛋白与细胞外基质之间的连接方式，微丝束通过附着蛋白锚定在连接部位的跨膜蛋白上。存在于某些细胞的基底，呈局限性斑状。其形成对细胞迁移是不可缺少的。体外培养的细胞常通过黏着斑黏附于培养皿上。

（二）桥粒连接

桥粒连接是膜整合蛋白与中间纤维相互作用，将相邻细胞或细胞与细胞外基质连接起来。如果是相邻细胞间形成的连接，称为桥粒（desmosome 完全桥粒）；若是细胞与细胞外基质相连，则称为半桥粒（semidesmosome）。

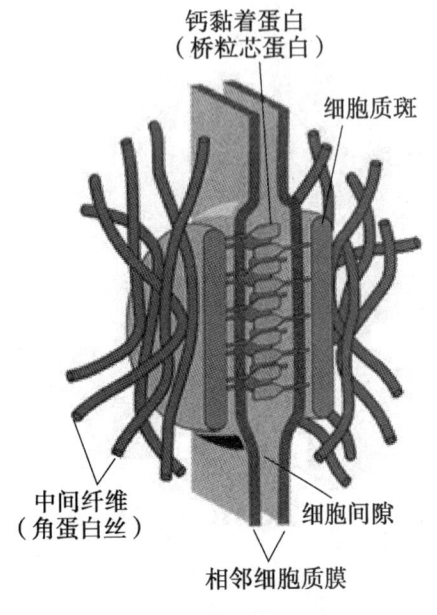

图 3-13　桥粒连接的结构

1. 桥粒　又称点状桥粒，位于黏着带下方。参与桥粒连接的膜整合蛋白也是钙黏着蛋白，但在结构上与黏着带中的钙黏着蛋白不同，分别为桥粒芯和桥粒胶蛋白，是细胞间形成的纽扣式的连接结构，跨膜蛋白（钙黏着蛋白）通过附着蛋白（致密斑）与中间纤维相联系，提供细胞内中间纤维的锚定位点。中间纤维横贯细胞，形成网状结构，同时还通过桥粒与相邻细胞连成一体，形成整体网络，起支持和抵抗外界压力与张力的作用（图 3-13）。桥粒存在于承受强拉力的组织中，如皮肤、口腔、食管等处的复层鳞状上皮细胞之间和心肌中。

2. 半桥粒　半桥粒相当于半个桥粒，但其功能和化学组成与桥粒不同。它通过细胞质膜上的膜蛋白整合素将上皮细胞锚定在基底膜上。在半桥粒中，中间纤维不是穿过而是终止于半桥粒的致密斑内。存在于上皮组织基底层细胞靠近基底膜处，防止机械力造成细胞与基膜脱离。半桥粒在结构上类似桥粒，位于上皮细胞基面与基膜之间，它与桥粒的不同之处在于：①只在质膜内侧形成桥粒斑结构，其另一侧为基膜；②穿膜连接蛋白为整联蛋白（intergrin），不是钙黏着蛋白，整联蛋白是细胞外基质的受体蛋白（图 3-14）。

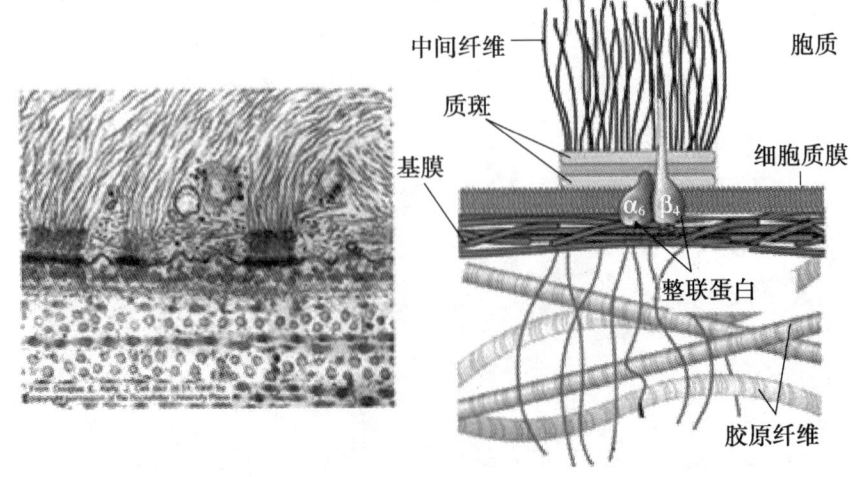

图 3-14　半桥粒连接的电镜下结构以及分子结构

三、通讯连接

相邻细胞之间建立直接通讯联系。在细胞间形成电偶联或代谢偶联的特殊细胞连接方式。包括动物细胞间的间隙连接（gap junction），可兴奋细胞间的突触连接以及植物细胞间特殊的通讯连接方式即胞间连丝（plasmodesmata）。

（一）间隙连接

是动物细胞间最普遍的细胞连接，是在相互接触的细胞之间建立的有孔道的由连接蛋白形成的亲水性跨膜通道，允许无机离子、第二信使及水溶性小分子量的代谢物质从中通过，从而沟通细胞达到代谢与功能的统一。在细胞生长、细胞增殖与分化、组织稳态、肿瘤发生、伤口愈合等生理和病理生理过程中具有重要作用。

（二）神经细胞间的化学突触

化学突触（synapse）是存在于可兴奋细胞间的一种连接方式，其作用是通过释放神经递质来传导兴奋。由突触前膜（presynaptic membrane）、突触后膜（postsynaptic membrane）和突触间隙（synaptic cleft）三部分组成。突触前神经元的突起末梢膨大呈球形，称突触小体（synaptic knob）。突触小体贴附在突触后神经元的胞体或突起的表面形成突触。突触小体的膜称突触前膜，与突触前膜相对的胞体膜或突起的膜称突触后膜，两膜之间称为突触间隙。间隙的宽度约 20～30nm，内含有黏多糖和糖蛋白等物质。突触小体内有许多囊泡，称突触小泡（synaptic vesicle），内含神经递质。当神经冲动传到突触前膜，突触小泡释放神经递质，为突触后膜的受体接受（配体门通道），引起突触后膜离子通透性改变，膜去极化或超极化。

（三）胞间连丝

高等植物细胞之间通过胞间连丝相互连接，完成细胞间的通讯联络，是植物细胞特有的通讯连接。

医学应用 1　细胞间隙连接蛋白与肿瘤

细胞间隙连接蛋白是机体固有的与细胞生长发育及增殖分化等密切相关的膜表面分子，是维持机体组织器官正常结构及功能的基础。因此，它的异常与某些先天性发育畸形或功能障碍性疾病以及癌症等的发生发展密切相关。由 Murray 和 Yotti 分别领导的两个实验小组发现用于诱发啮齿类动物皮肤癌的致癌剂佛波酯（TPA）具有强效、可逆性抑制各类培养细胞的间隙连接细胞间通讯（GJIC）功能的作用，提示在癌前阶段（肿瘤形成前期）GJIC 功能的抑制可能是导致癌细胞克隆性无限制增殖的重要因素。此后又发现了许多影响 Cx 基因表达的促癌剂，如 cAMP、维 A 酸、氯贝丁酯（安妥明）、苯巴比妥等。经致癌剂作用的肿瘤细胞常常表现为 Cx 分子的表达或定位异常及 GJIC 功能缺陷。另外，某些活化的癌基因也可使 Cx 基因表达降低及 GJIC 下调。

医学应用 2　紧密连接蛋白 occludin

紧密连接是维持黏膜上皮机械屏障和通透性的重要结构。紧密连接蛋白 ZO1 是其重要组成蛋白之一，不但参与调节细胞物质转运和维持上皮极性，而且还与细胞增殖分化、肿瘤细胞转移、基因转录等过程的信息传递和调控有关。

紧密连接位于上皮细胞间的顶端，是维持黏膜通透性的重要组成部分。ZO1 是构成紧密连接的重要成分之一，能与其同源体 ZO2、ZO3 一起，为紧密连接的许多跨膜蛋白和细胞质紧密连接蛋白搭建具有连接作用的脚手架样平台。ZO1 存在于所有脊椎动物的紧密连接中，人体组织如大脑、眼、肠道、睾丸、动脉血管内皮、膀胱、肾小管、子宫、肺、牙齿、鼻等均有 ZO1 表达。体外

> 实验研究发现在没有形成紧密连接的非上皮类型细胞,如星型胶质细胞、施万细胞、成纤维细胞、S180肉瘤细胞等细胞中也有表达。ZO1与许多肠道疾病的发生密切相关,如炎症性肠病、乳糜性腹泻等,其他如风湿性疾病、癌细胞的转移、心脑血管疾病、肺部疾病、眼科疾病、脱髓鞘性多神经病、高钙尿等也与其有关。

第五节 细胞外基质与医学

目前,学者们一致认为恶性肿瘤的侵蚀、转移是一个动态的、连续的过程。肿瘤细胞首先从原发部位脱落,侵入到细胞外基质(extracellular matric,ECM),与基底膜(basement membrane,BM)与细胞间质中一些分子黏附,并激活细胞合成、分泌各种降解酶类,协助肿瘤细胞穿过ECM进入血管,然后在某些因子等的作用下运行并穿过血管壁外渗到继发部位,继续增殖、形成转移灶。总之,脱落、黏附、降解、移动和增生贯穿于恶性肿瘤侵蚀、转移的全过程。

细胞外基质由基底膜和细胞间质组成,为肿瘤转移的重要组织屏障。肿瘤细胞通过其表面受体与细胞外基质中的各种成分黏附后激活或分泌蛋白降解酶类来降解基质,从而形成局部溶解区,构成了肿瘤细胞转移运行通道。一般恶性程度高的肿瘤细胞具有较强的蛋白水解作用,可侵蚀破坏包膜,促进转移。目前较为关注的酶主要是丝氨酸蛋白酶类,如纤溶酶原激活物(plasminogen activator,PA)和金属蛋白酶(metalproteinase,MP)类,如胶原酶Ⅳ、基质降解酶、透明质酸酶。

恶性肿瘤的发生、发展、侵袭和转移常常伴有细胞外基质及其细胞表面受体表达的变化。正常肝细胞没有基膜,也不表达层黏连蛋白(laminin,LN)的特异性整合素族受体α6β1;而在人肝细胞癌(human hepatocellular carcinoma,HCC)组织中,LN和α6β1不仅表达水平升高,呈明显的共分布,而且其高水平表达与肝癌患者的预后呈负相关,提示HCC细胞可能通过α6β1受体接受来自LN的信号,从而对肝癌细胞的侵袭行为起着不可忽视的作用。肝癌的发病过程中往往早期就出现门静脉侵袭、肝内转移以及肝外肺和骨组织的转移,肝癌的侵袭、转移和术后复发是影响患者预后的主要因素。基质金属蛋白酶(matrix meta-lloproteinases,MMPs)对细胞外基质的降解是肿瘤细胞侵袭和转移的关键环节之一,多种恶性肿瘤都伴有MMPs分泌水平和活性的增高。

(陈 晶)

第四章 细胞质膜及分子跨膜运输

质膜(plasma membrane)又称细胞膜(cell membrane),是包裹在细胞最外层的薄膜(图4-1)。从进化角度看,细胞膜的出现,标志着生命物质由非细胞形态向细胞形态演化的重要转折。因此,探讨质膜的结构与功能,对揭示生命的奥秘是非常重要的。

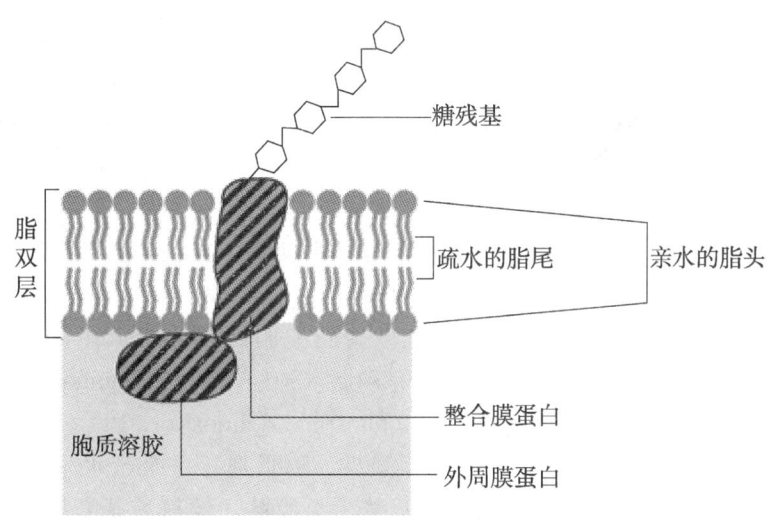

图 4-1 膜由脂双层与整合、外周蛋白质组成

真核细胞除细胞膜外,细胞内还有丰富的内膜,如内质网膜、高尔基体膜、线粒体膜、溶酶体膜、核膜等。细胞膜、细胞内膜在化学成分、分子结构乃至功能上有许多共性,所以又将其称为生物膜(biological membrane)。在高倍率的透射电镜下生物膜呈现"两暗夹一明"的结构,即内外两层为电子密度高的"暗"层,中间夹电子密度低的"明"层,总厚度约为7.5nm的"三夹板"式结构,称为单位膜(unit membrane)(图4-2)。

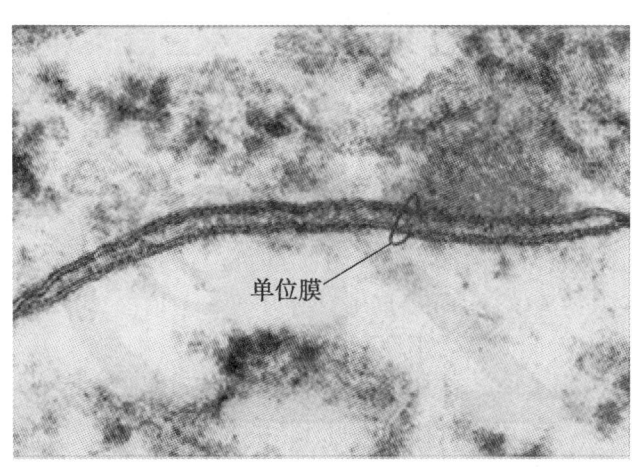

图 4-2 透射电镜下单位膜结构

细胞膜的基本功能是维持细胞的形态及内环境的相对稳定，选择性地与外环境进行物质交换，参与细胞信息传递、能量转换、细胞识别等各种功能，与细胞的新陈代谢、生长繁殖、分化、衰老死亡以及细胞癌变等重要生命活动密切相关。本章主要介绍质膜的化学组成、分子结构、特性及主要功能。

第一节 质膜结构

一、质膜的化学组成

生物膜由脂类、蛋白质和糖类组成，还有少量水、无机盐和金属离子。一般膜功能越复杂，蛋白质含量与种类越多。如线粒体内膜蛋白质占76%；而功能简单的神经髓鞘（主要起绝缘作用）膜蛋白的含量只有25%。对多数细胞而言，膜脂约占50%，膜蛋白约占40%~50%，膜糖类约占1%~10%。

（一）膜脂（membrane lipids）

质膜中所含的脂类称为膜脂。膜脂分子排列成连续的双层，构成生物膜的基本骨架（图4-1）。膜脂包括磷脂、胆固醇和糖脂。

1. **磷脂（phospholipids）** 磷脂包括卵磷脂（磷脂酰胆碱 phosphatidylcholine，PC）、脑磷脂（磷脂酰乙醇胺 phosphatidylethanolamine，PE）、鞘磷脂（神经鞘磷脂 sphingomyelin，SM）、磷脂酰丝氨酸（phosphatidylserine，PS）和磷脂酰肌醇（phosphatidylinositol，PI）五种。膜中含量最多的是卵磷脂，其次是脑磷脂，磷脂酰肌醇在膜中含量最少。磷脂都有一个亲水（极性）头部和一个疏水（非极性）尾部，亲水头部是磷脂酰碱基（胆碱、乙醇胺、丝氨酸等）、磷酸通过一分子甘油（或鞘氨醇）与疏水尾部相连，疏水尾部是两条长短不一、饱和程度不同的脂肪酸链，一般含14~24个碳原子，其中一条碳氢链（烃链）含1至数个双键（为不饱和链），可弯曲，另一条不含双键的链为饱和链，不能弯曲（图4-3）。

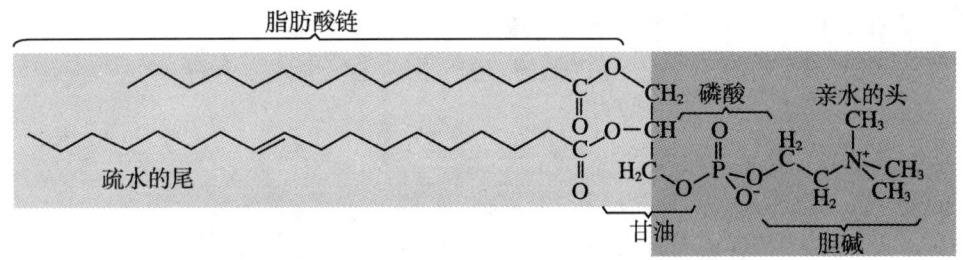

图4-3 卵磷脂——典型的磷酸甘油酯

磷脂分子为双亲性分子（amphipathic molecule），在水溶液中它们能自动排列成两种构型，一种为亲水头部暴露在外，疏水尾部藏于内部的分子团（micelle）；另一种为疏水尾部被亲水头部夹在中间的双分子层（bilayer），其游离端自动闭合成中空结构——脂质体（liposome）（图4-4）。

2. **胆固醇（cholesterol）** 胆固醇为中性脂，只存在于真核细胞膜中，含量不超过膜脂的1/3。胆固醇的亲水头部为羟基，疏水尾部为甾环和烃链（图4-5）。在脂双层中胆固醇分子亲水头部紧靠磷脂分子的亲水头部，疏水尾部呈游离状插在磷脂分子中（图4-6），这种特殊的排列方式对质膜的流动性和稳定性起重要的调节作用。

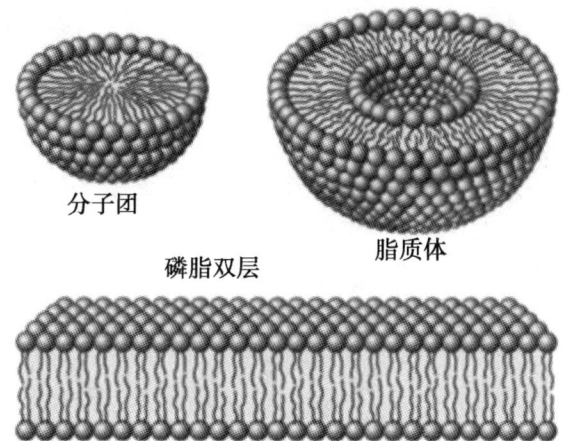

图 4-4 磷脂分子在水溶液中的排列方式

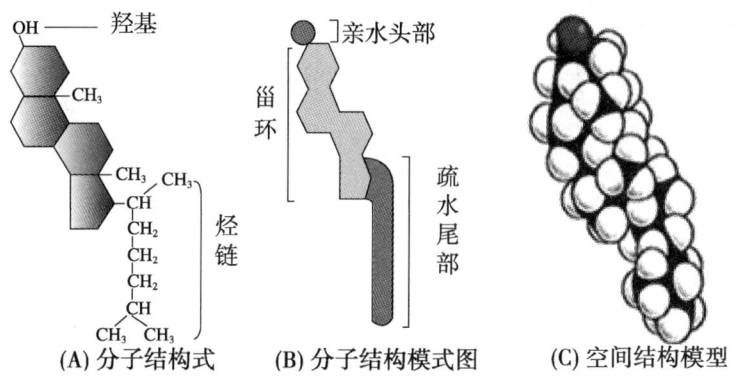

图 4-5 胆固醇分子结构式及模式图

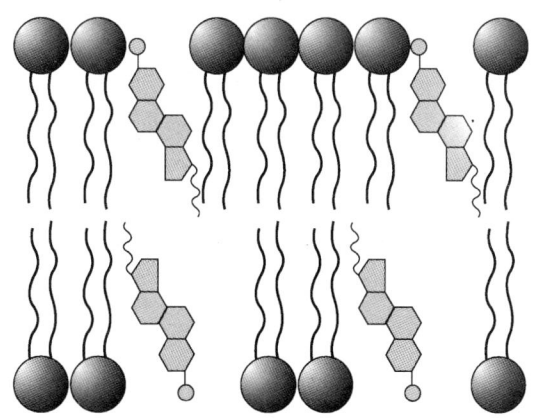

图 4-6 胆固醇分子与磷脂分子结合示意图

(引自王金发. 细胞生物学. 北京：科学出版社，2003)

3. 糖脂（glycolipid） 糖脂由磷脂分子与一个糖基或寡糖链结合而成，普遍存在于原核和真核细胞膜上。最简单的糖脂是半乳糖脑苷脂（galactocerebroside），其头部极性基团只有一个半乳糖分子；最复杂的糖脂是神经节苷脂（ganglioside），其头部含有一个或多个带负电荷的唾液酸和其他糖基。所有细胞中，糖脂均位于磷脂双层的外层，糖基暴露于膜外，与细胞识别、信号转导等有关。

(二)膜蛋白(membrane protein)

生物膜所含的蛋白质称为膜蛋白,是质膜功能的主要承担者。膜蛋白约占细胞总蛋白量的25%,根据膜蛋白与膜结合方式,可将膜蛋白分为整合蛋白和外周蛋白两大类。

1. 整合蛋白(integral protein) 整合蛋白包括镶嵌蛋白(mosaic protein)和跨膜蛋白(transmembrane protein),约占膜蛋白总量的70%~80%。

整合蛋白与脂双层的结合方式主要有四种(图4-7):①跨膜蛋白以单条α-螺旋穿过脂双层;②α-螺旋多次穿越脂双层;③蛋白分子共价结合在胞质侧膜质分子的烃链或基团上;④膜蛋白借助糖链共价结合于脂双层外层的磷脂酰肌醇分子上。整合蛋白与膜脂分子结合得非常牢固,只有用有机溶剂或磷酸酶才能使之与质膜分离,但会破坏质膜的完整性。

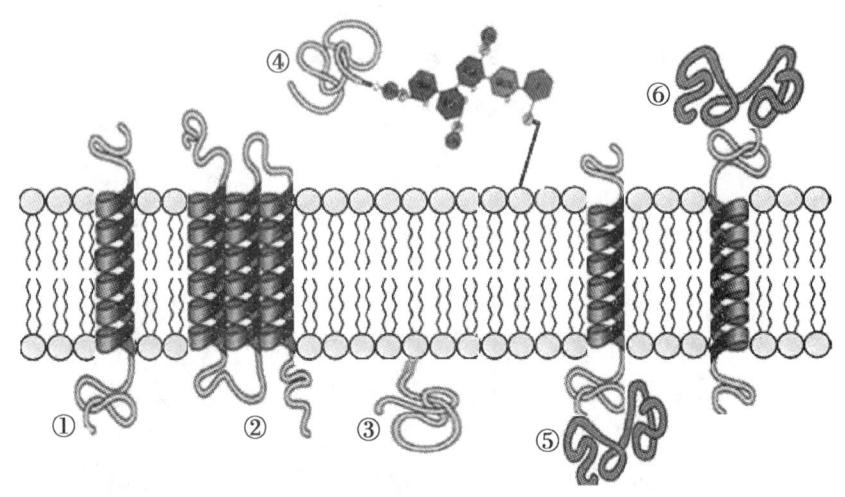

图4-7 膜蛋白与脂双层结合的几种方式

2. 外周蛋白(peripherin) 外周蛋白又称膜外在蛋白(extrinsic protein),分布于脂质双层的内外表面(图4-7⑤⑥),约占膜蛋白总量的20%~30%。外周蛋白常通过静电、离子键、氢键与磷脂的亲水头部或与跨膜蛋白的亲水头部结合,结合力弱,一般用高浓度盐溶液就能使其与质膜分离而不破坏膜的完整性。

膜蛋白的生物学功能不仅有机械支持作用,有的是具有催化功能的酶;有的是物质进出膜的载体、通道或泵;有的是接受生物大分子的受体;有的是起免疫反应的抗原。此外,膜蛋白在细胞连接、能量转换、信号转导等方面也起着重要作用。

(三)膜糖

细胞膜含的糖类称为膜糖。所有真核细胞表面均含有糖,约占膜重量的1%~10%。存在动物细胞膜上的糖类主要有七种,即半乳糖、甘露糖、岩藻糖、半乳糖胺、葡萄糖、葡萄糖胺和唾液酸。膜糖不单独存在,多以寡糖链与膜蛋白共价结合成糖蛋白(glycoprotein),一个糖蛋白分子可结合1条或多条寡糖链。糖链与膜脂共价结合形成糖脂,一个糖脂分子只结合一个糖基或一条寡糖链(图4-8)。糖链均伸向质膜的外侧,形成一层覆盖性的外衣称为细胞被(cell coat)。细胞被可保护细胞免受机械性损伤、消化酶的降解和细菌的侵袭。此外,在细胞识别、物质运输、接触抑制等方面亦起着重要作用。

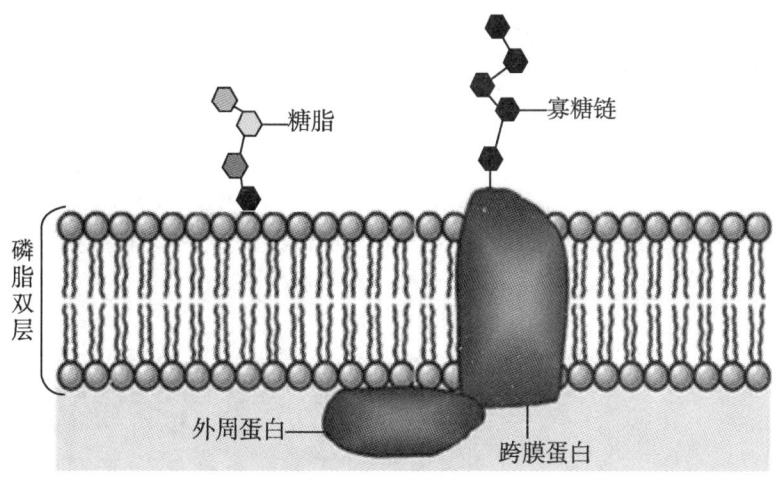

图 4-8 糖脂和糖蛋白

二、质膜的分子结构

质膜主要由脂类、蛋白质和少量糖类组成，这些分子是如何有机地结合在一起的呢？从 20 世纪至今，科学工作者对膜分子的排列进行了很多研究，提出了许多分子结构模型，以下介绍几种有代表性的模型。

（一）单位膜模型（unit membrane model）

1959 年 Robertson 用透射电镜和超薄切片技术清晰地观察到生物膜呈现"暗-明-暗"三层，厚约 7.5nm，明层厚约 3.5nm，内、外暗层各厚约 2nm，称这种"三夹板"式结构为单位膜模型。明层为磷脂双分子层，暗层为蛋白质，蛋白质以 β 折叠形式与磷脂分子亲水头部结合（图 4-9）。该模型指出了生物膜在形态结构上的共性，但它将生物膜看成是静态的单一结构，忽视了膜的动态变化，无法解释生物学膜的复杂功能。

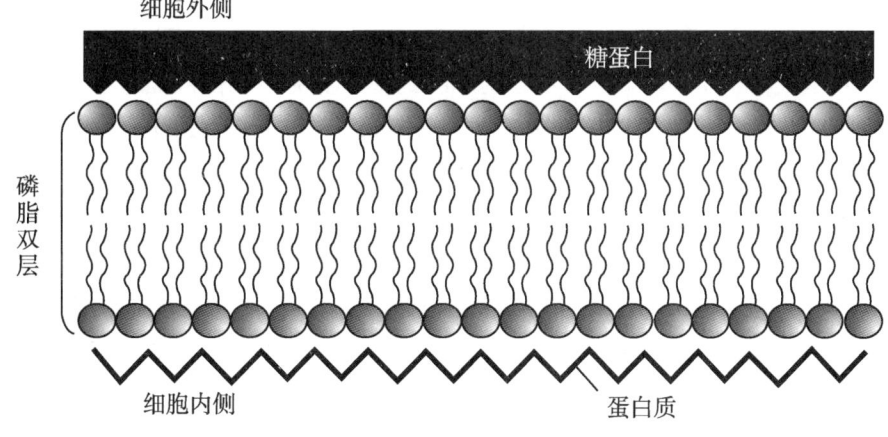

图 4-9 单位膜模型

（二）液态镶嵌模型（fluid mosaic model）

1972 年 Singer 等提出了液态镶嵌模型。该模型认为：生物膜是流动的脂质双分子层和球形蛋白质分子构成的二维液态体，流动的脂质双分子层构成膜的连续主体，它既有固体分子排列的有序性，又有液体分子的流动性；球形蛋白质分子有的附着在膜的内外表面，有的贯穿于膜的全层，有的部分或全部嵌入脂质双分子层中；糖只附着于膜的外表面（图 4-10）。

该模型主要强调了脂类的流动性，蛋白质分子像一群岛屿无规则地分散在脂质的海洋中，较合理地解释了生物膜结构的动态变化，但未说明生物膜流动过程中如何保持膜的相对完整性和稳定性，忽视了蛋白质分子与膜脂分子的相互制约作用。

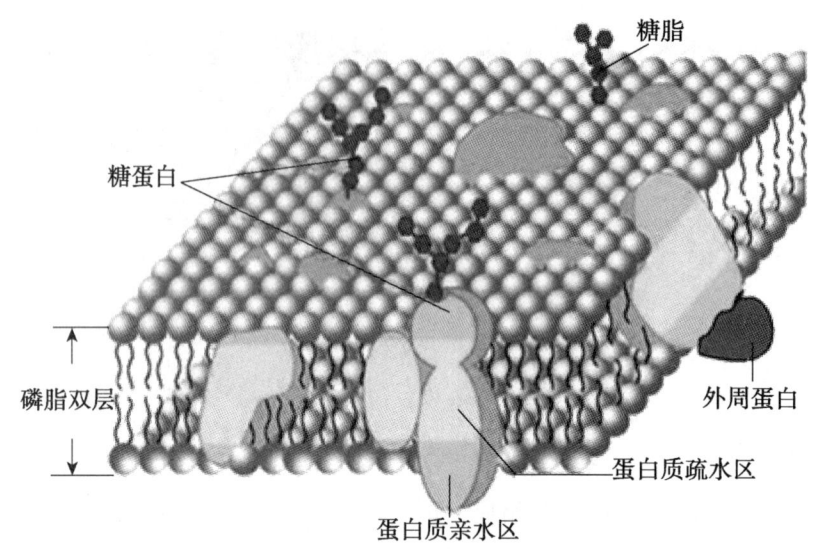

图 4-10 液态镶嵌模型

1975 年 Wallach 提出了晶格镶嵌模型（crystal mosaic model）。该模型认为，流动的脂类可逆地进行无序（液态）到有序（晶态）的相变，且流动的脂类分子呈小片状分布，并非整个细胞的脂质分子都在流动，合理地解释了生物膜既有流动性，又能保持膜的相对完整性和稳定性。

三、质膜的特性

质膜具有流动性（fluidity）和不对称性（asymmetry）。

（一）质膜的流动性

膜的流动性是指膜脂分子和膜蛋白分子进行的各种各样的运动。在生理温度下，膜脂分子有序地排列呈液晶态（liquid crystalline state），当温度下降到某一点时，膜由液晶态变成晶态（crystalline state）；温度上升时，晶态（凝胶态）又变成液晶态。质膜这种由晶态到液晶态的相互转变称为相变（phase transition），引起相变发生的温度称为相变温度（phase transition temperature）。

1. 膜脂分子运动方式　在相变温度以上，膜脂分子总处于运动状态。运动方式主要有六种（图 4-11）：①侧向扩散（lateral diffusion）：同一单层内相邻的磷脂分子，沿膜平面快速交换位置，每秒约 10^7 次。②旋转运动（rotation movement）：膜脂分子围绕与膜平面垂直的轴进行快速旋转。③钟摆运动（pendulum movement）：膜脂分子围绕与膜平面垂直轴进行的左右摆动。④伸缩震荡（flexible concussion）：脂肪酸链沿着纵轴进行的伸缩震荡运动。⑤翻转运动（flip-flop movement）：膜脂分子从脂双层的一层翻转到另一层。在翻转酶（flippase）的催化下完成，此运动发生较少，且速度缓慢。⑥弯曲运动（curvature movement）：膜脂分子的烃链可作弯曲运动，分子尾端摆动幅度大，越靠近头部摆动幅度越小。

2. 膜蛋白分子的运动　膜蛋白的运动只局限于某一区域，速度比较缓慢，其运动方式有侧向扩散和旋转运动。

（二）质膜的不对称性

质膜的不对称性是指膜脂、膜蛋白和糖类在生物膜内外两层的不对称性分布。

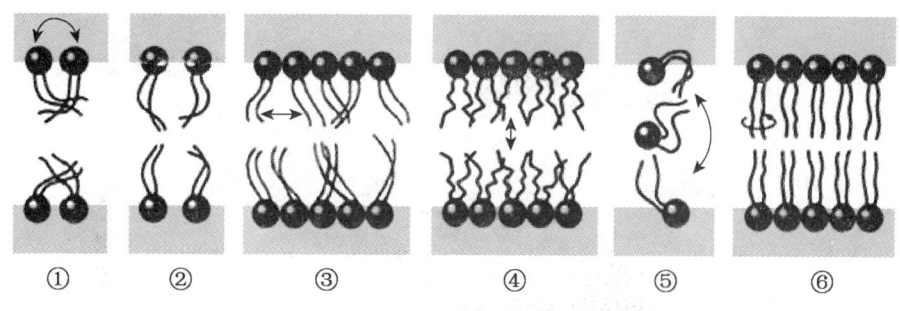

图 4-11　膜脂分子运动示意图

1. **膜脂的不对称性**　不同细胞或同一细胞不同部位的膜结构中，膜脂的成分和含量不同；即使同一细胞，同一部位内外两层的膜脂也不完全相同。例如，人红细胞膜的外层主要含卵磷脂和鞘磷脂，内层磷脂酰乙醇胺和磷脂酰丝氨酸较多（图 4-12），膜中含量最少的是磷脂酰肌醇，多分布于膜的内层；胆固醇含量在两分子层中差别不大。

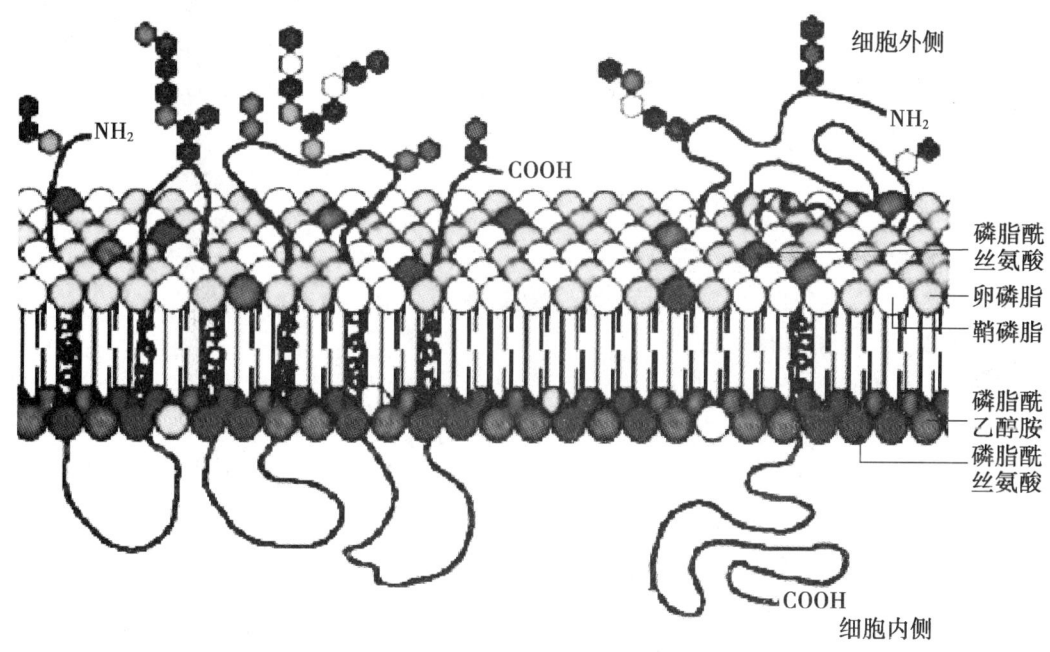

图 4-12　磷脂分子分布的不对称性

2. **膜蛋白的不对称性**　蛋白质在质膜上有特定的位置，其分布是不对称的（图 4-13）。如红细胞膜冰冻蚀刻标本显示膜内层蛋白颗粒约 $2800/\mu m^2$，外层只有 $1400/\mu m^2$。膜蛋白的不对称性分布与膜功能相关，如受体、抗原只见于膜的外层，而腺苷酸环化酶只见于膜的内表面，膜蛋白的不对称性分布决定了膜功能的方向性。

3. **膜糖的不对称性**　膜糖以糖脂和糖蛋白的形式存在，糖残基只分布于质膜的外表面（图 4-12）；在细胞内膜中，糖残基全部分布于腔面。

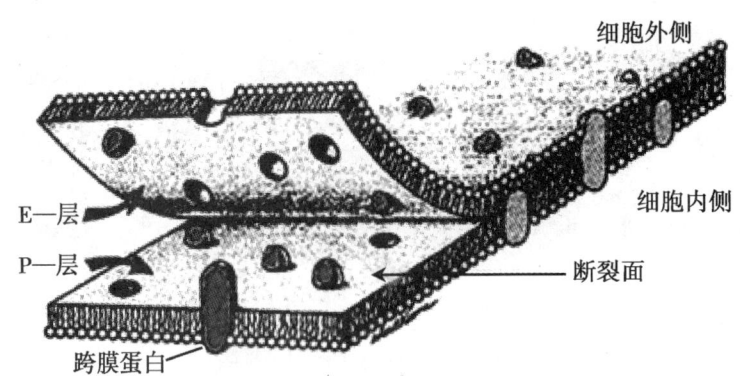

图 4-13　膜蛋白分布的不对称性

第二节　小分子物质的穿膜运输

细胞要维持各种生命活动,必然要从其周围环境吸取营养,并不断地排出细胞自身的代谢产物。物质川流不息地交换都要通过质膜,所以,质膜不但是物质进出细胞的门户,同时对物质的进出具有高度的选择性和调控作用。根据物质运输过程是否消耗能量,将质膜对小分子的运输分为被动运输和主动运输两大类。

一、被动运输（passive transport）

通过简单扩散或协助扩散实现物质由膜的高浓度侧向低浓度侧转运,转运动力来自膜内外两侧物质的浓度梯度或电位差,不消耗细胞代谢能的运输方式称为被动运输。

（一）简单扩散（simple diffusion）

简单扩散又称自由扩散（free diffusion）。只要物质在膜两侧存在浓度差即可进行简单扩散,不消耗细胞代谢能,不需膜蛋白协助。如 O_2、N_2、CO_2、乙醇、尿素、苯、H_2O 等小分子物质都可通过简单扩散的方式进行穿膜运输（图 4-14）。其特点为:①物质由高向低顺浓度梯度转运;②不需借助载体;③不消耗细胞代谢能。

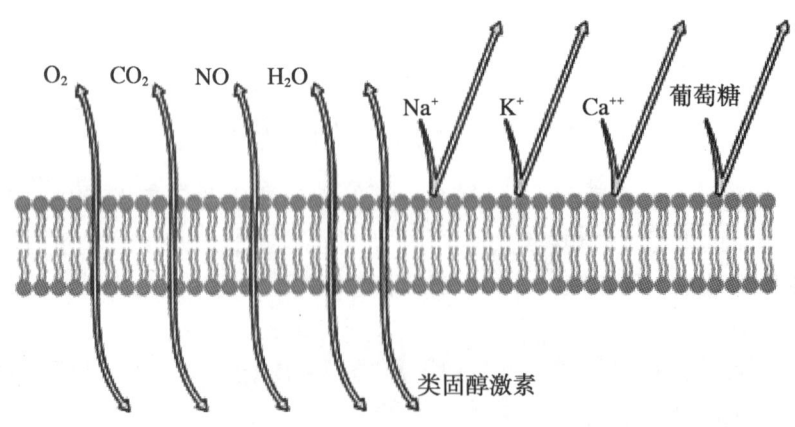

图 4-14　小分子物质透过人工脂双层的能力

小分子物质的扩散速率除依赖浓度梯度外,主要取决于分子大小和它在质膜中的相对溶解度。一般来说,分子质量越小,脂溶性越大,通过脂双层的速度越快。

> **医学应用1 肺内O_2的快速扩散**
>
> 血液是由血细胞和血浆组成的流体组织，红细胞无核，胞浆内充满血红蛋白。胞内的钠离子浓度远远低于血浆，这对于维持红细胞形态是非常重要的，如果细胞内钠离子浓度升高，水将在渗透压作用下渗入细胞，红细胞就会膨胀、破裂。当血液流经肺时，因为氧分子可通过简单扩散方式快速穿过质膜，红细胞可快速获得氧气，当血液流经机体各器官时，由于脂质双分子层对钠离子的不通透性，所以红细胞不会从血浆中获得钠离子，从而可保持细胞的正常形态，即使通过体内最小的血管时也不会破裂。

（二）协助扩散

协助扩散又称易化扩散（facilitated diffusion）、帮助扩散。一些带电荷的物质或是亲水性物质，如Na^+、K^+、Ca^{2+}、Mg^{2+}、葡萄糖、氨基酸、核苷酸等不能直接通过脂双层，需要依赖膜蛋白协助才能完成物质的穿膜运输称为协助扩散。其特点为：①物质由高向低顺浓度梯度转运；②需膜蛋白介导；③不消耗细胞代谢能；④比简单扩散转运速度快。

协助扩散的蛋白包括载体蛋白（carrier protein）和通道蛋白（channel protein）两大类。

1. 载体蛋白介导的协助扩散 载体蛋白是运输葡萄糖、氨基酸、核苷酸等特定溶质分子的跨膜蛋白，能与所运输物质特异性结合，通过载体蛋白的构象（conformation）变化，将溶质分子从膜的高浓度侧转运至低浓度侧（图4-15），载体蛋白释放溶质分子后又恢复到原来的构象，其过程如同翻斗车运输沙子或土一样。

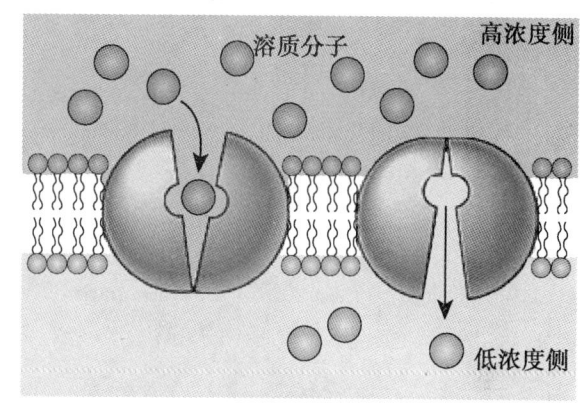

图4-15 载体蛋白介导的物质运输

载体蛋白协助扩散的特点为：①高度选择性，一种载体蛋白只能运输一种类型的离子或分子；②饱和现象，因为膜上的载体或载体结合位点的数目有限，当物质浓度增加到一定限度时，物质与载体的结合便处于饱和状态；③转运方向是顺浓度梯度，不消耗细胞代谢能，转运速度与膜两侧物质浓度差呈正比；④通过膜蛋白构象变化实现物质运输。

> **医学应用2 葡萄糖载体的重要性**
>
> 机体细胞处于富含葡萄糖的体液中，但葡萄糖是亲水性的，它不能通过简单扩散的方式穿膜，只能依赖葡萄糖载体进入细胞。有些细胞的质膜在任何时候都有葡萄糖载体，而另外一些细胞，如肌细胞和脂肪细胞，只有胰岛素存在的情况下才能将葡萄糖载体转运到质膜上。胰岛素依赖型糖尿病患者不能产生胰岛素，必须注射人工合成的胰岛素。因此即使血液中的葡萄糖浓度很高，患者的肌细胞和脂肪细胞也不能利用葡萄糖，导致细胞能量供应不足，所以胰岛素依赖型糖尿病患者会出现肌肉无力的症状。

2. 通道蛋白介导的协助扩散 通道蛋白是一类跨膜蛋白，它的中心为直径0.35～0.8nm的小孔，小孔由膜蛋白亲水基团构成（图4-16）。常见的膜通道有：

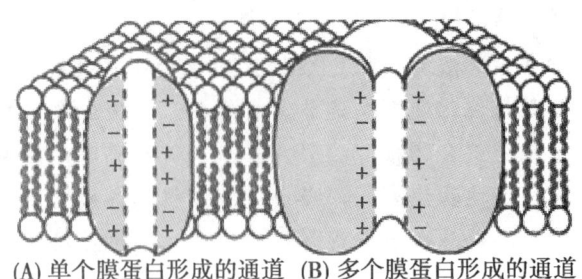

(A) 单个膜蛋白形成的通道 (B) 多个膜蛋白形成的通道

图 4-16 通道蛋白模式图

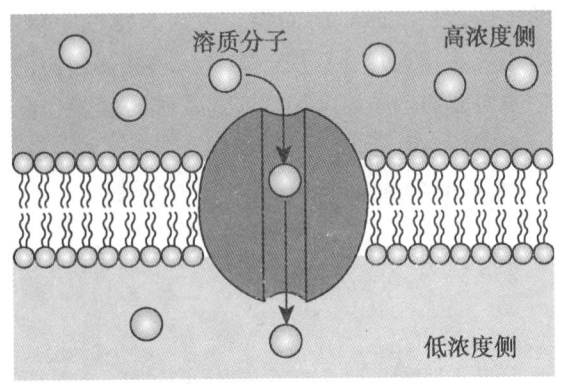

图 4-17 水通道

(1) 水通道 (aquaporin)：人体细胞的水通道多达 11 种，水通道持续开放，允许水和一些大小适宜的分子及带电荷的溶质顺浓度梯度通过 (图 4-17)，其速度要比简单扩散快得多。

(2) 门控通道 (gated channel)：这种通道也称离子通道，一般处于关闭状态，只有接受化学信号（配体）的刺激、膜电位变化或压力等才瞬间开放。根据开启机制不同分为：①电压门控通道 (voltage-gated channel)：通道的开放受膜电位变化控制（图 4-18A），如 Na^+ 通道、K^+ 通道等。②配体门控通道 (ligand gated channel)：通道的开关受化学物质（配体）调控，如乙酰胆碱通道（图 4-18B、C）。③机械门控通道 (mechanically gated channel)：亦称压力激活通道，通道开放受细胞膜表面压力变化控制，如听觉毛细胞离子通道的开闭受声音震动产生的压力控制（图 4-18D）。

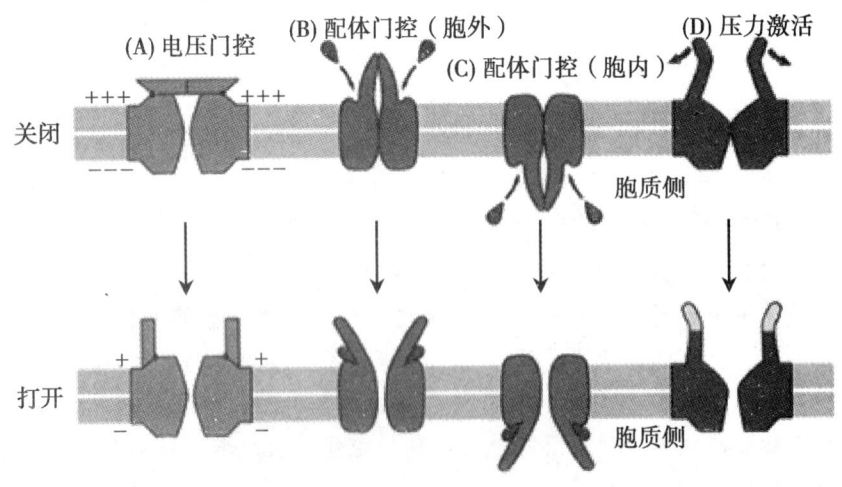

图 4-18 几种门控离子通道示意图

门控通道开放时间只有几毫秒，在这短暂的时间里，一些离子、代谢产物等瞬间通过，通道便迅速关闭。通道的这种瞬间开放和关闭，有利于细胞的一些顺序活动，一个通道离子的进入，可引起另一个通道的开放。例如，在神经肌肉连接系统，一个冲动沿神经传送并引起肌肉收缩，整个反应不到一秒，但至少引发4个不同部位的离子门控通道按一定顺序开放和关闭（图4-19）。

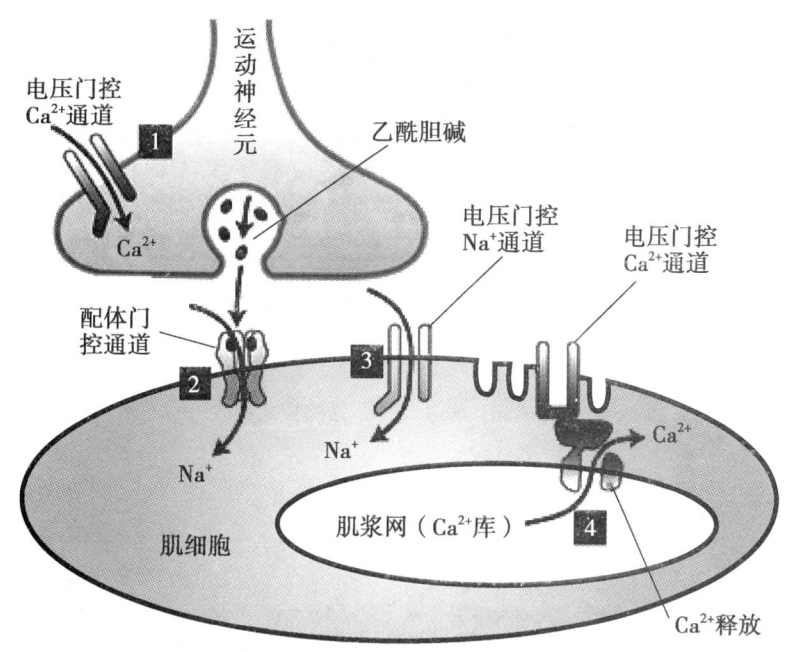

图4-19 神经肌肉接头处的电压、配体门控离子通道

二、主动运输（active transport）

借助膜上专一载体蛋白，逆浓度梯度转运物质，需消耗细胞代谢能（ATP）的运输方式称为主动运输。如生理条件下，细胞内 K^+ 的浓度比胞外高约 30 倍，胞外 Na^+ 的浓度比胞内高约 10 倍，但 K^+ 仍进入细胞，Na^+ 仍出细胞。这种膜内外两侧 Na^+、K^+ 离子的浓度差是由膜上特殊载体蛋白——Na^+-K^+ 泵（pump）维持的。

（一）Na^+-K^+ 泵

Na^+-K^+ 泵存在于所有动物细胞膜上，因 Na^+-K^+ 泵能催化 ATP 水解为 ADP，释放能量供自身利用，所以又称其为 Na^+-K^+ ATP 酶（Na^+-K^+ ATPase）。它由紧密偶联的大小两个亚基组成（图4-20）。小亚基是糖蛋白（分子量 55 000），功能不详；大亚基为多次穿膜的跨膜蛋白（分子量 120 000），可催化 ATP 水解。大亚基外表面有两个 K^+ 和乌本苷（uabain，又名箭毒，是 Na^+-K^+ 泵的抑制剂）的结合位点，胞质面有 ATP 和 3 个 Na^+ 的结合位点。Na^+-K^+ 泵通过催化 ATP 水解，改变自身构象来完成 Na^+ 和 K^+ 的对向运输。

Na^+-K^+ 泵运输过程：胞质侧 Na^+、Mg^{2+} 存在时，Na^+ 与泵结合，泵被激活，水解 ATP 为 ADP 和高能磷酸根，磷酸根与泵的大亚基结合使其磷酸化并发生构象变化，变构的大亚基与 Na^+ 亲和力低，释放 Na^+ 于胞外，与 K^+ 亲和力高并与之结合，刺激泵去除磷酸根并改变构象，释放 K^+ 于胞内（图4-21），如此周而复始，完成 Na^+、K^+ 的逆浓度梯度运输。Na^+-K^+ 泵每秒可水解1000个 ATP 分子，每水解 1 个 ATP 分子能向细胞外转运 3 个 Na^+，向细胞内转运 2 个 K^+。

主动运输特点包括：①物质逆浓度梯度运输；②依赖膜转运蛋白——泵的变构实现物质转运；③消耗细胞代谢能；④具有选择性和特异性。

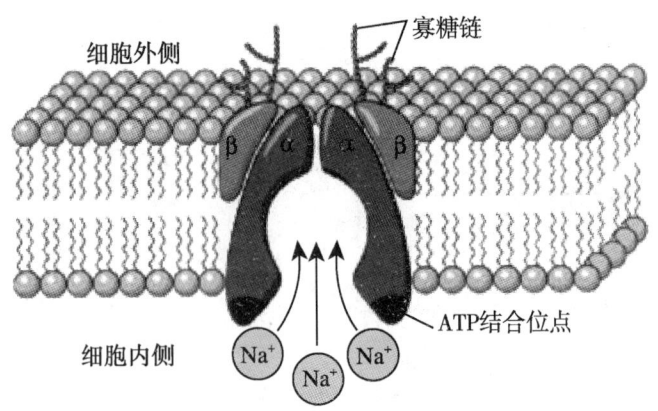

图 4-20 Na⁺-K⁺泵结构模式图

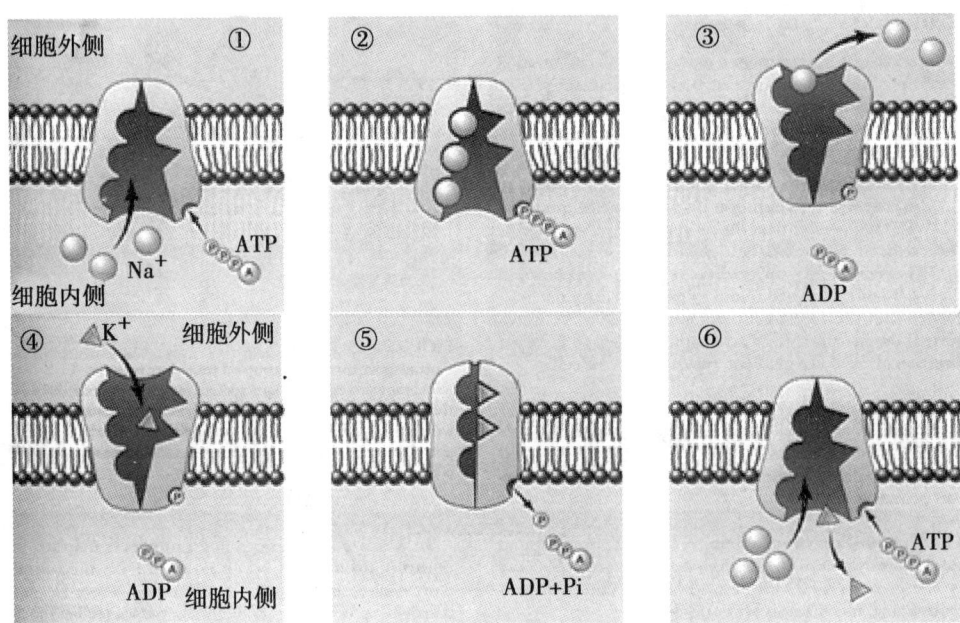

图 4-21 Na⁺-K⁺泵运输 Na⁺和 K⁺的过程

> **医学应用 3　洋地黄的强心作用**
>
> 　　洋地黄常用于治疗心力衰竭。它可以抑制 Na⁺-K⁺泵的活性，对细胞有毒性。然而小剂量的洋地黄可通过抑制 Na⁺-K⁺泵的活性，增强心肌的收缩力。这是因为轻微地抑制 Na⁺-K⁺泵的活性可以使胞质中的 Na⁺浓度少量增加。而 Na⁺-Ca²⁺泵中有 3 个 Na⁺的结合位点，对 Na⁺的浓度非常敏感，因此胞质中的 Na⁺浓度轻微增加会明显地抑制 Na⁺-Ca²⁺泵的活性，增加胞质中 Ca²⁺的浓度，而心肌收缩的机制与 Ca²⁺相关，因此胞质中 Ca²⁺浓度少量增加能增强心肌的收缩力。

> **医学应用 4 一种 "Na^+ 通道病"**
>
> 癫痫是大脑神经元突发性异常放电导致短暂的大脑功能障碍的一种慢性疾病。在儿童期较常见，随着年龄增长逐渐好转。但有一种儿童期发病的癫痫——"热性全身性癫痫"，它的发作持续到 6 岁以后，而且病情不会随年龄的增长而好转。澳大利亚科学家 Robyn Wallace 等研究发现，这可能是由于基因突变导致 Na^+ 通道塞向电压门控 Na^+ 通道移动速度减慢，使大脑神经细胞更容易接受刺激而诱发动作电位。

（二）伴随运输（co-transport）

也称协同运输。溶质分子逆浓度梯度转运时不直接消耗 ATP，而是借助离子泵转运离子时储存的能量驱动膜上特异性蛋白变构，溶质分子与离子相伴进入细胞内的现象称为伴随运输。

细胞吸收葡萄糖、氨基酸等溶质分子有两种方式：一是顺浓度梯度协助扩散；二是依赖伴随运输。如小肠上皮细胞内葡萄糖浓度高，Na^+ 浓度低；而肠腔内葡萄糖浓度低，Na^+ 浓度高，但肠腔内的葡萄糖仍不断进入小肠上皮细胞，其运输机制是小肠上皮细胞膜上有共运输载体，该载体有 Na^+ 和葡萄糖的结合位点，载体蛋白与 Na^+ 和葡萄糖分子结合，载体蛋白发生构象变化，葡萄糖与 Na^+ 一起进入细胞内，载体恢复原状（图 4-22）。小肠上皮细胞内、外 Na^+ 浓度差越大，葡萄糖等溶质分子进入细胞的速度越快，反之则慢，甚至停止。所以，伴随运输是一种间接的主动运输。小肠上皮细胞通过间接的主动运输从肠腔中吸收葡萄糖、果糖、半乳糖、氨基酸等营养物质，再经协助扩散转运至血浆。

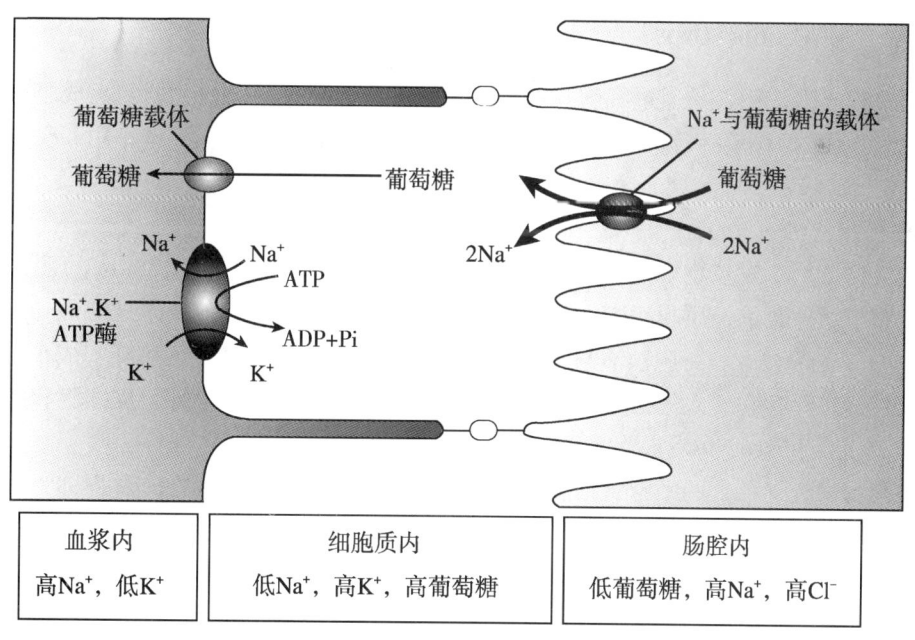

图 4-22　葡萄糖与 Na^+ 的伴随运输

载体蛋白只转运一种物质（如葡萄糖载体、Ca^{2+} 泵、氨基酸载体等）为单向运输（uniport），载体蛋白如果同时转运两种物质（如 Na^+-K^+ 泵、Na^+-H^+ 泵等）为伴随运输。若运输的两种物质方向相同为同向运输（symport）；若转运的两种物质方向相反为对向运输（antiport；图 4-23）。

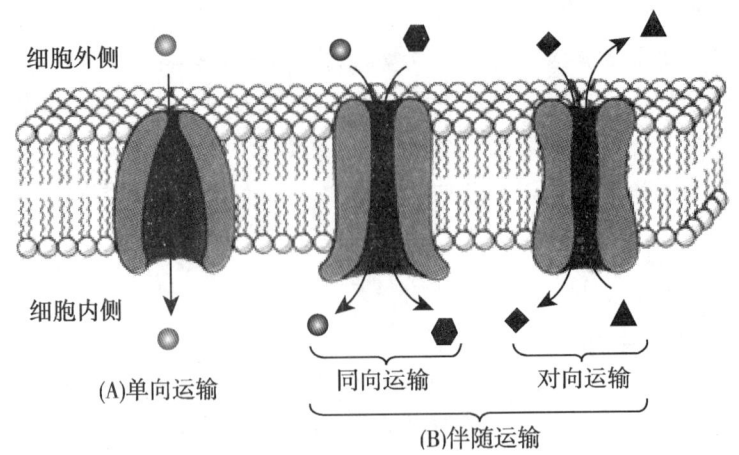

图 4-23 物质运输方向示意图

第三节 大分子物质的膜泡运输

细胞内外生物大分子及颗粒物质（如蛋白质、核酸、多糖、细菌及细胞碎片等）的转运是通过膜泡形成、位移、融合等一系列过程完成的，故称为膜泡运输，转运过程需消耗细胞代谢能（ATP）。根据膜泡的转运方向将其分为胞吞和胞吐两种方式。

一、胞吞作用（endocytosis）

胞吞作用又称入胞作用，是通过细胞膜内陷，将细胞外大分子或颗粒物质包裹成膜泡运进细胞的过程。根据入胞物质的大小及入胞机制的不同，胞吞作用分为胞饮作用、吞噬作用和受体介导胞吞作用三种方式。

（一）胞饮作用（pinocytosis）

细胞摄取液体或微小颗粒物质的过程称为胞饮作用。液体或直径小于 150nm 的颗粒吸附在细胞表面，该部位膜下微丝收缩，质膜逐渐内陷，将液体或颗粒物质包裹成胞饮体（pinosome）或胞饮泡（pinocytic vesicle）（图 4-24）。胞饮泡与初级溶酶体融合，内容物被溶酶体酶降解成小分子物质被细胞利用。胞饮作用广泛存在于人的白细胞、肝细胞、小肠上皮细胞、肾小管上皮细胞和巨噬细胞等。

（二）吞噬作用（phagocytosis）

细胞摄取细菌、衰老死亡的细胞、细胞碎片、粉尘颗粒及大分子复合物的过程称为吞噬作用。细胞吞噬时，被吞噬的物质与质膜表面接触，随之接触部位的质膜向内凹陷或形成伪足，将颗粒包裹逐渐形成吞噬体（phagosome）或吞噬泡（phagocytotic vesicle）（图 4-25），吞噬体与初级溶酶体融合，溶酶体酶将其降解。

吞噬作用是原生动物获取营养物质的主要方式，而高等动物及人体内只有单核细胞、巨噬细胞、多形核白细胞等少数特化细胞有吞噬功能。这些细胞广泛分布于组织和血液中，防御微生物的入侵；清除机体内衰老、死亡或凋亡的细胞；为机体提供营养。

（三）受体介导的胞吞作用（receptor-mediated endocytosis）

某些大分子物质与细胞膜的特异性受体（receptor）识别并结合，通过膜内陷将大分子物质包裹成囊泡运进细胞的过程称为受体介导的胞吞作用，是细胞主动、特异、高效地摄取营养物质的方式。如细胞摄取胆固醇、Fe^{3+}，胎儿摄取抗体，肝细胞摄取免疫球蛋白等都是通过受体介导的胞吞作用完成的。

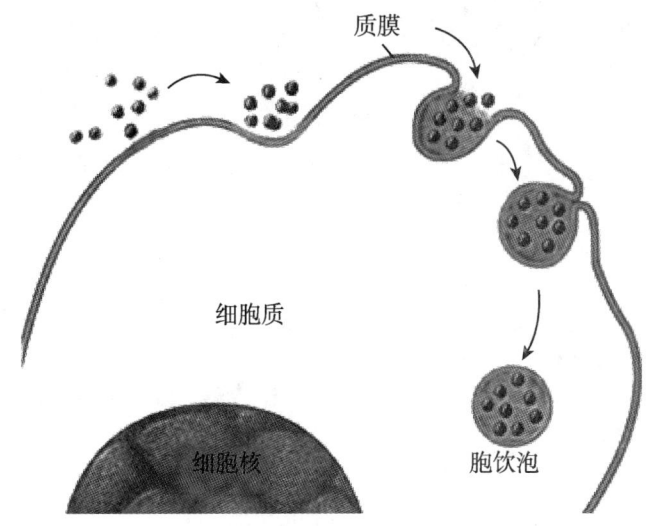

图 4-24 胞饮作用

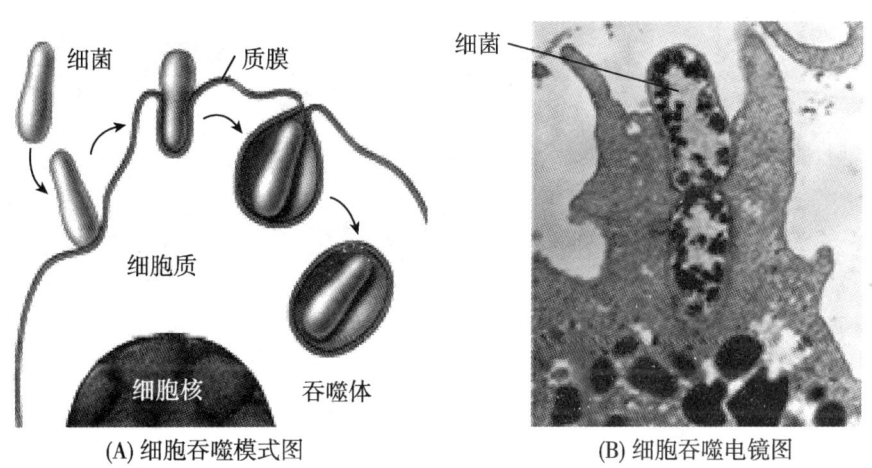

图 4-25 细胞吞噬作用

受体介导的胞吞作用只发生于细胞膜的特定区域——即有被小窝（coated pit），有被小窝占细胞膜总面积的 2%。电镜下可见该区域的胞质侧有毛刺状外衣，当配体与对应的膜受体结合后，小窝内陷并与质膜分离形成有被小泡（coated vesicle），有被小泡的直径为 50～250nm（图 4-26）。

有被小泡或有被小窝的外衣为五边形或六边形的篮网结构（图 4-27C）。"篮网"主要由笼形蛋白（clathrin）组成，它是一种高度稳定的纤维状蛋白，由一条重链（相对分子量为180 000）和一条轻链（相对分子量为35 000）组成二聚体，3 个二聚体构成三腿蛋白复合体（three-legged protein complex），许多三腿蛋白复合体组成有被小泡的衣被（图 4-27）。

胆固醇是质膜、胆汁、性激素的合成原料，血液中大多数胆固醇与蛋白质结合成一种复合物——即低密度脂蛋白（low density lipoproteins，LDL）。LDL 直径为 20～25nm 的球形颗粒，颗粒中心是 1500 个酯化的胆固醇分子，其外层包裹磷脂单层，载脂蛋白镶嵌于磷脂单层上。

当细胞需要胆固醇时，细胞先合成 LDL 受体并嵌入质膜的有被区，LDL 颗粒与 LDL 受体特异性结合，形成有被小窝，有被小窝不断内陷，LDL 颗粒和 LDL 受体一起被包裹形成有被小泡，脱去衣被形成无被小泡，无被小泡与胞内体融合形成内吞体，内吞体膜上有 H^+ 泵，可将胞质中的 H^+ 泵

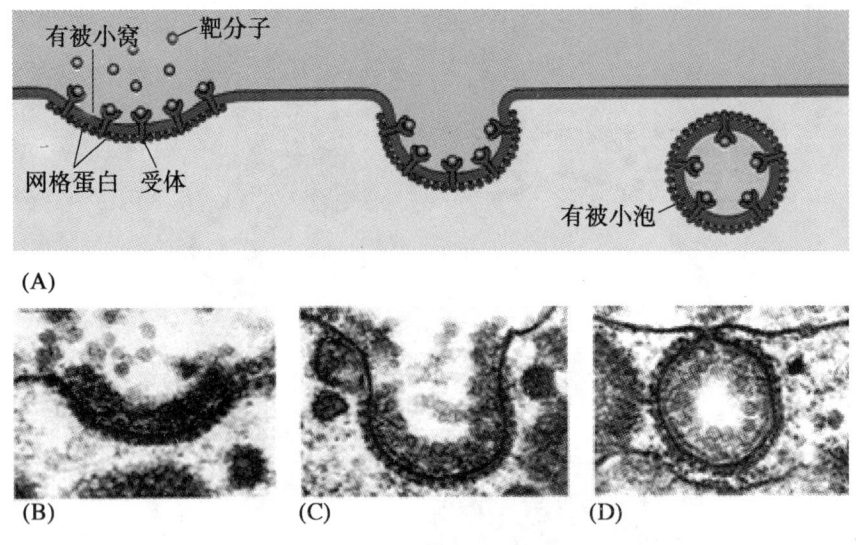

图4-26 有被小泡的形成过程
(A) 模式图；(B)~(D) 电镜图

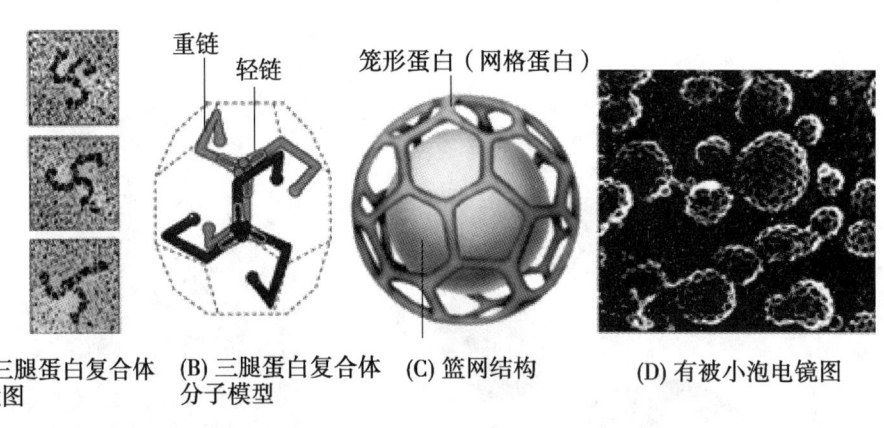

(A) 三腿蛋白复合体电镜图　(B) 三腿蛋白复合体分子模型　(C) 篮网结构　(D) 有被小泡电镜图

图4-27 三腿蛋白复合体及网篮结构示意图

入内吞体中，在 pH 5~6 的酸性环境中，LDL 颗粒与 LDL 受体分离形成 2 个泡。含有 LDL 受体的泡返回质膜的有被小窝区重新利用；含有 LDL 颗粒的泡与初级溶酶体融合，LDL 颗粒被溶酶体酶降解，释放游离的胆固醇供细胞利用（图 4-28）。当细胞内游离胆固醇过多时，通过细胞的反馈调节，细胞便停止合成胆固醇和 LDL 受体。

受体介导胞吞作用的特点为：①需膜上特异性受体介导；②运输效率高，一个 LDL 颗粒含 1500 个胆固醇分子，而一个有被小泡可同时运输几个 LDL 颗粒；③消耗细胞代谢能；④具有高度的选择性。

二、胞吐作用（exocytosis）

胞吐作用又称出胞作用，是细胞将自身合成的外输性物质（如肽类激素、酶类、细胞因子等）和代谢废物由内膜包裹成膜泡，膜泡由细胞内逐渐移向质膜并与之融合，释放膜泡内容物于胞外的过程图 4-29，需消耗细胞代谢能。胞吐过程包括 4 个阶段：①膜泡形成；②向靶膜渐移；③膜泡与质膜融合；④释放膜泡内容物。胞吐主要见于内分泌细胞的激素分泌、神经末梢的神经递质释放以及细胞内代谢废物的排出等。

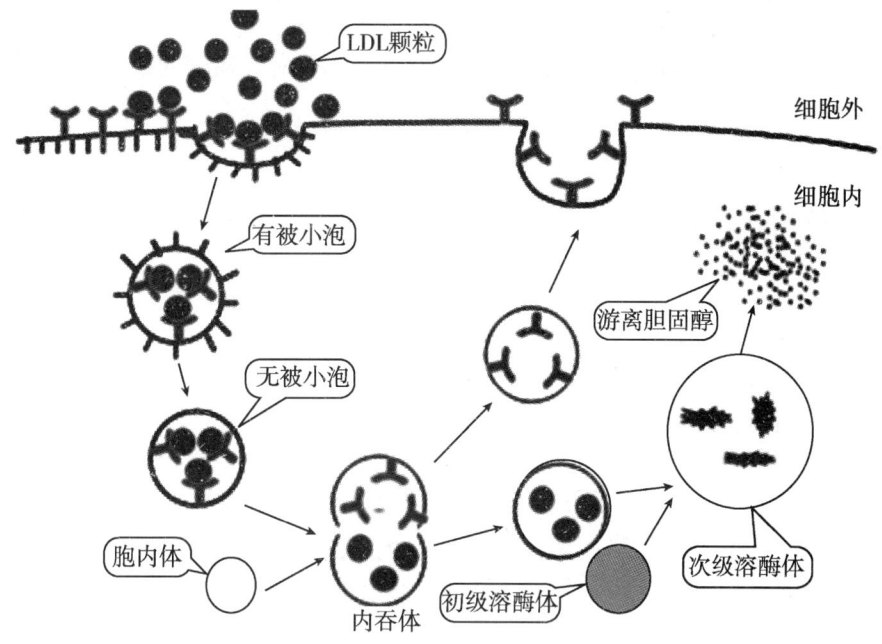

图 4-28 LDL 受体介导的胞吞作用

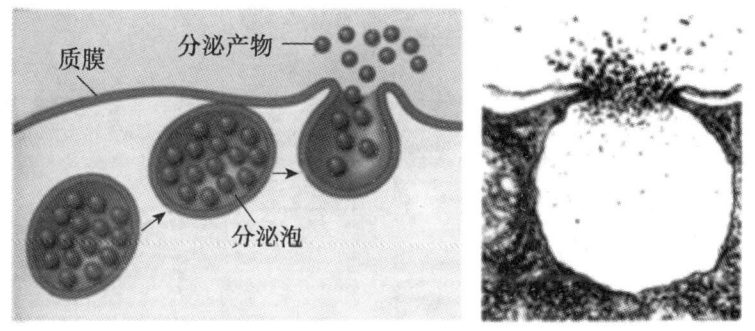

图 4-29 胞吐作用示意图及电镜图

胞吞和胞吐作用伴随着膜的转运，胞吞消耗细胞膜，胞吐补充细胞膜，这种细胞膜的不断消耗与补充构成了质膜的循环。

第四节　质膜与医学

质膜是细胞与环境间的界膜，在维持细胞内环境稳定、选择性地摄取营养物质以及信息传递等各种生命活动中起着重要作用。因此质膜成分、结构的改变乃至功能异常，均会导致细胞甚至机体生理功能紊乱，进而引发疾病。

一、膜转运蛋白异常与疾病

质膜中有许多与物质转运相关的转运蛋白（如载体蛋白、通道蛋白、离子泵等），如果某种转运蛋白数量、结构或功能异常，相应物质则不能正常转运，由此便会引发相应的疾病。

胱氨酸尿症是一种遗传性疾病，因患者尿液中含有大量胱氨酸而得名。其病因是患者肾近曲小管上皮细胞膜转运胱氨酸、赖氨酸、精氨酸和鸟氨酸的能力降低所致。因胱氨酸不溶于水，当患者每日排尿量中胱氨酸浓度达 0.5～1.0g/L（在 pH 5～7 时，尿中胱氨酸饱和浓度为 0.3～0.4g/L）时，即沉淀形成结晶或结石。本病主要表现为尿路结石、肾绞痛、氨基酸尿及尿路感染。

肾性糖尿病也是膜转运蛋白异常性疾病，是患者肾近曲小管对葡萄糖的重吸收能力降低而引发的疾病。其病因是肾小管上皮细胞膜 Na^+ 驱动的葡萄糖载体蛋白缺失或功能降低，导致肾小管对葡萄糖重吸收障碍所致。

二、膜受体异常与疾病

膜受体（membrane receptor）数量增减和结构缺陷以及特异性、结合能力异常改变等所引起的疾病称为受体病（receptor disease）。

（一）家族性高胆固醇血症

家族性高胆固醇血症（familial hypercholesterolemia, FH）患者的 LDL 受体基因缺陷，导致质膜上 LDL 受体先天缺乏或数目减少，细胞摄取胆固醇障碍，血浆中胆固醇含量堆积而致病。重症患者 LDL 受体只有正常人的 3.6%，其血浆中的胆固醇比正常人高 6 倍多，常在 20 岁前出现动脉硬化，多死于冠心病；轻症患者 LDL 受体仅为正常人的 60%，多在 40 岁前出现冠心病；有的患者 LDL 受体数目虽正常，但受体与 LDL 颗粒连接部位异常，不能与 LDL 颗粒结合，或 LDL 受体有被小窝的结合部位缺失而不能固定于有被小窝区（图 4-30），导致细胞摄取 LDL 颗粒障碍，患者会出现持续性高胆固醇血症，继而引发心血管疾病。

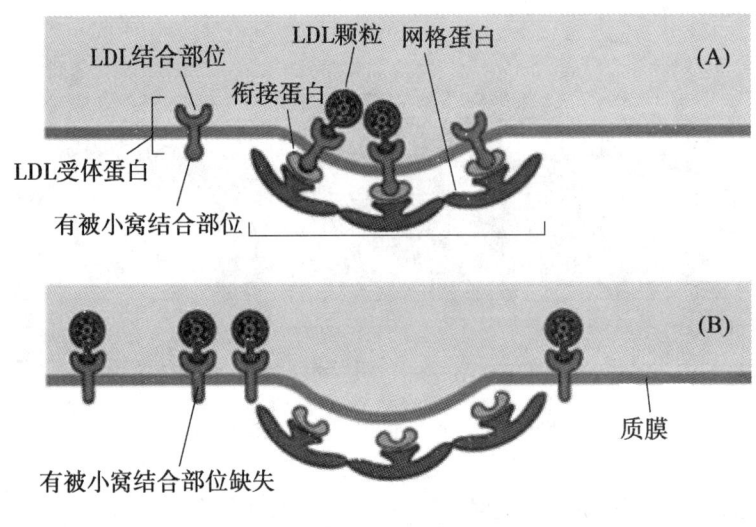

图 4-30 LDL 受体缺陷示意图
(A) LDL 结合部位缺陷；(B) 有被小窝结合部位缺失

（二）自身免疫性受体病——重症肌无力

重症肌无力（myasthenia gravis）患者体内产生了抗乙酰胆碱（acetylcholine, Ach）受体的抗体，这些抗体与乙酰胆碱受体结合，占据了受体的位置，阻断了乙酰胆碱的作用。而且这些抗体还促使肌细胞膜上的乙酰胆碱受体降解，使患者乙酰胆碱受体数量减少，导致肌肉收缩无力。表现为受累横纹肌稍行活动后即疲乏无力，休息后恢复。

（三）继发性受体病

继发性受体病是指机体代谢紊乱引起受体功能下降所致的疾病，如肥胖可使胰岛素受体功能下降引发糖尿病；心功能不全可引起心肌细胞受体减少。

三、质膜与肿瘤

肿瘤细胞的恶性增殖及转移与质膜成分或结构改变密切相关。

(一) 膜接触抑制消失

体外培养的细胞生长到彼此相互接触的密度时,细胞便停止增殖,该现象称为接触抑制(contact inhibition)。在同样的生存条件下培养肿瘤细胞,当肿瘤细胞生长到彼此接触的密度时,仍无限增殖并重叠成堆,失去了细胞间的接触抑制作用。

(二) 细胞间黏着作用消失

各种肿瘤细胞膜纤连蛋白(fibronectin)显著减少,甚至完全消失,导致肿瘤细胞之间的黏着性(stickiness)和亲和力降低,使肿瘤细胞易于脱落,浸润病灶附近的组织或随血液、淋巴液转移到其他部位。

(三) 细胞膜组分的改变

1. 糖脂的改变　肿瘤细胞膜糖脂上的糖链短缺不全,膜上结构复杂的带唾液酸的神经节苷脂含量下降或消失,而简单的鞘糖脂(glycosylsphingolipid)堆积,其主要原因与糖基转移酶活性下降,糖基水解酶活性增强有关。

2. 糖蛋白的改变　肿瘤细胞膜上除纤连蛋白减少甚至消失外,含唾液酸和岩藻糖的糖蛋白数量明显增多,膜表面负电荷亦随之增加,利于肿瘤细胞增殖;糖链中富含唾液酸,掩盖了肿瘤相关移植抗原(tumor associated transplantation antigen,TATA)的作用,使肿瘤细胞逃避机体免疫细胞的监视。

3. 膜表面酶的改变　肿瘤细胞表面的蛋白水解酶和糖苷水解酶活性增高,使细胞膜对糖和蛋白质的转运能力增强,为细胞的快速分裂增殖提供了物质基础。

4. 新抗原出现　某些肿瘤细胞表面出现特异性抗原,如消化道肿瘤细胞膜出现癌胚抗原(CEA),肝细胞膜出现甲胎蛋白(AFP)等。

四、膜生物工程与医药学

人工生物膜在医药学领域有广泛的应用。如脂质体(liposome)是由磷脂双分子层在水溶液中形成的微囊,类似于天然生物膜。它可以包裹各种生理活性物质,如克隆抗体、药物、DNA、RNA等。亲水性物质包裹在脂质体微囊的水溶液中,而疏水性物质则分布于脂质体膜内。脂质体和细胞接触后可被吸附于细胞表面,膜发生融合后,脂质体内含物便进入细胞发挥生理作用。

(一) 脂质体在基因治疗中的应用

通过脂质体将外源基因转入细胞。脂质体作为一种可以选择的基因传递载体,具有以下优点:①可防止核酸被体内物质降解;②无毒,无免疫原性;③易于制备,使用方便,可将大片段DNA转运到细胞中;④基因转染率高。

(二) 脂质体在制药业中的应用

在制药业中脂质体的应用也十分重要。将药物包埋于脂质体可显著增加药物的稳定性,如胃肠道吸收差、易被消化酶破坏的药物如肝素、胰岛素等可将其制成脂质体,通过口服给药;一般药物包封于脂质体后在体内释放缓慢,可延长作用时间,维持相对平衡的血药浓度,提高药物疗效,减少不良反应。研究还发现用脂质体包裹抗肿瘤药物,可增加对肿瘤的靶向性,减少药物的毒性作用。

(肖桂芝)

第三单元　细胞器的结构与功能

第五章 内膜系统与蛋白质运输

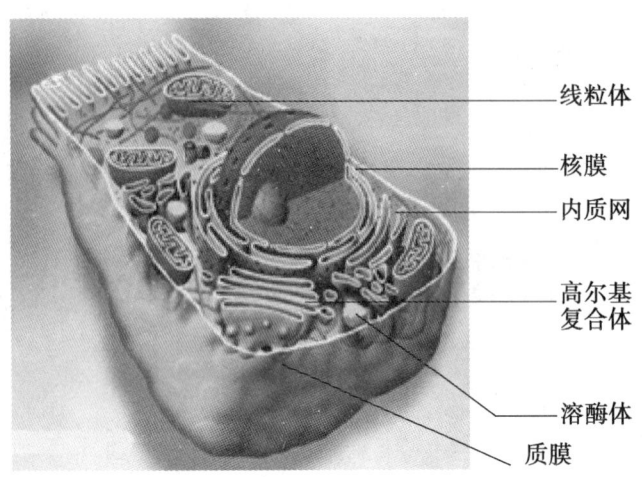

图 5-1 细胞内的膜性细胞器

真核细胞内含有丰富的膜性细胞器，这也是真核细胞区别于原核细胞的一个显著特点。这些膜性细胞器将细胞内分成许多功能区室，虽然这些区室具有各自独立的结构和功能，但它们在结构和功能上又是紧密相关的。我们把细胞内那些在结构、功能及发生上相互密切关联的膜性细胞器统称为内膜系统（endomembrane system），包括细胞核、内质网、高尔基体、溶酶体、内体和分泌泡等（图5-1）。

内膜系统中膜性细胞器的位置常处于流动状态。正是这种流动状态，将细胞的合成活动、分泌活动和内吞活动连成了一种网络结构。各膜结构之间常看到一些小泡来回穿梭，这些小泡分别是从内质网、高尔基体和细胞质膜上产生的，小泡的形成及融合使内膜系统的结构处于一个动态平衡。

第一节 内质网

一、内质网的形态结构与化学组成

（一）形态结构

除哺乳动物的红细胞外，所有的真核细胞均含有内质网（endoplasmic reticulum，ER）。内质网的总面积很大，如在肝细胞中相当于细胞质膜的 30~40 倍。内质网是由一层单位膜所形成的扁囊状（lamina）、泡状（vesicle）和管状（tubule）结构，并形成一个连续的网膜系统（图 5-2）。内质网膜的厚度为 5~6nm，比细胞质膜薄得多。通常把内质网外表面称为胞质面（cytosolic surface），内表面称为腔面（cisternal surface），由内质网膜围成的腔称为内质网腔（ER lumen）。通常可见内质网膜与细胞核的外核膜相连，内质网腔与核膜腔相通。

在不同类型的细胞中，内质网的形态具有多样性，其大小、数量和分布差异很大，即使是同一细胞在不同的发育阶段，甚至在不同的生理状态下，内质网的结构和功能也会发生明显的变化。例如，大鼠肝细胞中内质网具有成组排列的扁平囊泡，其上附着有许多核糖体，这些扁囊边缘的小管相互连通，形成不规则的网状；而在睾丸间质细胞中的内质网则是由大量小管或小泡构成的网状系统。另外，内质网对细胞的生理变化相当敏感，在服药或异常的情况下，如饥饿、缺氧、辐射、患肝炎、服用激素等，均可使肝细胞的内质网囊泡化。

根据内质网表面是否附着有核糖体，将内质网分为两类：内质网表面附着有核糖体，表面粗糙的为粗面内质网（rough endoplasmic reticulum，RER）；没有核糖体附着，表面光滑的为滑面内质网或光面内质网（smooth endoplasmic reticulum，SER）（图 5-3）。

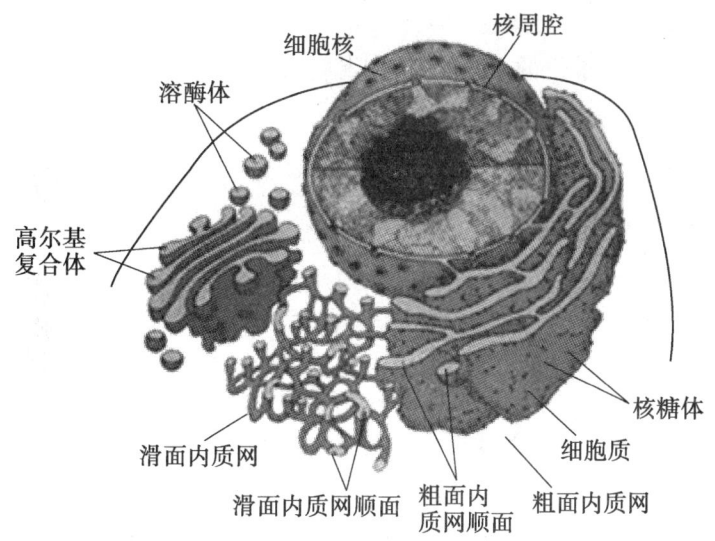

图 5-2 细胞中内质网与细胞核、高尔基体的立体结构

粗面内质网：多呈大的扁平囊状，它是由核糖体和内质网共同构成的复合结构。粗面内质网常与细胞核的外核膜相连，使内质网腔与核周间隙相通。粗面内质网普遍存在于合成分泌蛋白的细胞中，如胰腺细胞、肝细胞和浆细胞中等。

滑面内质网：多为小管状或小的圆形囊泡，在某些特化细胞中含量丰富。如合成胆固醇的内分泌腺细胞、分泌肾上腺皮质激素的肾上腺皮质细胞以及肌细胞等。滑面内质网是细胞内脂类合成的重要场所。

滑面内质网和粗面内质网在细胞中的分布不同，有的细胞只有粗面内质网，如胰腺外分泌细胞；有的细胞只有滑面内质网，如平滑肌、横纹肌细胞；有的细胞中既有粗面内质网又有滑面内质网。

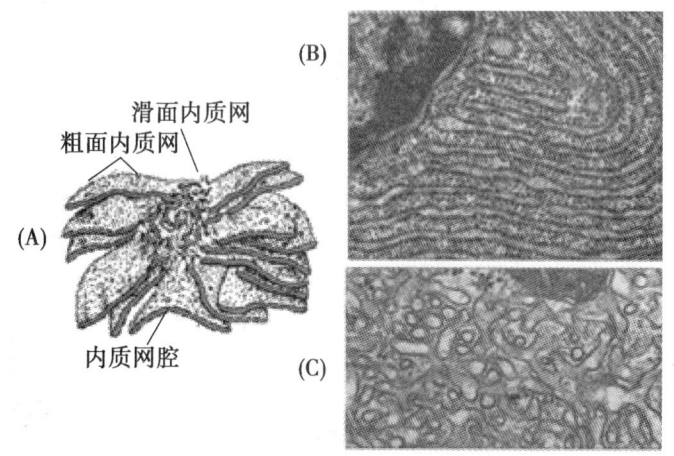

图 5-3 内质网
(A) 肝细胞滑面内质网和粗面内质网的三维结构重建；(B) 胰腺分泌细胞的粗面内质网电镜照片；(C) 类固醇激素分泌细胞中大量的滑面内质网

(二) 内质网的化学组成

内质网膜和细胞内的所有生物膜一样，也是由脂类和蛋白质组成，其比例大约为 1∶2。内质网膜所含的脂类中，磷脂含量最为丰富。蛋白质含量比细胞膜多，其中多为参与糖代谢、脂代谢、蛋白

质加工、药物及其他有毒物质解毒相关的酶类。如 NADPH-细胞色素 P450 还原酶、NADPH-细胞色素 b_5 还原酶、细胞色素 P450、葡萄糖-6-磷酸酶、GDP-甘露糖基转移酶等。细胞色素 P450 在内质网中较丰富，约占微粒体膜蛋白的 10%，为跨膜蛋白，是内质网电子传递链中的一个组成部分。内质网的标志酶是葡萄糖-6-磷酸酶。

> **医学应用1　细胞色素 P450**
>
> 　　细胞色素 P450（cytochromeP450，简称 CYP450）为一类亚铁血红素-硫醇盐蛋白的超家族，它参与内源性物质和包括药物、环境化合物在内的外源性物质的代谢。细胞中，CYP450 主要分布在内质网和线粒体内膜上。近年来，对 CYP450 的结构、功能特别是对其在药物代谢中作用的研究有了较大进展。由于 CYP450 在药物代谢和免疫中起着相当重要的作用，因此，对于它的研究将有助于新药的开发，在未来的新药中减少副作用，增加药物疗效。随着对 CYP450 研究的深入，将有更多相关的药物代谢途径被发现，人们开发新药的视野将更加开阔，新药开发的速度和质量也将进一步提高。

二、滑面内质网的功能

在滑面内质网表面，没有核糖体的附着，所以并未参与细胞内蛋白质的合成过程。滑面内质网具有许多其他的重要功能，如脂类、类固醇激素的合成，肝细胞的解毒作用，糖原的代谢和肌肉收缩的调节等。

（一）参与脂类的合成与转运

脂类合成是滑面内质网最为重要的功能之一。在滑面内质网合成的脂类常与粗面内质网来源的蛋白质结合形成脂蛋白，然后经高尔基复合体分泌出去。如果阻断肝细胞中脂蛋白经高尔基复合体的运输途径，就会造成脂类在内质网中的积聚而引起脂肪肝。内质网中有许多与脂类合成有关的酶，如乙酰转移酶、磷酸酶和胆碱磷酸转移酶等。图5-4是滑面内质网合成磷脂酰胆碱的过程。

在内质网上合成的磷脂可向其他膜转运，以维持内质网膜的平衡。

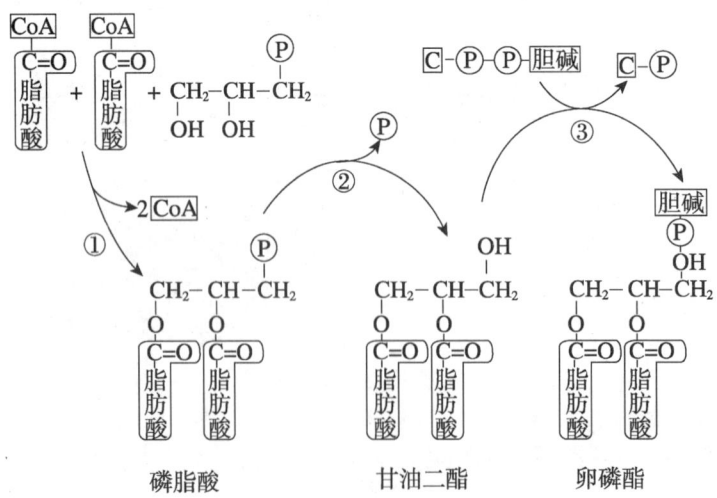

图5-4　在滑面内质网膜中合成磷脂酰胆碱

(二) 糖原的分解

肝细胞的一个重要功能是维持血糖浓度的稳定，这与存在于肝细胞滑面内质网网膜上的葡萄糖-6-磷酸酶的作用密切相关。葡萄糖通常以糖原颗粒的形式储存于肝细胞中。因此，在肝细胞滑面内质网的胞质溶胶面常附着有大量糖原颗粒。当机体需要葡萄糖时，糖原即被降解。首先糖原颗粒在糖原磷酸化酶的作用下形成葡萄糖-1-磷酸，由于葡萄糖-1-磷酸不能通过扩散穿过细胞膜进入血液，所以需要将其转变成葡萄糖-6-磷酸，滑面内质网中的葡萄糖-6-磷酸酶可进一步将葡萄糖-6-磷酸水解生成葡萄糖和磷酸，游离的葡萄糖更易于通过脂质双分子层而释放入血（图5-5）。

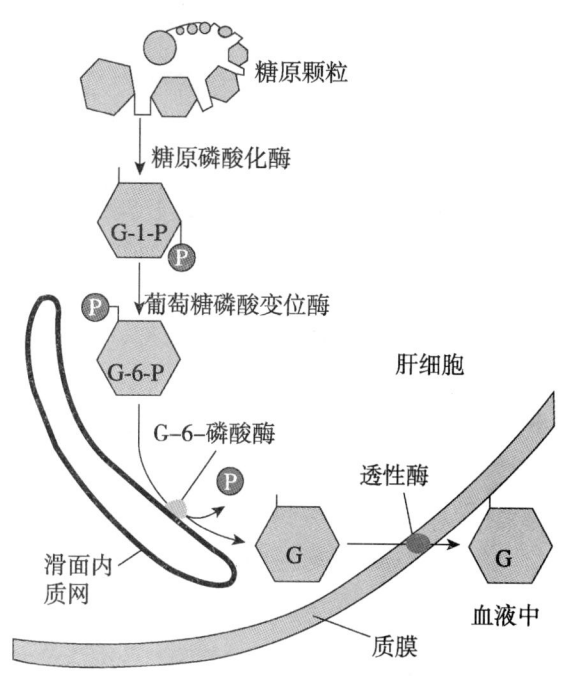

图5-5 滑面内质网在糖原降解中的作用

(三) 类固醇激素的合成

在类固醇激素分泌旺盛的细胞，如肾上腺细胞、睾丸间质细胞和卵巢黄体细胞都有丰富的滑面内质网，在其中存在合成胆固醇和转化胆固醇的全套酶系。可见，滑面内质网能够合成胆固醇，然后将胆固醇氧化、还原、水解，并进一步转变成各种类固醇激素。

(四) 解毒作用

外来药物和一些脂溶性代谢产物不易被直接排出，需要在肝细胞内经过氧化、还原、水解等过程，使其易于溶解于水而被排出体外。滑面内质网膜中，有一些酶能与外来的有毒物质（如农药、毒素和污染物）发生氧化反应，使有毒物质失活，从而起到清除脂溶性废物和代谢产生的有害物质的作用。目前，研究较多的是细胞色素P450家族酶系的解毒反应过程。细胞色素P450是肝细胞滑面内质网的主要膜蛋白，约占滑面内质网膜蛋白的20%，占细胞总蛋白的2%~3%。细胞色素P450为一种末端氧化酶，它可以通过羟基化，使脂溶性废物或某些代谢产物失活，并溶于水，再排出体外。实验证明，如给动物大量服用苯巴比妥（phenobarbital），可使肝细胞中细胞色素P450的含量增加50%~100%。而一旦动物不再服用药物，增多的滑面内质网便会被溶酶体吞噬，几天后，内质网恢复原来状态。

(五) Ca^{2+}的调节作用

肌质网是肌细胞内特化的滑面内质网，是储存Ca^{2+}的细胞器。肌质网膜上存在Ca^{2+}-ATP酶，可将细胞质基质中的Ca^{2+}泵入肌质网腔中储存起来。当受到冲动刺激后，肌质网释放Ca^{2+}入细胞质基质，从而导致肌细胞的收缩活动；当肌肉松弛时，Ca^{2+}又重新泵回肌质网。因此，肌质网可以看做是细胞内的钙池，其内有高浓度的钙结合蛋白，每个钙结合蛋白可以结合30个左右的Ca^{2+}。

医学应用2　肝细胞的滑面内质网

肝细胞的滑面内质网具有生物转化作用，能对一些低分子物质如药物、毒品、毒物等进行转化解毒。许多成瘾药物和嗜好品如巴比妥类、毒品、酒精等，可导致肝细胞滑面内质网的增生，长期服用口服避孕药、安眠药、抗糖尿病药等也能导致同样后果。患HBsAg阳性肝炎时，由于滑面内质网的大量增生，这种肝细胞在光学显微镜下呈毛玻璃外观，故有毛玻璃细胞之称。

三、粗面内质网的功能

粗面内质网表面有核糖体的附着，因此粗面内质网主要参与外输性蛋白质的合成与运输，并在运输的同时对这些蛋白质进行加工、修饰和折叠，以帮助这些蛋白质准确到达目的地。

（一）粗面内质网上合成蛋白质的种类

细胞中蛋白质的合成均起始于细胞质基质中的游离核糖体。有些蛋白质的合成在细胞质基质中完成，而另一些蛋白质则在刚开始合成后不久便转移到内质网上，在内质网上继续完成其合成过程。在粗面内质网上合成的蛋白质主要包括：①分泌性蛋白，如多肽类激素、多种生长因子、胰腺细胞分泌的酶、浆细胞分泌的抗体和细胞外基质蛋白等；②膜整合蛋白，如细胞质膜、内质网和高尔基复合体等膜性细胞器上的膜蛋白，通常为膜上的抗原、受体等；③构成细胞器中的驻留蛋白，这些蛋白需与其他细胞组分严格分隔，如溶酶体所包含的水解酶、高尔基复合体和胞内体中固有的可溶性的驻留蛋白，均需经由粗面内质网进行修饰、加工和转运。

（二）信号肽引导核糖体结合于内质网膜

在合成初期游离于细胞质基质中的核糖体是如何附着到内质网膜上的呢？Blobel 和 Dobberstein 等研究发现，在所有分泌蛋白新生肽的 N 端均有一段由 15～35 个氨基酸组成的疏水氨基酸序列，即信号肽（signal peptide 或 signal sequence）。它可以引导核糖体结合于内质网膜。除了信号肽的引导作用外，核糖体与内质网的结合还依赖于细胞质基质中信号识别颗粒（signal recognition partical，SRP）的介导和内质网膜上的信号识别颗粒受体（SRP-receptor，SRP-R）的协助作用。哺乳动物的 SRP 由 6 个多肽亚单位和一个 RNA 分子组成（图 5-6）。SRP 既能识别刚从游离核糖体上合成的信号肽，又能与粗面内质网膜上的 SRP 受体结合，继而发生新生肽的转移。SRP 对正在合成的其他无信号序列的蛋白质无作用，因而这部分核糖体就不能附着到内质网膜上。

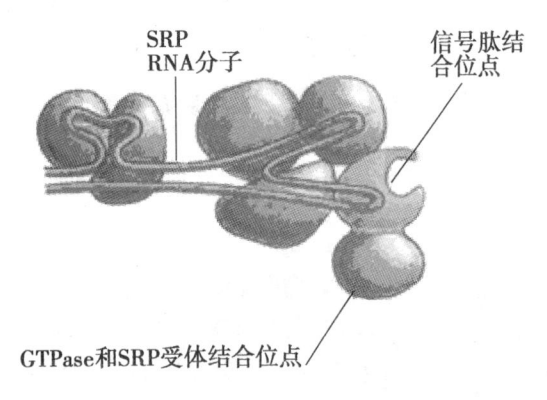

图 5-6　信号识别颗粒的组成

为了更好地解释分泌蛋白质如何定位于粗面内质网，1971 年 Blobel 和 Sabatini 提出了信号肽假说（signal hypothesis）。1975 年，Blobel 和 Dobberstein 又对该假说进行了论证和补充，图 5-7 是修改后信号肽假说的主要内容。①新生的分泌性蛋白质在细胞质基质中的游离核糖体上开始合成。当新生肽链的 N 端信号肽被合成后，可立即被细胞质基质中的 SRP 所识别，形成 SRP-核糖体复合体。②由于 SRP 占据了核糖体上的"A"位点，阻止了携带氨基酸的 tRNA 到达核糖体，切断了蛋白质合成的原料，因此肽链的延长受到阻遏，蛋白质的翻译暂时停止。③SRP-核糖体复合体可以识别、结合内质网膜上的 SRP 受体。SRP 受体是内质网膜上的跨膜蛋白，能够通过与 SRP 识别而使核糖体结合附着于内质网上，因此也称为停泊蛋白（docking protein）。④SRP-核糖体复合体与 SRP 受体的结合是暂时性的，当核糖体附着于内质网之后，SRP 受体的构象发生变化，与之结合的 SRP 被释放，重新进入细胞质基质，参与下一次循环。同时，由于核糖体上的"A"位点空出，暂时被阻遏的肽链的延伸又继续进行。⑤在信号肽的引导下，合成中的多肽链通过内质网膜上的亲水通道，穿膜进入内质网腔。随后，信号肽序列被内质网膜腔面上的信号肽酶切除，新生肽继续延伸，直到合成完整的多肽。⑥信号肽被信号肽酶切除后，在内质网腔内很快被蛋白质酶降解成氨基酸。完成肽链合成后，核糖体大、小亚基解聚，从内质网上脱落下来。

信号肽除了可以引导分泌蛋白、驻留蛋白等可溶性蛋白之外，也可引导膜蛋白到内质网。体外实验证明，不具有内质网信号肽的蛋白质不能进入内质网，而被蛋白酶降解。

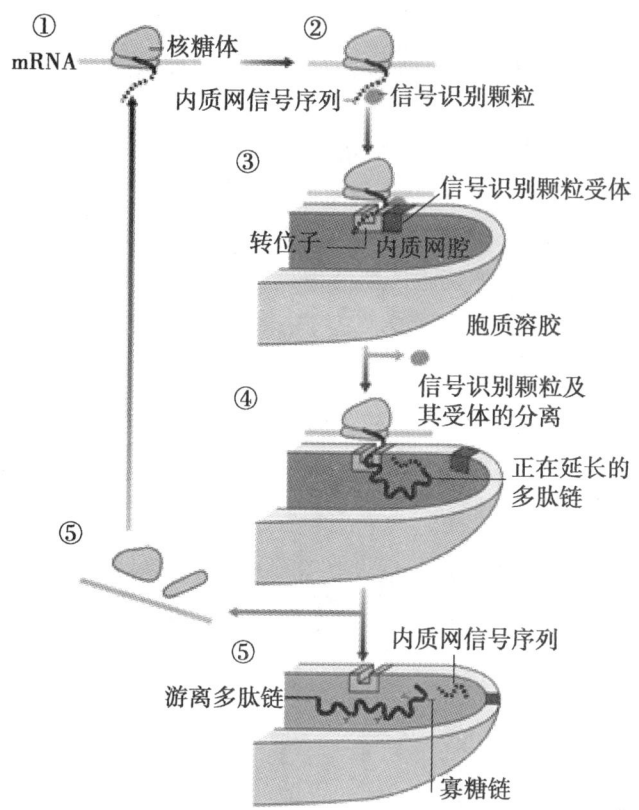

图 5-7　信号序列与信号识别颗粒引导核糖体附着到 ER 膜

（三）跨膜蛋白的插入与转移

除分泌蛋白质外，粗面内质网上还可以合成膜蛋白。跨膜蛋白的插入转移过程比可溶性的分泌蛋白复杂得多。目前，关于单次跨膜蛋白插入内质网的机制主要有两种。

1. 新生肽链的协同翻译插入（cotranslation insertion）机制　主要依靠肽链中的停止转移肽（stop-transfer peptide）的作用。停止转移肽是存在于新生肽链中使肽链终止转移的一段信号序列，由特定的氨基酸序列组成的疏水区段，在信号肽（起始转移序列）引导多肽链转移的过程中，停止转移肽可使蛋白质锚定在膜的脂双层中（图 5-8）。

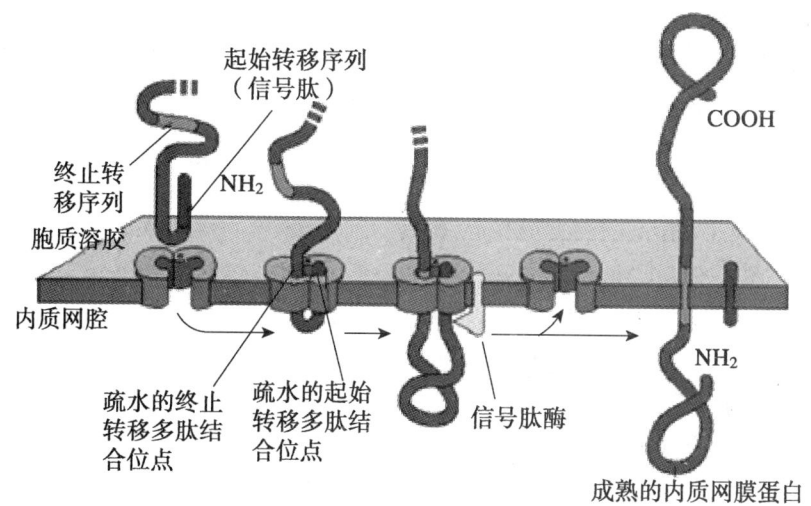

图 5-8　终止转移信号与单次跨膜蛋白的形成

该蛋白在新生肽 N-末端信号肽（起始转移序列）的作用下进行协同翻译转运，当停止转移信号进入通道后，与通道内的结合位点相互作用，使通道转运蛋白失活，从而停止蛋白质的转运。N-末端的信号肽被切除后形成单次跨膜蛋白。

2. 内信号肽（internal signal peptide）介导的起始转移肽插入转移机制　内信号肽又称内含信号序列，它不位于新生肽的 N 端，但具有 N 端信号肽（起始转移序列）的功能，即它可作为蛋白质协同翻译转运的起始信号被 SRP 识别，牵引多肽链与内质网膜上蛋白质转运通道中的受体结合，引导其后的多肽序列转运。内信号肽是不可切除的信号序列，这是与 N 端信号肽的一个重要区别。由于内含信号序列不可切除，又是疏水性的，故形成了跨膜蛋白的一部分（图 5-9）。

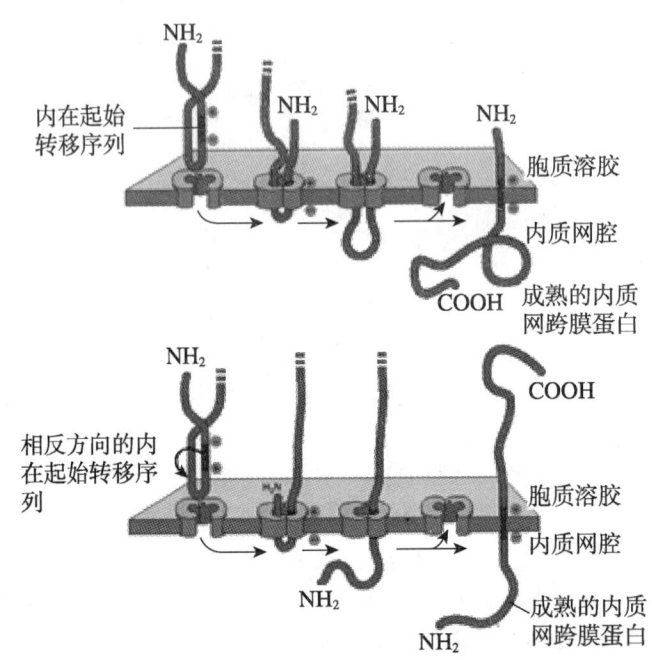

图 5-9　内在信号序列与单次跨膜蛋白的形成

（四）新生多肽链的折叠与装配

在内质网膜上的核糖体合成的多肽链被转移到内质网腔中之后，可在分子伴侣的帮助下进行折叠与转运。分子伴侣是内质网腔内的驻留蛋白，它们能够识别正在合成的或已经部分折叠的多肽，并与之结合，协助它们进行正确的折叠组装和转运，但其本身并不参与最终产物的形成，只起到陪伴的作用，故得名"分子伴侣（molecular chaperone）"。

内质网中存在的分子伴侣有重链结合蛋白（heavy-chain binding protein，Bip）、钙网素（calreticulin）和葡萄糖调节蛋白 94（glucose regulated protein94，GRP94）等。Bip 蛋白属于在进化上较保守的热休克蛋白 70（heat shock protein70，HSP70）家族的成员。它可与进入内质网腔的未折叠蛋白质的疏水氨基酸结合，防止多肽链不正确的折叠和聚合。然后，Bip 通过与 ATP 结合，利用 ATP 水解释放出结合的多肽。通常释放出的多肽会很快折叠，或同其他亚基共同组装成完整的蛋白质。正确折叠或装配的蛋白质不会再同 Bip 结合，但如果蛋白质进行了不正确的折叠或错误的装配，Bip 会马上与之结合，使蛋白质处于未折叠状态，从而防止了错误的折叠。另外 Bip 也可防止新合成的蛋白质在转运过程中的变性或断裂（图 5-10）。

Bip 与转运到 ER 中蛋白的疏水部分结合，防止蛋白质的变性或降解，使其正确地折叠。结合有蛋白质的 Bip 在 ATP 水解后释放被结合的蛋白，如果释放的蛋白仍然是未折叠的，Bip 将重新与这种蛋白结合。Bip 还可帮助两种不同的蛋白共同装配。

由于作为分子伴侣的结合蛋白不仅能够帮助蛋白质进行正确的折叠组装，而且能够识别并滞留折叠组装错误的蛋白质不被运输，因此有学者认为它们是细胞内蛋白质质量监控的重要因子。

> **医学应用3　热休克蛋白**
>
> 热休克蛋白（heat shock proteins，HSPs）是在从细菌到哺乳动物中广泛存在的一类热应激蛋白质。当有机体暴露于高温的时候，就会由热激发合成此种蛋白，来保护有机体自身。许多热休克蛋白具有分子伴侣活性。目前已有研究表明，机体的耐热能力与热休克蛋白密切相关。当身体能够合成足够的这类热休克蛋白时，我们就会很快适应温差和酷暑，并保持机体状态。

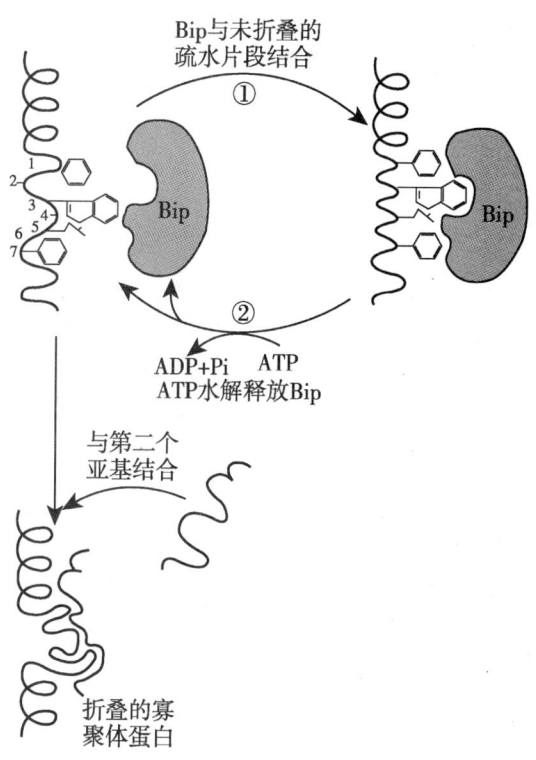

图5-10　Bip在内质网腔中的作用

（五）粗面内质网中蛋白质的修饰

新生肽进入内质网腔之后，除了要进行正确的折叠之外，还要经过各种修饰如糖基化、羟基化、酰基化等才能运送到其他部位。粗面内质网的多肽链一旦进入到内质网腔，即对靶氨基酸进行糖基化修饰。在糖基转移酶的作用下，寡糖链被转移到谷氨酰胺残基上。

第二节　高尔基复合体

高尔基复合体（Golgi complex）亦称高尔基体，折射率与周围的细胞质差不多，因此利用光学显微镜在活细胞或普通染色的细胞中很难辨认，只有用硝酸银染色法才能观察到高尔基体。

一、高尔基复合体的形态结构和化学组成

（一）形态结构

电镜下的超微结构显示（图5-11），高尔基复合体常位于细胞核附近，由扁平囊泡（cisternae）、小泡（vesicles）和大泡（vacuoles）组成。高尔基复合体是具有极性的细胞器，其特征是常呈现两个面：形成面和成熟面，来自内质网的蛋白质和脂类从形成面逐渐向成熟面转运（图5-12）。

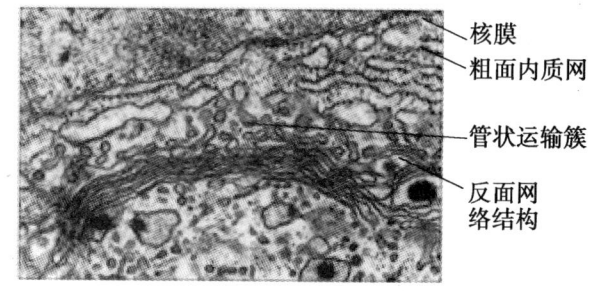

图5-11　高尔基体的电镜照片

1. 扁平囊泡　一般由4～8层扁平囊泡平行排列在一起成高尔基堆（Golgi stack）。每个扁平囊由两个平行的单位膜构成，膜厚6～8nm。略呈弓形，其凸面朝向细胞核，称为顺面（cis face）或形成面（forming face）；凹面朝向细胞膜，称为反面（trans face）或成熟面（mature face），通常成熟面比形成面的膜略厚。

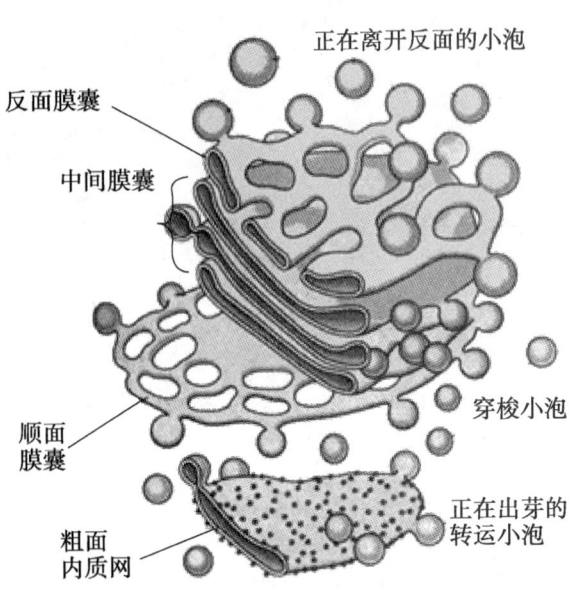

图 5-12 高尔基体的膜囊结构及其排列
(引自王金发. 细胞生物学. 北京: 科学出版社, 2003)

2. 小泡 在高尔基复合体的形成面聚集的小泡，由附近的粗面内质网出芽形成，也称为运输小泡（transfer-vesicle）。它们不断地与高尔基复合体的扁平囊融合，完成内质网向高尔基复合体的物质转运，同时也使扁平囊的膜成分不断得到更新和补充。

3. 大泡 大泡常聚集于扁平囊泡的成熟面，是由扁平囊泡的末端膨大、断裂而成，里面通常含有经由高尔基复合体加工修饰后的脂类或蛋白质，因此也称为分泌泡（secreting vacuoles）。

（二）高尔基复合体的极性

高尔基复合体具有明显的极性形态结构特征。根据高尔基体囊膜区的形态结构、细胞化学反应和执行功能，可将高尔基复合体划分为 3 个组成部分（图 5-13）：①靠近内质网的一侧是由一些管状囊泡形成的网络结构，常称为顺面高尔基网状结构（cis Golgi network），与内质网膜厚度接近。从功能上看，顺面高尔基网络状结构常被认为是初级分选站，负责对从 ER 转运来的蛋白质进行鉴别。大部分从 ER 转运来的蛋白质和脂类可转入到高尔基中间囊膜，小部分被重新送返回内质网，称为驻留蛋白。②高尔基中间膜囊（medial Golgi stack）位于顺面高尔基网状结构和反面高尔基网状结构之间，由扁平膜囊组成，形成不同间隔，但功能上是连续的、完整的膜体系。多数糖基修饰、糖脂的形成以及与高尔基体有关的多糖的合成都发生在中间膜囊中。③反面高尔基网状结构（trans Golgi network）位于高尔基体反面最外层，与朝向反面的中间膜囊相连，形态呈现管网状，并与囊泡连接。主要功能是对蛋白质进行分选和修饰。蛋白质的分选信号在此被特异的受体接受，进行分拣、集中，形成不同的分泌泡，再被运送出细胞或运向溶酶体等不同地点。

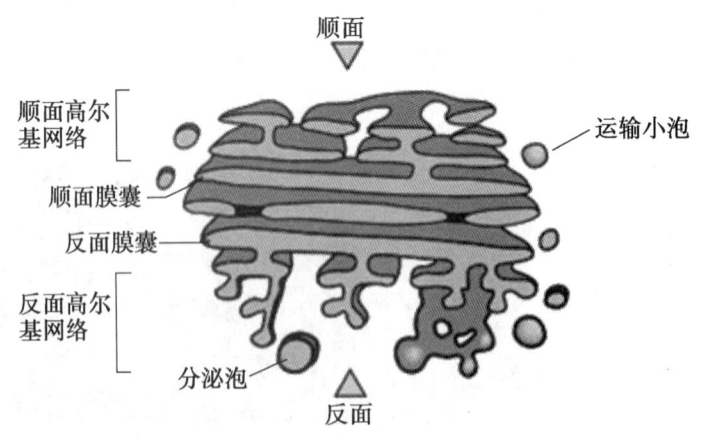

图 5-13 高尔基复合体

（三）高尔基复合体的化学组成

脂类是高尔基复合体结构最基本的化学组分，主要包括胆固醇和磷脂，此外还有少量糖脂。从蛋白质的含量看，高尔基复合体高于内质网和质膜：质膜的蛋白质含量为 40%，内质网的蛋白质含量为20%,而高尔基复合体的蛋白质含量为60%。高尔基复合体的膜上含有丰富的酶类,如糖基转移酶、磺化糖基转移酶、氧化还原酶、磷酸酶、激酶和磷脂酶等,但这些酶在膜上的分布并不均一。高尔基复合体的标志酶是糖基转移酶。

二、高尔基复合体的功能

高尔基复合体在内膜系统中处于中介地位,是胞内物质合成、加工的重要场所。其主要功能是参与细胞的分泌活动,将内质网合成的多种蛋白质进行加工、分类与包装,然后分门别类地运送到细胞的特定部位或分泌到细胞外。内质网上合成的脂类一部分也要通过高尔基复合体向细胞质膜等部位运输。

(一) 蛋白质的糖基化

在内质网中蛋白质的糖基化作用主要是N-连接的糖基化,其糖基是从多萜醇上转移过来。N-连接的糖基化虽然起始于内质网,但仍需在高尔基复合体中进一步修饰和加工,其寡糖链末端区的寡糖基通常要被切去,同时,再填上新的糖基,如UDP-半乳糖、UDP-葡萄糖和UDP-唾液酸等,因此N-连接糖基化的最终完成是在高尔基复合体(图5-14)。

高尔基复合体中进行的另一种蛋白质的糖基化作用是O-连接的糖基化,将糖链转移到多肽链的丝氨酸、苏氨酸或羟赖氨酸-OH的氧原子上。

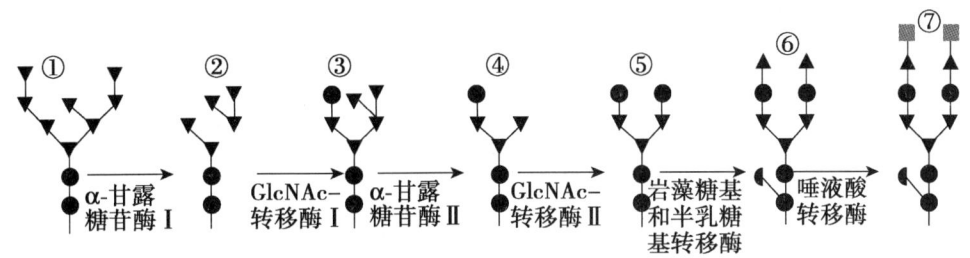

图5-14 哺乳动物高尔基体中进行的N-连接糖基化的修饰过程
(引自王金发. 细胞生物学. 北京:科学出版社, 2003)

糖基化的主要作用是:有利于蛋白质在成熟过程中折叠形成正确的构象,增加蛋白质的稳定性;有利于高尔基复合体对蛋白质进行分选和包装;赋予蛋白质传导信号的功能。

(二) 蛋白质的水解加工

某些分泌产物在其刚从内质网中合成时是较大分子量的蛋白原形式,这些蛋白原被运送到高尔基复合体后要通过蛋白酶的水解作用,形成成熟的分泌蛋白。以胰岛素为例,胰岛素是在胰岛β细胞中合成的,刚从内质网合成的多肽在N端有信号肽链,是分子量为12kDa的前胰岛素原(pre-proinsulin)。在内质网中信号肽酶的作用下,切除信号肽,形成由86个氨基酸组成,分子量为9kDa的胰岛素原(proinsuin)。运输到高尔基复合体后,通过蛋白酶的水解作用,切除起连接作用的C肽,生成由51个氨基酸残基组成的有活性的胰岛素(图5-15)。除胰岛素外,胰高血糖素、血清白蛋白等也需要在高尔基复合体中进行切除修饰。

(三) 蛋白质的分选

高尔基复合体在细胞内蛋白质的分选和膜泡的定向运输中具有重要的枢纽作用。从ER分泌出来的蛋白质,通过运输小泡输送到高尔基复合体的不同区室,经过加工,逐步转运到反面高尔基网络,集中形成不同的分泌小泡,运送到不同的目的地(图5-16)。

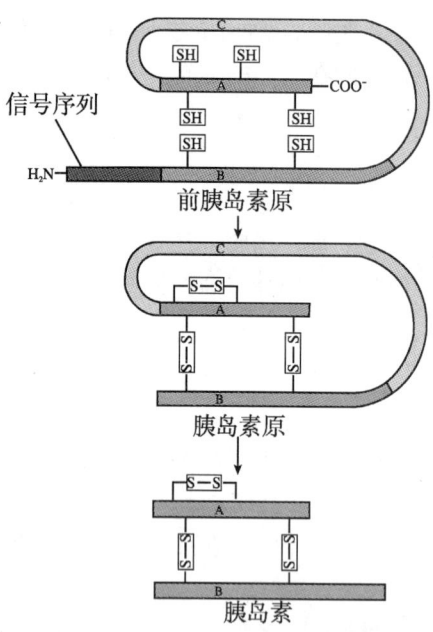

图 5-15 胰岛素分子的加工成熟和运输
(引自王金发. 细胞生物学. 北京:科学出版社,2003)

分选作用主要是由信号序列和受体之间的相互作用决定的,如同 KDEL 序列(内质网的结构和功能蛋白 C 端的四肽序列:Lys-Asp-Glu-Leu-COO-)是内质网的滞留信号一样,不同部位的蛋白质具有不同的滞留信号,分选包装成不同的小泡,没有特别信号的则进入非特异性分泌小泡。

> **医学应用 4　糖基转移酶与糖基转移酶抑制剂**
>
> 糖基转移酶是糖蛋白、糖脂中糖链生物合成的关键酶之一。有研究表明,其活性的非正常表达与肿瘤、免疫系统等疾病的发生、发展有密切关系,因此,其抑制剂可以用于抗肿瘤、抗免疫系统等疾病的新药研发。另外,也有研究证实,葡萄糖基转移酶是造成牙齿色斑和龋齿的因素之一。在链霉菌和真菌发酵液中发现的核糖苷灵和突变他丁能够抑制葡萄糖基转移酶活性,因此可用以防治牙病。

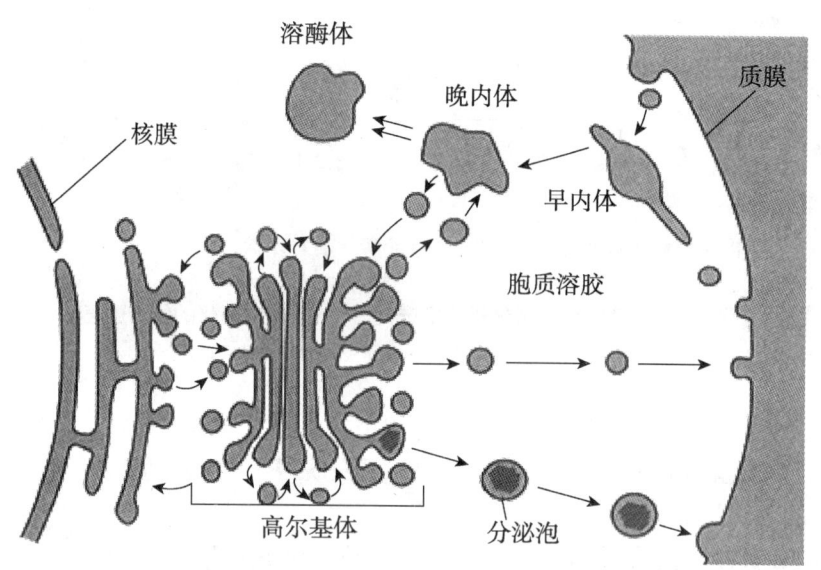

图 5-16　真核细胞内各区室间生物合成分泌和胞吞途径

第三节　溶酶体

溶酶体(lysosome)内包含多种水解酶。它可以分解内源性和外源性的物质,因而被看做是细胞内的消化器官。

一、溶酶体的形态结构与化学组成

(一)溶酶体的形态

溶酶体是一种异质性的细胞器,形态、大小甚至所含酶的种类都有很大不同。溶酶体由单层膜包绕而成，常呈球形，大小变化很大，直径一般在 0.25～0.8μm（图5-17）。

(二) 溶酶体的化学组成

溶酶体内含有 60 多种酶类，这些酶的最适 pH 是 5.0 左右，所以均为酸性水解酶。溶酶体酶包括蛋白酶、核酸酶、酯酶、磷酸酶、糖苷酶和硫酸酯酶等，其中酸性磷酸酶是溶酶体的标志酶。溶酶体内的酶可对细胞内和细胞外的物质进行消化和转换。溶酶体囊腔中酸性的内环境是溶酶体膜上的质子泵将 H^+ 逆浓度梯度转运入溶酶体内的结果（图5-18）。

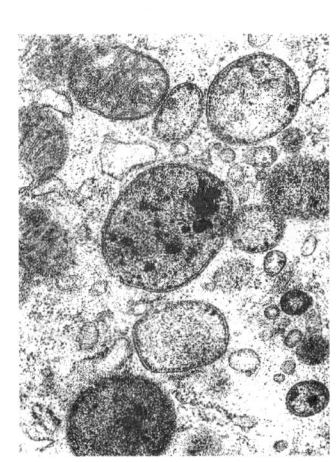

图 5-17 溶酶体的形态大小

具吞噬作用的肝 Kupper 细胞中不同大小的溶酶体，图中至少有 10 个不同大小的溶酶体。

（引自王金发. 细胞生物学. 北京：科学出版社，2003）

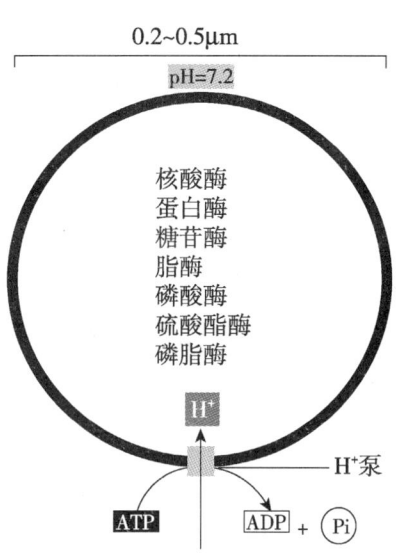

图 5-18 溶酶体的形态、大小及所含主要酶类示意图

(三) 溶酶体膜的稳定性

溶酶体膜含有各种不同酸性、高度糖基化的膜整合蛋白，这些膜整合蛋白可保护溶酶体的膜免遭溶酶体内酶的攻击，从而防止自身膜蛋白的降解。另外，溶酶体膜上较多的胆固醇也是促进溶酶体膜稳定的有利因素。

二、溶酶体的类型

根据溶酶体的不同发育阶段和生理功能状态，可将溶酶体分为初级溶酶体和次级溶酶体两种类型。

(一) 初级溶酶体（primary lysosome）

初级溶酶体是刚刚从反面高尔基网络形成的小囊泡，仅含有水解酶类，但无作用底物。初级溶酶体在形态上一般为不含明显颗粒物质的透明圆球状，由一层单位膜包绕，膜厚度约 6nm，其中的酶处于非活性状态。

(二) 次级溶酶体（secondary lysosome）

当初级溶酶体成熟后，接受来自细胞内、外的物质，与之融合后，形成的即为次级溶酶体。次级溶酶体中含有水解酶和相应的底物，是一种将要或正在进行消化作用的溶酶体。一般情况下，次级溶酶体比初级溶酶体大，形状不规则，电镜显示其内部结构非常复杂，常含有正在进行消化的颗粒、膜性物质或某些细胞器。根据所消化的物质来源不同，可分为自噬性溶酶体和异噬性溶酶体（图5-19）。

1. **自噬性溶酶体**（autophage lysosome） 作用底物是内源性的，即细胞内蜕变、破损的某些细胞器或局部细胞质。因此，有学者认为，自噬性溶酶体在细胞内可以起到"清道夫"的作用。在组织细胞受到各种理化因素伤害时，自噬性溶酶体大量增加，以消化破损的细胞器，对细胞的损伤起到保护作用。

2. 异噬性溶酶体（heterophage lysosome） 作用底物是外源性的，即细胞经吞噬、胞饮作用所摄入的胞外物质，如细菌、红细胞、血红蛋白、酶和糖原颗粒等。异噬性溶酶体常见于单核-巨噬细胞、白细胞和肝细胞等。

自噬体与内体性溶酶体结合形成自噬性溶酶体；吞噬体与内体性溶酶体结合形成异噬性溶酶体。

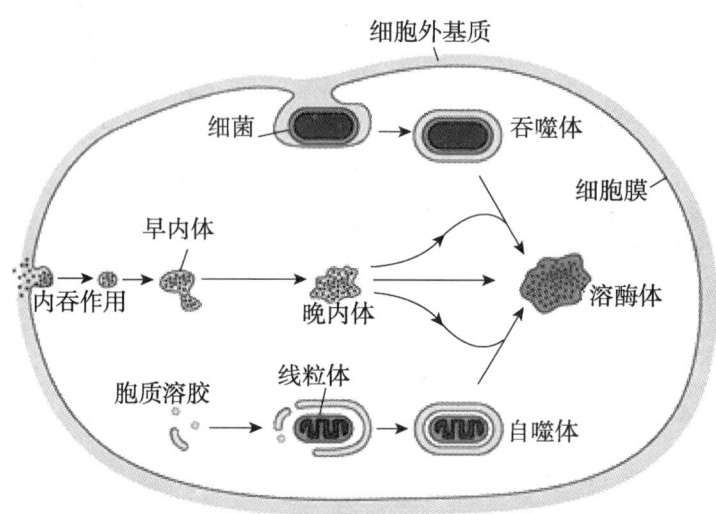

图 5-19 自噬性溶酶体和异噬性溶酶体形成过程

三、溶酶体的功能

溶酶体的主要功能就是消化作用。溶酶体的酶也可以释放到细胞外，对细胞外基质进行消化。

（一）对吞入物质的消化作用——吞噬作用

细胞吞噬感染的病毒、细菌或其他一些颗粒等称为异体吞噬（heterpohagy），是细胞防御功能所必需的，一些单细胞生物更是靠吞噬作用来获取营养。外来的物质被吞入细胞后，形成吞噬体（phagosome），与溶酶体融合，被溶酶体内的水解酶消化分解。吞噬作用也包括对衰老细胞的作用，如人体内的红细胞仅能存活 120 天，因此人体每天都要靠溶酶体的吞噬作用即溶酶体酶的消化作用来清除大量衰老的红细胞。

（二）清除细胞内衰老的生物大分子和细胞器——自噬作用

自噬作用普遍存在于大部分真核细胞中，是溶酶体对自身结构的吞噬降解（图 5-20）。细胞内生物大分子和细胞器都有一定的寿命，为了保证细胞正常的代谢活动，必须不断地清除衰老的细胞器和生物大分子，如肝细胞中线粒体的平均寿命约为 10 天。通常细胞内这些衰老的、废旧的细胞器和生物大分子首先被内质网的膜包裹起来形成自噬泡（autophagic vacuole），然后与初级溶酶体融合形成自噬性溶酶体，融合后底物被溶酶体

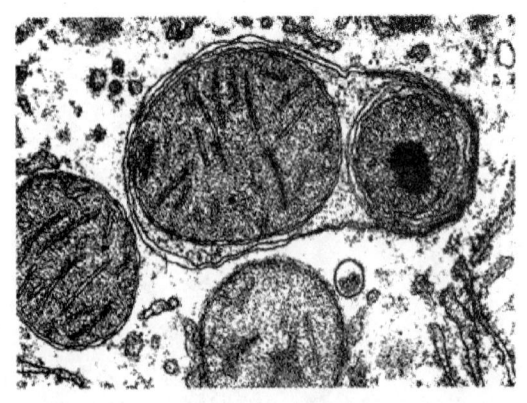

图 5-20 自噬作用

电镜照片显示衰老的线粒体和过氧化物酶体被包裹在一个双层膜结构中，该膜来自于内质网。被内质网膜包裹而成的自噬体将会与溶酶体融合，进而被溶酶酶降解。

酶消化。如红细胞发育成熟后，所有的细胞器都要通过自噬作用被清除。另外，在细胞饥饿时，自噬作用也可以为细胞提供能量，维持细胞的生命活动。

(三) 自溶作用

在正常情况下溶酶体膜十分稳定，酶不会释放。但如果细胞受到严重损伤，造成溶酶体破裂，那么细胞就会在溶酶体酶的作用下被降解，引起自身细胞的溶解消失。在多细胞生物的发育过程中，自溶作用对于形态建成具有重要作用。通过自溶作用，除去不必要的细胞、组织，如手指或足趾的形成同溶酶体有关，蝌蚪尾巴的退化也是溶酶体酶消化作用的结果。

(四) 其他功能

溶酶体通常在某些腺体组织细胞的分泌活动中发挥重要作用。如甲状腺球蛋白合成后首先被分泌到滤泡腔内被碘化，然后被重新吸收到滤泡上皮细胞内，形成大脂滴，大脂滴与细胞内的溶酶体融合后，溶酶体内的蛋白酶将碘化的甲状腺球蛋白分解，形成甲状腺素，经由细胞底部释放入细胞外的毛细血管中。

另外，动物精子头部的顶体实际上就是一个特化的溶酶体。在受精过程中，顶体中的溶酶体酶释放到细胞外，溶解卵外膜滤泡细胞和卵子的外被，为精卵融合开辟通道。

四、溶酶体的发生

溶酶体的形成是一个比较复杂的过程。关于溶酶体的生物发生过程，目前研究比较清楚的是6-磷酸甘露糖途径，其形成过程如图 5-21。溶酶体内的水解酶在粗面内质网的附着核糖体上起始合成，跨膜进入内质网腔，在内质网中进行糖基化，形成 N-连接的寡糖链，内质网芽生小泡，将溶酶体酶转运至顺面高尔基网络，在高尔基顺面膜囊上 N-连接的寡糖链中的甘露糖残基发生磷酸化，形成 6-磷酸甘露糖 (M6P)，在反面高尔基网络结构的膜上具有 M6P 的受体，该受体为跨膜糖蛋白。M6P 受体能识别并结合具有 M6P 标志的溶酶体水解酶，从而使溶酶体水解酶与其他蛋白质分开，加工浓缩，并被包含于芽生形成的有被小泡内，当有被小泡从反面高尔基网络脱落后，包被于表面的网格蛋白被脱掉，成为光滑的运输小泡，光滑小泡与内体合并后，逐渐演变成为内体性溶酶体。

M6P 途径是溶酶体酶分选的主要途径，但不是唯一途径。某些溶酶体酶，如溶酶体膜上的糖蛋白等就是通过非 M6P 依赖途径进入溶酶体的，但具体机制尚不清楚。

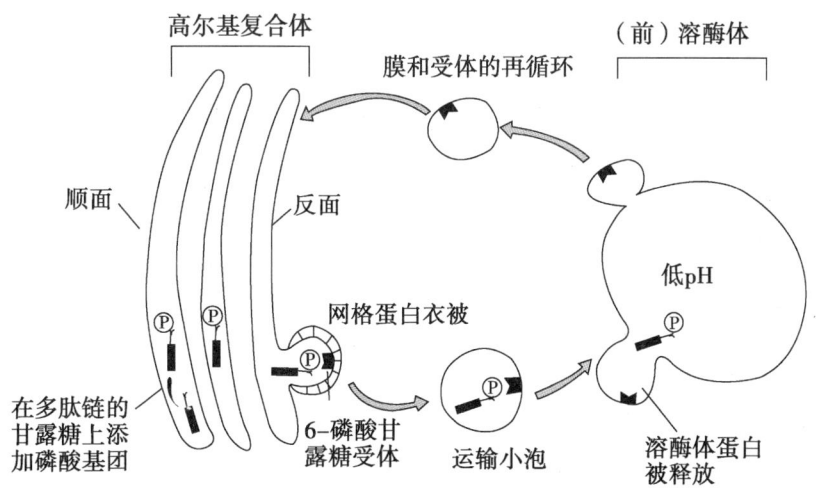

图 5-21　溶酶体水解酶的运输及内体性溶酶体的形成

> **医学应用 5　杀灭癌细胞的新途径**
>
> 美国物理学家组织网 2009 年 7 月 21 日报道称，英国研究人员发现人体免疫系统中抗体诱发癌细胞自杀的新机制。他们发现，当体内抗体与包括癌细胞在内的细胞结合时，会通过免疫系统"标记"出那些需要摧毁的癌细胞。抗体会引起癌细胞内的溶酶体肿胀、破裂，进而导致癌细胞死亡。研究人员说，这一发现有助于开发可高效杀灭癌细胞的新方法，用于治疗那些传统化学疗法无法医治的癌症。

第四节　蛋白质的分选与运输

蛋白质经由核糖体合成之后，将被运送到细胞的不同部位。由于各个部位所需蛋白质各不相同，为了能准确地运送蛋白质，在进化过程中每种蛋白质形成了一个明确的标签（信号序列），细胞通过对信号序列的识别进行运送，这就是蛋白质的分选。

一、蛋白质分选原理

(一) 蛋白质的分选信号

游离核糖体在细胞质基质中完成多肽链的合成，然后转运至膜性细胞器，如线粒体、过氧化物酶体、细胞核及细胞质基质的特定部位；粗面内质网上的核糖体对蛋白质的合成是边合成边转入内质网腔，随后经高尔基复合体转运至溶酶体、细胞膜或分泌到细胞外。虽然蛋白质可通过不同的方式定位到细胞的不同部位，但其运输机制都是通过信号引导实现的，即信号序列决定蛋白质的正确运输方向。细胞内至少存在两种分选信号（图 5-22）。

1. 信号序列（signal sequence）　存在于蛋白质一级结构上的线性序列，通常为 15~60 个氨基酸残基，位于新生肽的 N 端，信号序列在完成蛋白质的定向转移后被信号肽酶（signal peptidase）切除。一般来说，信号序列指导的蛋白质运输和定位对蛋白质没有特异性，但不同的膜性细胞器常具有不同的蛋白质定位序列。

2. 信号斑（signal patch）　存在于完成折叠的蛋白质中，构成信号斑的信号序列之间可以不相邻，折叠在一起构成蛋白质分选的信号。

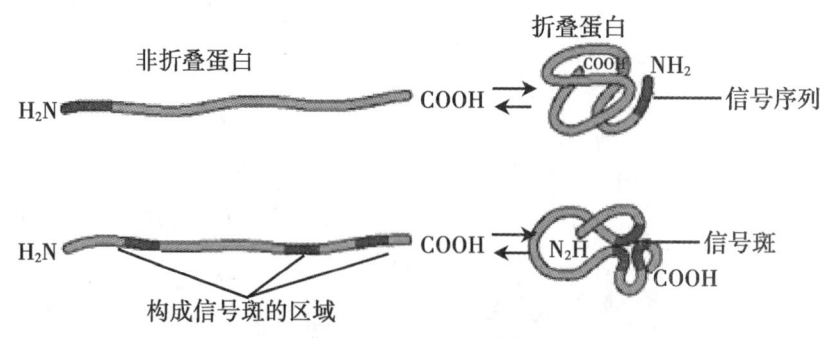

图 5-22　两类蛋白质分选信号

根据信号序列运输蛋白质的方向不同，可将信号序列分为三种类型，即入核信号、引导肽和信号肽。入核信号指导核蛋白的运输，引导肽指导线粒体（叶绿体）和过氧化物酶体蛋白的运输，信号肽则指导内膜系统的蛋白质运输。每一种信号序列决定特殊的蛋白质转运方向，如由高尔基体返回内质网的蛋白质，其C端常有4个特定的氨基序列（KDEL）。目前对于信号斑了解较少，主要是因为它存在于复杂的三维结构中，很难将其分离出来研究。

（二）蛋白质分选运输的途径

细胞质基质中合成的蛋白质，可以三种不同的运输方式将其定位到细胞的不同部位（图5-23）。

1. 核孔运输（transport through nuclear pore）　是指在细胞质基质中合成的蛋白质通过核孔复合体选择性地完成核输入或从细胞核返回内质网，又称为门运输。核孔如同一扇可开启的大门，而且是具有选择性的门，能够选择性地主动运输某些大分子物质，并允许小分子物质自由进出细胞核。

2. 跨膜运输（across membrane transport）　蛋白质通过跨膜通道进入内质网、线粒体（或叶绿体）和过氧化物酶体等。通常被运输的蛋白质是未折叠状态。如细胞质中合成的蛋白质在信号序列的引导下，通过线粒体上的转位因子，以解折叠的线性分子形式进入线粒体。

3. 膜泡运输（vesicle translocation）　蛋白质被选择性地包装成运输小泡，定向转运到靶细胞器。如内质网向高尔基体的物质运输、高尔基体分泌形成溶酶体、细胞摄入某些营养物质或激素，都属于这种运输方式。通常小泡的形成是通过出芽的方式，到达目的地时则通过膜融合的方式使小泡成为另一个区室的组成部分，实现蛋白质的运输。

这几种运输机制都涉及信号序列的引导和靶细胞器上受体蛋白的识别。

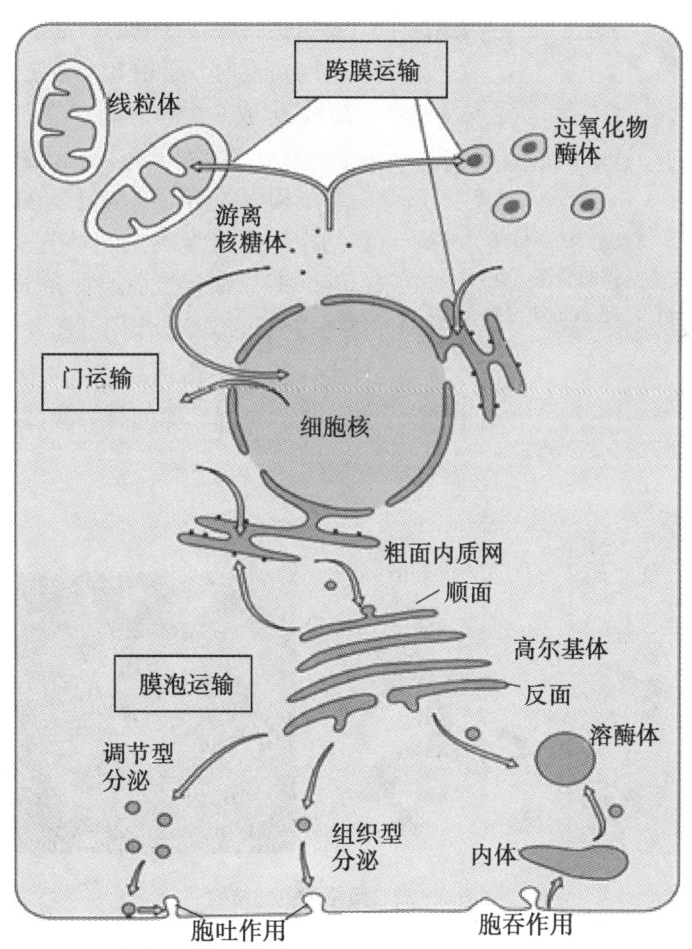

图5-23　蛋白质运输的三种模式

二、膜泡运输及定向机制

膜泡运输是真核细胞特有的一种物质转运形式。蛋白质从内质网到高尔基体；高尔基体到溶酶体；细胞分泌物的外排，都要通过膜泡运输。膜泡运输是一种高度有组织的定向运输，膜囊泡以出芽的方式从细胞的一种内膜细胞器脱离后又与另一个内膜细胞器发生融合，这个转运过程称为膜泡运输。膜泡运输通常是双向的，它不仅是细胞内外物质交换和信号传递的重要途径，而且也是细胞内物质定向运输的一种基本形式。

大多数膜囊泡的表面具有一个笼子状的由蛋白质构成的衣被（coat）。这种衣被在囊泡与靶细胞器的膜融合之前解体。衣被可以选择性地将特定蛋白聚集在一起，形成膜囊泡；另外，衣被也决定了囊泡的外部特征，相同性质的囊泡之所以具有相同的形状和体积，与衣被蛋白的组成有关。

（一）膜囊泡的来源与类型

膜囊泡类型至少有十种以上，目前研究较多的囊泡类型包括三种：网格蛋白包被的囊泡、COPⅠ和COPⅡ包被的囊泡（图5-24）。

1. **网格蛋白包被的囊泡**　网格蛋白衣被小泡直径在50～100nm，主要介导高尔基体到内体性溶酶体以及质膜到内膜区隔的膜泡运输。

网格蛋白分子由3个重链和3个轻链组成（图5-25），形成3个外展的臂。许多网格蛋白的臂部分交织在一起，形成一个具有五边形网孔的笼子。网格蛋白纤维构成的网架结构包裹在囊泡最外侧，在网格蛋白结构外框与囊膜之间填充覆盖了大量的衔接蛋白（adaptor）。衔接蛋白通常介于网格蛋白与配体受体复合物之间，起连接作用（图5-26）。目前至少发现四种不同类型的衔接蛋白，可分别结合不同类型的受体，形成不同性质的转运囊泡。

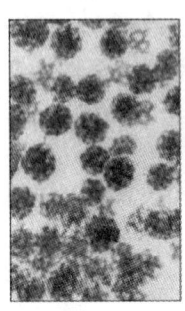 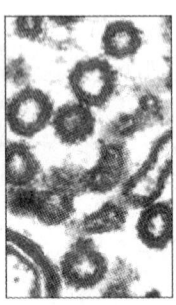 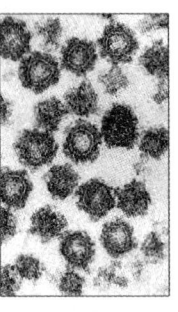

（A）网格蛋白　　（B）COPⅠ　　（C）COPⅡ

图5-24　电镜下网格蛋白、COPⅠ和COPⅡ包被的囊泡

（A）网格蛋白包被小泡；（B）无细胞系统中的高尔基膜囊，在测试的试管中有COPⅠ包被的囊泡出芽；（C）COPⅡ包被的囊泡（注意网格蛋白包被的小泡具有更规则的形状）

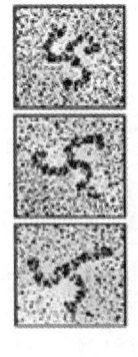 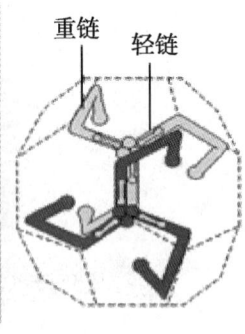 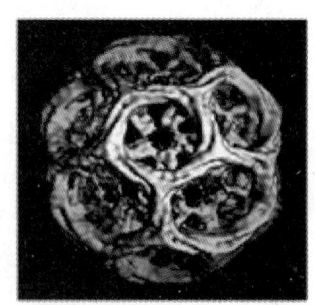

图5-25　网格蛋白的结构

网格蛋白是由1条重链和1条轻链组成的二聚体，3个二聚体形成三脚蛋白复合体（triskelion），呈三分枝状排列，它们在衣被小泡表面组装成五角形或六角形的网状结构。

网格蛋白衣被囊泡的产生是一个非常复杂的过程，涉及多种因素的共同作用。在囊泡形成过程中，除了网格蛋白和衔接蛋白外，可溶性蛋白动力素（dynamin）也发挥了极其重要的作用。动力素由900个氨基酸组成，可与GTP结合并使其水解。囊泡形成过程中，动力素通常聚集成一圈围绕在芽的颈部，将小泡柄部的膜尽可能地拉近（小于 1.5nm），从而导致膜融合，衣被小泡脱落。一旦囊泡形成，便会很快脱去网格蛋白的外被，转变成光滑小泡。

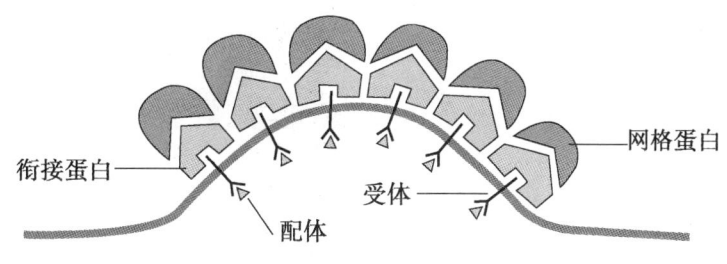

图 5-26 囊泡的形成

2. COPⅡ包被的囊泡　COPⅡ包被的囊泡由粗面内质网产生，介导从内质网到高尔基体的物质运输。COPⅡ包被的囊泡最早发现于酵母粗面内质网与胞浆及 ATP 的共孵育实验。COPⅡ外被蛋白由五种亚基组成，这些蛋白具有改变膜的形状和阻断小泡的功能。另外，构成 COPⅡ蛋白的 Sar 蛋白可通过与 GTP 或 GDP 结合来调节囊泡外被的组装与去组装。当 COPⅡ囊泡抵达靶标之后，在与靶膜融合之前，其结合的 GTP 要水解，产生 Sar-GDP 复合物，促使囊泡衣被蛋白发生去组装，导致囊泡脱掉衣被而变成光滑小泡。

COPⅡ包被囊泡对转运物质具有一定的选择性。通常它能与转运到高尔基复合体的某些可溶性蛋白选择性地结合，而不与内质网的驻留蛋白结合。另外，COPⅡ蛋白也能识别内质网上合成的细胞膜蛋白，并与之结合，将其选择性地运出内质网。

3. COPⅠ包被的囊泡　负责回收、转运内质网逃逸蛋白返回内质网。起初发现于高尔基复合体碎片，属于非网格蛋白包被的小泡。研究发现这种衣被蛋白复合体包含多达七种多肽链，其中的 α 蛋白类似于 COPⅡ中的 Sar 蛋白亚基，也是一种 GTP 结合蛋白，可调节控制衣被蛋白复合体的聚合、装配及膜泡的转运。通常，内质网的正常驻留蛋白，在 C 端含有一段回收信号序列（如 Lys-Asp-Glu-Leu，KDEL），如果它们意外地逃逸，从内质网运至顺面高尔基网络，则高尔基 cis 面的膜结合受体蛋白将识别并结合逃逸蛋白的回收信号，形成 COPⅠ包被囊泡将它们返回内质网（图 5-27）。COPⅠ包被囊泡还可以介导高尔基体不同区域间的蛋白质运输。

（二）膜泡运输的定向机制

转运囊泡以出芽的方式从细胞（器）膜产生后，按一定的路径，以特定的运行方式，到达靶细胞器，对靶膜进行识别，囊泡膜与靶膜融合，释放出转运分子。一般认为，囊泡如果在较短的距离内转运时，主要是以简单弥散的方式进行；当转运距离较长时，则需要沿着细胞内的微管运输到靶细胞器，靠马达蛋白水解 ATP 提供运输的动力。

膜泡运输的过程极其复杂，在这一过程中转运囊泡与靶膜的正确识别是它们相互融合的前提，也是物质定向运输和准确卸载的前提保证。目前，对这一过程进行的机制还不甚明了，但诸多研究表明，识别过程涉及两类关键性的蛋白质：一类是可溶性的 N-乙基马来酰亚胺敏感因子结合蛋白受体（soluble N-ethyl maleimide-sensitive factor attachment protein receptor，SNAREs），另一类是 GTP 结合蛋白家族，即 Rabs 蛋白家族（targeting GTPase），其中 SNAREs 主要是介导转运囊泡特异性停泊和融合，Rab 的作用是使转运囊泡靠近靶膜。

1. SNAREs　SNAREs 的作用是保证识别的特异性和介导转运囊泡与靶膜的融合。动物细胞中已发现 20 多种 SNAREs，分别分布在特定的膜上，位于转运囊泡上的称为囊泡 SNAREs（vesicle SNAREs，v-SNAREs），属于囊泡相关膜蛋白（vesicle-associated membrane protein，VAMP）；位于靶膜上的连接蛋白（syntaxin）叫做靶 SNAREs（targer SNAREs，t-SNAREs）。v-SNAREs 和 t-SNAREs 都具有一个螺旋结构域，它们能相互识别，特异互补，实现转运囊泡的特异性停泊和融合

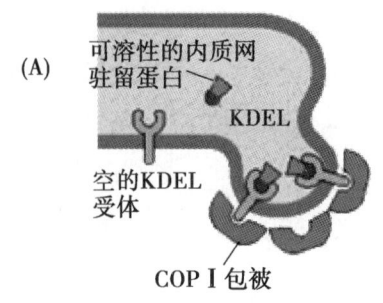

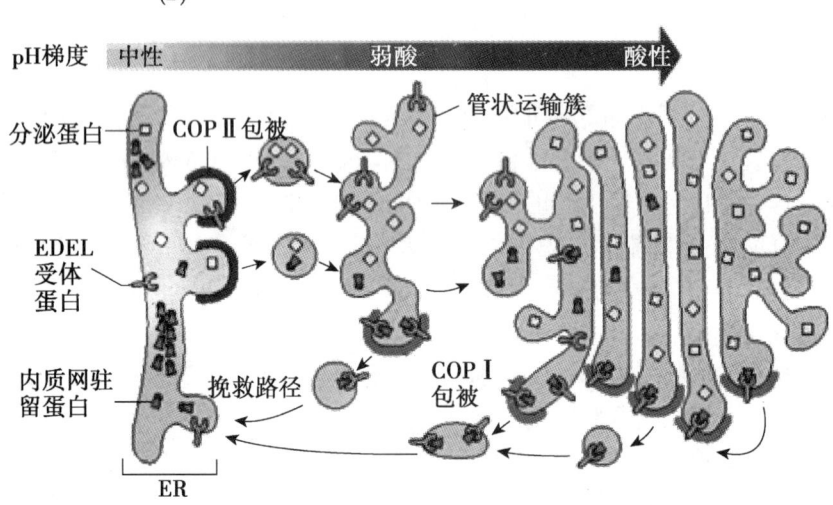

图 5-27 内质网驻留蛋白的挽救运输模型

内质网驻留蛋白从高尔基复合体经 COP I 的包被运输小泡返回内质网。(A) KDEL 受体与 ER 驻留蛋白结合;(B) COP I 和 COP II 衣被小泡。

(图 5-28)。目前,多数学者认为,所有转运囊泡和细胞器膜上都带有各自特有的、互补的 SNAREs 序列,它们之间特异性的相互识别,就像"锁-钥"的相互作用,从而使得转运囊泡在靶膜上正确停靠,保证了囊泡转运物质的定向运输和准确卸载。

2. Rabs Rab 也叫 targeting GTPase,属于 GTP 结合家族,含有 200 个氨基酸,结构类似于 Ras,目前已知 30 余种,其主要作用是促进和调节转运囊泡的停泊和融合。不同膜上具有不同的 Rab,每种细胞器至少含有一种以上的 Rab。Rabs 通过不断结合与水解 GTP,调节囊泡的融合速度。

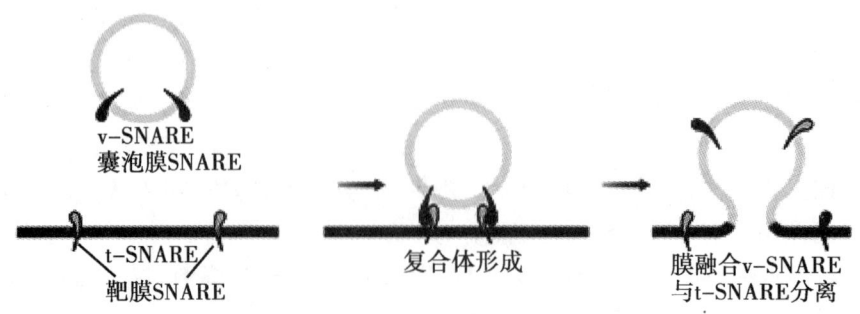

图 5-28 SNARE 和囊泡融合

> **医学应用6　SNARES，食物中毒和面部提升**
>
> 　　肉毒杆菌是引起食物中毒的主要原因之一，最常见于密封的罐头食品、香肠、火腿、熏鱼等肉类加工品。肉毒杆菌素一种神经毒素，它包含多种酶类，这些酶可以破坏SNARE蛋白，从而影响神经细胞的胞吐作用，进而阻断神经肌肉连接处的神经冲动传导，造成肌肉无力、视物模糊、呼吸困难甚至肌肉麻痹而死亡，死亡率可高达六成。
>
> 　　目前已经设计出许多低剂量肌内注射肉毒杆菌素的方法，利用麻痹局部肌肉来达到消除皱纹的目的。为了让自己看起来更年轻，每年都有成千上万的人尝试采用注射肉毒杆菌素Botox的方法，以期摆脱脸部的皱纹。

第五节　内膜系统与医学

　　内膜系统结构和功能的紊乱常会导致细胞的某些病理改变，因此，内膜系统的病变与人类疾病的密切关联日趋成为现代医学科学研究的重大问题之一。

(一) 内质网的病理形态变化

　　内质网是极为敏感的细胞器，许多理化因素都可能引起内质网形态、结构的改变，并导致其功能异常。

　　内质网在病理条件下，如遇到某些损伤或某些因素作用时，会发生肿胀、肥大和物质累积等异常改变。通常水分和钠的流入会使内质网发生肿胀，变成许多囊泡。而低氧和病毒性肝炎在引起粗面内质网肿胀的同时，还常常伴有附着核糖体的脱落，进而影响粗面内质网的蛋白质合成功能。另外，当某些感染因子刺激某些细胞时，也会使细胞的内质网变得肥大。当细胞受到某些药物作用时，光面内质网常会出现代偿性增大，以利于药物经由内质网的解毒或降解。由基因突变引起的某些遗传病中，由于内质网合成蛋白质的分子结构异常，常会导致蛋白质、糖原和脂类物质在内质网中的累积。

　　内质网是细胞生理功能的敏感指标。在具有不同生物学特性的癌细胞中，内质网表现各异。通常，在低分化的癌细胞中内质网较稀少，而在高分化的癌细胞中内质网则相对发达，并呈网状遍布于细胞质中。低侵袭力的癌细胞中内质网较少，葡萄糖-6-磷酸酶活性下降，但由癌细胞的内质网合成的分泌蛋白和尿激酶则明显增多。高侵袭力的癌细胞中，内质网增多，某些驻留蛋白、分泌蛋白等的合成随之增多。另外，在某些癌细胞中，常会出现孔环片层，很像带孔的内质网扁囊，但其来源尚未明了。

(二) 高尔基复合体的病理形态变化

　　在不同分化程度的癌细胞中，高尔基复合体结构呈现显著差异。如在低分化的大肠癌细胞中，高尔基复合体呈小泡状聚集在细胞核周围，而在高分化的大肠癌细胞中，高尔基复合体则较发达，具有典型高尔基复合体的形态结构。

　　在病理条件下，高尔基复合体的形态、结构和数量也会发生改变，如在脂肪肝患者的肝细胞中，高尔基复合体脂蛋白的正常合成分泌功能丧失，其内的脂蛋白颗粒消失，高尔基体的形态萎缩，结构受损。

(三) 溶酶体与疾病

　　溶酶体在细胞的生命活动中具有许多重要功能，通常把由于溶酶体的结构或功能异常所引起的疾病称为溶酶体病。近年来，溶酶体病逐渐引起人们的广泛关注。已知有许多疾病与溶酶体有关，如尘肺、贮积病、类风湿性关节炎、肿瘤等。

　　1. 尘肺 (silicosis)　　又称磨工病、石末沉着病，是一种职业病。空气中的二氧化硅 (矽尘) 吸入肺泡后被肺部的巨噬细胞吞噬，含有矽尘的吞噬体与溶酶体融合形成次级溶酶体。由于吞入的二氧化硅颗粒不能被消化，并在颗粒表面形成硅酸；硅酸的羟基与溶酶体膜的磷脂或蛋白形成氢键，导致溶酶体膜崩解，进而巨噬细胞本身被破坏，矽尘释出，又被其他巨噬细胞吞噬，如此反复进行。巨噬细胞的不断死亡会诱导成纤维细胞合成大量胶原蛋白，并分泌到细胞外，导致肺部胶原纤维沉积，肺组织纤维化，呼吸功能下降。

2. 贮积症（storage disease） 贮积症是由于遗传缺陷引起的，溶酶体的酶缺失或功能异常时，导致底物在溶酶体中大量贮积，进而影响细胞功能，引发疾病。常见的贮积症主要有泰-萨病（黑蒙性先天愚病）、Ⅱ型糖原贮积病、Gaucher 病（脑苷脂沉积病）和细胞内含物病（inclusion-cell disease，I-cell disease）等。Ⅱ型糖原贮积病是最早发现的贮积病，是常染色体的隐性突变所致，患者溶酶体中缺乏 α-葡萄糖苷酶，造成患者肝细胞或肌细胞中的糖原累积在溶酶体内，进而导致心、肝、舌肿大和骨骼肌无力。此病多发于婴儿，常在两周岁以前死亡。

目前已知，与溶酶体有关的先天性疾病有 30 余种，其中绝大部分是由于缺乏某些溶酶体酶，导致某种物质在组织中大量积累所致。除此而外，类风湿性关节炎、肺结核等也与溶酶体膜稳定性的破坏有关，因此临床上常采用糖皮质激素来增强溶酶体膜的稳定性，以期达到缓解临床症状的目的。

（王 茜）

第六章 核糖体与蛋白质合成

核糖体（ribosome）是细胞中的非膜性细胞器，除哺乳动物成熟红细胞中无核糖体以外，其他几乎所有的细胞都含有核糖体，即使是最简单的支原体细胞都含有上百个核糖体。此外，线粒体中也含有核糖体。核糖体是由 rRNA 和蛋白质共同组成的复合体，其功能是依照 mRNA 所携带的遗传信息将氨基酸合成蛋白质，是蛋白质合成的场所，核糖体分布于细胞质基质中或附着在粗面内质网膜上。

第一节 核糖体的类型和化学成分

一、核糖体的类型

核糖体分为两种基本类型，一种是 70S 的核糖体，存在于原核细胞中；另一类是 80S 的核糖体，存在于真核细胞中。此外，真核细胞线粒体内的核糖体接近于 70S。70S 和 80S 的核糖体均由大亚基和小亚基两个大小不同的亚基组成。核糖体的大、小亚基首先在核仁中形成，然后通过核孔释放到细胞质中。蛋白质合成时，大、小亚基首先结合在一起，成为完整的核糖体；当蛋白质合成结束时，大、小亚基随即分离（图 6-1）。因此，在活细胞中，核糖体的亚基和核糖体处于一个不断组合与解聚的动态平衡之中。细胞质中游离的核糖体在蛋白质合成时常常是多个核糖体结合在一条 mRNA 分子上，形成多聚核糖体（polyribosome），进行连续的转录（图 6-2）。

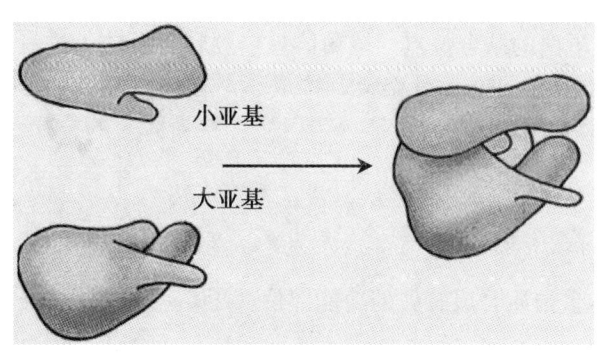

图 6-1 E. coli 核糖体三维结构模式图

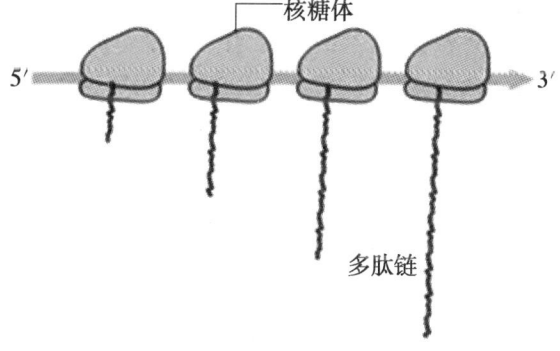

图 6-2 多聚核糖体

二、核糖体的化学组成

真核细胞里 rRNA 分子与蛋白质分子结合在一起，形成核蛋白颗粒（RNP），其中 rRNA 约占 60%，核糖体蛋白约占 40%。核糖体是细胞中最大的核蛋白颗粒，在原核细胞和真核细胞中都存在，但原核细胞和真核细胞中核糖体的组成有所不同。在真核细胞中，由沉降系数为 28S、5.8S 及 5S rRNA 与 45 种蛋白质组成大亚单位；由 18S rRNA 与 33 种蛋白质组成小亚单位。而原核细胞的核糖体则比真核细胞的核糖体简单，其大单位由 23S rRNA 和 34 种蛋白质结合而成；小亚单位则由 16S rRNA 和 21 种蛋白质结合而成（见表 6-1）。

表 6-1　原核细胞与真核细胞核糖体成分比较

完整的核糖体		原核生物 70S（相对分子量 2700kD）	真核生物 80S（相对分子量 4500kD）
大亚基	大小	50S	60S
	rRNA	23S（含 3000 个核苷酸） 5S（含 120 个核苷酸）	28S（含 4500 个核苷酸） 5.8S（含 160 个核苷酸） 5S（含 120 个核苷酸）
	蛋白质	34 种	45 种
小亚基	大小	30S	40S
	rRNA	16S（含 1540 个核苷酸）	18S（含 2000 个核苷酸）
	蛋白质	21 种	33 种

第二节　核糖体的结构和功能部位

一、核糖体的结构

电镜下核糖体为直径 15～25nm 的致密小颗粒，为不规则的颗粒状复合体，由 rRNA 和蛋白质组成（图 6-3）。rRNA 分子虽然是单链结构，但可以通过折叠成为固定的空间构象，行使其特定的功能。研究发现，E. coli 核糖体小亚基的 16S rRNA 含有 1542 个核苷酸，在它特定的空间结构中，有一部分区域成为杆状区，这是其自身的碱基配对所形成的假双链区；而一些不能配对的区域则形成环状或泡状结构，与配对区相间排列。在此基础上，rRNA 进一步折叠成为更复杂的空间结构，组成了核糖体的基本骨架。

在核糖体蛋白颗粒中，rRNA 骨架决定了核糖体蛋白的结合位点。核糖体蛋白颗粒含有数十种蛋白质，这些蛋白质通过与 rRNA 的相互识别自动地装配在 rRNA 骨架上，构成了严格而有序的超分子复合物。目前已经测定出了 30S 亚基的全部蛋白质和 50S 亚基的大部分蛋白质在核糖体上的位置，并了解到这些蛋白质在核糖体中起到的相关作用。

二、核糖体与蛋白质合成有关的活性部位

应用免疫电镜技术，已确定了核糖体上的几个与蛋白质合成有关的功能部位（图 6-4）。

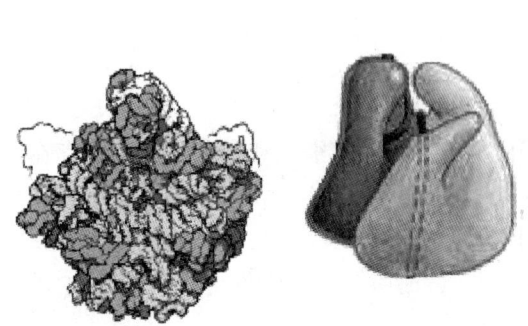

图 6-3　核糖体立体结构模式图

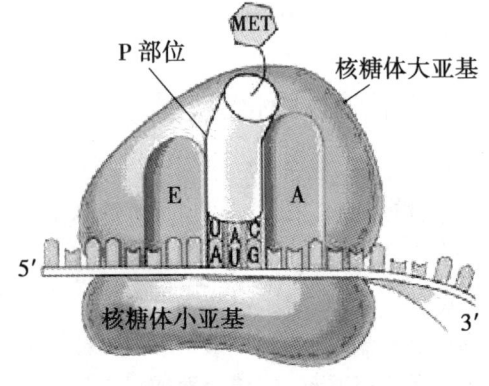

图 6-4　核糖体的功能部位

1. mRNA 结合部位　能与 mRNA 分子结合的部位，位于核糖体的小亚基上。
2. A 部位（A site）　也称受位或氨酰基部位（aminoacyl site），主要位于大亚基上，是接受氨酰基-tRNA 的位点。
3. 肽基转移酶位（peptidyl transferase）　也称肽合成酶，简称 T 因子。位于大亚基上，其作用是在肽链合成过程中催化氨基酸，与氨基酸之间通过缩合脱水产生肽键而形成肽链。
4. GTP 酶位（GTP ase site）　也称转位酶，简称 G 因子，其作用是利用分解 GTP 产生的能量将肽酰基-tRNA 由 A 位转移到 P 位。
5. P 部位（P site）　也称肽酰基部位（peptidyl site）或供位，主要位于小亚基上，这个位点是提供肽酰基-tRNA 的部位，即在肽基转移酶的作用下，P 部位的肽酰基被移交到 A 位并合成肽链。
6. E 部位（E site）　是新生多肽链的出口位（exit site），这是大亚基上一个由长约 30 个氨基酸链组成的孔道，能容纳延伸中的肽链。

第三节　核糖体与蛋白质合成

DNA 是绝大多数生物遗传信息的携带者，遗传信息从 DNA 传递给 RNA，再从 RNA 传递给蛋白质（即 DNA 的转录和翻译）。也可以从 DNA 传递给 DNA（即 DNA 的复制）。这是所有有细胞结构的生物所遵循的法则——"中心法则"。细胞中蛋白质的生物合成，除了上述讨论的核糖体以外，直接与蛋白质合成有关的还有 DNA、mRNA、tRNA 和大量蛋白质因子的共同作用。

一、真核细胞的基因结构及功能

（一）基因的结构

DNA 分子中遗传信息的传递是以一个基因为单位进行的。大多数真核生物基因由编码序列和非编码序列两部分组成，编码序列在 DNA 分子中是不连续的，被非编码序列隔开，形成镶嵌排列的间断形式，因此称为割裂基因或断裂基因（split gene）。真核细胞的结构基因一般包括转录区、侧翼序列两部分（图 6-5）。

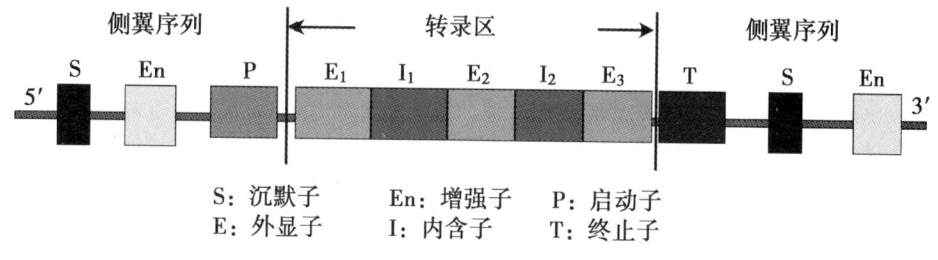

图 6-5　断裂基因的结构

转录区中含有若干段编码序列和非编码序列，那些可以编码蛋白质的序列称为外显子（exon）。在两个外显子之间被一段不编码的间隔序列隔开，这些非编码序列称为内含子（intron）。

转录区的两侧都有一段不被转录的核苷酸片段，称为侧翼序列。侧翼序列中有对基因的表达起着调控作用的调控序列，包括启动子（promoter）、增强子（enhance）、沉默子（silencer）和终止子（terminator）等。启动子位于基因转录起始点上游，包含 TATA 框、CAAT 框和 GC 框。TATA 框是 RNA 聚合酶结合位点，决定转录的起始点。CAAT 框能与 RNA 聚合酶结合，决定转录起始的频率。GC 框有两个拷贝，分别位于 CAAT 框的两侧，能与转录因子结合，起到增强转录效率的作用。增强子位于转录区的上游或下游，其作用是通过与调控蛋白结合，提高基因转录的效率。沉默子能与调控蛋白结合，阻断转录起始复合物的形成，抑制转录过程。终止子是位于基因末端的一段具有终止转录功能的特定碱基序列。转录后能形成发夹结构，使 RNA 聚合酶从模板上脱离，终止转录。

（二）遗传信息的流动方向

DNA 分子的遗传信息储存在其碱基序列之中，通过转录，DNA 分子将其所携带的遗传信息转录给 mRNA，而 mRNA 又通过遗传密码翻译成特定蛋白质的氨基酸序列。遗传信息由 DNA 通过转录和翻译合成蛋白质的过程称为基因表达（图 6-6）。

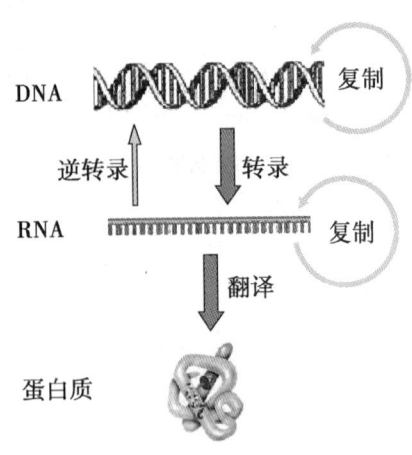

图 6-6 中心法则示意图

（三）遗传信息的流动规律

遗传信息蕴藏于 DNA 链上 4 种不同的碱基组合中，通过转录后形成的 mRNA，也是由 4 种碱基组成，那么这 4 种碱基是如何决定 20 种氨基酸参与蛋白质合成的呢？原先科学家的推测是，由 3 个相邻的碱基所代表的遗传信息决定一种氨基酸（称为三连体密码），这样 4 种碱基就可以组成 64 种组合，可决定 64 种氨基酸。后来的研究证明这种推测是正确的，虽然组成蛋白质的氨基酸只有 20 种，但是 mRNA 的 64 个三连体密码中，有 3 个终止密码子（UAA、UAG 和 UGA），有 2 个密码子（AUG 和 GUG）同时兼作起始密码子，有的氨基酸则拥有多个密码子。一般认为，遗传密码包括 4 个方面的特征：①连续性，2 个密码子之间是连续的，中间无标点符号或核苷酸分隔；②方向性，密码子的阅读方向与 mRNA 合成方向一致，从 $5'→3'$ 端；③简并性，由 64 种密码子决定 20 种氨基酸，1 个密码子决定 1 种氨基酸，而 1 种氨基酸可以由 2 个或 2 个以上密码子决定，这种现象称为密码子的简并；④通用性，遗传密码子同样适用于病毒、原核细胞和真核细胞，线粒体和叶绿体则有些差别。

（四）mRNA 的合成、加工

DNA 不能作为模板将其携带的遗传信息直接指导蛋白质合成，需要先通过转录过程将遗传信息传递给 RNA 分子，然后再将 RNA 的遗传信息翻译合成蛋白质。以 DNA 为模板，按照碱基互补配对规律，在转录因子和 RNA 聚合酶的作用下合成 RNA 的过程称为转录（图 6-7）。DNA 转录的基本过程包括转录起始、RNA 链的延伸和转录终止 3 个阶段。

1. 转录起始　转录是在 DNA 上的特定部位开始的，转录起始点之前有一段特定的核苷酸序列，是 RNA 聚合酶的识别并与之结合的部位，称为启动子。RNA 聚合酶在转录因子的参与下与启动子结合，识别转录起点，使 DNA 分子双螺旋结构局部解旋，以反编码链（$3'→5'$）为模板，开始转录。

2. RNA 链的延伸　RNA 延伸时，DNA 双链继续解旋，暴露出模板链，RNA 聚合酶沿 DNA 模板链从 $3'→5'$ 端移动，以碱基互补配对方式使 RNA 链由 $5'→3'$ 端方向逐步延伸。真核细胞中有三种 RNA 聚合酶：RNA 聚合酶 I 在核仁内催化合成 45S rRNA，然后进一步加工形成 5.8S、18S 和 28S 的 rRNA 分子，最终形成核糖体大、小亚基前体；RNA 聚合酶 II 在细胞核内催化合成 mRNA 前体（hnRNA）；RNA 聚合酶 III 则是在细胞核内催化 5S rRNA 和 tRNA 的合成。

3. 转录终止　移动的 RNA 聚合酶如果遇到 DNA 链上特殊的序列（终止子）时，转录将终止，此时 RNA 聚合酶与 DNA 分离，新合成的 RNA 分子被释放，DNA 双螺旋结构得以恢复。在转录过程中，DNA 分子是以启动子为起点，以终止子为终点，所包含的核苷酸片段作为一个转录单位，也称为转录子（transcripton）。

4. 转录后加工　结构基因转录后形成的 RNA 是还不具有翻译功能的 hnRNA，它还需要进一步的加工成为成熟的 mRNA，才能进入细胞质中进行蛋白质合成。hnRNA 加工过程包括戴帽、加尾和剪接。戴帽是指在 hnRNA 的 $5'$ 端加上一个 7-甲基-鸟嘌呤核苷（M^7G）的帽子，帽子可以封闭 mRNA $5'$ 端，防止被核酸外切酶水解，增强 mRNA 稳定性，同时帽子也是核糖体小亚基识别 mRNA 的结构；加尾是指在多聚腺苷酸聚合酶的作用下，在 $3'$ 端接上一段由 180~200 个腺苷酸组成的多聚

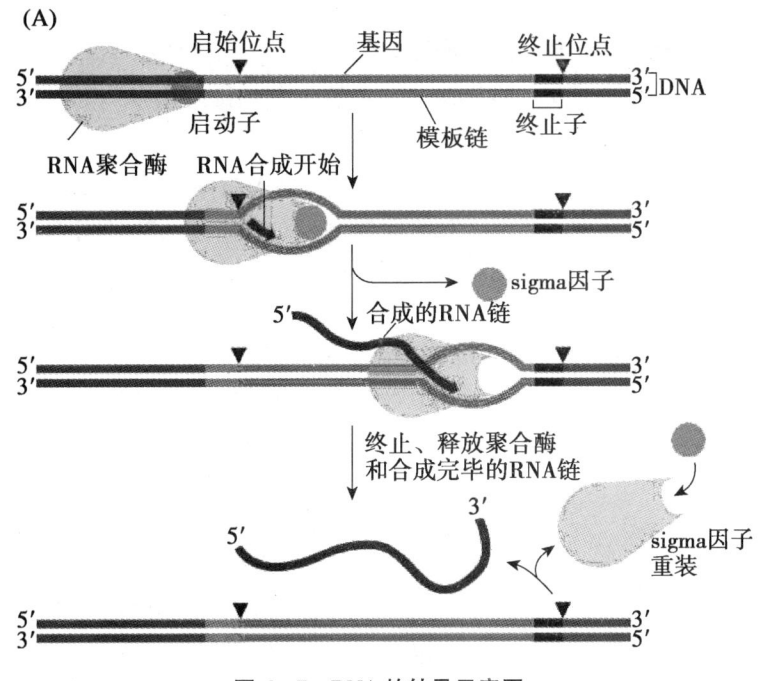

图 6-7　DNA 的转录示意图

腺苷酸（PolyA）的尾巴，尾巴主要作用是维持 mRNA 的稳定；剪接是指将 hnRNA 中不能编码蛋白质的内含子序列剪除，并将外显子序列拼接起来的过程。hnRNA 经过戴帽、加尾和拼接后，才能形成成熟的 mRNA 分子（图 6-8）。

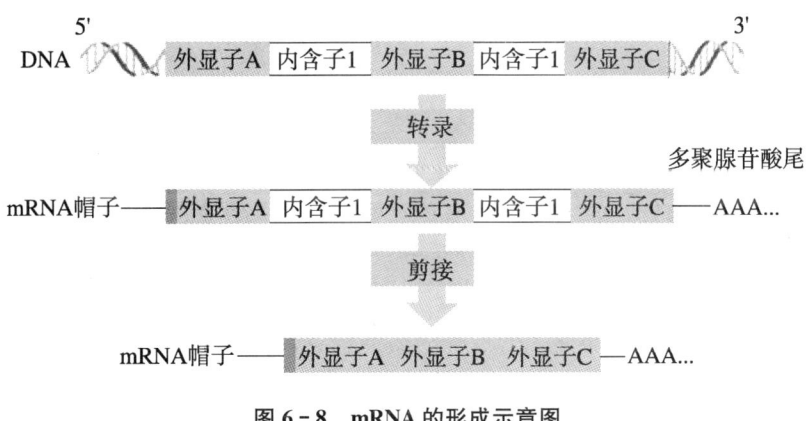

图 6-8　mRNA 的形成示意图

二、tRNA 的结构和功能

（一）tRNA 的结构

tRNA 的结构是 1965 年由 Holley. R. N. 及其同事对酵母丙氨酸 tRNA 的研究中首先发现的，因此他获得了 1968 年度的诺贝尔化学奖。几百种来自细菌和真核生物的 tRNA 通过碱基的互补配对都能形成三叶草型的结构（图 6-9），tRNA 的结构包含如下几个特点：①各种 tRNA 均含有 70～80 个碱基，其中 22 个碱基是恒定的。②其 5′端总是配对的，这种配对形式与 tRNA 的稳定性有关。5′端和 3′端配对区称为受体臂（acceptor arm）或称氨基酸臂。在 3′端永远是 4 个碱基（XCCA）的单链区，是被氨基酰化的位点，负责携带特异的氨基酸。③TψC 臂存在特殊的碱基 ψ（假尿嘧啶），其作用是和核糖体上的 rRNA 识别并结合。④反密码子臂（anticodon arm），在环区的中央总存在反密码子三联体，其作用是对 mRNA 上密码子的识别与配对。⑤D 环（D arm）的茎区长度常为 4 个碱基，

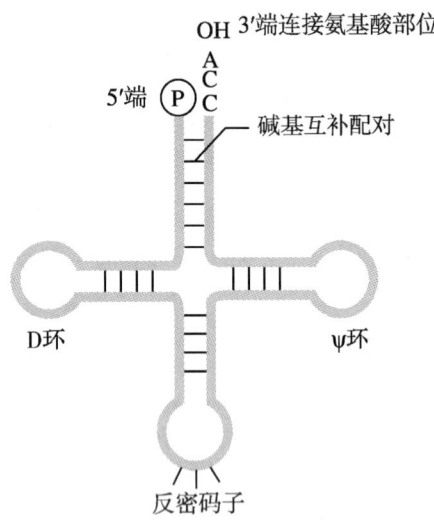

图 6-9 tRNA 的结构示意图

环区有 4 个碱基不恒定,含有特殊的碱基 D(双氢尿嘧啶),故又称双氢尿嘧啶环。⑥额外环(extra arm)可变性大,其功能是在 tRNA 的 L 型三维结构中负责连接两个区域,即反密码子环和受体臂。

(二) 氨酰-tRNA 的形成

在肽链合成过程中,氨基酸必须先被活化,才能被 tRNA 携带进入核糖体的相应部位进行蛋白质合成。在氨酰-tRNA 合成酶的催化下,氨基酸与 ATP 发生反应,形成氨基酸-AMP,并脱去一个焦磷酸(ppi),然后在氨酰-tRNA 合成酶的催化下,将已经活化的氨基酸转移到特定的 tRNA 上,形成氨酰-tRNA。氨酰-tRNA 合成酶存在于胞质中,具有高度专一性。它们既能识别特定的氨基酸,又能辨认该氨基酸专一的 tRNA 分子。氨基酸以氨酰-tRNA 的形式被运载,运送到核糖体上合成肽链。

(三) tRNA 反密码子与 mRNA 密码子的识别

氨酰-tRNA 是在蛋白质因子的作用下,通过 TψC 环与核糖体 5.8S rRNA 分子的互补关系而进入核糖体并与之结合的。特定的氨酰-tRNA 进入与否取决于氨酰-tRNA 的反密码子与 mRNA 密码子是否能相互识别。如丙氨酰-tRNA 的反密码子是 CGC,可与 mRNA 分子上的 GCG 密码子匹配,从而把丙氨酸带入蛋白质合成场所。

三、细胞中蛋白质的生物合成

蛋白质生物合成包括起始复合物的形成、肽链的延长和肽链合成的终止等环节。

(一) 肽链合成的起始

在蛋白质生物合成的起始阶段,核糖体的大、小亚基,mRNA 与甲硫氨酰 Met-tRNA$_{iMet}$ 共同构成起始复合体。这一过程需要一些起始因子(eucaryotic initiation factor,eIF)、GTP 等的参与。已知真核生物中的起始因子有十多种,如 eIF1、eIF2、eIF2A、eIF2B、eIF3、eIF4A、eIF4B、eIF4C、eIF4D、eIF4E、eIF4G、eIF5 等。起始阶段可分三步:

1. **43S 前起始复合物的形成** Met-tRNA$_{iMet}$ 先和 GTP、eIF2 形成三元复合体,40S 小亚基在 eIF3、eIF4c 作用下与三元复合体组成 43S 前起始复合物(图 6-10)。

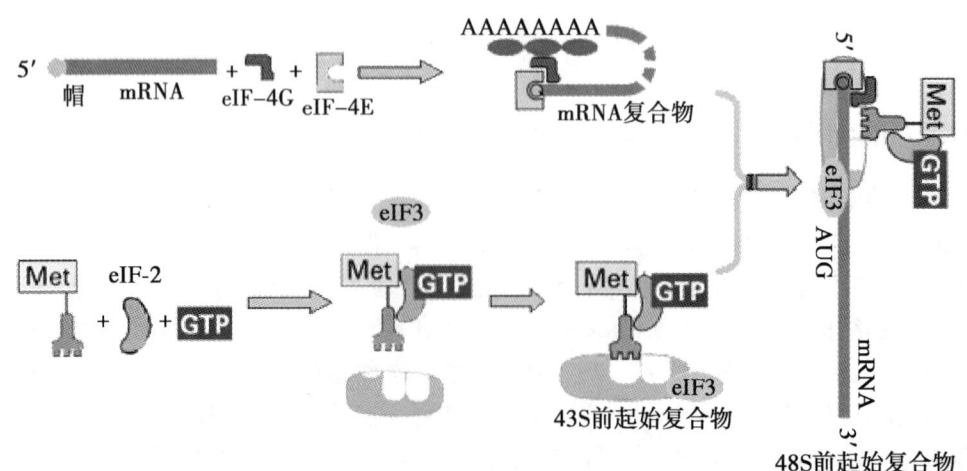

图 6-10 48S 前起始复合物形成

2. **48S 前起始复合物的形成** 由 mRNA 及 eIF4F（包括 eIF4A、eIF4E 和 eIF4G 亚基）共同构成一个 mRNA 复合物。mRNA 复合物与 43S 前起始复合物结合形成 48S 前起始复合物（图 6-10）。

3. **80S 起始复合物的形成** 在 eIF5 的作用下，48S 前起始复合物中的所有 eIF 释放出，并与 60S 大亚基结合，最终形成 80S 起始复合物（图 6-11）。此时，Met-tRNA$_{iMet}$ 的反密码子 UAC 恰好互补地与 mRNA 中的启动信号 AUG 相结合。此时，mRNA 的起始信号 AUG 位于核糖体的 P 位，所以与起始信号对应的 Met-tRNA$_{iMet}$ 也就定位在 P 位，蛋白质合成就此开始。

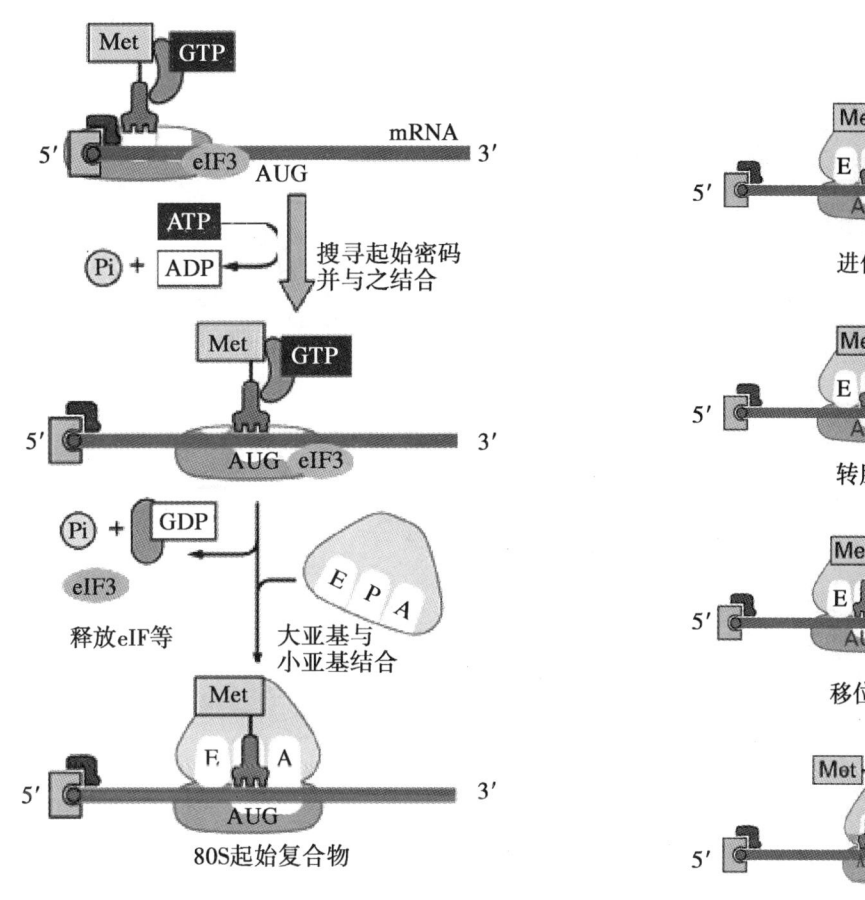

图 6-11 80S 起始复合物形成

图 6-12 肽链的延伸

(二) 肽链延伸

这一阶段，按 mRNA 上的密码子，相应的氨酰-tRNA 进入核糖体的 A 位，通过转肽、移位等过程，肽链不断延伸。肽链延伸阶段需要延长因子（elongation factors, EF）、GTP、Mg^{2+} 和 K^+ 等参与。肽链延伸阶段是一个循环过程，每个循环包括进位、转肽和移位 3 个步骤：

1. **进位** 80S 起始复合物形成后，核糖体的 P 位上为 Met-tRNA$_{iMet}$ 所占据，与 mRNA 第二个密码子相对应的氨酰-tRNA 进入 A 位。此步需要肽链延长因子 eEF1 和 GTP 参与（图 6-12）。

2. **转肽** 当氨酰-tRNA 进位后，核糖体上的 P 位和 A 位上各结合了一个氨酰-tRNA，在肽酰转移酶的催化下，将 P 位上 tRNA 所携带的甲硫氨酰（或肽酰）的羧基转移给 A 位上新进入的氨酰-tRNA 上的氨基结合，形成肽键（图 6-12）。

3. **移位** 肽键形成后，在 eEF2 作用下，GTP 酶部位的转位酶（G 因子）分解 GTP 提供能量，使核糖体向 mRNA 的 3′ 端方向移动一个密码子的距离，P 位上的 tRNA 从 P 位上释放，肽酰-tRNA 由 A 位移至 P 位，A 位重新空出，为下一个氨酰-tRNA 的进位做好准备，从而进入新的循环（图 6-12）。通过进位、转肽和移位的重复，使肽链不断延伸。在肽链延长阶段中，每生成一个肽键，都需要消耗 2 分子 GTP（移位时与进位时各 1 个），再加上氨基酸被活化生成氨基酰- tRNA 时消耗的 2 个高能磷酸键，所以在蛋白质合成过程中，每生成一个肽键，实际上共需消耗 4 个高能磷酸键。

（三）肽链合成的终止

在肽链不断延伸的过程中，当 P 位上出现终止信号（UAA、UAG、UGA）时，没有相应的氨酰-tRNA 进入 A 位，而一种具有终止肽链合成的释放因子（release factor，RF，或称终止因子）在 GTP 的参与下识别终止密码并进入 A 位，当 RF 因子与 A 位结合后，使核糖体的肽基转移酶活性转变为水解酶活性，水解 P 位上的 tRNA 与肽链之间的酯键，使肽链从核糖体上释放出来。RF、tRNA、mRNA 与核糖体脱离，核糖体分解为大、小两个亚基，重新进入核糖体循环（图 6-13）。

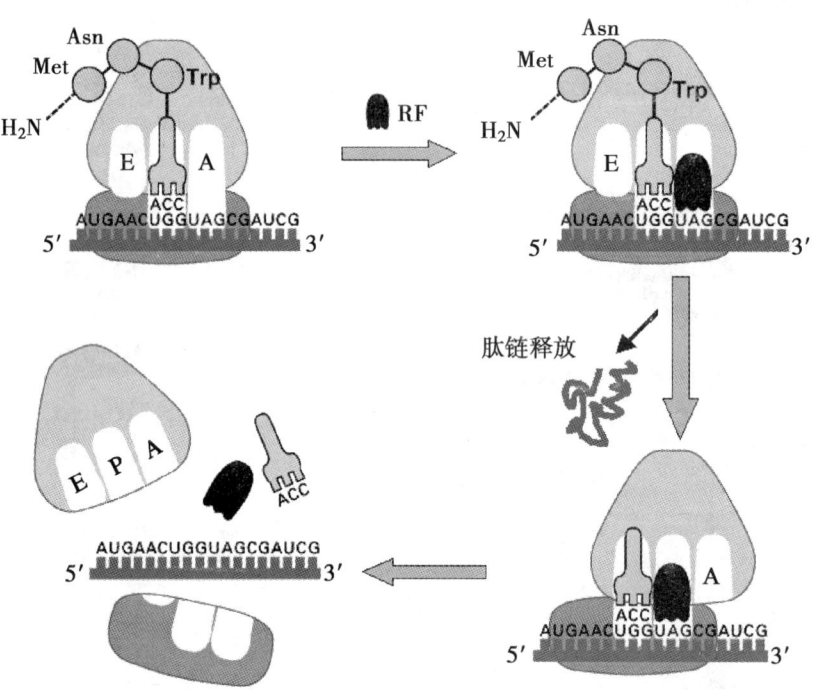

图 6-13 肽链合成的终止

医学应用 1　甲酰甲硫氨酸与白细胞的吞噬作用

蛋白质合成时，起始密码都是 AUG，但真核生物与之相对应的氨基酸是甲硫氨酸，而原核生物则是甲酰甲硫氨酸。因此，真核生物合成的肽链中没有甲酰甲硫氨酸。白细胞膜上有甲酰甲硫氨酸的受体，凡是含有甲酰甲硫氨酸的多肽都能被白细胞膜受体识别，白细胞能向异物处聚集，并将其吞噬。对于白细胞来说，含有甲酰甲硫氨酸开头的多肽出现，意味着它附近有细菌体或感染的细胞，诱发白细胞向该处移动将异物吞噬。

医学应用 2　丙型肝炎病毒的作用机制

丙型肝炎病毒能够关闭肝的蛋白质合成机制，迫使被感染的肝细胞合成病毒的蛋白质而产生新的病毒。一般真核细胞 mRNA 的翻译都需要 5′端 7-甲基鸟嘌呤核苷三磷酸帽子来介导与核糖体结合，丙型肝炎病毒 mRNAs 在 5′端不含有 7-甲基鸟嘌呤核苷三磷酸帽子，代替它的是 600～1200bp 的 5′端非翻译区，其中含有多个非起始 AUG，这段长的非翻译区叫做内部核糖体进入位点序列（internal ribosome entry site，IRES）。这些序列让病毒 mRNAs 与感染细胞核糖体的结合更紧密，在宿主细胞蛋白质合成的基础上合成病毒自身蛋白。丙型肝炎病毒能侵染人的肝，导致肝癌、肝硬化和其他慢性肝脏疾病。如果研制出能阻止感染细胞核糖体连接上病毒内核糖体进入序列（IRES）的药物来，就可以阻止受感染的肝细胞产生新的病毒。使用干扰素治疗，是目前国际上公认的对乙肝、丙肝病毒复制有抑制作用的药物，而且在临床上确也见到一定的疗效，但是仅有较好的近期疗效，远期疗效尚不十分理想，关键是清除病毒的彻底性问题。

> **医学应用 3　白喉杆菌抑制蛋白质合成**
>
> 白喉是一种由白喉杆菌分泌的白喉毒素所引起的传染病。白喉毒素实际上是寄生于白喉杆菌体内的溶源性噬菌体β基因编码的，并由白喉杆菌转运分泌出来的一种毒素。白喉毒素能进入组织细胞内，对真核生物的延长因子-2（eEF-2）起共价修饰作用，生成 eEF-2 腺苷二磷酸核糖衍生物，从而使 eEF-2 失活。它的催化效率很高，使核糖体不能沿着 mRNA 模板移动，导致蛋白质合成停止。白喉杆菌还可以利用宿主细胞蛋白质合成停止所遗留下来的氨基酸合成自身蛋白质。微量的白喉毒素就能有效地抑制细胞整个蛋白质合成，从而导致细胞死亡。

第四节　蛋白质合成与医学

蛋白质生物合成是遗传信息流动过程的最后阶段，也是基因表达的关键阶段。由于这一阶段有很多蛋白质因子的共同参与，所以很容易受到其他因素的影响，造成蛋白质生物合成过程的阻断或产生不同类型的蛋白质，导致疾病的产生。临床上根据蛋白质合成的机制，常使用一些抑制或阻断病菌、病毒蛋白质生物合成过程的药物来达到治疗目的。

一、抗生素类阻断剂

许多抗生素都是以直接抑制细菌细胞内蛋白质合成，对人体副作用最小为目的而设计的，它们可作用于细菌细胞内蛋白质合成的各个环节，包括抑制起始因子、延长因子及核糖体的作用。例如：①链霉素、新霉素类：这类抗生素属于氨基糖苷碱性化合物，主要抑制革兰阴性细菌蛋白质合成的 3 个阶段：一是可以抑制起始复合物的形成，使氨酰-tRNA 从复合物中脱落；二是在肽链延伸阶段，使氨酰-tRNA 与 mRNA 错配；三是在终止阶段，阻碍释放因子 RF（或称终止因子）与核糖体结合，使已合成的多肽链不能释放，而且还能抑制核糖体的解离。②四环素和土霉素类：这类抗生素同属于广谱抗生素，其作用于细菌内核糖体的 30S 小亚基，阻止氨酰-tRNA 同核糖体结合，抑制起始复合物的形成；还可抑制氨酰-tRNA 进入核糖体的 A 位，阻滞肽链的延伸以及影响终止因子与核糖体的结合，使已合成的多肽链不能脱离核糖体。四环素类抗生素除对原核细胞 70S 核糖体有抑制作用外，对真核细胞的 80S 核糖体也有抑制作用，但对 70S 核糖体的敏感性更高，故对细菌蛋白质合成抑制作用更强。③氯霉素和红霉素类：这一类药物的作用机制是：氯霉素与核糖体上的 A 位紧密结合，因此阻碍氨酰-tRNA 进入 A 位；氯霉素和红霉素均可抑制转肽酶活性，使肽链延伸受到影响，菌体蛋白质不能合成，因此有较好的抑菌作用。④嘌呤霉素：嘌呤霉素的结构与酪氨酰-tRNA 相似，从而取代一些氨酰-tRNA 进入核糖体的 A 位，当延伸中的肽基转入 A 位时，容易脱落，终止肽链合成。由于嘌呤霉素对原核和真核生物的翻译过程均有干扰作用，故难以用作抗菌药物而试用于肿瘤治疗。

二、干扰素

干扰素（interferon）是真核细胞感染病毒后产生的一类蛋白质。干扰素可抑制病毒繁殖，保护宿主。从白细胞中分离提取得到的是 α-干扰素，从成纤维细胞中可得到 β-干扰素，在免疫细胞中得

到的为 γ-干扰素。干扰素可结合到未感染病毒的细胞膜上，诱导这些细胞产生寡核苷酸合成酶、核酸内切酶和蛋白激酶。在细胞未被感染时，不合成这三种酶。一旦被病毒感染，有干扰素存在时，寡核苷酸合成酶、核酸内切酶和蛋白激酶就在这些细胞中合成并且同时被激活，并以不同的方式阻断病毒蛋白质的合成。如干扰素能激活蛋白激酶，蛋白激酶使蛋白质合成的起始因子磷酸化，使它失活而阻断病毒蛋白质的合成。干扰素还可以催化 2，5-腺嘌呤寡核苷酸的合成，2，5-腺嘌呤寡核苷酸合成后，再激活核酸内切酶，而核酸内切酶能水解 mRNA，最终抑制蛋白质合成。

（李新乐）

第七章 线粒体与能量代谢

线粒体（mitochondrion）是存在于真核细胞中的一种较大细胞器，因在光学显微镜下观察呈"短线状"或"颗粒状"的形态学特征而得名，是细胞内氧化磷酸化和形成ATP的主要场所，细胞生命活动所需的能量有95%来自线粒体，因此有细胞"动力工厂"之称。线粒体有自身的DNA和遗传体系，但线粒体基因组的基因数量有限，所以线粒体又是一个半自主性的细胞器。

线粒体与能量转换、氧自由基的生成、疾病发生等相关，近年来对线粒体结构和功能的深入研究已成为细胞生物学中非常活跃的领域。

第一节 线粒体的形态、数量与分布

（一）线粒体的形态

线粒体的形态多种多样，一般呈线状，也有粒状或短线状（图7-1）。细胞的生理状况发生变化时线粒体的形态亦将随之而改变。在一定条件下，同一种细胞线粒体的形态是可逆的。例如，当细胞处于高渗环境时，线粒体会伸长为线状；低渗环境时，线粒体会膨胀如泡状。线粒体直径一般为0.5～1.0μm，长度为1.5～3.0μm。线粒体大小与细胞种类有关，如在骨骼肌中可见到巨大线粒体，长度可达7～10μm。

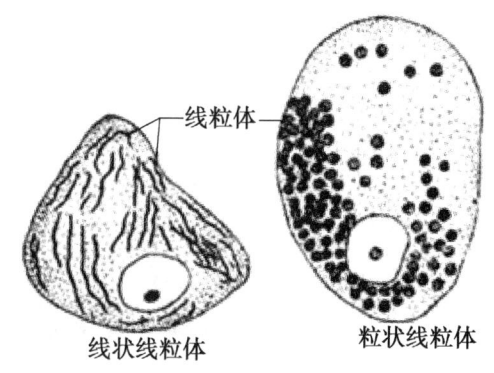

图7-1 光学显微镜下线粒体的形态

（二）线粒体的数量和分布

哺乳动物肝细胞中有1000～2000个线粒体。同一类型的细胞中，线粒体的数目是相对稳定的，在不同类型的细胞中线粒体的数目相差很大。就总体而言，生理活动旺盛的细胞（心肌细胞）线粒体多；动物细胞比植物细胞线粒体多；体外培养的新生细胞比衰老细胞线粒体多。研究发现，经常锻炼的运动员，其肌细胞中的线粒体比不常运动的人多。在多数细胞中，线粒体均匀分布在整个细胞质中，但在某些细胞中，线粒体较多分布在需要ATP的部位（如肌细胞和精细胞）。

第二节 线粒体的结构与化学组成

一、线粒体的超微结构

电镜下，线粒体是由两层高度特化的单位膜套叠而成的囊状结构，主要由外膜、内膜、膜间腔和基质腔四部分组成（图7-2）。其中内、外膜各自封闭，互不相通，组成线粒体的支架（图7-3）。

（一）线粒体的外膜

线粒体外膜（outer membrane）是包在整个线粒体外表面的一层全封闭的单位膜结构，是线粒体的界膜，厚6～7nm，平整光滑。外膜主要由蛋白质与脂类组成，两者比值约为1∶1，与内质网膜组成相似。外膜上含有直径1～2 nm小孔的孔蛋白，所以外膜的通透性非常高，使得膜间腔中的环境几乎与胞质溶胶相似。

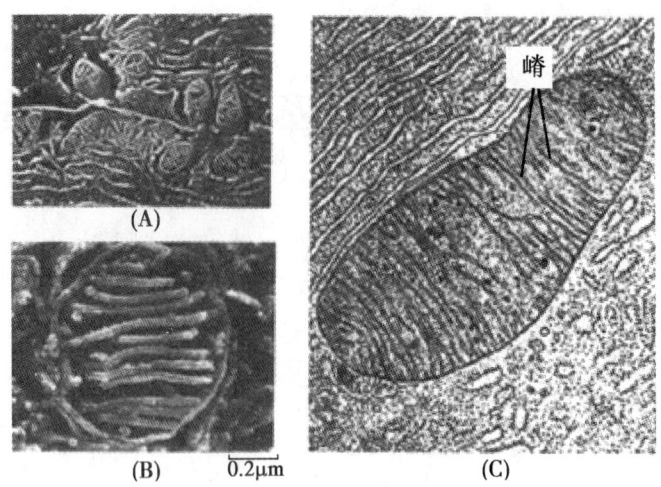

图 7-2 电子显微镜下线粒体的形态结构

(A、B) 扫描电镜图；(C) 透射电镜图

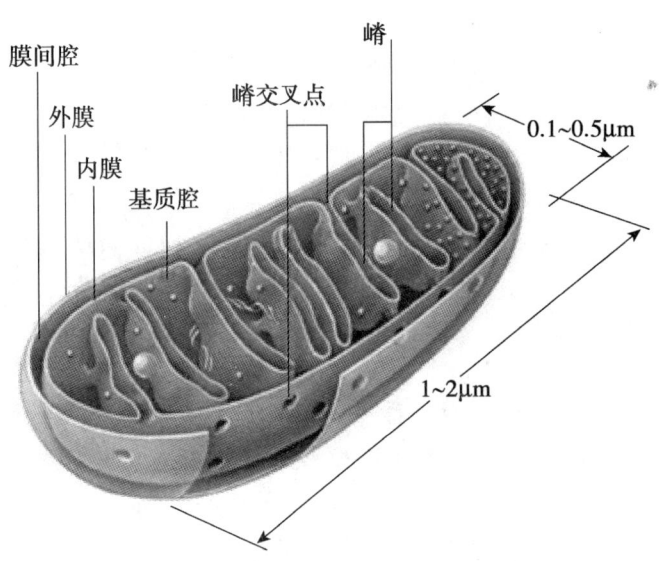

图 7-3 电子显微镜下线粒体的结构模式图

(二) 线粒体的内膜

线粒体内膜 (inner membrane) 厚约 6~8nm，蛋白质约占内膜总重量的 76%，内膜中胆固醇含量极低，却富含双磷脂酰甘油，即心磷脂。电子传递与氧化磷酸化酶系统一般都位于内膜中，膜上丰富而高度选择性的载体蛋白则控制着内外腔间的物质交换，以保证线粒体各种活性物质的正常代谢。线粒体内膜向基质腔反复折叠，形成线粒体的嵴 (cristae)，嵴的形状主要有板层状和小管状两种类型。线粒体嵴极大地增加了内膜表面积。内膜和嵴上有许多颗粒朝向线粒体基质腔，这些颗粒称为基粒 (elementary partical)（图 7-4）。基粒是将呼吸链电子传递过程中释放的能量用于使 ADP 磷酸化生成 ATP 的重要部位，其化学本质是 ATP 合成酶 (ATP synthetase)，也被称为最小的分子马达。估计每个线粒体有 10^4~10^5 个基粒。基粒由头部、柄部和基部三部分组成。

1. 头部　头部外观呈球状颗粒，直径约 9nm，通过柄部与基部相连。其化学本质是可溶性 ATP 酶，简称 F_1 因子，是催化 ADP 和 Pi 合成 ATP 的关键装置。

2. 柄部　柄部是头部和基部的连接部分，含有一种对寡霉素敏感的蛋白质——OSCP，OSCP 一旦与寡霉素结合，通过寡霉素的解偶联作用而干扰头部对质子电化学梯度的利用而抑制 ATP 的合成，因此，柄部起着调控质子通道的作用。

3. 基部　基部是嵌入线粒体内膜（嵴）的疏水性蛋白，简称 F_0 因子。F_0 不仅起连接 F_1 与内膜的作用，而且还是质子（H^+）由膜间腔流向 F_1 的穿膜通道。

（三）线粒体的膜间腔

膜间腔（intermembrane space）是线粒体内外膜之间的间隙，又称外室（out chamber），宽约 6～8nm，在某些生理或病理情况下，膜间腔可扩张或缩小，膜间腔充满无定形液体，其中含有多种可溶性酶、底物和辅助因子。

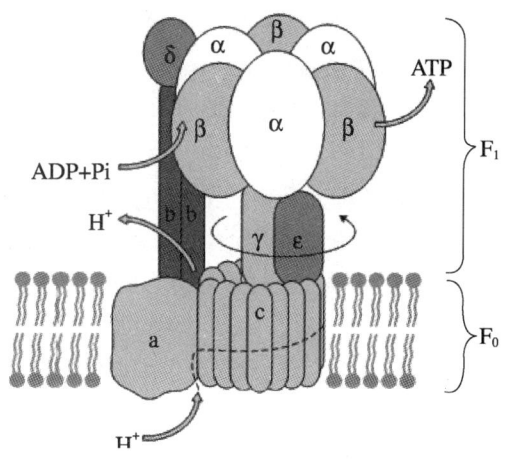

图 7-4　基粒结构模式图

（四）线粒体的基质腔

基质腔（matrix space）是线粒体内膜直接包围的腔隙，又称内室（inner chamber），内室充满了和线粒体整体功能密切相关的无定形胶质基质，主要成分有可溶性蛋白质、酶类、脂类、线粒体 DNA、线粒体 RNA 和线粒体核糖体，是三羧酸循环、脂肪酸氧化、核酸与蛋白质合成的重要场所。

二、线粒体的化学组成

（一）线粒体的主要化学成分

经过对线粒体各结构组分的生化分析，线粒体的化学组分主要是由蛋白质、脂类和水分等组成，此外，线粒体还含有 DNA、多种辅酶（如 NAD^+、FMN、FAD 和 CoQ 等）、维生素和各种无机离子。

1. 蛋白质　占线粒体干重的 65%～70%。线粒体的蛋白质分为可溶性和不溶性的。可溶性的蛋白质主要是基质的酶和膜的外周蛋白；不溶性的蛋白质构成膜的本体，其中一部分是镶嵌蛋白，也有一些是酶蛋白。

2. 脂类　线粒体的脂类只占干重的 20%～30%。在线粒体的脂类中多数是磷脂，占总脂的 3/4 以上。

3. 酶类　线粒体中含有众多的酶系，是细胞中含酶种类最多的细胞器之一。现已发现 140 余种酶分布在各种不同来源的线粒体的各部分中。

（二）线粒体中酶的定位分布

1. 线粒体各部分酶蛋白分布　线粒体由 4 部分组成，在能量转换过程中分别起不同的作用。各部分功能的差异主要是化学组成的差异，特别是蛋白和酶分布的差异（见表 7-1）。

表 7-1　线粒体各部分蛋白及酶的分布

外膜	膜间隙	内膜	基质腔
细胞色素 b_5	腺苷酸激酶	NADH 脱氢酶	丙酮酸脱氢酶
NADH-细胞色素 c 还原酶	二磷酸激酶	琥珀酸脱氢酶	脂肪酸 β 氧化酶
单胺氧化酶	核苷酸激酶	细胞色素氧化酶	三羧酸循环酶系
酰基辅酶 A 合成酶		细胞色素 c	DNA 聚合酶
孔蛋白		ATP 合成酶（F_0F_1 复合物）	RNA 聚合酶
		运输蛋白	转移 RNAs
			苹果酸脱氢酶

2. 线粒体各部分的标志酶　外膜：单胺氧化酶；内膜：细胞色素氧化酶；膜间腔：腺苷酸激酶；基质腔：苹果酸脱氢酶。

(三) 呼吸链

呼吸链 (respiratory chain) 又称为电子传递链 (electron transport chain)，是一系列具有递氢、递电子作用的氢载体和电子载体蛋白，该体系最终以氧作为电子接受体，与细胞摄氧有关，故称为呼吸链。由四种复合物、细胞色素 c (Cytc) 和辅酶 Q (CoQ) 组成。其中细胞色素 c 和辅酶 Q 是独立存在的，辅酶 Q 是脂溶性蛋白，可在脂双层中从膜的一侧向另一侧移动；细胞色素 c 是膜周边蛋白，可在膜表面移动。四种复合物又都是由几种不同的蛋白组成的多蛋白复合体，功能是参与氧化还原作用（图 7-5，表 7-2），能够可逆地接受和释放电子或 H^+。由于这些复合物在线粒体内膜中不停地移动，所以它们没有稳定的结构。

1. 复合物 I (complex I)　又称 NADH-CoQ 还原酶复合物，功能是催化一对电子从 NADH 传递给辅酶 Q，一对电子从复合物 I 传递时伴随着 4 个 H^+ 质子被传递到膜间腔。

2. 复合物 II (complex II)　又称琥珀酸-CoQ 还原酶复合物，功能是催化电子从琥珀酸传递给辅酶 Q，复合物 II 传递电子时不伴随 H^+ 质子的传递。

3. 复合物 III (complex III)　又称 $CoQH_2$-细胞色素 c 还原酶复合物，每传递一对电子，同时传递 4 个 H^+ 质子到膜间腔。

4. 复合物 IV (complex IV)　又称细胞色素 c 氧化酶。主要功能是将电子从细胞色素 c 传递给 O_2 分子，每传递一对电子，要从线粒体基质中摄取 4 个 H^+ 质子，其中两个质子用于水的形成，另两个 H^+ 质子被跨膜转运到膜间腔。

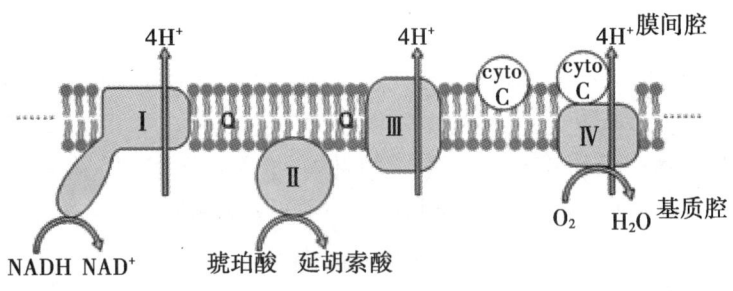

图 7-5　呼吸链中复合物的排列及功能

表 7-2　线粒体呼吸链中四种复合物的性质

序号	名称	复合物		电子传递		
		多肽数	辅基	接收自	传递给	传递质子
I	NADH 还原酶	22~26	1 个 FMN 6~9 个 Fe/S	NADH	辅酶 Q	是
II	琥珀酸还原酶	4~5	1 个 FAD 3 个 Fe/S 中心	琥珀酸 (经由酶结 合的 FAD)	辅酶 Q	否
III	细胞色素 b-c_1 还原酶	8~10	细胞色素 b 细胞色素 c 1 个细胞色素 c_1 1 个 Fe/S 中心	辅酶 Q	细胞色素 c	是
IV	细胞色素 c 氧化酶	9	细胞色素 a 细胞色素 c 氧 (O_2) 细胞色素 a_3 Cu 中心	细胞色素 c	O_2	是

> **医学应用1　线粒体中某些组分的治疗作用**
>
> 细胞色素c已被作为一氧化碳中毒、新生儿窒息、肺功能不全、高山缺氧、心肌炎及心绞痛的急救药或辅助药。辅酶Q对高血压、牙周病、肌萎缩有疗效。

第三节　线粒体的功能

一、线粒体各部分的功能

由于线粒体各部分结构的化学组成和性质不同，它们的功能各异（见表7-3）。

表7-3　线粒体各部分的功能

部位	功能
外膜	磷脂的合成，脂肪酸链去饱和，脂肪酸链延伸
内膜	电子传递，氧化磷酸化，代谢物质运输
膜间腔	核苷的磷酸化
基质腔	丙酮酸氧化，三羧酸循环，脂肪酸的β氧化，DNA复制，RNA合成，蛋白质合成

二、线粒体的能量转换机制

线粒体是真核生物氧化代谢的部位，是糖、脂肪和蛋白质最终氧化放能的场所。最终氧化的共同途径是三羧酸循环和呼吸链的氧化磷酸化。

葡萄糖和脂肪酸是真核细胞能量的主要来源，细胞通过对葡萄糖的代谢获取能量。葡萄糖进入细胞后先在细胞质中通过糖酵解作用生成丙酮酸，如果有氧存在，丙酮酸进入线粒体基质经过三羧酸循环、电子传递和氧化磷酸化，最后生成ATP和水。如果没有氧，丙酮酸经过发酵生成乳酸（图7-6）。

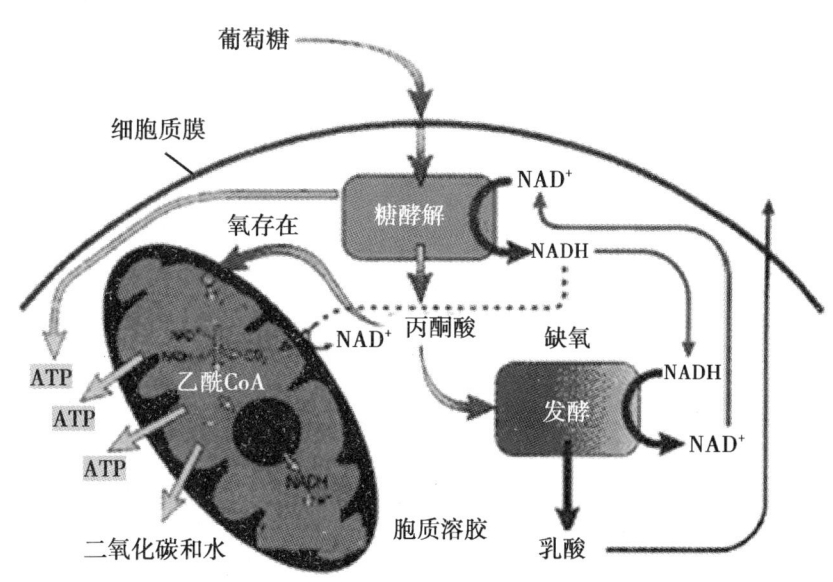

图7-6　真核细胞中碳水化合物代谢俯瞰

（引自王金发. 细胞生物学. 北京：科学出版社，2003）

(一) 葡萄糖酵解生成丙酮酸

细胞质中的葡萄糖（或糖原）在一系列酶的催化下生成丙酮酸的过程称为糖酵解（glycolysis）。反应的主要过程包括：①葡萄糖在磷酸化酶的作用下形成 1,6 二磷酸果糖；②二磷酸 6 碳糖被裂解生成两个三碳糖；③三碳糖被逐步转变成丙酮酸。

(二) 线粒体中乙酰 CoA 的生成

细胞质中由糖酵解生成的丙酮酸分子经过线粒体外膜的孔蛋白进入线粒体膜间腔，然后在运输蛋白的作用下穿过内膜进入线粒体基质。在基质中，丙酮酸被丙酮酸脱氢酶氧化成乙酰 CoA，同时生成一分子 NADH 和一分子 CO_2。生物需要能量时首先利用多糖，必要时也会利用脂肪。脂肪被水解生成脂肪酸后进入线粒体。每两个脂肪酸产生一分子乙酰 CoA，同时生成一分子 NADH、一分子 $FADH_2$。

乙酰 CoA 是线粒体能量代谢的核心分子，无论是糖还是脂肪酸作为能源，都要在线粒体中被转变成乙酰 CoA 才能进入三羧酸循环彻底氧化。

(三) 三羧酸循环（tricarboxylic acid cycle, TCA cycle）

乙酰 CoA 一旦形成，立即进入线粒体基质的循环氧化途径，即三羧酸循环。三羧酸循环又称柠檬酸循环（图 7-7）。每循环一次生成两分子的 CO_2、一分子 GTP、四分子的 NADH（连同丙酮酸脱羧形成乙酰 CoA 时产生的一分子 NADH 在内）和一分子的 $FADH_2$，释放 5 对电子。

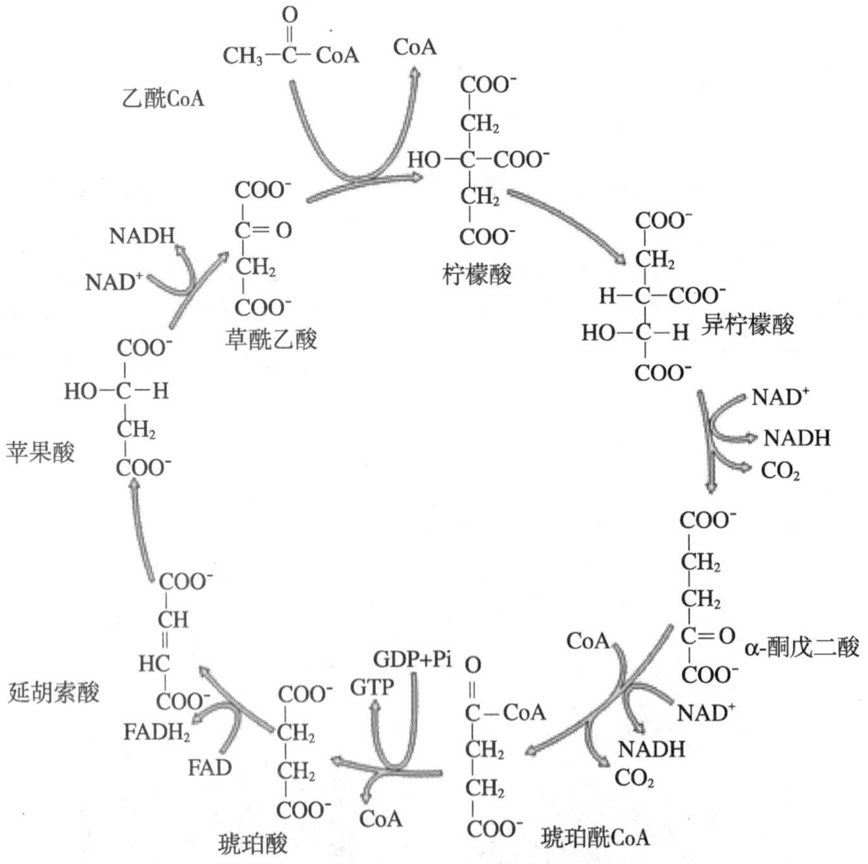

图 7-7 三羧酸循环

(四) 电子传递偶联氧化磷酸化

在三羧酸循环中，乙酰 CoA 氧化释放的大部分能量都储存在辅酶（NADH 和 $FADH_2$）分子中。细胞利用线粒体内膜中一系列的电子载体（呼吸链），伴随着电子传递，将 NADH 或 $FADH_2$ 氧化，逐步收集释放的自由能通过氧化磷酸化生成 ATP，将能量储存在 ATP 的高能磷酸键中。氧化磷酸化（oxidative phosphorylation）是指在活细胞中伴随着呼吸链的氧化作用所发生的能量转换和 ATP 的形成过程。呼吸链含有 3 个氧化磷酸化偶联位点，根据对呼吸链中不同复合物间氧化还原电位的研究，发现复合物Ⅰ、Ⅲ、Ⅳ每传递一对电子，释放的自由能都足够合成一分子 ATP，因此将复合物Ⅰ、Ⅲ、Ⅳ看成是呼吸链中电子传递与氧化磷酸化偶联的 3 个位点。

英国生物化学家 P. Mitchell 于 1961 年提出了化学渗透偶联假说（chemiosmotic coupling hypothesis）解释氧化磷酸化的偶联机理。该学说认为：在电子传递过程中，伴随着质子从线粒体内膜的里层向膜间腔转移，形成跨膜的氢离子梯度，这种势能驱动了氧化磷酸化反应（提供了动力），合成了 ATP（图 7-8）。

这一学说具有大量的实验支持，得到公认并获得了 1978 年诺贝尔化学奖。化学渗透学说可以很好地说明线粒体内膜中电子传递、质子电化学梯度建立、ADP 磷酸化的关系。

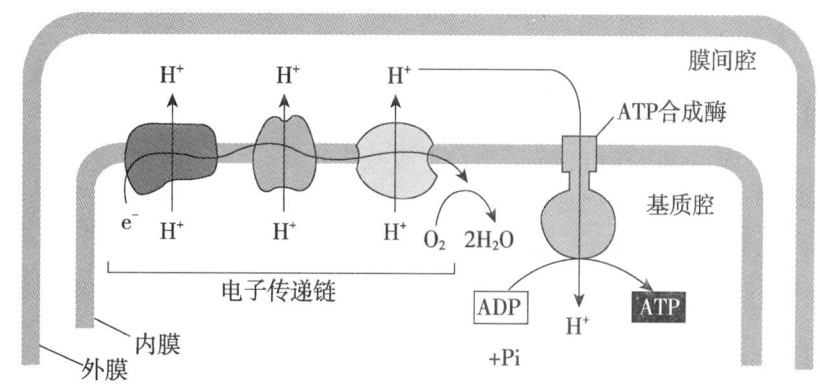

图 7-8 化学渗透学说示意图

第四节　线粒体的半自主性

线粒体是动物细胞中除细胞核外，唯一存在 DNA 的细胞器，具有独立的遗传体系。虽然线粒体能够合成蛋白质，但是合成能力有限。大多数线粒体蛋白都是由核基因编码，在细胞质中合成后，定向转运到线粒体的，因此线粒体被称为半自主性细胞器（semiautonomous organelle）。

(一) 线粒体 DNA

人类线粒体基因组是一个环状双链 DNA，由两条互补的链组成，即重链（H 链）和轻链（L 链）。人类线粒体 DNA 约为 16 569 个碱基对，包括 37 个基因，其中 28 个由重链编码，9 个由轻链编码。线粒体 DNA 可以编码两种 rRNA（12S rRNA 和 16S rRNA）、22 种 tRNA 和 13 种蛋白质，这些蛋白都参与了电子传递和氧化磷酸化过程中，包括 NADH-CoQ 还原酶复合物（复合物Ⅰ）中的 7 个亚基（ND1、ND2、ND3、ND4、ND4L、ND5、ND6）；细胞色素 b-c1 复合体（复合物Ⅲ）中的 1 个亚基；细胞色素 c 氧化酶复合物（复合物Ⅳ）中的 3 个亚基，以及 ATP 合成酶复合物中的 2 个亚基。人类每个细胞中有多个线粒体，每个线粒体中大约有 2~10 个线粒体基因组。

(二) 线粒体基因组的特点

与核基因组相比，人类线粒体基因组具有如下特点：①几乎全部基因组都是编码序列，基因内无内含子；②线粒体 DNA 裸露，不与组蛋白结合；③线粒体的遗传密码与"通用的"遗传密码不同。

例如，密码子 UGA 在通用密码中是终止密码子，但在人类线粒体 DNA 中却编码色氨酸。

(三) 线粒体从细胞质中转运大部分蛋白质

线粒体 DNA 只能编码 13 种蛋白质，但是线粒体蛋白质组学研究表明，线粒体内大约有 1500 种蛋白。因此，大部分线粒体蛋白都是由核基因编码，从细胞质中转运而来的。线粒体蛋白的前体在细胞质中的核糖体上合成后，经过翻译加工转运到线粒体内。在线粒体前体蛋白内含有特定的定位信息，可以指导它们定位到线粒体内。这些线粒体定位信息多种多样，可以被线粒体外膜上的受体所识别。一旦开始转运，线粒体蛋白就被分选到不同的亚细胞器组分中——外膜、内膜、膜间腔以及基质腔中。

第五节　线粒体的增殖与起源

(一) 线粒体的增殖

细胞中线粒体的寿命约一周，衰老及病变的线粒体通过溶酶体消化分解而清除，新的线粒体通过增殖生成。一般认为线粒体有三种分裂增殖方式：收缩分离、间壁分离和出芽分裂（图 7-9）。

1. 收缩分离　线粒体中央部分收缩，同时向两端拉长，整个线粒体呈哑铃状，中间收缩断裂，分离成两个线粒体。

2. 间壁分离　先由线粒体内膜向中心内褶形成间壁，间壁向对侧内膜延伸，最后外膜在间壁处一分为二，形成两个线粒体。

3. 出芽分裂　先从线粒体上长出小芽，再与母线粒体分离长大，形成新线粒体。

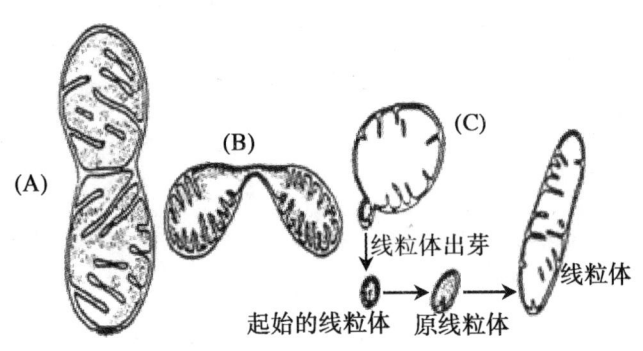

图 7-9　线粒体的增殖方式
(A) 间壁分离；(B) 收缩分离；(C) 出芽分离

(二) 线粒体的起源

关于线粒体的起源有两种假说：内共生学说和非内共生学说。

1. 内共生学说（endosymbiont hypothesis）　认为线粒体来源于细菌，即细菌被真核生物吞噬后，通过演变，形成了线粒体（图 7-10）。真核细胞中的线粒体 DNA 和蛋白质合成系统类似于细菌，是内共生假说的证据。

2. 非内共生学说　又称细胞内分化学说。认为线粒体的发生是质膜内陷的结果。

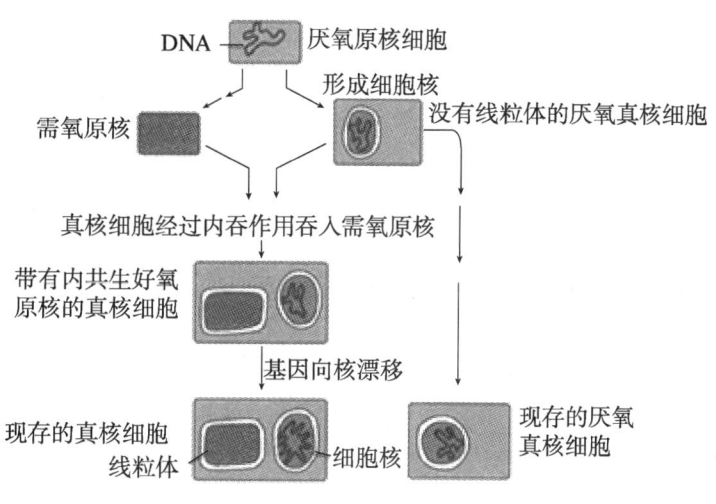

图 7-10 线粒体的进化途径

第六节 过氧化物酶体

过氧化物酶体（peroxisome）又称微体（microbody），是由单层膜围绕的、内含一种或几种氧化酶类的细胞器。1954 年，Rhodin 在电子显微镜下观察肾小管上皮细胞时首次发现一种较为独特的膜性小体，直径约为 $0.5\sim1.0\mu m$，由于不知道这种小体的功能，将它称为微体。后来逐渐发现微体普遍存在于动植物细胞内。微体主要有两种类型：过氧化物酶体和乙醛酸循环体，后者只在植物中发现。

一、过氧化物酶体的结构及所含酶类

过氧化物酶体是由一层单位膜包裹的膜相细胞器。过氧化物酶体和初级溶酶体的形态大小类似，但过氧化物酶体中的尿酸氧化酶等常形成晶体结构（图 7-11），因此可作为电镜下识别的主要特征。

过氧化物酶体含有丰富的酶类，目前已知的有 40 余种，虽然在不同的过氧化物酶体内酶的总数和种类不尽相同，但大致可以分为三类，即氧化酶、过氧化氢酶和过氧化物酶。

氧化酶（oxidase）约占过氧化物酶体总量的 50%，各种氧化酶作用的底物不同，但共同特征是氧化底物的同时，能将氧还原成过氧化氢。反应通式为（底物用 RH_2 表示）：$RH_2 + O_2 \rightarrow R + H_2O_2$。过氧化物酶体中的很多底物都是通过这样的氧化反应降解的，如尿酸、嘌呤、甲醇以及脂肪酸等。在这个反应中产生的过氧化氢能够被过氧化物酶体中的另一类酶——过氧化氢酶（catalase）所降解。

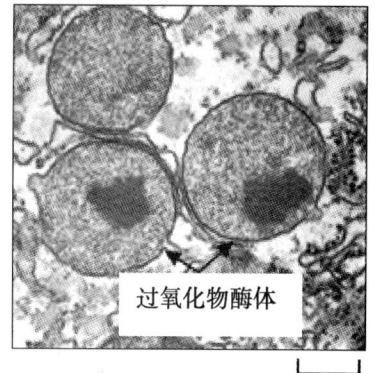

图 7-11 大鼠肝细胞中的过氧化物酶体

过氧化氢酶约占过氧化物酶体总量的 40%。过氧化氢酶可以通过两种途径来降解过氧化氢。一方面它可以用过氧化氢来继续氧化其他的底物，如酒精、甲醛、亚硝酸盐、苯酚以及甲酸等，反应通式为：$H_2O_2 + RH_2 \rightarrow R + 2H_2O$ 该反应对肝和肾十分重要，肝细胞和肾细胞的过氧化物酶体正是通过这样的方式消除了很多有害物质的毒性。例如，体内大约 1/4 的酒精是通过这种方式来解毒的。另一方面，过氧化氢酶能够将过氧化氢还原成水，反应通式为：$2H_2O_2 \rightarrow O_2 + 2H_2O$。由于几乎所有的过氧化物酶体都含有过氧化氢酶，因此过氧化氢酶是过氧化物酶体的

标志酶。

过氧化物酶的作用与过氧化氢酶一样，但是只有少数几种细胞（如血细胞）的过氧化物酶体中含有此酶。

> **医学应用2　过氧化物酶体疾病**
>
> 目前已经发现了大量过氧化物酶体功能异常的遗传病。可分为两类：第一类：由某种过氧化物酶缺乏导致的疾病，如X-连锁的脑白质肾上腺萎缩症（X-adrenoleukodystrophy，X-ALD）。由于负责转运脂肪酸进入过氧化物酶体中的一种膜蛋白缺乏，使得患者的大脑和肾上腺皮质中积累了大量的超长链脂肪酸。大脑中过度的脂肪酸积累会损伤神经细胞周围的髓鞘。本病表现为肾上腺皮质功能不全与进行性脑白质变性导致的视觉丧失、痴呆、四肢轻瘫等征象，且可致命。第二类：由过氧化物酶体生物合成缺陷导致的疾病。过氧化物酶体生物合成缺陷会影响过氧化物酶体所有的代谢途径。这些疾病称为过氧化物酶体生物合成疾病，如泽韦格综合征（或脑-肝-肾综合征，Zellweger's syndrome）。由于无法将外部的蛋白转运到过氧化物酶体内，过氧化物酶体的功能完全丧失，该病临床症状严重，是一种致死的遗传性疾病。目前已经确定在泽韦格综合征中，至少有12种PEX基因都发生了突变，它们编码的蛋白对过氧化物酶体蛋白转运非常重要。

二、过氧化物酶体的功能

（一）使毒性物质失活

过氧化物酶体中的过氧化氢酶可以氧化各种底物，如酚、甲酸、甲醛和乙醇等，使这些有毒性的物质变成无毒性的物质，同时将过氧化氢进一步转变成无毒的水。这种反应对于消除细胞代谢过程中产生的过氧化氢以及其他有害物质，防止细胞中毒，起着重要的保护作用，尤其是对肝、肾的保护作用。

（二）对氧浓度的调节作用

过氧化物酶体与线粒体对氧的敏感性是不一样的。线粒体氧化所需的最佳氧浓度为2%左右，增加氧浓度，并不提高线粒体的氧化能力。而过氧化物酶体的氧化率则随氧张力增强而呈正比例地提高。因此，在低浓度氧的情况下，线粒体利用氧的能力比过氧化物酶体强，但在高浓度氧的情况下，过氧化物酶体的氧化反应占主导地位，这种特性使过氧化物酶体具有使细胞免受高浓度氧的毒性作用。

（三）脂肪酸的氧化

人体内的脂肪酸可以在过氧化物酶体和线粒体中进行β氧化。短链、中链以及大部分长链脂肪酸是在线粒体内被氧化的，而超长链脂肪酸以及一部分长链脂肪酸则是在过氧化物酶体中被氧化的。但在线粒体中，脂肪酸氧化产生二氧化碳并与ATP的合成相偶联，而过氧化物酶体中，脂肪酸的氧化产生的是乙酰基且与ATP的形成无关。过氧化物酶体氧化过程中产生的能量会转化成热量，而乙酰基则被转运到细胞质中用于胆固醇和其他代谢物的合成。因此在大部分真核生物中，过氧化物酶体也是脂肪酸氧化的主要细胞器，能够为许多重要生物合成途径提供前体。

（四）脂类合成

过氧化物酶体也参与一些脂类的生物合成。例如，在动物细胞中，多萜醇和胆固醇既可以在过氧化物酶体中合成，也可以在内质网中合成。此外，过氧化物酶体中还含有浆磷脂合成相关的酶。浆磷脂主要存在于神经细胞轴突周围的髓鞘中。

三、过氧化物酶体的生物发生

过氧化物酶体没有自己的基因组或核糖体，因此过氧化物酶体中所有的蛋白都是"进口的"。过氧化物酶体的结构包括两部分：内部的基质及包裹基质的膜。大部分过氧化物酶体蛋白都是在细胞质中的核糖体上合成，翻译后进行加工，穿过过氧化物酶体的膜，进入过氧化物酶体内。定位在过氧化物酶体的蛋白有特定的过氧化物酶体定位信号（peroxisomal targeting siginals，PTS）。过氧化物酶体的基质蛋白和膜蛋白的定位信号是不同的。

目前已经确定了两类过氧化物酶体基质定位信号：PTS1 和 PTS2。PTS1 的羧基端有一个三肽，共有的序列为 S/A - K/R - L/M。PTS2 的氨基端附近有一个 9 个氨基酸的序列。细胞质中的可溶性受体可以识别过氧化物酶体基质蛋白中的 PTS 序列，并将它们跨膜转运至过氧化物酶体内。受体 Pex5p 可以识别 PTS1，受体 Pex7p 可以识别 PTS2。目前的证据表明过氧化物酶体的基质蛋白和它们的受体一起进入过氧化物酶体内。但一旦进入过氧化物酶体内，受体就和基质蛋白分开，返回细胞质基质中重复利用。和线粒体或内质网中的蛋白定位不同的是，蛋白进入过氧化物酶体后，PTS 序列并不切除；另外一点不同的是，蛋白在进入过氧化物酶体之前已经完成了折叠。

定位在过氧化物酶体膜上的蛋白质分选机制和定位在过氧化物酶体基质中的蛋白质分选机制有很大差别（尽管目前分子机制尚未完全研究清楚）。目前发现，至少有一种过氧化物酶体膜蛋白 Pex3p，似乎是通过内质网定位在过氧化物酶体膜上的。

大部分过氧化物酶体是通过原有的过氧化物酶体的分裂和生长形成的。然而，目前的证据表明过氧化物酶体的生物合成可能还有一种新的途径。

第七节　线粒体与医学

细胞内、外环境因素的改变，引起线粒体代谢功能的异常改变，进而影响细胞乃至机体的生命活动。

（一）线粒体 DNA（mtDNA）突变和功能障碍导致的线粒体病

mtDNA 呈裸露状态，基质腔内缺乏 DNA 损伤修复系统，因此，mtDNA 是细胞核 DNA 突变率的 10～20 倍。常见的突变有碱基替换和缺失-插入突变。

1. Leber 遗传性视神经病（Leber hereditary optic neuropathy，LHON）　患者出现视力减退甚至丧失、球后视神经炎，可伴有心脏传导阻滞和脑肌病。LHON 的发病机制为患者 mtDNA 多处点突变所引起的视神经病。

2. 帕金森病（Parkinson's disease，PD）　PD 是一种发病率很高的神经系统疾病，临床表现为运动失调，动作迟缓，肌张力增高、震颤，又称震颤性麻痹。发病机制为患者脑组织中 mtDNA 缺失编码复合物 I、复合物 III 或复合物 IV，可检测出患者脑组织中 mtDNA 的缺失。

（二）线粒体 mtDNA 突变与衰老

许多学者研究发现，随着细胞年龄的增长伴随着 mtDNA 少量特异性的缺失和电子传递链酶复合物活性的下降。因此，人们推测衰老与异常 mtDNA 的积累有关。mtDNA 缺失所致的疾病通常在个体成年期表现出症状，且随年龄增长症状逐渐加重。mtDNA 突变积累，使线粒体氧化磷酸化能力逐渐降低，细胞产生 ATP 越来越少，细胞的代谢活动减弱进而衰老。

（三）线粒体与细胞凋亡

目前，在哺乳动物细胞中比较清楚地了解到细胞凋亡的两条主要通路：一条是通过细胞表面的死亡受体介导的细胞凋亡；另一条是以线粒体为核心的细胞凋亡途径。已知分布在线粒体内膜上的细胞色素 c 属于细胞凋亡的促进因子，可活化与凋亡相关的酶类，导致细胞凋亡。

（刘朝晖　郭慧芳）

第八章　细胞骨架与细胞运动

细胞骨架（cytoskeleton）是指真核细胞中的蛋白纤维网络体系，是真核细胞借以维持其基本形态的重要结构。动物细胞由于缺少细胞壁，因而细胞的形状由细胞骨架来决定。狭义的细胞骨架指细胞质骨架，由微管（microtubule，MT）、微丝（microfilament，MF）和中间纤维（intermediate filament，IF）构成。广义的细胞骨架还包括细胞核骨架（nucleoskeleton）、核纤层（nuclear lamina）和细胞外基质（extracellular matrix），它们形成贯穿于细胞核、细胞质、细胞外的一体化网络结构。

细胞骨架就好比是细胞的"骨骼"，仿佛很坚硬，其实细胞骨架是一种高度动态的结构，会根据细胞的需要进行快速的组装和去组装。细胞骨架不仅在维持细胞形态，保持细胞内部结构的有序性方面起重要作用，还与细胞运动、物质运输、能量转换、信息传递、细胞分裂与分化等生命活动密切相关。本章重点介绍三种细胞质骨架——微管、微丝和中间纤维（图 8-1）的结构与功能。

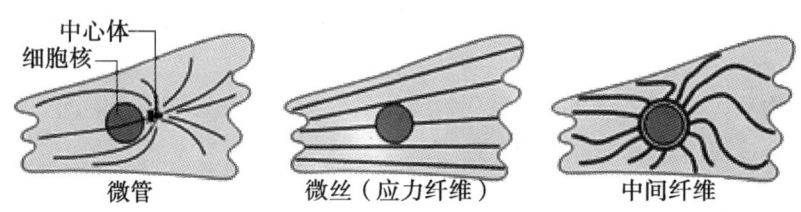

图 8-1　细胞中的微管、微丝（应力纤维）和中间纤维

第一节　微　管

微管是细胞质骨架系统中的主要成分，是由微管蛋白（tubulin）装配而成的中空管状结构，它可以在细胞中通过组装和去组装来改变长度，表现为动态结构。微管在胞质中形成网络结构，作为运输轨道并起支撑作用。微管还能与其他蛋白质共同装配成纤毛、鞭毛、基体、中心体、纺锤体等结构，参与细胞形态的维持、细胞运动和细胞分裂等。

一、微管的结构和类型

（一）微管的化学组成

微管是由 13 条原纤维（protofilament）纵向排列构成的中空管状结构，内径约为 15nm，外径约为 24～26nm，壁厚约 5nm。每一条原纤维由微管蛋白二聚体头尾相接装配而成（图 8-2）。组成微管的球形微管蛋白是 α-微管蛋白（α-tubulin）和 β-微管蛋白（β-tubulin），它们形成微管蛋白异二聚体，是微管装配的基本单位。α-微管蛋白和 β-微管蛋白都是直径为 4nm 的球形分子，所以它们组成的异源二聚体的长度是 8nm。

α-微管蛋白与 β-微管蛋白在化学性质上极为相似，分子量均为 55kDa，氨基酸数分别为 450 个和 445 个，并且有大约 42% 的氨基酸序列同源。各种生物的微管蛋白几乎完全相同，说明 α-微管蛋白和 β-微管蛋白具有同一个基因祖先，并在进化过程中极为保守。

每一个微管蛋白二聚体有两个 GTP 结合位点，一个位于 α 亚基上，另一个位于 β 亚基上。α 亚基上的 GTP 结合位点是不可逆的结合位点，但结合在 β 亚基上的 GTP 能够被水解成 GDP。此外，微管蛋白二聚体上具有一个紫杉醇（Taxol）结合位点（图 8-3）。

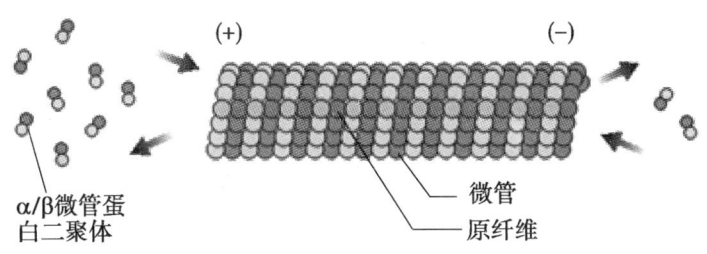

图 8-2 微管纤维

(二) 微管的类型

微管在细胞中有 3 种不同的存在形式：单管（singlet）、二联管（doublet）和三联管（triplet）。单管由 13 根原纤维组成，是胞质中大部分微管的存在形式，不稳定，易受低温、Ca^{2+} 等因素的影响而发生解聚。二联管由 A、B 两根单管组成，A 管由 13 根原纤维组成，B 管由 10 根原纤维组成，与 A 管共用 3 根原纤维，二联管主要分布于细胞表面的纤毛和鞭毛中。三联管由 A、B、C 三根单管组成，A 管由 13 根原纤维组成，B 管和 C 管均由 10 根原纤维组成，分别与 A 管和 B 管共用 3 根原纤维，三联管主要分布于中心粒以及鞭毛和纤毛的基体中。二联管和三联管是比较稳定的微管结构（图 8-4）。

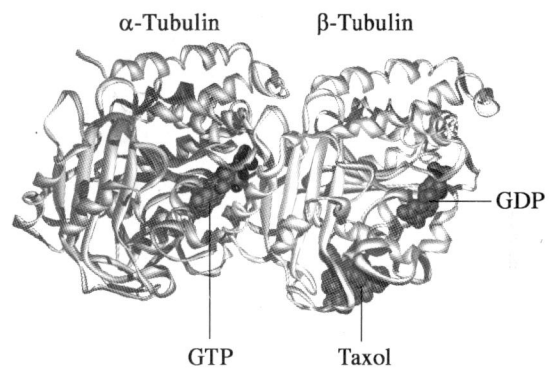

图 8-3 微管蛋白分子模型

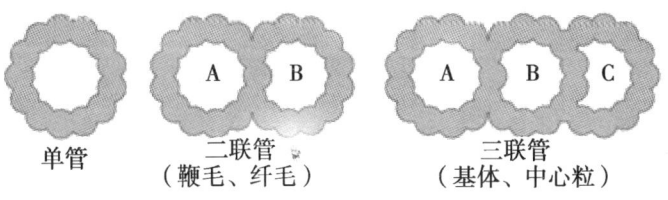

图 8-4 微管的三种类型

二、微管的组装

除了一些特化细胞的微管外，大多数细胞质微管都是不稳定的。根据细胞生理活动的需要，微管蛋白表现为聚合或解聚，形成微管的组装（assembly）或去组装（disassembly），从而改变微管的结构与分布。

(一) 微管组织中心

微管组织中心（microtubule organizing center，MTOC）是微管进行组装的区域，中心体、基体、成膜体（植物细胞）均具有微管组织中心的功能。所有微管组织中心都具有 γ 微管球蛋白，这种球蛋白的含量很低，可聚合成环状复合体，像模板一样参与微管蛋白的核化，帮助 α 球蛋白和 β 球蛋白聚合为微管纤维。

MTOC 决定了细胞微管的极性，靠近 MTOC 的一端生长速度慢，称为负极（－）；远离 MTOC 一端的生长速度快，称为正极（＋）。所以微管的负极指向 MTOC，正极背向 MTOC（图 8-5）。

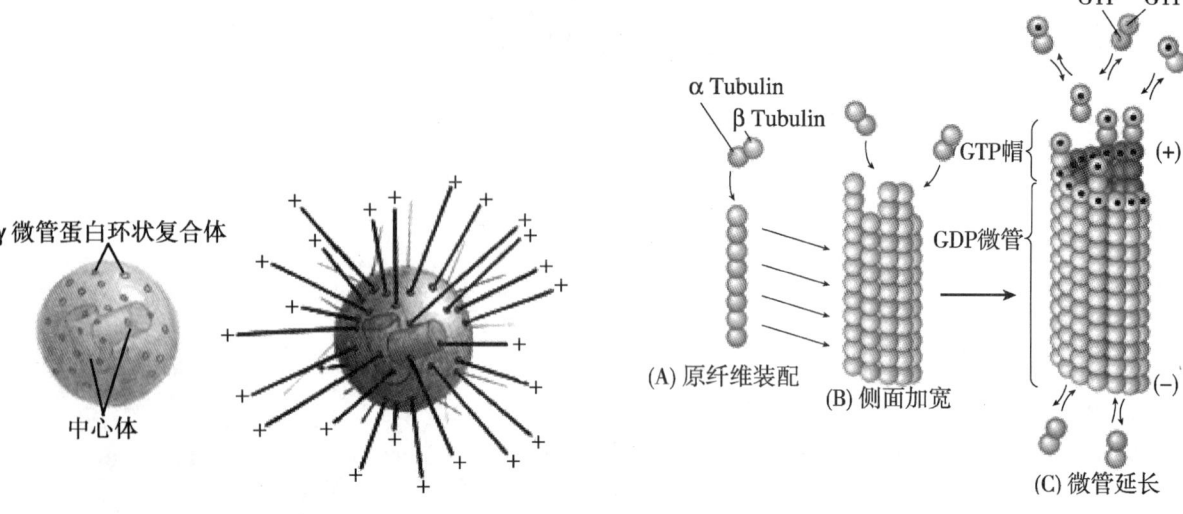

图 8-5 微管从微管组织中心向外生长

图 8-6 微管的组装过程

（二）微管的组装过程

首先，α-微管蛋白和 β-微管蛋白形成 αβ 二聚体，αβ 二聚体首尾相接形成原纤维，再经过原纤维的侧面增加扩展成为片层，当片层达到 13 根原纤维时即合拢成一段微管，新的二聚体再不断加到微管的两端使之延长。最终，微管蛋白与微管达到平衡（图 8-6）。

由于微管是以 αβ 二聚体作为基本构件进行组装的，并且是以首-尾排列的方式进行组装，所以每一根原纤维都有相同的极性（方向性），αβ→αβ 即为头→尾的方向。微管蛋白加上或释放主要发生在正极，微管的延长主要依靠在正极装配 GTP 微管蛋白，然后 GTP 水解为 GDP。当微管两端具 GTP 帽，微管则继续装配而延长；反之，具 GDP 帽则解聚。在一定条件下，微管一端发生装配使微管延长，而另一端发生去装配使微管缩短，这种现象称为踏车现象（tread milling）。踏车现象实际上是一种动态稳定现象，是微管组装后处于动态平衡的一种现象（图 8-7）。

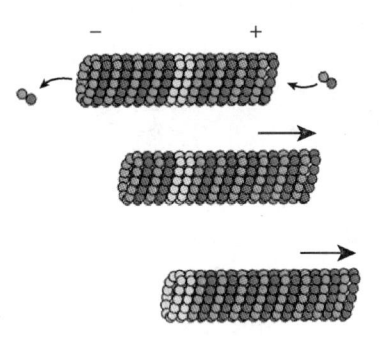

图 8-7 微管的组装与去组装：踏车现象

细胞内的微管常常处于动态不稳定状态，微管的稳定性取决于游离微管蛋白的浓度和 GTP 水解成 GDP 的速度。高浓度的微管蛋白适合微管的生长，低浓度的微管蛋白引起 GTP 的水解，形成 GDP 帽，使微管解聚。此外，压力、温度（最适温度 37℃）、pH（最适 pH=6.9）、药物等因素都会影响微管的稳定性。

（三）影响微管稳定性的药物

有几种药物能够抑制与微管的组装和去组装有关的细胞活动，这些药物是研究微管功能的有力工具，其中秋水仙素（colchicine）和紫杉醇（taxol）是使用最多的微管工具药物。

秋水仙素是一种生物碱，能够与微管特异性结合。秋水仙素和微管蛋白二聚体复合物加到微管的正负两端，可阻止其他微管蛋白二聚体的加入或丢失，从而破坏纺锤体结构，长春碱具有类似的功能。用秋水仙素处理活细胞，细胞将失去原有的形状，而且细胞中的物质运输也会停止；将秋水仙素洗去，细胞中的微管将重新组装，恢复其正常的功能。

紫杉醇能促进微管的装配，并使已形成的微管稳定。同样重水（D_2O）也会促进微管装配，增加其稳定性，但这种稳定性会破坏微管的正常功能，即使将药物去除，微管的正常功能也很难恢复（图 8-8）。

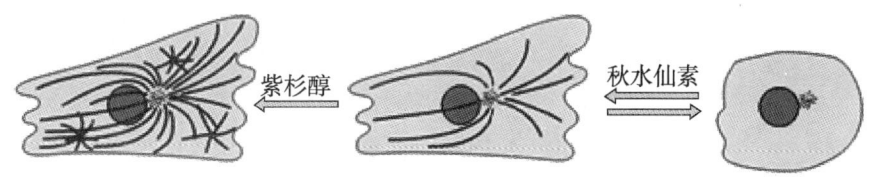

图 8-8 紫杉醇和秋水仙素对微管的影响

（四）微管结合蛋白

在细胞内，微管除含有微管蛋白外，还含有一些同微管相结合的辅助蛋白，这些蛋白质总是与微管共存，参与微管的装配，称为微管结合蛋白（microtubule-associated protein，MAP）。它们不是构成微管壁的基本构件，而是在微管蛋白装配成微管之后，结合在微管表面的辅助蛋白。MAPs 分子至少包含一个结合微管的结构域和一个向外突出的结构域。突出部位伸到微管外与其他细胞组分（如微管束、中间纤维、质膜）结合。突出区域的长度决定微管在成束时的间距大小。实验证明，MAP2 在细胞中过表达会产生很长的突出区域，使微管在成束时保持较宽的间隔；Tau 蛋白的过表达会产生极短的突出区域，使微管在成束时紧密（图 8-9）。

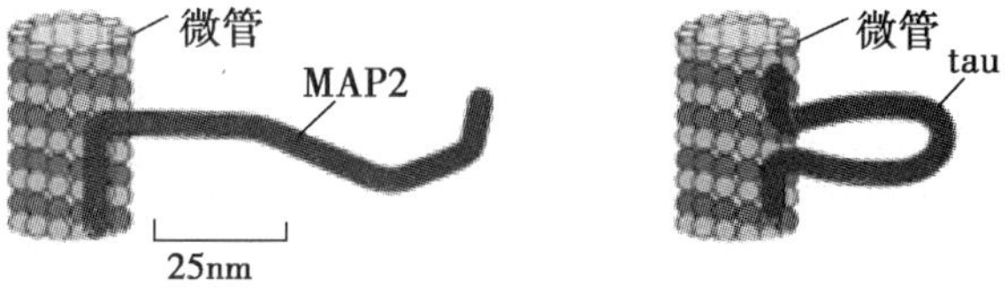

图 8-9 微管结合蛋白 MAP2 和 Tau 蛋白

微管结合蛋白在细胞中起稳定微管结构、促进微管聚合和调节微管装配的作用。各种微管均由 α/β-微管蛋白异二聚体组成，微管的结构和功能的差异主要取决于微管结合蛋白的不同。

三、微管的功能

（一）构成细胞内的网状支架，维持细胞的形态

维持细胞形态是微管的基本功能，微管具有一定的强度，能够抗压和抗弯曲，这种特性给细胞提供了机械支持力，使细胞不至于破裂。

（二）参与细胞内物质运输

真核细胞具有复杂的内膜系统，从而使细胞内部高度区室化，细胞中物质的合成部位往往与其行使功能的部位不同，因此，新合成的物质必须要经过胞内运输才能被运往其功能部位。如神经细胞合成的蛋白质等物质沿神经轴索快速运送至远端的神经末梢，细胞的分泌颗粒和色素细胞的色素颗粒的运输、线粒体和高尔基体等细胞器的快速移动都和微管有着密切的关系。

☞ **Example 1　色素颗粒的运输**

许多鱼类的鳞片和两栖类动物的皮肤中含有特化的色素细胞，在神经和激素的控制下，这些细胞中的色素颗粒可在数秒钟内迅速分布到细胞各处，从而使皮肤颜色变黑；分散的色素颗粒又能很快回到细胞中心，使皮肤颜色变浅，以适应环境的变化。研究发现，细胞中的色素颗粒实际上是沿微管转运的（图 8-10）。

在细胞内物质运输中，微管主要为运输物质提供轨道并对运输方向具有指导作用，而胞内物质的运输则由马达蛋白（motor protein）来完成。马达蛋白是一类能够利用 ATP 供能进行细胞内物质运输的蛋白分子，其中与微管结合而起运输作用的马达蛋白有两大类：驱动蛋白（kinesin）家族和动力蛋白（dynein）家族。驱动蛋白和动力蛋白各有两个球状的头部和一个尾部，头部具有 ATP 酶活性，通过结合和水解 ATP，使两个头部交替与微管结合，从而沿微管"行走"，将"尾部"结合的"货物"（运输泡或细胞器）转运到其他地方。驱动蛋白从微管的（−）端移向微管的（+）端，动力蛋白则从微管的（+）端移向微管的（−）端（图 8-11）。

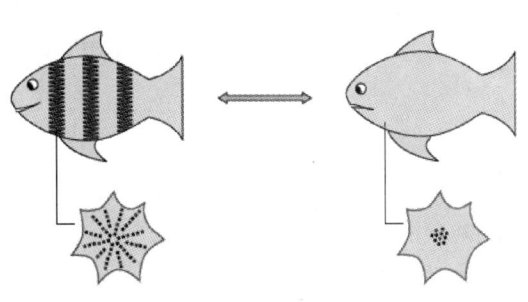

图 8-10 鱼的色素细胞中色素分子的分散与聚集

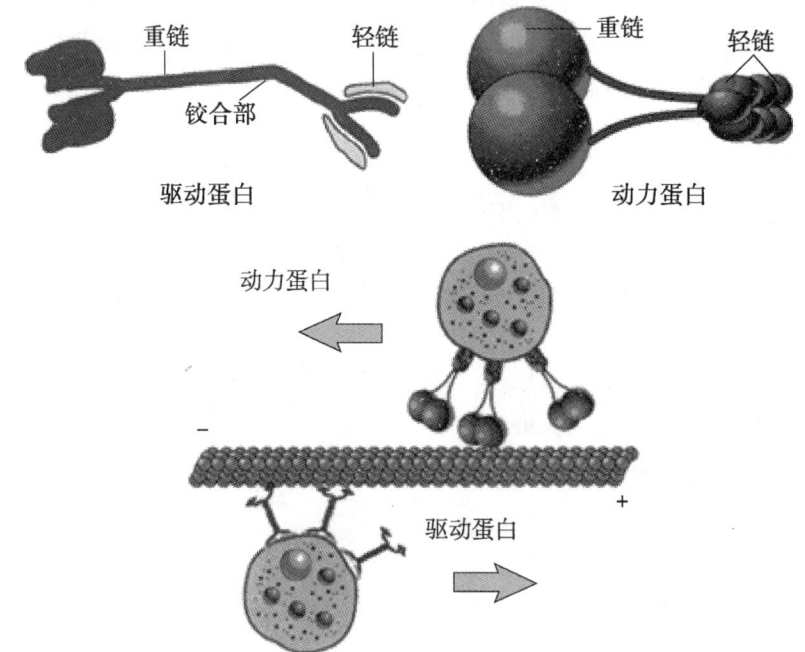

图 8-11 驱动蛋白与动力蛋白

（三）构成纤毛和鞭毛，参与细胞运动

纤毛（cilium）和鞭毛（flagellum）是细胞表面的特化结构，具有运动功能。纤毛和鞭毛并无绝对界限，一般把少而长者称为鞭毛，短而多者称为纤毛。纤毛和鞭毛都是以微管为主要成分，并且有特殊的结构形式，大多属于"9+2"类型，即由 9 组二联微管和一对中央微管构成（图 8-12）。纤毛和鞭毛的横断面电镜观察可见中央有两条单管微管，称为中央微管，外包有中央鞘。周围则以 9 组二联管围绕，近中央的一根称为 A 管，另一条为 B 管。二联管之间以微管连接蛋白相连，并由 A 管向中央鞘伸出放射辐条。A 管对着相邻的 B 管伸出两条动力蛋白臂，其头部具有 ATP 酶活性，可为纤毛与鞭毛的运动提供动力。鞭毛和纤毛的基体由三联管组成，结构类似于中心粒。

纤毛和鞭毛的运动是依靠动力蛋白水解 ATP，使相邻的二联微管相互滑动。由于二联微管之间存在连接蛋白，从而使二联微管之间的滑动运动转变成弯曲运动，最终使纤毛和鞭毛产生运动（图 8-13）。

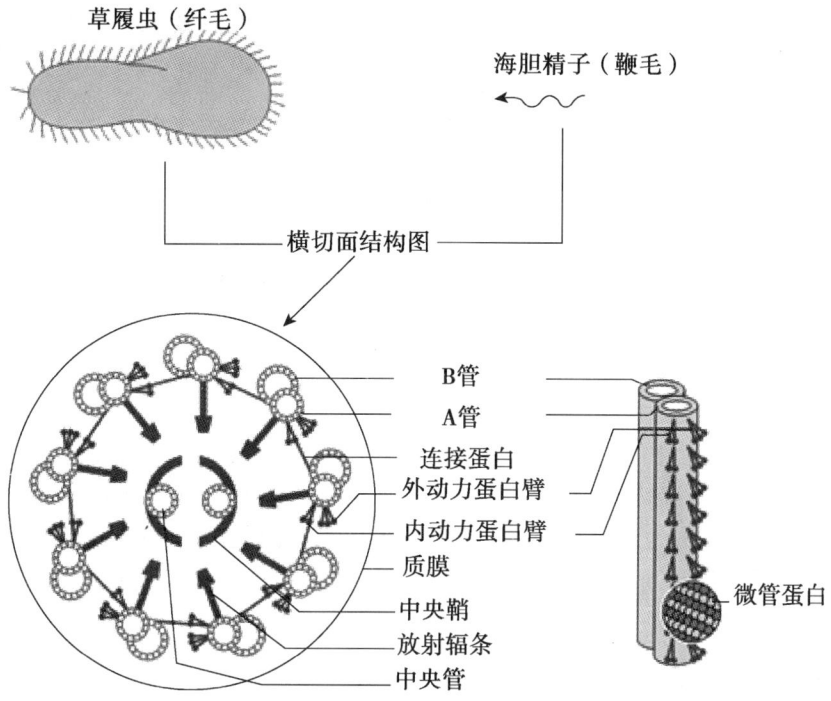

图 8-12 典型的真核细胞的纤毛或鞭毛结构组成

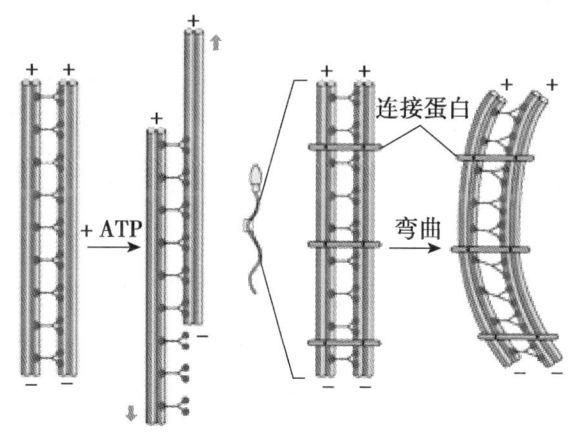

图 8-13 纤毛和鞭毛的运动是通过二联管之间相互滑动而实现的

医学应用 1　男性不育症

有一种男性不育症是由于精子没有活力造成的,患者体内所有的鞭毛和纤毛都无法运动。其中多数人还同时患有慢性支气管炎,原因是位于呼吸道中的纤毛不能运动,无法排出侵入肺部的尘粒。令人惊奇的是,几乎有一半患者还表现出 Kartagener 综合征,出现内脏转位的现象,比如心脏在右侧、阑尾在左侧等。研究表明,这可能与突变造成的纤毛不能运动相关。

(四) 参与染色体的运动，调节细胞分裂

微管在细胞的有丝分裂中起重要作用，它是构成有丝分裂器的主要成分，可介导染色体的运动，详细内容参见细胞周期一章。

第二节 微　丝

微丝又称肌动蛋白纤维（actin filament），是指真核细胞中由肌动蛋白（actin）组成的、直径为 8nm 的纤维。微丝在细胞的形态维持以及细胞运动中起着重要的作用。

一、微丝的形态和组成

（一）微丝的结构单位

微丝的主要成分是肌动蛋白，它是微丝结构和功能的基础。肌动蛋白以两种形式存在，即单体和多聚体。单体的肌动蛋白是由一条多肽链构成的球形分子，又称球状肌动蛋白（G-actin），肌动蛋白的多聚体形成肌动蛋白丝，称为纤维状肌动蛋白（F-actin）。微丝是双股肌动蛋白丝以螺旋的形式组成的纤维，两股肌动蛋白丝是同方向的。肌动蛋白单体具有极性，装配时首尾相接，故微丝也有极性，具有两个不同的末端，一个是正端，另一个是负端。

（二）微丝的形态与分布

与微管相比，微丝较细、较短，更具有弹性。细胞中肌动蛋白纤维的数量比微管多，全部肌动蛋白纤维加起来，总长度大约是微管的 30 倍。肌动蛋白纤维在细胞中通常成束存在（图 8-14），这种成束的肌动蛋白纤维比单个的肌动蛋白纤维的强度大。

图 8-14　细胞中成束的肌动蛋白纤维

在细胞中，微丝可以稳定的永久结构存在，也可以不稳定的暂时结构存在。微丝首先发现于肌细胞中，在横纹肌和心肌细胞中肌动蛋白成束排列组成肌原纤维，具有收缩功能。微丝也广泛存在于非肌细胞中。在细胞周期的不同阶段或细胞流动时，它们的形态、分布可以发生变化。因此，非肌细胞的微丝同胞质微管一样，在大多数情况下是一种动态结构，以不同的结构形式来适应细胞活动的需要。

☞ **Example 2**　顶体反应（acrosomal reaction）

卵细胞的表面覆盖着一层厚厚的胶状物，为了越过这道屏障，精子细胞首先伸出一根长约 $90\mu m$ 的针状物突起——顶体（acrosome），穿透胶质层和卵黄层，使精卵细胞膜融合而完成受精，这个过程即为顶体反应。顶体突起由一束微丝支撑，这些微丝束是在顶体反应开始后才开始聚合组装的。肌动蛋白丝从一小段微丝核心的（＋）端不断聚合而延长，推动顶体突起的细胞膜向前伸长，最终与卵细胞膜融合，精子核进入卵细胞。

二、微丝的装配

（一）微丝的组装过程

在适宜的温度，存在 ATP、K^+、Mg^{2+} 的条件下，肌动蛋白单体可组装成肌动蛋白纤维，其组装可分为3个连续的过程：成核期、快速延长期和平衡期（图 8-15）。成核期是微丝组装的限速过程，G-肌动蛋白慢慢地聚合成短的、不稳定的寡聚体。一旦寡聚体达到某种长度（约为3~4个亚基），即核心形成，此时，G-肌动蛋白迅速地从短纤维的两端添加上去，进入快速延长期。微丝两端的组装速度有差异，正端的组装速度明显快于负端。微丝延长到一定时期，游离的 G-肌动蛋白单体的浓度越来越低，一直到同 F-肌动蛋白丝的浓度相平衡，单体的这种平衡浓度称为临界浓度（Cc），此时即为平衡期。G-肌动蛋白同 F-肌动蛋白丝末端上的亚基进行交换，但不改变 F-肌动蛋白丝的量，微丝长度基本不变。

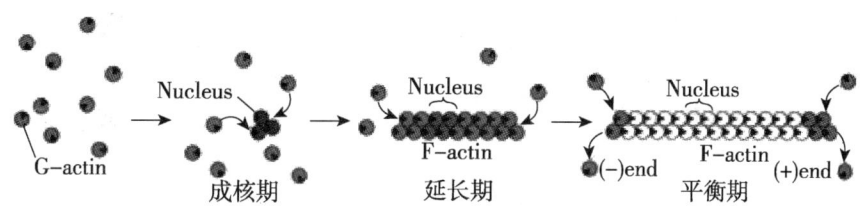

图 8-15 微丝组装的基本过程

（二）微丝的动态平衡

细胞中微丝参与形成的结构除肌原纤维、微绒毛等属于稳定结构外，其他大都处于动态的组装和去组装过程中，并通过这种方式实现其功能。在微丝组装时，若 G-肌动蛋白分子添加到 F-肌动蛋白丝上的速率正好等于 G-肌动蛋白分子从 F-肌动蛋白上失去的速率时，微丝净长度没有改变，该过程称为肌动蛋白的踏车现象。此时，虽然 F-肌动蛋白丝的净长度没有发生变化，但是组装与去组装仍在进行，只不过添加到微丝上的 G-肌动蛋白分子与解离下来的速率相等（图 8-16）。

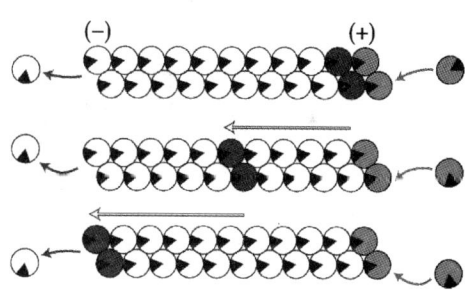

图 8-16 微丝的踏车现象

（三）微丝结合蛋白

微丝系统的主要组分是肌动蛋白纤维，此外，还包括许多种类的微丝结合蛋白（microfilament-associated protein）。肌动蛋白可以装配成不同的微丝网络结构，参与细胞内各种生命活动。肌动蛋白纤维的不同存在形式与微丝结合蛋白的种类有关，它们和肌动蛋白相结合，控制着肌动蛋白的构型和行为。

目前所发现的微丝结合蛋白的种类很多，但与肌动蛋白相互作用的方式却十分简单。按其功能，微丝结合蛋白主要分为单体隔离蛋白、交联蛋白、封端蛋白、成束蛋白、纤维切断蛋白、膜结合蛋白等不同类型。

（四）影响微丝稳定性的药物

细胞松弛素 B（cytochalasin B）是真菌的一种代谢产物，可切断微丝纤维，引起 F-肌动蛋白解聚，并结合在微丝末端阻断亚基的进一步聚合。

鬼笔环肽（phalloidin）是从一种毒性菇类中分离的剧毒生物碱，它同细胞松弛素的作用相反，只与聚合的微丝结合，而不与肌动蛋白单体分子结合。它同聚合的微丝结合后，抑制了微丝的解体，因而破坏了微丝的聚合和解聚的动态平衡。荧光标记的鬼笔环肽可特异性地显示细胞中的微丝。

三、微丝的功能

在微丝结合蛋白的协助下，微丝在真核细胞中形成了广泛存在的骨架结构，参与肌肉收缩、胞质分裂、变形运动等许多重要的功能活动。

（一）肌肉收缩

肌肉由肌原纤维组成，肌原纤维包含肌节（sarcomere），它是肌肉收缩的基本结构单位（图8-17）。

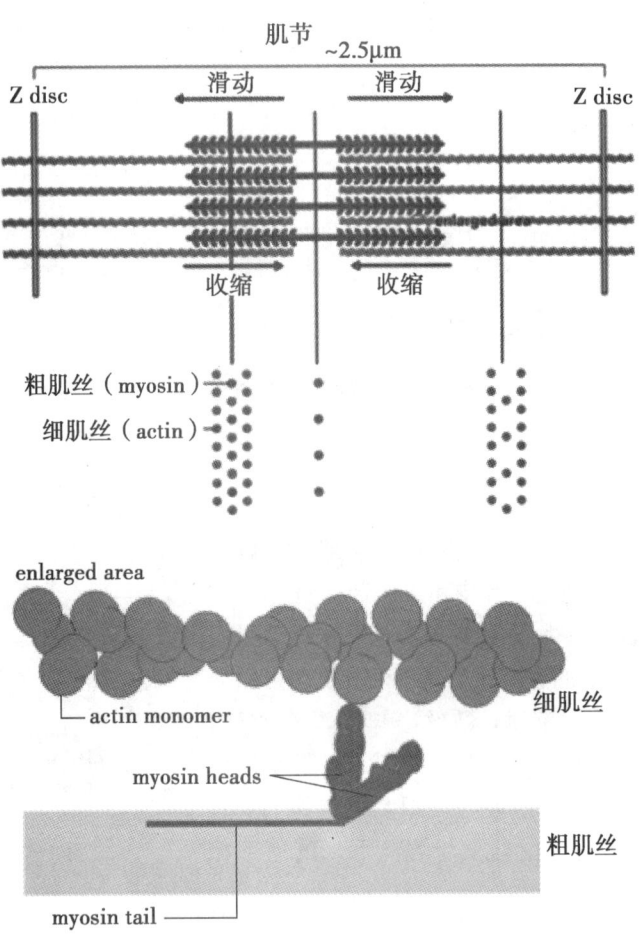

图8-17 肌节的构成

肌原纤维由粗肌丝和细肌丝装配形成，粗肌丝由肌球蛋白构成，细肌丝主要由肌动蛋白、原肌球蛋白和肌钙蛋白构成（图8-18）。肌动蛋白丝与肌球蛋白丝之间发生相对滑动，可引起肌肉收缩。

肌球蛋白（myosin）：肌球蛋白也是一种马达蛋白，肌动蛋白纤维是肌球蛋白运行的轨道。肌球蛋白是ATP酶通过水解ATP导致构型改变，从而在肌动蛋白丝上移动（图8-19）。已鉴定的肌球蛋白有3类，其中肌球蛋白Ⅱ与肌肉收缩和胞质分裂相关。

原肌球蛋白（tropomyosin，Tm）：由两条平行的多肽链扭成α螺旋构型，每条原肌球蛋白首尾相接，呈长杆状。每一条原肌球蛋白有7个肌动蛋白结合位点，原肌球蛋白与肌动蛋白结合，位于肌动蛋白双螺旋的沟中，主要作用是加强和稳定肌动蛋白丝，抑制肌动蛋白与肌球蛋白结合。

肌钙蛋白（troponin，Tn）：由3个亚基构成，肌钙蛋白C（Tn-C）特异地与钙结合，肌钙蛋白T（Tn-T）与原肌球蛋白有高度亲和力，肌钙蛋白Ⅰ（Tn-I）抑制肌球蛋白的ATP酶活性，细肌丝中每隔40nm就有一个肌钙蛋白复合体。

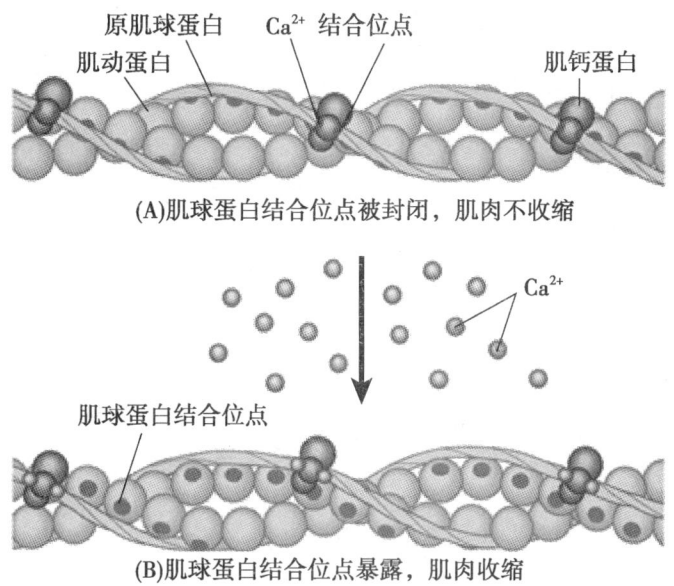

图 8-18 肌肉收缩模型

肌细胞上的动作电位引起肌质网 Ca^{2+} 电位门通道开启,肌浆中 Ca^{2+} 浓度升高,肌钙蛋白与 Ca^{2+} 结合,引发原肌球蛋白构象改变,暴露出肌动蛋白与肌球蛋白的结合位点(图8-18)。肌动蛋白通过结合与水解 ATP、不断发生周期性的构象改变引起粗肌丝和细肌丝的相对滑动。

（二）胞质分裂

有丝分裂末期,在即将分离的两个子细胞之间由大量平行排列的微丝和 myosin Ⅱ 形成一个收缩环（contractile ring）或称缢环,通过肌动蛋白与肌球蛋白分子的相互作用产生收缩的动力,在肌球蛋白的作用下,不同极性的微丝之间发生相对滑动,使收缩环收缩,形成分裂沟,最后将细胞一分为二。

（三）将细胞锚定在胞外基质上

整联蛋白（integrins）是一种跨膜糖蛋白,由两个亚基构成。整联蛋白在细胞外可以与胶原蛋白或其他胞外基质蛋白相连,在细胞内则通过衔接蛋白与微丝相连接,从而将细胞锚定在胞外基质上（图8-20）。

（四）细胞变形运动

许多动物细胞在进行位置移动时多采用变形运动的方式,如变形虫、巨噬细胞和白细胞以及器官发生时的胚胎细胞等,这些细胞含有丰富的微丝,依赖肌动蛋白和微丝结合蛋白的相互作用,均可进行变形运动。

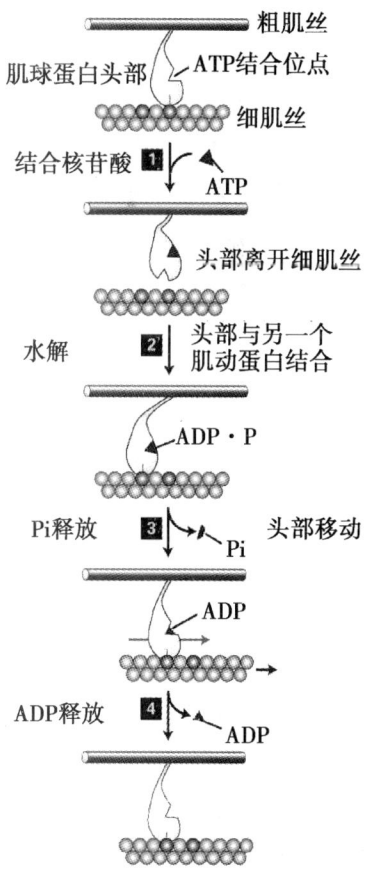

图 8-19 肌球蛋白沿肌动蛋白丝移动偶联模型

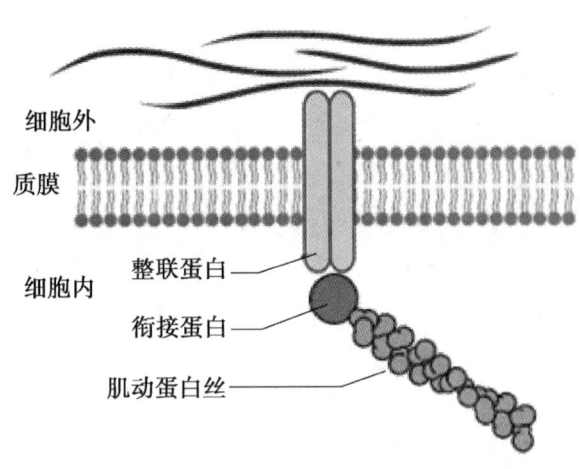

图 8-20 胞内微丝通过整联蛋白与胞外基质相连

（五）形成应力纤维和微绒毛

应力纤维（stress fiber）是在细胞内紧邻质膜下方，由微丝束构成的较为稳定的纤维状结构，也叫张力纤维，常与细胞的长轴大致平行并贯穿细胞的全长（图 8-1）。应力纤维具有收缩功能，但不能产生运动，只能用于维持细胞的形状和赋予细胞韧性和强度。

在肠上皮细胞表面伸出了大量的微绒毛，微绒毛对扩大小肠的表面积、增强消化和吸收功能具有重要意义。在微绒毛中，由微丝形成的微丝束构成了微绒毛的骨架，另外还有一些微丝结合蛋白，在调节微绒毛长度和保持其形状方面具有重要作用。

（六）其他功能

同微管一样，微丝在细胞内可以作为物质运输的轨道，主要的分子马达蛋白是肌球蛋白Ⅰ。另外，质膜的流动性、胞质环流、细胞内信号转导等均与微丝的活动有关。

> **医学应用 2　细菌在宿主细胞内的运动**
>
> 引起败血症和脑膜炎的单胞李斯特菌（*Listeria monocytogenes*）感染哺乳动物细胞后，能在宿主细胞质内以大约 11μm/min 的速度移动。研究表明，细菌尾部含有一种 ActA 蛋白，能够促进肌动蛋白纤维的组装。肌动蛋白短细丝在细菌的尾部形成类似火箭尾的网状结构，该"尾巴"不断有肌动蛋白脱落，与此同时，在其最靠近细菌的部位加入新的肌动蛋白单体。细菌就是利用肌动蛋白尾的组装而不断向前移动。

第三节　中间纤维

中间纤维是第三种细胞骨架成分，其平均直径为 10nm，介于微管和微丝之间。中间纤维由长的杆状蛋白装配而成，在三类细胞骨架纤维中最为坚韧和耐久，是最稳定的细胞骨架成分。

一、中间纤维的结构与类型

（一）中间纤维的形态结构

中间纤维是一类形态上非常相似，而化学组成上有明显差异的蛋白质。构成中间纤维的蛋白分子亚基都是由一个约 310 个氨基酸残基形成的 α 螺旋杆状区，以及两端非螺旋化的球形头部（N 端）和尾部（C 端）构成（图 8-21）。中间杆状区是高度保守的，又分为 4 个螺旋区，它们之间被 3 个间隔区隔开，间隔区也是非常保守的。头部和尾部的大小及氨基酸序列在不同类型的中间纤维中变化较大。

（二）中间纤维的类型

中间纤维具有组织特异性，不同类型的细胞以及同一细胞的不同部位发现的中间纤维在其亚基的组成上都有可能是不同的。脊椎动物中，构成中间纤维的亚基是具有高螺旋化蛋白的超家族，根据其组织来源和免疫原性以及蛋白质的氨基酸序列的相似性，可分为六种类型（见表 8-1）。

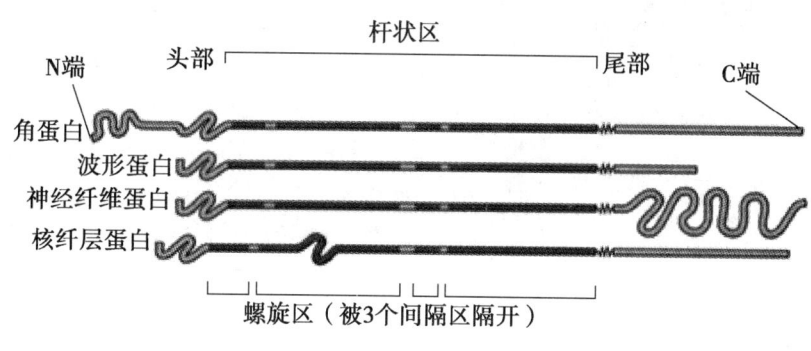

图 8-21 中间纤维的一般结构

表 8-1 脊椎动物细胞内中间纤维蛋白的主要类型

类型	举例	细胞内分布
Ⅰ型	酸性角蛋白（acidic keratin）	表皮细胞
Ⅱ型	中性/碱性角蛋白（neural or basic keratin）	表皮
Ⅲ型	波形蛋白（vimentin）	成纤维细胞、血管内皮细胞
	结蛋白（desmin）	肌肉细胞
	周边蛋白（peripherin）	神经元（neuron）
	胶质纤维酸性蛋白（glial fibrillary acidic protein）	胶质细胞（glial cells）
Ⅳ型	神经原纤维蛋白（neurofilament protein）	神经细胞
Ⅴ型	核纤层蛋白（lamin）A、B、C	真核细胞的核纤层
Ⅵ型	巢蛋白（nestin）	神经干细胞

二、中间纤维的组装

与微管和微丝的结构相比，中间纤维较为稳定。细胞内的中间纤维蛋白绝大部分组装成中间纤维，游离的单体很少。与微管和微丝不同，中间纤维的组装不需要水解核苷酸。

（一）中间纤维的组装

中间纤维的组装大致分为以下几个步骤：①两个单体以相同的方向组成一个双股螺旋的二聚体（dimer）；②两个二聚体反向平行组装成一个四聚体（tetramer），二聚体具有极性，四聚体没有极性；③若干个四聚体首尾结合组装成原纤维（protofilament），一个原纤维长度变化不定；④8根原纤维组成中间纤维，横切面上共有32个多肽（图8-22）。

（二）中间纤维结合蛋白

中间纤维结合蛋白（intermediate filament-associated protein，IFAP）介导中间纤维之间的相互作用或中间纤维同细胞其他结构的相互作用，它们将中间纤维相互交联成束、成网，并把中间纤维交联到质膜或将中间纤维同微丝、微管交联起来形成大的细胞骨架网络。不同的IFAPs分别与特定的中间纤维结合，具有中间纤维特异性。

三、中间纤维的功能

由于迄今尚未找到一种能够同中间纤维结合的药物，因而对中间纤维的功能了解较少，主要有以下几方面。

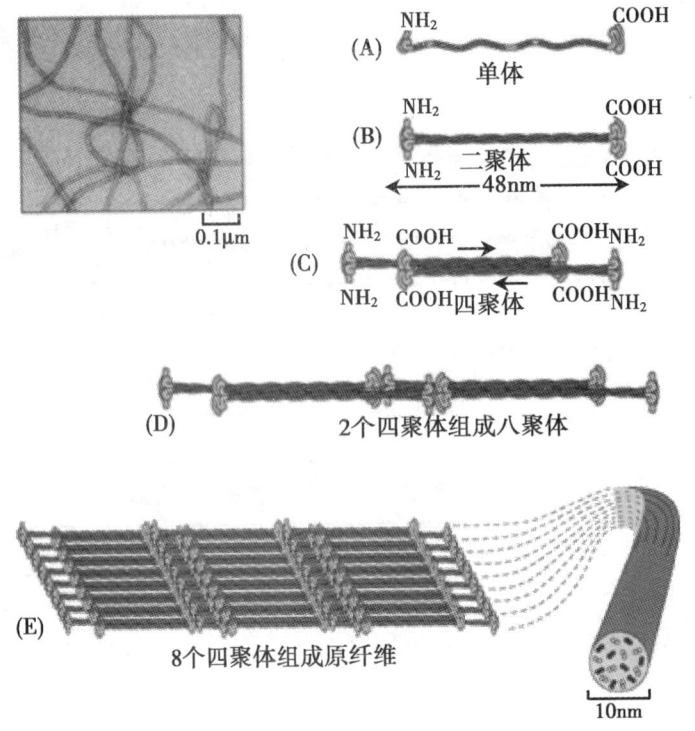

图 8-22 中间纤维的组装模型

(一) 在细胞内形成一个完整的网状骨架系统，为细胞提供机械强度支持

中间纤维在外与细胞膜和细胞外基质有直接的联系，内与核膜、核基质联系，在细胞质内与微管、微丝及其他细胞器相连，形成一个完整的支撑网架系统，赋予细胞一定的强度和机械支持力。

(二) 参与细胞连接

角蛋白纤维参与桥拉和半桥粒的形成和维持，对于维持上皮组织细胞间连接及上皮组织结构完整极为重要（图 8-23）。结蛋白纤维是肌小节的重要结构组分，对于维持肌小节的稳定起重要作用。若结蛋白缺失，则肌纤维排列异常，收缩力减弱。

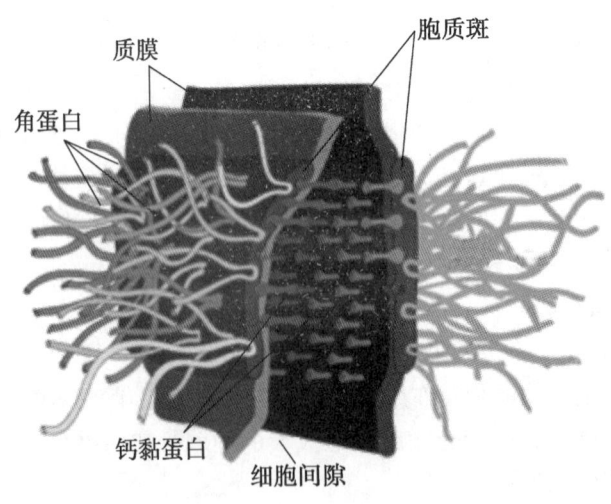

图 8-23 细胞间的桥粒连接

> **☞ Example 3　皮肤的保护层**
>
> 　　角蛋白（keratin）主要表达于上皮细胞，存在于发、毛、鳞、羽、甲、蹄、角、爪、喙、丝及其他表皮结构中。角蛋白纤维由构成表皮的角化细胞产生，通过桥粒将相邻细胞连接在一起。角蛋白纤维十分稳定，即使细胞已经死亡，它仍然通过桥粒将细胞连在一起，形成一层坚固的纤维网络保护层，能够有效地阻止皮肤水分的过度流失，还防止皮肤在正常摩擦时受到外伤。

（三）参与细胞分化

中间纤维蛋白的表达具有组织特异性，表明中间纤维与细胞分化可能具有密切的关系。由于不同种类的中间纤维严格地分布于不同类型的细胞中，因此可作为细胞类型区分的特征性标志之一。

表 8-2　细胞质骨架三种组分的比较

	微管	微丝	中间纤维
成分	微管蛋白	肌动蛋白	6 类中间纤维蛋白
结合核苷酸	GTP	ATP	无
纤维直径	24 nm	7 nm	10 nm
极性	有	有	无
组织特异性	无	无	有
踏车现象	有	有	无
动力结合蛋白	驱动蛋白 动力蛋白	肌球蛋白	无
特异性药物	秋水仙素 长春碱 紫杉酚	细胞松弛素 B 鬼笔环肽	无

第四节　细胞骨架与疾病

　　细胞骨架以不同的形式广泛存在于机体的多种细胞内，它们赋予细胞一定的韧性和强度，对细胞的形态改变和维持具有重要作用。同时，细胞骨架还参与细胞内物质运输、细胞增殖、运动、分化、信号传递等多种生命活动。细胞骨架的异常可以引起很多疾病，包括肿瘤、神经系统疾病、遗传性疾病、心脏疾病、代谢性疾病、消化系统疾病和呼吸系统疾病等。

　　恶性转化的细胞常表现为细胞骨架结构紊乱、骨架组装异常。与正常细胞相比，肿瘤细胞中的微管易发生解聚，数目变少；微丝亦显著减少、变短且分布混乱，微丝的聚合能力减弱，细胞变圆，黏附能力降低。肿瘤细胞的浸润转移过程中某些细胞骨架成分的改变可增加癌细胞的运动能力，如膜细胞骨架连接蛋白 Ezrin 在多种恶性肿瘤细胞中异常表达，可通过改变肿瘤细胞运动、调节细胞间黏附、参与肿瘤细胞内信号转导、抑制细胞凋亡和增强细胞的吞噬功能等方面，促进恶性肿瘤的转移。Duchenne 型肌营养不良症是进行性肌营养不良中的一种类型，属于 X 连锁隐性遗传病。Rett 综合征是一种神经系统的严重失常现象，它们分别是由于肌营养不良蛋白和突触蛋白缺乏所致。阿尔茨海默病（Alzheimer disease，AD）患者的神经元中可见到大量神经元纤维缠结，其主要成分是异常磷酸化的 Tau 蛋白；神经元中微管蛋白的数量并无异常，但微管聚集缺陷。掌跖角化症（palmoplantar keratoderma，PPK）是一组以掌、跖表皮过度角化为主要特征的先天性遗传病，电镜观察患者病变部位有角蛋白纤维和张力纤维的异常聚集物。此外，内皮细胞骨架的重排与内皮细胞通透性变化及心血管疾病的发生密切相关，在糖尿病肾病患者、肝纤维化患者和肺纤维化患者的体内也都存在大量结构和数量异常的细胞骨架蛋白。

不同细胞骨架在细胞内的特异性分布可用于对一些疾病的诊断。由于不同类型的中间纤维严格地分布于不同类型的细胞中，因此可根据中间纤维的种类区分上皮细胞、肌肉细胞、胶质细胞和神经细胞等。绝大多数肿瘤细胞通常继续表达其来源细胞的特征性中间纤维类型，即使在转移后，仍然表达其原发肿瘤的中间纤维类型，因此可用于正确区分肿瘤细胞的类型及其来源，对肿瘤的正确诊断起着十分重要的作用。比如，癌是以细胞角蛋白、肌肉肉瘤是以结蛋白、非肌肉肉瘤是以波形纤维蛋白、神经胶质瘤是以神经纤维酸性蛋白为特征，来自交感神经的肿瘤则是以神经纤维蛋白为特征。

细胞骨架可以作为药物的作用靶点，还可根据细胞骨架来设计药物。微管、微丝长期以来一直作为肿瘤化疗药物的作用靶点，长春碱、秋水仙素、紫杉醇、细胞松弛素 B 等都是重要的抗肿瘤药物，它们能够特异地与细胞骨架蛋白结合，破坏微管或微丝的动态平衡，抑制肿瘤细胞增殖，诱导细胞凋亡。

（陈　静　赵　杰）

第九章　细胞核与染色体

细胞核（cell nucleus）是真核细胞内最大、最重要的细胞器，是细胞内遗传物质储存、复制和转录的场所，是生命活动的控制中心。细胞核通常呈球形，但也有长形、扁平和不规则的形态。通常细胞核的体积约为细胞体积的5%~10%。通常每个细胞只有一个核，但有些细胞为双核或多核，例如脊椎动物的骨骼肌细胞，含有几十甚至几百个独立的细胞核，而成熟的红细胞则没有细胞核。

在细胞间期观察到典型的真核生物细胞核结构有4个主要组成部分（图9-1）：核被膜、染色质、核仁、核基质。

细胞核通过遗传物质的复制和细胞分裂保持细胞世代间的连续性，并通过基因的选择性表达控制细胞的生命活动。

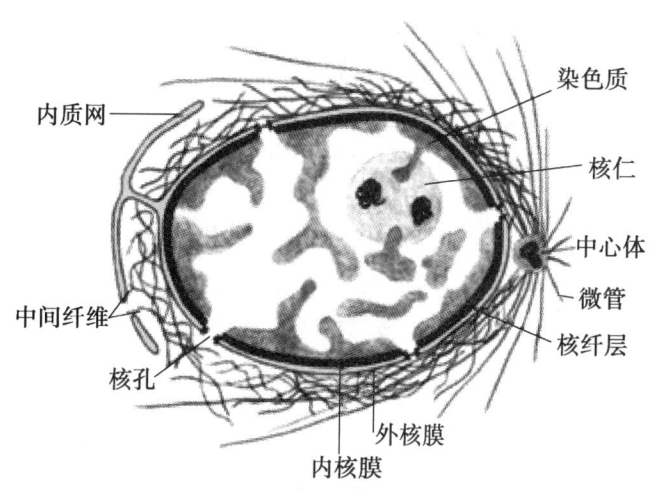

图9-1　间期细胞核的横截面图

第一节　核　膜

核膜（nuclear envelope）是细胞核与细胞质之间的界膜，位于间期细胞核的最外层，由两层平行但不连续的单位膜构成，其上穿插有核孔复合体（图9-2）。核质之间通过核孔复合体进行频繁的物质交流与信息转导。核膜的主要成分是蛋白质和脂类，蛋白质含量约为65%~75%。

一、核膜的结构

1. **外核膜**（outer nuclear membrane）　外核膜面向细胞质基质，厚约7~8nm，与内质网形成连续的结构，表面附着核糖体，因此在形态和性质上与内质网相似。细胞骨架成分，包括微管、微丝和中间纤维常常与外核膜相连，固定并维持细胞核的形态。

2. **内核膜**（inner nuclear membrane）　内核膜面向核基质，厚约7~8nm，与外核膜平行排列，其表面无核糖体颗粒，存在核纤层蛋白B受体。

3. **核纤层**（lamina）　内核膜的核质面有一层厚30~160nm的网络状蛋白质为核纤层，对核被膜起支撑作用。核纤层纤维由三种分子质量为60~70kDa的多肽单位A、B、C组成，属于中间纤维的一种。

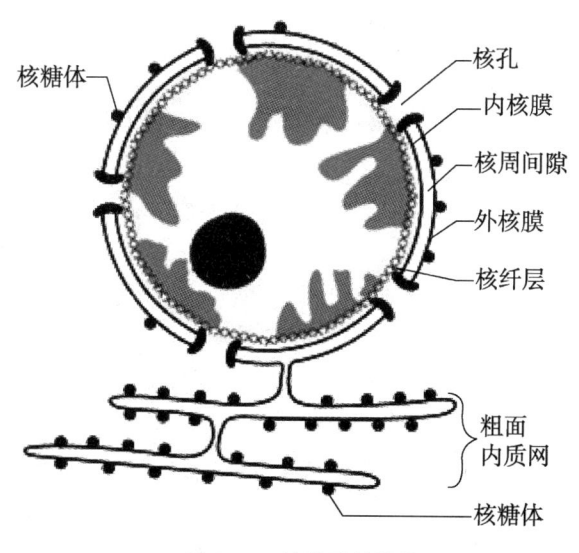

图9-2　核被膜的结构

4. 核周腔（perinuclear space） 又称核周间隙，是内外核膜之间的间隙，宽 20~40nm，与内质网的腔相通，其中充满不定型物质。

二、核膜的功能

1. 提供保护性屏障 核膜的出现，为细胞遗传信息的保存、复制、传递及发挥其对细胞代谢和发育的指导作用创造了特定的微环境，避免直接受细胞内其他各种生命活动的干扰，提高了上述各项活动的效率。

2. 染色体的定位和酶分子的支架 核膜是染色体和酶分子的支架和固着部位。染色质通过核纤层以及内核膜的膜内在蛋白同核膜相连。另外，核内的一些酶以膜蛋白的形式存在，有利于核内生化反应的区域化，从而发挥高度的催化活性。

三、核孔复合物的结构与功能

由内外两层膜局部融合贯穿形成核孔（nuclear pore）。一般来说，细胞核内的转录越活跃，核孔的数量就越多。一个典型的哺乳动物的核膜上有 3000~4000 个核孔，而非洲爪蟾的一个卵细胞就有 1000 万个核孔。

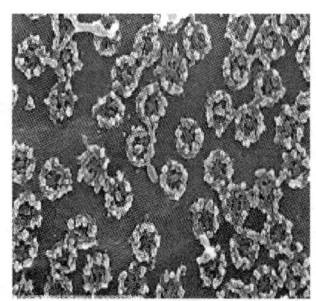 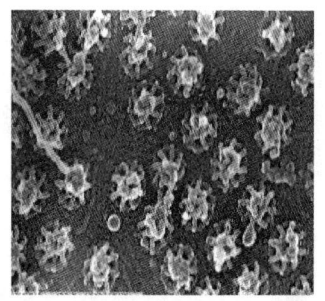

图 9-3 高分辨率扫描电镜观察的核孔复合体照片
左：两栖类卵细胞分离的核孔复合体的细胞质面，细胞质颗粒覆盖在核孔复合体的胞质环上；
右：核孔复合体核质面，可以看到与核孔复合体相连的篮。

（一）核孔复合体结构

核孔是一个相对独立的复杂结构，直径 120~150nm，由 50 多种蛋白构成，呈八面体对称形式分布，称为核孔复合体（nuclear pore complex，NPC）（图 9-3）。最新的核孔复合体模型认为：从横向上看，核孔复合体由周边向中心依次可分为环、辐和栓三种结构亚单位；从纵向看，核孔复合体由核外向核内依次可分为胞质环、辐和核质环三种结构亚单位（图 9-4）。综合起来看，核孔复合体包括以下四种结构成分：①胞质环（cytoplasmic ring）：位于核孔边缘的胞质面，与外核膜相连，又称外环，环上有 8 条短纤维对称分布伸向胞质；②核质环（nucleoplasmic ring）：位于核孔边缘的核质面，与内核膜相连，又称内环，环上也对称分布 8 条细长纤维，伸向核质，在纤维的末端形成一个直径 60nm 的小环，小环由 8 个颗粒构成，构成捕鱼笼样结构，称为"核篮"（nuclear basket）结构；③辐（spoke）：由核孔边缘伸向核孔中心的结构，呈辐射状八重对称，主要由三部分构成：位于核孔边缘，连接内外环，起支撑核孔作用的"柱状亚单位"（column subunit）；柱状单位外侧，穿过核膜，伸入核周间隙的"腔内亚单位"（lumina subunit）；柱状亚单位内侧，靠近核孔复合体中心的"环带亚单位"（annular subunit），由 8 个颗粒状结构环绕形成核孔复合体核质交换的通道；④中央栓（central plug）：又称为中央颗粒（central granule），位于核孔中央，呈棒状和颗粒状（图 9-5）。推测其可能参与核质交换。但并非所有的核孔复合体都能观察到此结构，因此有人推测其不是核孔复合体的结构成分，而是正在通过核孔复合体的被转运的物质。由上述结构模型可见，核孔复合体对于垂直于核膜，通过核孔中心的轴呈辐射状八重对称结构，但其核质面与胞质面两侧的结构明显不对称，这与其在功能上的不对称是一致的。

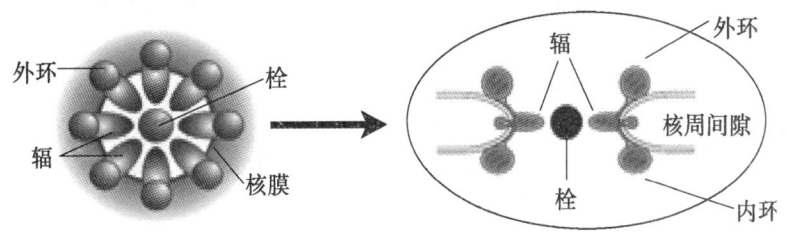

图 9-4 核孔复合体截面图

左：横截面图；右：纵截面图

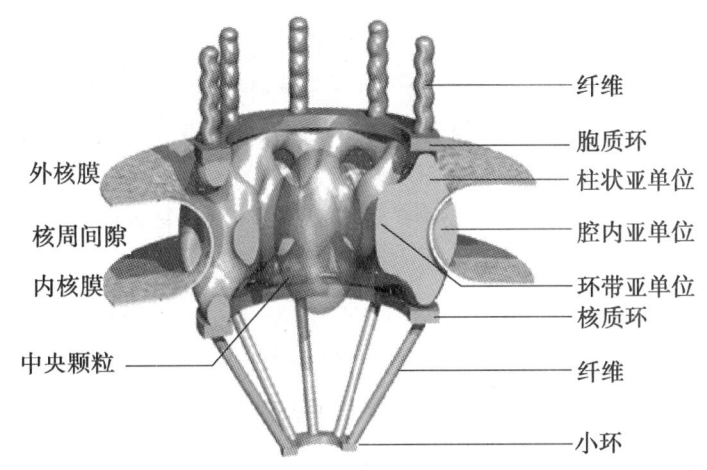

图 9-5 核孔复合体三维结构模型

(引自 http://www.scripps.edu/~stoffler/proj/NPC/npc.html)

(二) 核孔复合体的运输特点

核孔复合体可以看做是一种特殊的跨膜蛋白复合体，并且是一个双功能、双向性的亲水性核质交换通道。

1. 双功能　核孔复合物作为运输通道具有双功能，既有被动运输，又有主动运输。核孔复合体作为被动的亲水通道，其有效直径为 9~10 nm。通过简单扩散，一些离子、代谢物和分子质量小的蛋白质可通过核孔复合体的辐条之间的狭缝进出细胞核。但对 Na^+ 等少数离子有一定的屏障作用。高分子量物质（如核质蛋白）的核质分配主要是通过核孔复合体的主动运输完成的；核孔复合体的主动运输是一个信号识别与载体介导的过程，需要 ATP，并表现出饱和动力学特征。核孔复合体的运输，除了具有选择性外，核孔的孔径具有可调节性，像核糖体亚基这样大的复合物也能够通过核孔运输。

2. 双向性　核孔复合体进行的运输具有双向性，不仅能够将翻译所需要的 RNA、组装好的核糖体亚基从细胞核内运送到细胞质，同时也能把胞质的游离核糖体上合成的组蛋白以及 DNA 复制和转录所需的酶等蛋白质运进细胞核（图 9-6）。

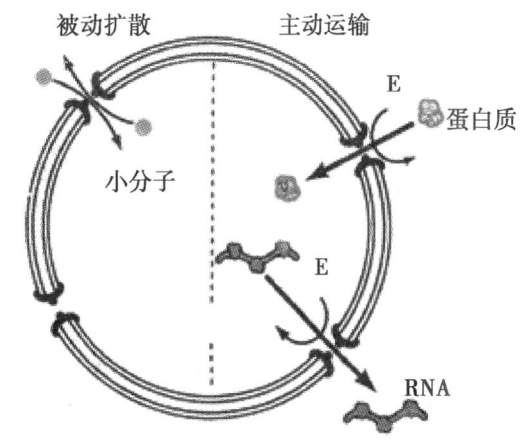

图 9-6 核孔的运输作用

(三) 核蛋白、核定位信号、核输出信号、输入蛋白、输出蛋白

1. **核蛋白（nuclear protein）** 是指在细胞质中合成，需要或能够进入细胞核内发挥功能的一类蛋白质。如组蛋白、DNA 合成以及 RNA 转录和加工的酶类、各种蛋白调控因子和组装成核糖体大小亚基的蛋白分子等。

2. **核定位信号（nuclear localization signal，NLS）** 核蛋白所含有的特殊的氨基酸信号序列，多由 1 个或 2 个富含正电荷的短序列构成，类型多样，可以位于多肽序列的任何部分，并在蛋白质表面形成环或斑，帮助核蛋白进入细胞核，称为核定位信号。核定位信号在核蛋白进入细胞核后，不被切除，有利于细胞分裂后重新引导核蛋白入核。

> **医学应用 1 NLS 用于基因转移方面的研究**
>
> 将编码有 NLS 的鸡贫血病毒 VP3 基因与绿色荧光蛋白基因的真核融合表达载体转染细胞后，观察到绿色荧光聚集于细胞核区域；而 NLS 特征区缺失的 VP3 基因与绿色荧光蛋白基因的真核融合表达载体转染细胞，只观察到绿色荧光分布于整个细胞质中而不再聚集在细胞核中，进一步将 VP3 核定位序列特征的区域也克隆到绿色荧光蛋白真核表达载体上，转染实验中核定位功能再现。上述实验提示我们随着核-胞质运输的深入研究、DNA-NLS 的合理设计以及结合目前行之有效的脂质体技术，利用 DNA-NLS 复合物通过 NPC 进入核，将可能成为实施基因治疗的一个非常有效的途径。

3. **核输出信号（nuclear export signal，NES）** 与核定位信号相对，核输出信号为核内物质输出细胞核的信号，位于在核内合成后进入细胞质中工作的分子中。有些蛋白质常需要往返于核质和细胞质之间，这些穿梭蛋白既有核定位信号又有核输出信号。

4. **输入蛋白（importin）** 是可溶性的细胞质基质蛋白，为核定位信号的受体，能够与核蛋白的核定位信号和核孔蛋白结合，穿过核孔复合体入核，在核内与核蛋白分离后再返回到细胞质中，是一种穿梭受体（shuttling receptor）。

5. **输出蛋白（exportin）** 存在于细胞核中，能够识别并结合输出信号和核孔蛋白，引导核内物质通过核孔复合体输出到细胞质，然后快速通过核孔回到细胞核中。

(四) 核运输系统

核运输系统（nuclear-transport system）包括核蛋白的输入和核物质的输出。

1. **核蛋白的输入** 根据对核蛋白运输机制的研究和相关蛋白质的发现，提出了核蛋白的运输模型。该模型认为，在细胞质中，输入蛋白和货物蛋白（cargo protein）相互作用形成一个运输复合体，其中输入蛋白 α 亚基识别并与货物蛋白核定位信号结合，而运输蛋白 β 亚基与核孔复合体作用，将货物蛋白转运到细胞核中。

核蛋白运输是一个耗能的过程，消耗的能量由单体 GTP 酶 Ran 水解 GTP 提供。Ran 蛋白是一种 GTP 酶（GTPase），具有两种构象，其构象形式依赖于 GTP 或 GDP 的结合。构象间的转换是由两种 Ran 特异性调节蛋白引起的：即细胞质基质 GTP 酶活化蛋白（GAP）和核鸟嘌呤交换因子（GEF）（图 9-7）。Ran-GAP 存在于细胞质基质中，而 Ran-GEF 存在于细胞核中，因此 Ran·GDP 多存在于细胞质中，而 Ran·GTP 多存在于细胞核中。

在核蛋白运输过程中，只有当输入蛋白与装载了适当的货物蛋白时，才能与核孔复合体胞质面 FG-重复序列发生对接，输入蛋白与货物复合体移动至核孔复合体核质面。在细胞核中，Ran·GTP 与输入蛋白结合，导致货物蛋白与复合物脱离，成为细胞核中的游离蛋白。而输入蛋白 Ran·GTP 复合物重新回到细胞质。细胞质中的 Ran-GAP 和 Ran 结合蛋白促进 Ran 将 Ran·GTP 转变成 Ran·GDP，并使 Ran·GDP 与输入蛋白脱离，游离的输入蛋白参与新的具有核定位信号的入核蛋白

的运输。而 Ran·GDP 可通过核孔复合体回到细胞核中，在 Ran-GEF 的作用下，释放 GDP，重新结合 GTP（图 9-8），进行下一个运输循环。

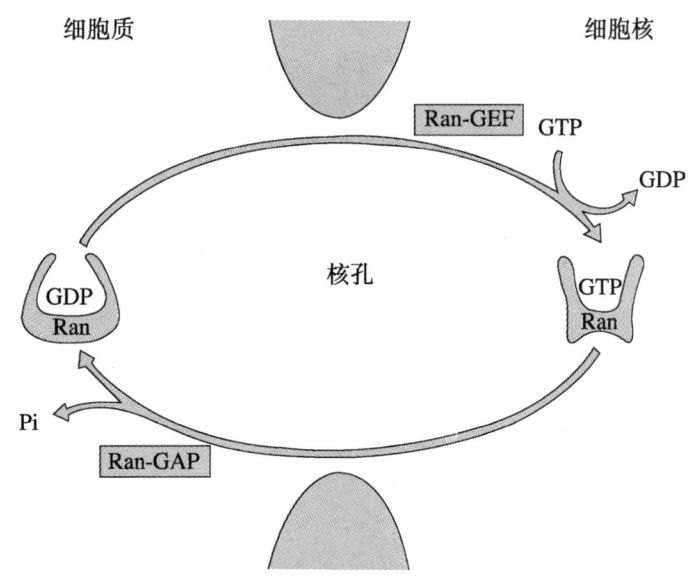

图 9-7　Ran·GTP 与 Ran·GDP 构象转变及空间划分
细胞质基质 GTP 酶活化蛋白（GAP）可引发 GTP 水解，导致 Ran·GTP 向 Ran·GDP 转化；核鸟嘌呤交换因子（GEF）促使 GDP 和 GTP 交换，致使 Ran·GDP 转变成 Ran·GTP。

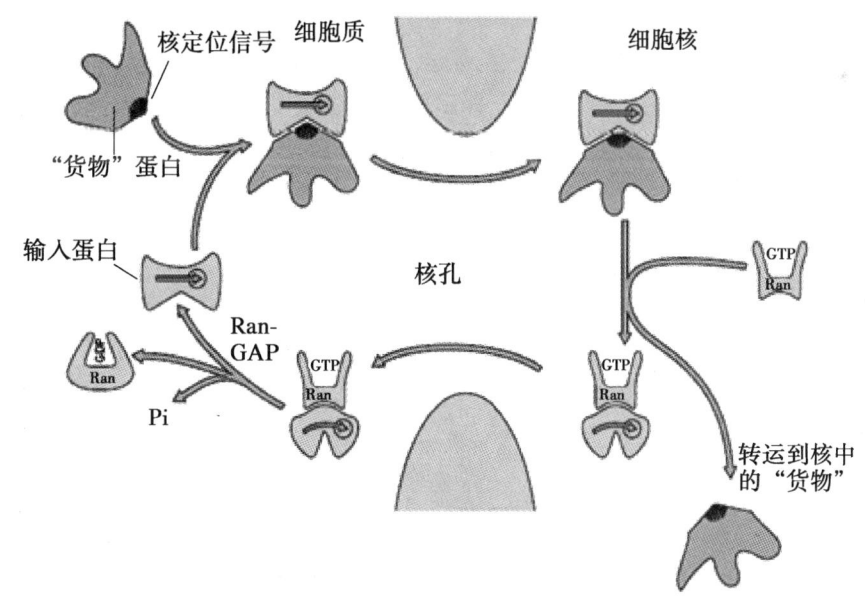

图 9-8　含有核定位信号的核蛋白从细胞质输入细胞核的推测模型

2. 核内蛋白质和 RNA 的输出　细胞核内的物质输出到细胞质也是信号介导的过程。细胞核内输出到细胞质的两类主要物质是核糖体亚基和各种 RNA。某些核内需要输出的蛋白质具有核输出信号，在输出蛋白和 Ran 蛋白的帮助下通过核孔输出到胞质。输出的 RNA 中，mRNA 是最多也是最重要的。细胞核中合成的 RNA 很快与蛋白质形成异质核糖核蛋白（heterogeneous ribonucleoprotein，hnRNP），经加工为成熟的信使 RNP（messenger RNP，mRNP），RNP 的蛋白具有输出信号，可被输出受体识别运输到胞质溶胶。其他 RNA 如 snRNA 和 tRNA 也是通过不同类型的核输出受体输出细胞核。

四、核纤层的结构与功能

(一) 核纤层的结构

核纤层位于内核膜的下方，是由核纤层蛋白单体组装起来的多聚体的纤维网络。首先两个核纤层蛋白多肽链通过各自的 α 螺旋区相互缠绕形成螺旋二聚体，二聚体首尾相接形成长的多聚体，多聚体之间再通过侧向连接形成核纤层。

(二) 核纤层的功能

1. 支架作用　核纤层纤维网络附着在内核膜上，成为膜骨架，极大地增强了核膜的机械强度，为细胞核的形态与功能提供了结构支持（图 9-9）。此外，核纤层与核骨架及穿过核膜的中间纤维相连，使细胞骨架与核骨架形成一个连续的网络系统。

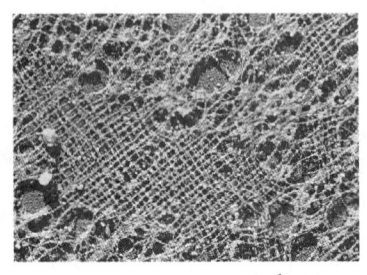

图 9-9　核纤层的超微结构

2. 参与核膜重建以及染色质凝集　细胞分裂时呈现出周期性的变化：分裂晚前期核纤层发生磷酸化而解聚，核膜崩解为小泡，其中 B 型核纤层蛋白与核膜小泡结合，A 型则溶于胞质中；分裂末期，核纤层蛋白去磷酸化重新组装，介导核膜重建。另外，核纤层为染色质提供锚定位点，从而介导了染色体环的形成。

3. 核纤层结构有助于 DNA 复制　缺乏核纤层的细胞核不能进行 DNA 复制，间接反映了核纤层在 DNA 复制中的作用。

第二节　染色质与染色体

染色质（chromatin）：是间期细胞核内能被碱性染料染色的物质，是由 DNA、组蛋白、非组蛋白及少量 RNA 组成的复合物，是遗传物质在间期的存在形式。

染色体（chromosome）：是细胞在有丝分裂和减数分裂过程中由染色质聚缩而成的棒状结构，是染色质的高级结构。染色体和染色质在化学本质上没有差异，只是在构型上不同，是遗传物质在细胞周期不同阶段的不同表现形式。

大鼠肝细胞染色质常被当做染色质分析模型，其中组蛋白与 DNA 含量之比接近 1∶1，非组蛋白与 DNA 之比是 0.6∶1，RNA/DNA 比例是 0.1∶1。DNA 与组蛋白是染色质的稳定成分，非组蛋白与 RNA 的含量则随细胞生理状态不同而变化。

一、染色质的组成成分

(一) 染色质 DNA

除少数 RNA 病毒外，几乎所有生物遗传物质都是 DNA，在真核生物中，每个 DNA 分子都被包装到染色体中，一个生物储存在单倍体染色体组中的总遗传信息称为该生物的基因组（genome）。一般来说，同一物种的体细胞之间 DNA 含量与结构相同，但不同物种间差别较大。

1. DNA 序列的复杂性　真核生物的 DNA 序列可分为三种类型，即单一序列、中度重复序列和高度重复序列。

(1) 单一序列（unique sequence）：又称非重复序列，在一个基因组中一般只有一个拷贝。真核生物的绝大多数结构基因在单倍体中是单拷贝或几个拷贝（1~5 个拷贝）。

(2) 中度重复序列（intermediate repetitive sequence）：拷贝数在 $10 \sim 10^5$，如编码 rRNA、tRNA 和组蛋白的基因均属此类。

（3）高度重复序列（highly repetitive sequence）：拷贝数在 10^5 以上，高度重复序列 DNA 通常由简单的核苷酸序列组成，主要分布在染色体的着丝粒部位和端粒部位。

2. DNA 结构稳定遗传的功能序列　为确保染色体的复制和稳定遗传，在染色体上必须具有 3 个功能单位，即复制源序列（replication origin sequence）、着丝粒序列（centromeric sequence）和端粒序列（telomeric sequence）（图 9-10）。

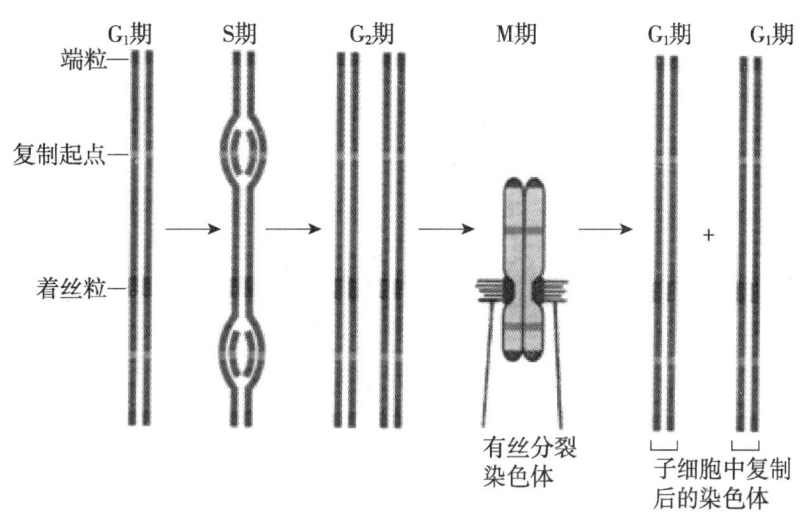

图 9-10　染色体稳定遗传的三种功能序列

（1）自主复制序列（autonomously replicating sequence，ARS）：是 DNA 复制的起点。大多数 ARS 的 DNA 均有一段 11~14 bp 的富含 AT 的序列，这段共有序列及其上下游各 200 bp 左右的区域是维持 ARS 功能所必需的。真核生物染色体上有多个 ARS 序列。

（2）着丝粒序列：由大量串联的重复序列组成，如 α 卫星 DNA，位于两个姐妹染色单体附着的区域，其功能是参与形成着丝粒；不同来源的 CEN 共同点是含有 11 bp 的保守区和 80~90 bp 的 AT 区。

（3）端粒序列：是线性染色体两端的特殊序列，由长 5~10 bp 的富含 G 的基本序列串联而成，人的重复序列为 -GGGTTA-。端粒的功能是保持线性染色体的稳定，同时保证了染色体的完全复制。端粒序列是由端粒酶合成的。端粒酶是一种蛋白质和 RNA 的复合物，以自身的 RNA 作为模板，从 $5'\rightarrow 3'$ 方向，反转录成 DNA，使端粒不断加长（图 9-11）。Elizabeth H. Blackburn，Carol W. Greider 以及 Jack W. Szostak 三位科学家因"发现端粒和端粒酶是如何保护染色体的"而获得 2009 年诺贝尔生理学或医学奖。

医学应用 2

端粒被认为是加速衰老的标志，也是罹患心脏病、糖尿病、关节炎及其他疾病的原因之一。端粒的长度，某种程度上是一种生物学的年龄标记。有研究表明，肥胖与抽烟导致氧负荷增大，这种损害的长期积累将使端粒受损，因此抽烟或肥胖者的端粒往往较短，使他们在生理上比不吸烟或不肥胖者更容易衰老（Lancet，2005）。另有研究表明，双胞胎中一周锻炼超过 3 小时 20 分钟的人，其端粒同比最懒惰的人（一周锻炼少于 16 分钟），长出 200 个核苷。就生物学意义而言，经常久坐的人要比常运动的人"老"上 10 年（Arch Intern Med，2008）。

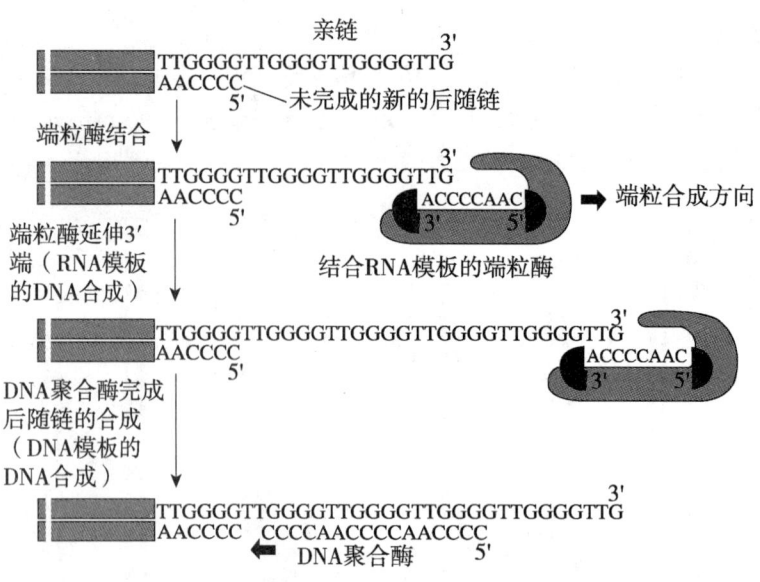

图 9-11 四膜虫中端粒酶介导的端粒合成

3. 人工染色体 在基因工程中，由于一般的载体是环状结构，容载能力有限，要克隆大的基因比较困难。人们利用 ARS、CEN、TEL 构建而成的载体，可以像天然染色体一样在寄主细胞中稳定复制和遗传，称为人工染色体（artificial chromosome）。如酵母人工染色体（yeast artificial chromosome, YAC），容纳插入片段的能力远高于质粒，可用于转基因和构建基因文库。

(二) 组蛋白

1. 组蛋白的类型和性质 组蛋白（histone）是构成真核生物染色体的基本结构蛋白，富含精氨酸、赖氨酸，属于碱性蛋白质，含量恒定。在真核细胞中有五种类型：H1、H2A、H2B、H3 和 H4，都带正电荷，能够同 DNA 中带负电荷的磷酸基团相互作用。

2. 组蛋白的功能 五种组蛋白在功能上分为两类：一组是高度保守的核心组蛋白（core histone），包括 H2A、H2B、H3 和 H4 四种，作用是将 DNA 分子盘绕成核小体。核心组蛋白非常保守，特别是 H4，如牛和豌豆 H4 的 102 个氨基酸中仅有 2 个不同，而进化上两者分歧的年代约 3 亿年历史。四种核心组蛋白均由球形部和尾部构成，球形部通过静电作用使 DNA 分子缠绕在组蛋白核心周围，形成核小体；尾部则为组蛋白翻译后进行修饰的部位，如乙酰化、甲基化、磷酸化等，组蛋白的这些修饰可对染色体的结构和功能产生深远的影响。

另一组是可变的连接组蛋白（linker histone）即 H1 组蛋白，在构成核小体装配中起连接作用，并赋予染色质以极性。H1 不仅具有种属特异性，而且还有组织特异性，在某些组织中，H1 被特殊的组蛋白所取代，如成熟的鱼类和人类的红细胞中 H1 则被 H5 所取代，精细胞中则由精蛋白代替。

(三) 非组蛋白

非组蛋白（nonhistone）是指细胞核中组蛋白以外的蛋白质，是一类不均一的蛋白质，约有 500 多种不同的组分；富含天门冬氨酸、谷氨酸，属于酸性蛋白质；另外，非组蛋白常常是被磷酸化的，故带负电荷。非组蛋白具有组织特异性和发育阶段的特异性，且在活性染色质中的含量要比在非活性染色质中的含量高。非组蛋白在整个细胞周期都进行合成，在细胞质中合成后就被转移到细胞核中行使功能。与组蛋白不同，非组蛋白是染色体上与特异 DNA 序列结合的蛋白质，所以又称序列特异性 DNA 结合蛋白，借助于氢键和离子键与 DNA 大沟结合。

非组蛋白的功能：有些非组蛋白是酶，有些是反式作用因子，有些则是结构蛋白，功能多样：

①帮助 DNA 分子折叠以维持染色质的结构：有些非组蛋白与组蛋白相辅佐，帮助核小体折叠、盘曲以形成在复制和转录功能上相对独立的结构域；②协助启动 DNA 的复制：有些非组蛋白如启动蛋白、DNA 聚合酶等，往往以复合物的形式结合在一段特异 DNA 序列上，启动 DNA 的复制；③控制基因的转录和调节基因的表达：有些非组蛋白为基因调控蛋白，它们往往以竞争性或协同性结合的方式，作用于一段特异 DNA 序列上，调控基因的转录。

二、常染色质与异染色质

细胞分裂时，核内染色质要凝缩成染色体结构，对碱性染料着色很深，一旦脱离分裂期，染色体去凝集成松散状态，此时染色着色力减弱。但是，有些染色质或其片段的凝缩周期与其他的不同，这种现象称为异固缩（heteropythosis）。

在有丝分裂完成之后，大多数高度压缩的染色体要转变成间期的松散状态。但是，大约有 10% 的染色质在整个间期仍然保持压缩状态，并会出现染色深浅以及转录活性的差异。根据间期染色质的形态特征和染色性质的不同，分为异染色质（heterochromatin）和常染色质（euchromatin）（图 9-12）。

1. 常染色质 为间期核内碱性染料染色时着色较浅，螺旋化程度较低，处于伸展状态的染色质丝，基因转录活跃。染色质的 DNA 成分主要由单一序列 DNA 和中度重复序列 DNA 构成，在一定程度上控制间期细胞的活动。电镜下可见常染色质在核内均匀分布，多位于核中央，一部分以袢环形式伸入核仁内。常染色质上存在核酸酶敏感位点，易被核酸酶降解。常染色质多在 S 期的早、中期复制。

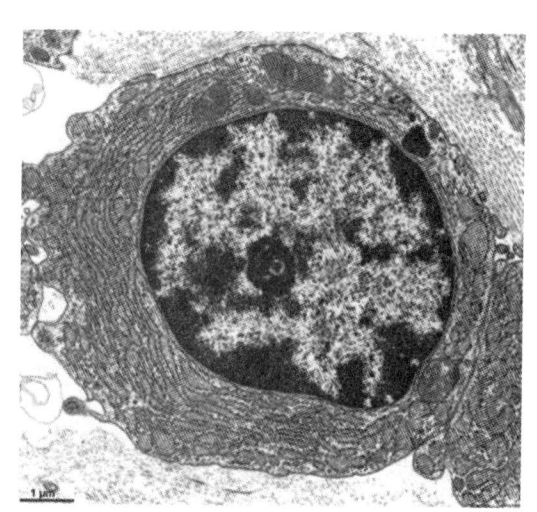

图 9-12 异染色质（核内深染部分）和常染色质（核内浅染部分）

2. 异染色质 在间期核内碱性染料染色时着色较深，螺旋化程度高，结构致密，无转录活跃。电镜下可见异染色质位于核周近核膜处，部分与核仁结合。异染色质又分为两类：结构性异染色质和兼性异染色质。

（1）结构性异染色质（constitutive heterochromatin）：又称组成性异染色质，是指所有类型细胞中及各个发育阶段均处于凝聚状态的染色质，即永久性地呈现异固缩的染色质。结构性异染色质既不转录也不编码蛋白，含有高度重复序列，参与染色质高级结构的形成，分布于大多数染色体的着丝粒区、端粒和次缢痕处。与常染色质相比，其表现为晚复制、早聚集。当一个有活性的基因通过转座或转位，移动到组成性异染色质区，通常要失去活性，这种现象称为位置效应（position effect），因此认为组成性异染色质区含有抑制邻近基因表达的成分。

（2）兼性异染色质（facultative heterochromatin）：指在一定的细胞类型或一定的发育阶段呈现凝聚状态的异染色质。在一定时期的特种细胞的细胞核内，原来的常染色质可转变成兼性异染色质。

雌性细胞虽然有两条 X 染色体，但只有一条具有转录活性，另外一条 X 染色体像异染色质一样保持凝缩状态，称为巴氏小体（Barr body）（图 9-13）。巴氏小体的形成保证了雄性和雌性都只有一条具有活性的 X 染色体，合成等量的 X 连锁基因编码的产物。

常染色质与异染色质的化学本质相同，只是以不同的状态存在而已，一定条件下可互相转化。兼性异染色质的总量变化与细胞类型有关，在分化程度较低的胚胎细胞中含量较少，在高度分化细胞

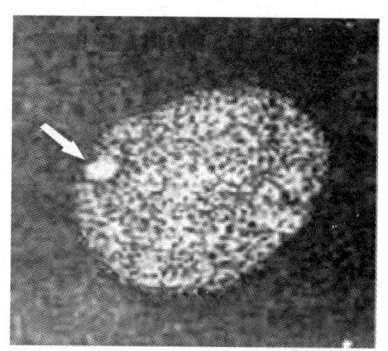

图 9-13 巴氏小体（箭头所指为巴氏小体）

中含量较多。染色质的凝集可能是关闭基因活性的途径之一，随着细胞的分化一些基因可因染色质凝集而逐渐关闭，失去转录活性。

三、染色质组装成染色体

人体的一个细胞核中有 23 对染色体，每条染色体的 DNA 若伸展开，平均长为 5 cm，核内全部 DNA 连接起来约 1.7～2.0 m，而细胞核直径为 10 μm。因此，不难想象 DNA 是以螺旋和折叠的方式压缩起来的。染色质以核小体作为基本结构逐步进行包装压缩，最后包装成染色体，总共经过四级包装。下面介绍染色体包装的多级螺旋模型。

1. 从 DNA 到核小体 核小体的装配是染色体装配的第一步，即核小体是染色体的基本结构单位。核小体（nucleosome）又称为核体、核粒（图 9-14），每个核小体单位包括约 200 bp 的 DNA、一个组蛋白核心和一个 H1；其中 H2A、H2B、H3、H4 各 2 分子组成八聚体，构成核心颗粒。146 个碱基对的 DNA 缠绕在核心颗粒外面，共 $1\frac{3}{4}$ 圈。两相邻核心颗粒之间为连接 DNA（linker DNA）其长度因不同的种属和组织而异，但通常是 60 bp。每一分子的 H1 与连接 DNA 两端结合，稳定核小体结构（图 9-15）。

8 个组蛋白所组成的八聚体核心包括 4 个异源二聚体：两个 H2A-H2B 二聚体和两个 H3-H4 二聚体。两个 H3-H4 二聚体相互结合在中央形成四聚体。两个 H2A-H2B 二聚体位于 H3-H4 四聚体的外侧。组蛋白核心常以特定的位点，通过离子键和氢键与 DNA 小沟的 AT 丰富区结合（图 9-16）。

一个核小体的直径是 10 nm，DNA 包装成核小体，大约压缩了 7 倍。

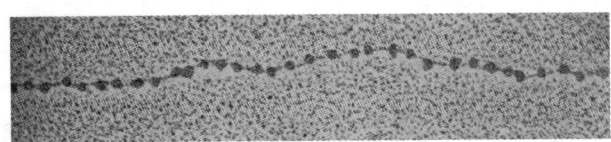

图 9-14 盐溶液处理后染色质丝的电镜图，染色质丝解聚，呈直径为 10nm 的绳珠状结构

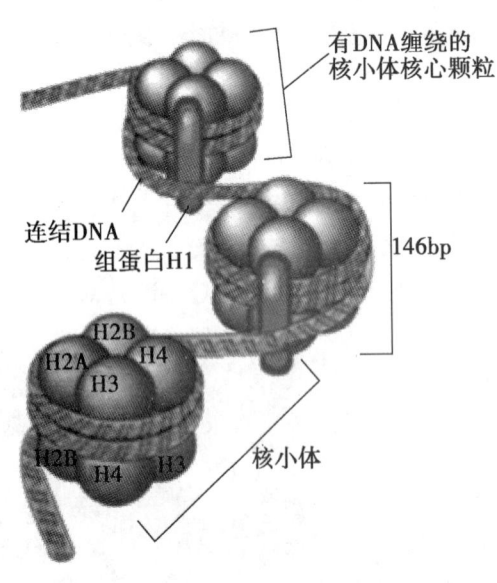

图 9-15 核小体的结构

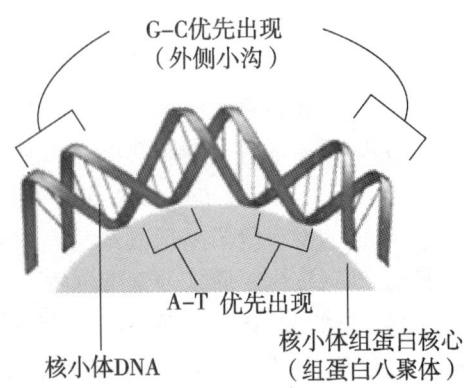

图 9-16 核小体中 DNA 的弯曲，A-T 丰富区优先出现在与组蛋白核心结合的狭窄小沟中

2. 从核小体到螺线管（solenoid） 螺线管是在组蛋白 H1 存在的情况下，由核小体串珠结构盘旋而成的中空管状结构，又称为 30nm 染色质纤维（图 9-17）。螺线管每圈含有 6 个核小体，螺距

11nm，外径30nm，内径10nm（图9-18）。组蛋白H1对螺线管的稳定起重要作用，H1分子通常位于螺线管内部，由一个球形中心及两个氨基酸臂组成，球形中心可与核小体上的特异性位点结合，而两个臂则与相邻核小体组蛋白核心上相应位点结合，以协助核小体包装成有规律的重复排列结构。

螺线管是染色体组装的二级结构，从核小体到螺线管压缩了6倍。

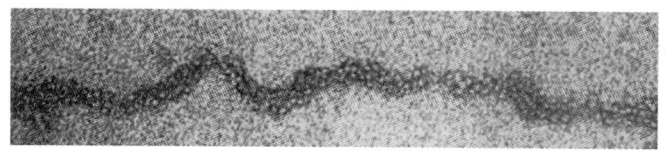

图9-17 30 nm染色质纤维显示的螺线管结构

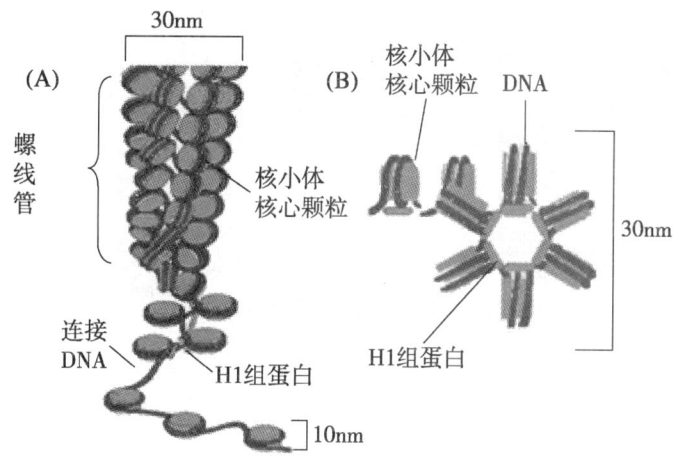

图9-18 染色质30nm螺线管的两种视图

（A）从侧面观察核小体包装成30 nm螺线管；（B）从端部观察的每一螺旋中6个核小体的排列

（引自王金发.细胞生物学.北京：科学出版社，2003）

3. 从螺线管到超螺线管（supersolenoid） 30nm的螺线管进一步螺旋化，形成直径为0.2～0.4μm的圆筒状结构，称为超螺线管。超螺线管是染色体包装的三级结构。DNA从螺线管到超螺线管又压缩了近40倍。

4. 从超螺线管到染色体 超螺线管进一步螺旋化，形成直径为1～2μm的中期染色体，从超螺线管到染色体大约压缩了5倍。由此推算，DNA经核小体到染色体，总共压缩了8400倍。

各DNA经由核小体包装成染色体的基本过程图9-19。

四、染色体的形态结构

染色体有种属特异性，不同物种间的染色体在数量、大小和形态上存在差异。大多数生物的体细胞有12～50条染色体，人的染色体数为

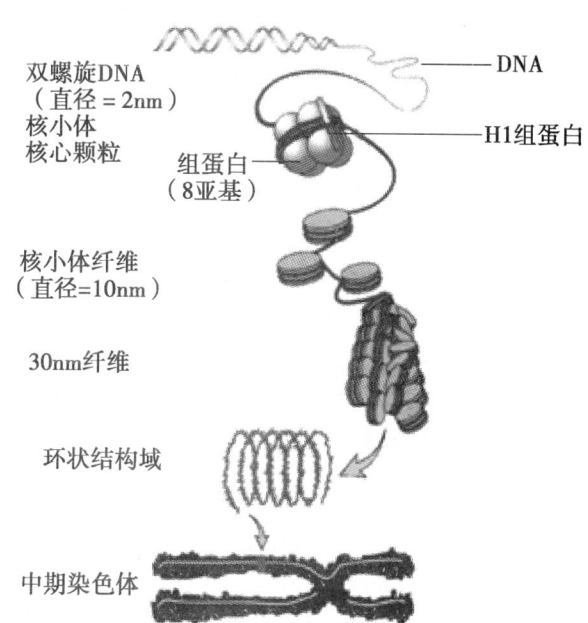

图9-19 DNA经四级螺旋形成染色体

2n＝46条。由于有丝分裂中期的染色体形态结构比较稳定，故常在中期观察染色体形态、结构或计数（图9-20）。中期染色体是由着丝粒相连的两条姐妹染色单体构成，这两条姐妹染色单体携带相同的遗传信息。除着丝粒外，染色体上还可见到次缢痕、随体和端粒等结构。

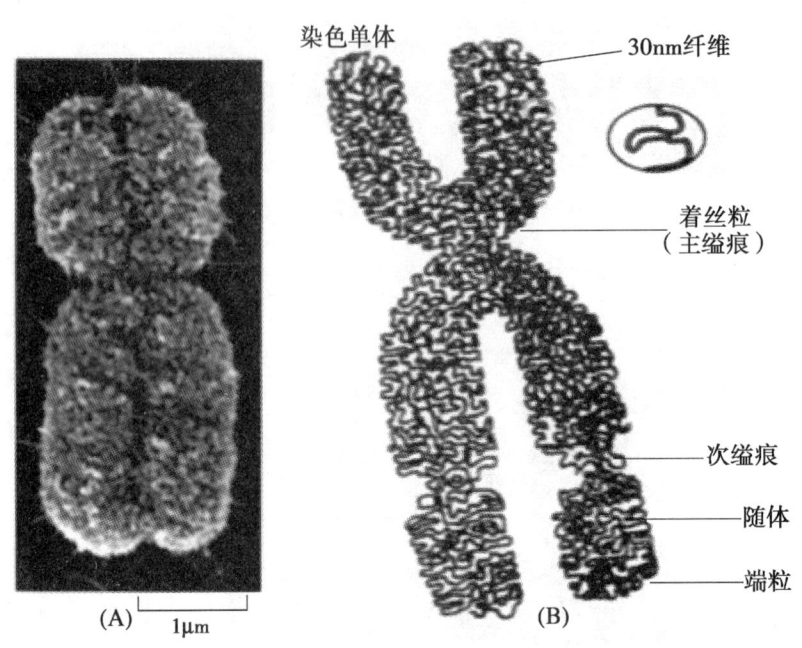

图 9-20　中期染色体的形态结构

(A) 电镜照片；(B) 染色体结构模式图

（一）着丝粒和动粒

着丝粒（centromere）：是染色体中连接两个姐妹染色单体的结构。由于着丝粒处的染色质较细、内缢，又叫主缢痕（primary constriction）。着丝粒有两个基本的功能：一是在有丝分裂前将两条姐妹染色单体结合在一起，二是为动粒装配提供结合位点。着丝粒由含有高度重复DNA序列的异染色质构成。根据着丝粒在染色体上的位置，将染色体分为四种类型（图9-21）：①中着丝粒染色体（metacentric chromosome）：着丝粒位于染色体的中部，将染色体分成长度相等或大致相等的两条臂；②亚中着丝粒染色体（submetacentric chromosome）：着丝粒偏离中部，将染色体分成长短不一的两个臂，短臂简写为p，长臂简写为q；③近端着丝粒染色体（acrocentric chromosme）：着丝粒靠近染色体一端，长臂极长，短臂极短；④端着丝粒染色体（telocentric chromosome）：着丝粒位于染色体末端，只有一个长臂。

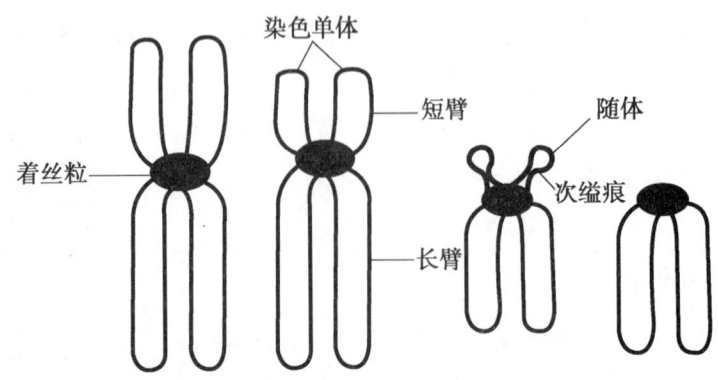

图 9-21　根据着丝粒位置进行的染色体分类图

动粒（kinetochore）：是存在于主缢痕外侧的圆盘状结构，由蛋白质构成，内层与着丝粒结合，外层与动粒微管结合。每一个中期染色体着丝粒的两侧各含有一个动粒。

着丝粒-动粒区域：是一种高度有序的，在结构和组成上非均一的整合结构，称为着丝粒-动粒复合体。该复合体至少包括3个不同的结构域：①动粒结构域（kinetochore domain）：位于着丝粒的外表面，由动粒和动粒外侧的纤维冠组成。哺乳动物的动粒具有三层结构，直径约为200 nm，一是致密的内层（inner layer），又叫内板（inner plate），与着丝粒中心结构域相联系；二是电子密度低的中间间隙（middle space），呈半透明区；三是致密的外层（outer layer），又叫外板（outer plate），是由一些特异的蛋白质装配而成，其中含有与微管正端结合的蛋白质。纤维冠主要是马达蛋白，与纺锤丝连接促使染色体分离。②中心结构域（central domain）：位于动粒结构域的内表面，包含着丝粒的大部分区域，含有高度重复序列的DNA，该结构域对于着丝粒-动粒复合体结构的形成和功能活性的维持有重要意义。③配对结构域（pairing domain）：位于中心结构域内表面，为中期染色体上两条姐妹染色单体连接的位点，与姐妹染色单体的配对及分离关系密切。在此区域发现两类蛋白质，一类是内着丝粒蛋白（inner centrimere protein），另一类是姐妹染色单体连接蛋白（chromatid linking protein）（图9-22）。着丝粒-动粒复合体的3个结构域彼此配合、共同作用，是染色体正确分离的结构基础。

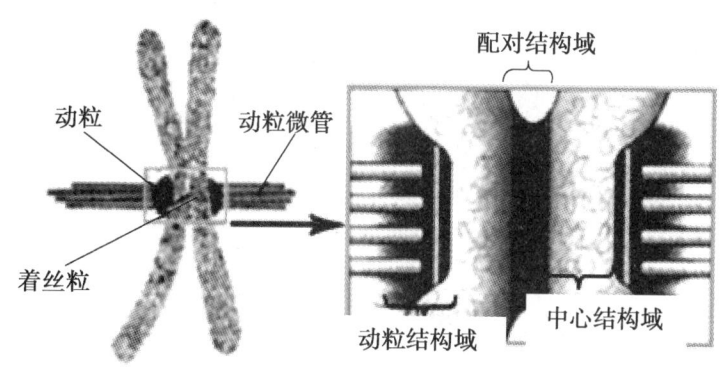

图9-22 着丝粒-动粒的区域的结构域
（引自王金发. 细胞生物学. 北京：科学出版社，2003）

（二）次缢痕与随体

次缢痕（secondary constriction）：除主缢痕外，在染色体上其他的浅染缢缩部位称为次缢痕。它的数量、位置和大小是某些染色体的重要形态特征，故可用作染色体鉴别的标记。

核仁组织区（nucleolar organizing region，NOR）：特定染色体的次缢痕处，含有rRNA的基因rDNA，与核仁的形成有关，故称为核仁组织区。核仁组织区中的基因活动而形成的球体结构即为核仁。并非所有的次缢痕都是核仁组织区，人类的核仁组织区位于13、14、15、21和22号5对染色体上。

随体（satellite）：是常位于染色体末端的球形或棒状结构，通过次缢痕与染色体相连，是识别染色体的主要特征之一。

（三）端粒

端粒（telomere）：是由端粒序列和相关蛋白构成的染色体端部特征性结构（图9-23）。端粒保证了染色体的完全复制；同时在染色体的两端形成保护性的帽结构，使DNA免受核酸酶和其他不稳定因素的破坏和影响。另外，端粒的形成使染色体的末端不会与其他染色体末

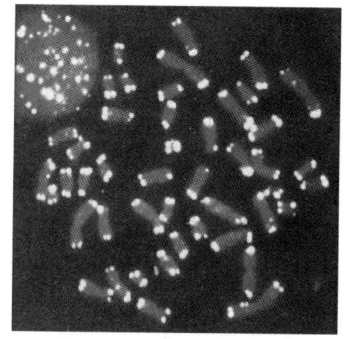

图9-23 原位杂交显示位于人染色体末端的端粒（以含有GGGTTA序列的DNA作为探针）

端融合。

(四) 巨型染色体

某些生物的细胞中,特别是在发育的某些阶段,可以观察到一些特殊的染色体如多线染色体和灯刷染色体。

多线染色体(polytene chromosome):存在于双翅目昆虫的幼虫组织内,如唾液腺。每条多线染色体由500~4000条解旋的子染色体通过同源染色体配对,平行排列,紧密结合在一起形成。多线化的细胞处于永久间期,在幼虫发育期间,这些细胞停止了分裂,但体积不断增大,DNA继续进行复制,以维持细胞的高分泌活性(图9-24)。

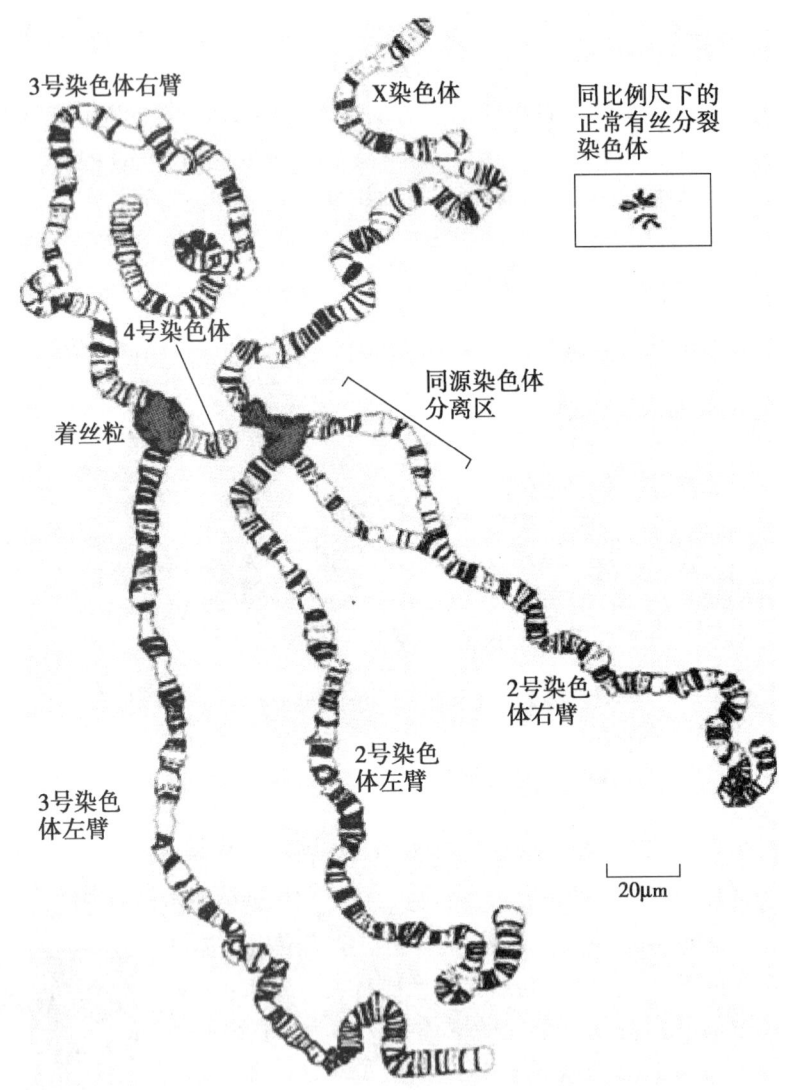

图9-24 果蝇唾液腺细胞整套多线染色体

灯刷染色体(lampbrush chromosome):是鱼类、两栖类和爬行类卵母细胞进行减数分裂时,停留在双线期的染色体(图9-25)。由于染色体主轴两侧有侧环,状如灯刷,故名灯刷染色体。染色体轴由染色粒(chromomere,是指染色质紧密螺旋化而成的颗粒)轴丝构成,每条染色体轴长400μm,从染色粒向两侧伸出两个相类似的侧环,是RNA活跃转录的区域。双线期是卵黄合成的旺盛期,灯刷染色体的形态与卵子发生过程中营养物储备密切相关。

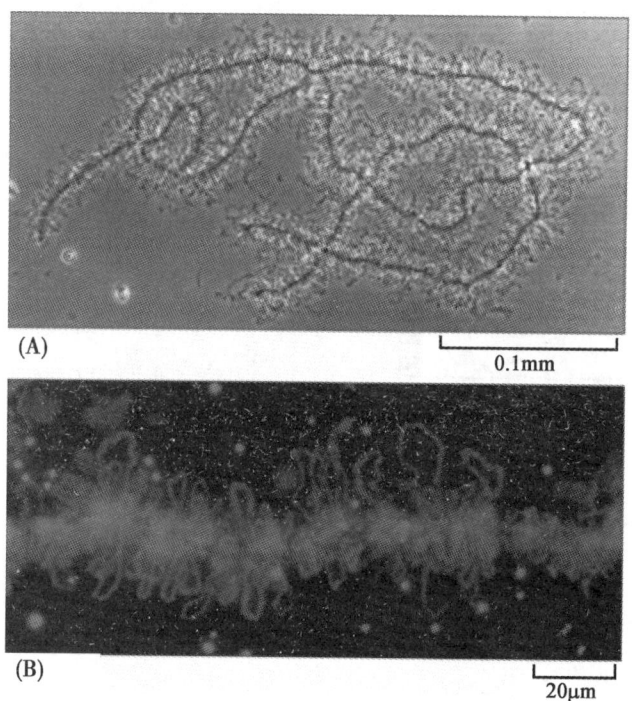

图9-25 两栖类卵母细胞中的一个灯刷染色体
(A) 两栖类卵母细胞中一个灯刷染色体的光学显微镜照片；
(B) 显示灯刷染色体一部分的荧光光学显微照片

五、核型与染色体带型

(一) 核型

核型（karyotype）又叫染色体组型，是指一个物种体细胞的全部染色体数目、大小和每条染色体所特有的形态特征的总和，是有丝分裂中期的表型。在对染色体进行测量计算的基础上，进行分组、排队、配对，并进行形态分析的过程叫核型分析（图9-26）。

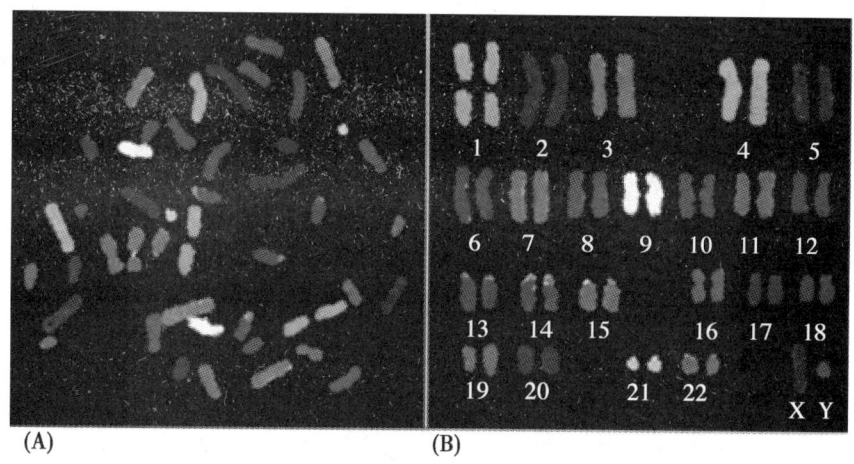

图9-26 人类染色体
(A) 一个正常细胞的中期分裂相（核型）；(B) 核型分析图片

(二) 染色体分带

染色体分带 (chromosome banding) 技术是经物理、化学因素处理后，再用染料对染色体进行染色，使其呈现特定的深浅 (或明暗) 不同带型 (banding pattern) 的方法 (图9-27)。该技术既可用于鉴别单个染色体和染色体组，甚至某一易位片段，也可用于核型进化及可能的进化机制研究。

分带技术可分为两大类，一类是产生的染色带分布在整过染色体的长轴上，如G、Q和R带；另一类是局部性的显带，它只能使少数特定的区域显带，如C、T和N带。

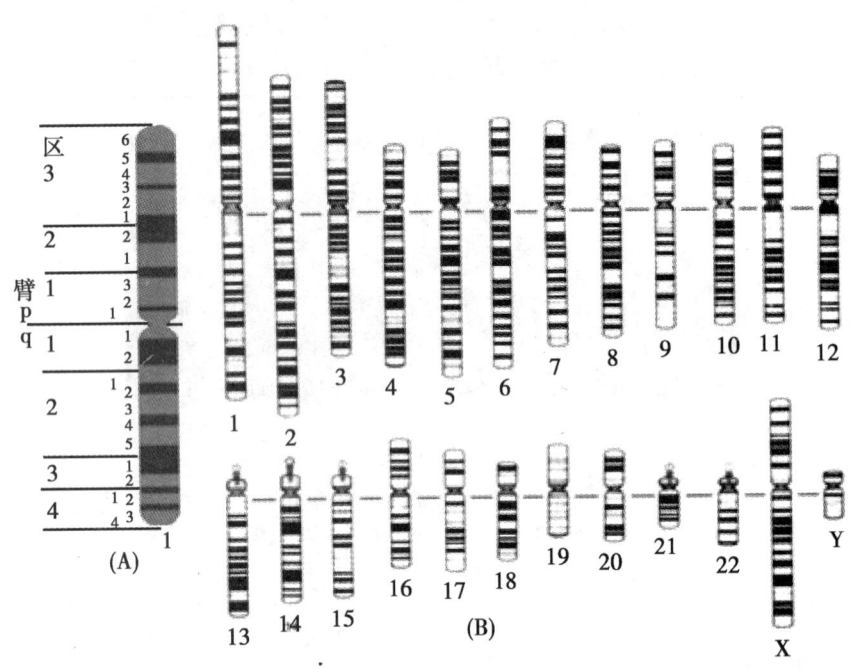

图9-27 显带核型模式图

(A) 1号染色体的带型示意图；(B) 正常男性显带核型模式图，13、14、15、21和22号染色体上的球形突出物表示rRNA基因所在位置

第三节 核 仁

核仁 (nucleolus) 是大多数真核生物细胞核中最显著的结构，一般1~2个，也有的多达3~5个。光镜下核仁是细胞核中一个匀质的、海绵状的球体，由纤维中心、致密纤维成分和颗粒成分组成，主要功能是进行rRNA的合成。核仁的大小、形状和数目随生物的种类、细胞类型及细胞代谢状态而不同。蛋白质合成旺盛、代谢活跃的细胞，如分泌细胞、卵母细胞的核仁体积较大。核仁在细胞中的位置通常不固定，但在生长旺盛的细胞中，趋向核的边缘，靠近核膜，即发生"核仁趋边"现象，这种分布可能有利于核内外物质的交换。

一、核仁的形态结构和化学组成

核仁的化学成分为DNA、RNA、蛋白质和酶类。核仁呈圆或卵圆形，无界膜包被，是由多种组分形成的一种网状结构。在电镜下可以看到，核仁包括3个不完全分隔的特征性区域 (图9-28)。

1. **纤维中心 (fibrillar center, FC)** 是被致密纤维包围的一个或几个低电子密度的圆形区域，电镜下呈浅染区，位于核仁的中央部位，直径2~3 nm，主要成分为RNA聚合酶和rDNA。rDNA袢环上rRNA基因串联排列高速转录，产生rRNA，组织形成核仁。人类的rRNA基因位于5对染色体上，即13、14、15、21、22条染色体的次缢痕部位，共同构成核仁组织区 (图9-29)。

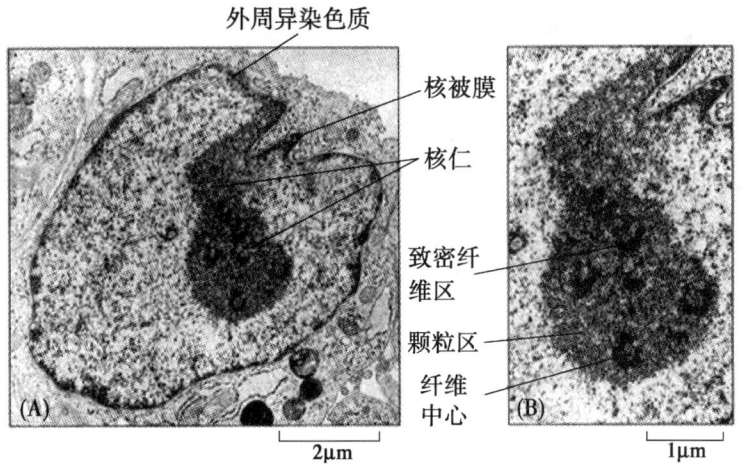

图 9-28 人成纤维细胞中核仁的电子显微镜照片
(A) 完整的核仁；(B) 局部观察的照片

2. 致密纤维组分（dense fibrillar component, DFC） 在电镜下观察，DFC 是核仁内电子密度最高的区域，呈环形或半月形包围 FC，由紧密排列的纤维丝构成，直径一般为 5~10 nm，主要含有正在转录的 RNA 分子。此外发现 DFC 还有特异性结合蛋白，如核仁素和 Ag-NOR 蛋白等。

3. 颗粒区（granular component, GC） 呈致密的颗粒，由直径为 15~20 nm 的核糖核蛋白颗粒构成。这些颗粒是正在加工、成熟的核糖体亚单位前体颗粒。颗粒组分的数量决定了核仁的大小。

核仁除了上述三种基本结构外，还可见到包围在核仁周围的一层核仁相随染色质（nucleolar associated chromatin）、深入到核仁内部的核仁内染色质（intranucleolar chromatin）以及核仁基质（nucleolar matrix）。

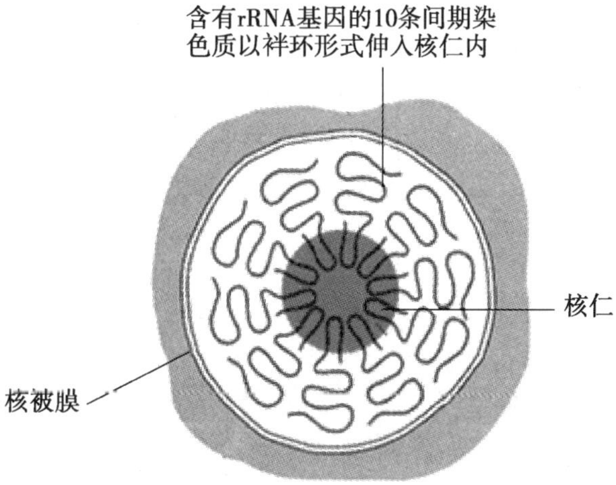

图 9-29 人间期细胞核仁组织区及 10 条染色体的 rDNA 袢环

二、核仁的功能

核仁是 rRNA 的转录、加工以及核糖体大亚基前体装配的场所。

1. 合成 rRNA rRNA 基因存在于特定的染色体上，并且有恒定的拷贝数。每个 rRNA 基因转录单位由 RNA 聚合酶Ⅰ转录，产生相同的初始转录物 rRNA 前体，哺乳动物的 45S rRNA 前体，经 RNA 酶两次裂解为 18S rRNA、28S rRNA 和 5.8S rRNA；而 45S rRNA 上甲基化的核苷酸序列全部进入加工后成熟的 rRNA 分子中，推测这些甲基化位点可能是加工过程中酶的识别标记。

需要指出的是，5S rRNA 的编码基因位于染色体的其他区域而不是核仁的 rDNA 区域，转录加工后转运至核仁处参与核糖体亚基的组装。

2. 装配核糖体的大、小亚基 实际上，核仁中 rRNA 的合成、加工与核糖体的装配是同步进行的，45S rRNA 前体首先与蛋白质结合形成 80S 的 RNP 复合体，在加工过程中 80S 的 RNP 再逐渐失去一些 RNA 和蛋白质，然后剪切形成两种大小不同的核糖体亚单位前体。核仁通过控制核糖体的合成和装配影响蛋白质的合成。

三、核仁周期

核仁是一种动态结构，随细胞周期的变化而变化，即形成-消失-形成，这种变化称为核仁周期（nucleolar cycle）。在细胞的有丝分裂期，核仁变小，并逐渐消失；在有丝分裂末期，rRNA 的合成重新开始，核仁形成。核仁形成的分子机制尚不清楚，但需要 rRNA 基因的激活。

第四节　核基质

核基质是指在细胞核内，除了核被膜、核纤层、染色质与核仁以外的由蛋白质组成的网架结构体系，也称核骨架，通过提供作用位点参与和支持 DNA 的各种功能。

一、核基质的形态结构与化学组成

核基质分布于整个核空间，由蛋白纤维交错排列，构成精细发达的三维网架结构。纤维直径为 3~30nm，单丝直径约为 3~4nm。核基质与核纤层纤维和核孔复合体相互连接，构成核内互为关联的骨架系统。核骨架与细胞质中的中间纤维在结构上也有相互联系。

核骨架的化学成分比较复杂，不同类型细胞及细胞周期不同阶段核骨架成分都可能有所差别。关于核骨架蛋白的确切组分尚未取得共识，双向电泳技术可显示 400 多种核骨架蛋白成分，这些蛋白可分为两类：一类是核基质蛋白（nuclear matrix protein），是各类细胞共有的蛋白成分；另一类是核基质结合蛋白（nuclear matrix associated protein），其组成与细胞类型、分化状态、生理及病理状态有关。此外，核骨架中还含有少量 RNA，对于维持核骨架三维结构的完整性是必需的。

二、核基质的功能

核基质的功能主要是作为骨架，提供附着或支撑点。

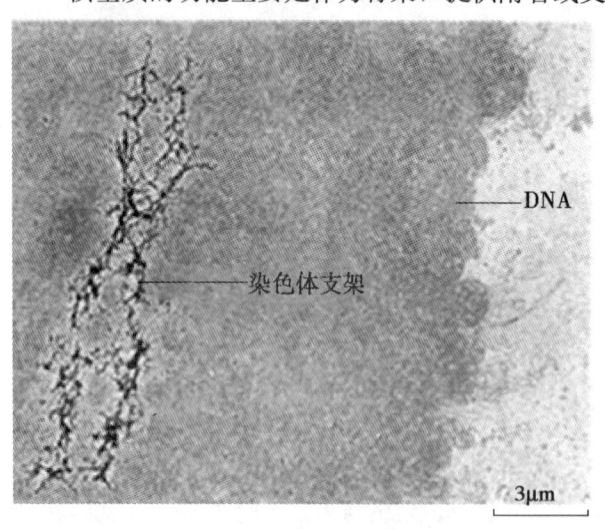

图 9-30　除去了大多数组蛋白和非组蛋白后剩下的染色体支架

染色体骨架（chromosome scaffold）：分离有丝分裂前的染色体，并用溶液溶解组蛋白和大多数主要的非组蛋白，可在电子显微镜下观察到一个完整的染色体构架（framework）或支架（scaffold）（图 9-30），主要成分是非组蛋白。

DNA 复制的附着位点：核分布研究表明，新合成的 DNA 是与核基质结合在一起的。近年有关实验显示，DNA 聚合酶和 DNA 拓扑异构酶在核骨架上有特定的结合位点，DNA 与参与 DNA 复制的酶及因子锚定于核骨架上，形成 DNA 复制复合体，进行 DNA 复制。

基因转录和加工支架：核骨架与基因转录活性以及 RNA 加工修饰和定向运输均有关。大量研究表明，基因只有结合在核骨架上才能够进行转录，具有活性转录基因的两端含有核骨架结合序列，而且 RNA 聚合酶也具有与核骨架的结合位点。hnRNA 的加工与核骨架也有一定关系，hnRNA 的 Poly A 区可能是 hnRNA 在核骨架中的附着点。

此外，核骨架也参与有丝分裂末期的核膜重建。

> **医学应用 3**
>
> DNA 拓扑异构酶 II α 是一种核骨架蛋白，参与 DNA 复制、转录、重组、染色体的组织等过程，是所有真核生物细胞生存不可缺少的关键酶。肿瘤细胞 Topo II 的含量及活性远高于正常体细胞。目前临床上所使用的一些抗肿瘤药物如安吖啶（amsacrine）、依托泊苷（etoposide，VP16）和替尼泊苷（teniposide，VM26）等均以 Topo II 为作用靶点，通过与酶结合而进入 Topo II-药物-DNA 这一三聚复合物，阻止肿瘤细胞快速生长增殖，进而杀死肿瘤细胞。

第五节　细胞核与医学

细胞核是细胞生命活动的控制中心，它通过调控基因的复制、转录和加工影响细胞的生物学行为，从而控制细胞的代谢分化和繁殖等生命活动。细胞核的结构和功能异常会诱发各种疾病。特别是在发生癌变的细胞中，可观察到明显的细胞核形态和遗传物质结构及含量的改变。

一、肿瘤细胞出现异常细胞核形态及分裂

肿瘤细胞核大小、形状和染色均出现异常。通常肿瘤细胞具有高的核质比，肿瘤细胞分化程度越低，核质比例失常越明显。肿瘤细胞核结构呈异形性，表现为细胞核表面突出或者向内凹陷，核分叶，出芽，细胞核成桑葚状和弯月形等。染色质呈粗颗粒状，分布不均匀，常堆积于核膜下，使核膜显得肥厚。核仁具高 rRNA 转录活性，表现为体积增大、数量增多，反映出肿瘤细胞代谢活跃、生长旺盛的特点。肿瘤亦可出现双核、巨核、多核、奇异核，并且核孔数量明显增加，有利于频繁的物质转运。另外，核分裂相明显增多，特别是出现不对称性、多极性及顿挫性等病理性核分裂时，对恶性肿瘤具有诊断意义。

二、肿瘤细胞的染色体异常

几乎所有的肿瘤细胞都有染色体的畸变，包括数目异常和结构异常，染色体异常已被认为是肿瘤细胞的一大特征。肿瘤细胞染色体数目异常包括超二倍体、亚二倍体和多倍体，比较常见的是 8、9、12 和 21 号染色体的增多或 7、22、Y 染色体的减少；染色体的结构异常包括易位、缺失、重复、环状染色体和双着丝粒染色体等。染色体的畸变随着细胞恶性程度的增加而增加，出现非整倍染色体和标记染色体，可作为肿瘤诊断的客观指标。例如，约 95% 的慢性粒细胞性白血病患者都是 Ph1 染色体阳性，90% 的 Burkitt 淋巴瘤患者中可见到一个长臂增长的 14 号染色体，视网膜母细胞瘤中可见 13 号染色体长臂的中间缺失，在 Wilms 瘤中可见 11 号染色体短臂的中间缺失。染色体畸变所引发的基因的激活、扩增及丢失等主要事件，可能是细胞癌变过程中的重要环节。

（孙　嫒　马　曦）

第四单元　细胞的生命活动

第十章 细胞通讯

communication 一词是交流、交际、通讯之意，细胞通讯（cell communication）是指细胞间及细胞与环境的信息传递过程。也有人译为细胞间通讯，指一个细胞发出的信息通过介质传递到另一个细胞产生相应的反应。

人类社会中人与人之间的"communication"普遍存在，最直接的就是面对面的谈话。古人用烽火台传递军情，现代社会则出现了电话、手机和电脑等丰富多彩的通讯系统。可以说，如果没有"communication"，人们将无法生存。多细胞有机体则是由不同类型的细胞组成的"细胞社会"，机体与外界环境的协调通过细胞通讯完成，体内单个细胞之间也是靠细胞通讯建立联络以协调各自的功能。同样，如果没有"communication"，细胞也将无法生存。

实际上，一切生命现象都是机体细胞通过对信息的传递，并最终在胞内产生特定效应的过程。在新陈代谢过程中，细胞通讯代表的信息流起主导作用，调控物质流和能量流，确保机体正常生存。细胞通讯中任一环节出现障碍或中断，在时、空、量上出现错误，机体即会受到致命打击，导致病理过程而引起疾病。人们研究细胞通讯，目的是为了揭示生命过程的本质，在分子水平认识各种疾病的发病机制，在改造客观世界的同时能够自由地控制自己。本章将介绍细胞间信息传递及细胞内信号转导的基本知识及与人类疾病的关系。

第一节 细胞通讯的主要方式

细胞通讯的方式有直接和间接两种。直接通讯包括间隙连接（gap junction）、膜表面分子接触通讯（contact-dependent signaling）和新近发现的隧道纳米管（tunneling nanotubes，TNTs）等。间接通讯分为长距离通讯（信息分子主要是激素）和短距离通讯（信息分子为化学介质，如细胞因子和神经递质）。细胞能同时接受上百种甚至数百种信号指令，仍能有条不紊地、准确地执行不同的生命活动。可见，细胞的通讯系统极为复杂与精密。

一、直接通讯——间隙连接

（一）间隙连接（gap junction）

间隙连接是细胞紧密连接（tight junctions）的一种方式，是动物细胞间的特化结构（图10-1），只起细胞间通讯作用。相邻细胞间由蛋白质构成连接子（connexon），连接子嵌入两个相邻的细胞膜，形成一个连续性的亲水孔道，直径1.5nm。孔道允许无机离子和分子量小于1kDa的小分子（如糖、氨基酸、核苷酸和维生素）自由穿过。

连接子为六聚体，电镜下呈六角形，由6个连接蛋白（connexin，Cx）亚单位分子构成。质膜上有大量连接子，形成间隙连接斑（gap junction plagues）。Cx是一个多基因大家族，约14个成员组成，每个Cx包括4个跨膜构域（M1-M4）、两个胞外环结构域（E1和E2），N、C末端均定位于胞浆内（图10-2）。

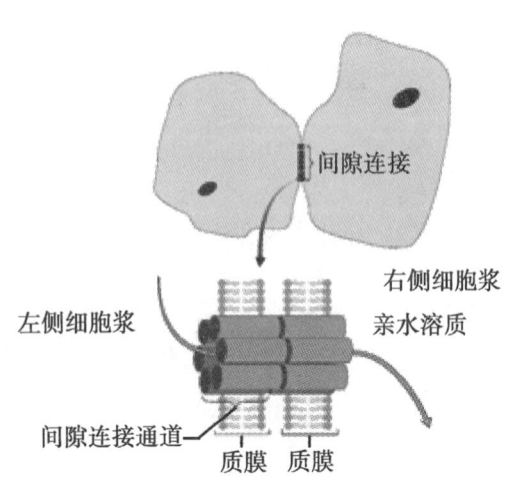

图10-1 间隙连接允许溶质和电流从一个细胞的胞浆到相邻细胞的胞浆

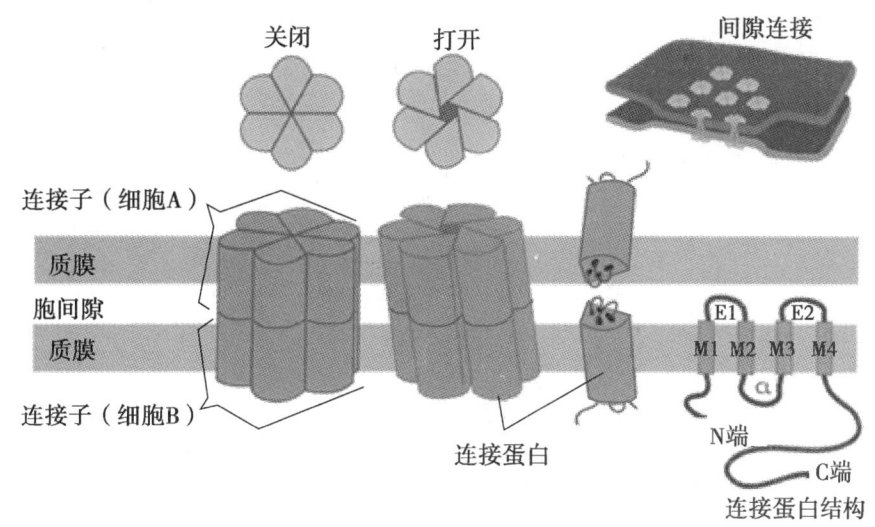

图 10-2 连接子及连接蛋白的结构

相邻细胞通过间隙连接直接交换离子、小分子代谢物质与第二信使（cAMP），具有传导快、阻抗低、延时短等特点。这种直接交换的意义在于：相邻细胞可共享小分子物质，促进相邻细胞对外界信号的协同反应。间隙连接在细胞间建立起通讯偶联关系，对细胞和机体的生命活动有着重要的影响，其主要功能有以下几方面：①细胞分化：为胚胎提供了一条细胞间信号传递的途径，传递控制细胞生长和分化的信息；②协调代谢：间隙连接允许离子和小分子通过，从而可协调细胞间的代谢活动；③电兴奋传导：可在瞬间将细胞的电兴奋活动传递到相邻细胞，保证组织细胞的反应速度和反应同步化（如鱼和昆虫的快速逃脱反应、心肌收缩和神经末梢处电紧张突触）。

（二）膜表面分子接触通讯（contact-dependent signaling）

细胞信号分子不释放入细胞间隙，而是位于细胞表面，称为膜表面信号分子（配体），因此，这种通讯方式是指一个细胞膜受体与另一细胞表面的信号分子（配体）选择性地相互作用，最终产生细胞应答的过程，即细胞识别（cell recognition），实质上是分子识别（图 10-3）。可分为：①同种同类细胞间的识别，如胚胎分化过程中神经细胞对周围细胞的识别，输血和植皮引起的反应可以看做同种、同类、不同来源细胞间的识别；②同种异类细胞间的识别，如精子和卵子之间的识别、T 与 B 淋巴细胞间的识别；③异种异类细胞间的识别，如病原体对宿主细胞的识别。

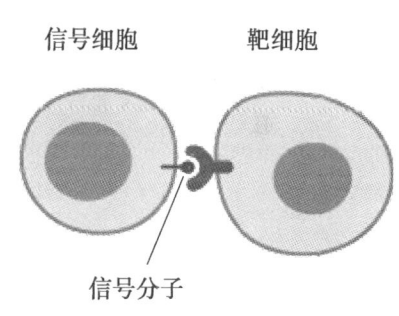

图 10-3 膜表面分子接触通讯示意图

二、间接通讯

细胞可以分泌蛋白质或小分子有机化合物至胞外，作为化学信号（chemical signaling）作用于其他的细胞（靶细胞），调节其功能，这种通讯方式不需要细胞之间的直接接触，称为间接通讯或化学通讯。根据信号分子作用的距离长短，将间接通讯又分为四类（图 10-4）：

（一）内分泌（endocrine）

以激素为主，由内分泌器官分泌的化学信号，随血液循环作用于全身靶器官。属于长距离通讯。

（二）旁分泌（paracrine）

以细胞因子和气体信号分子（如 NO）为主，多数细胞都能分泌，主要作用于周围局部的细胞。属于短距离通讯。

(三) 自分泌 (autocrine)

指某种细胞因子的靶细胞也是其产生细胞，则该因子对靶细胞表现出的生物学作用。属于短距离通讯。

(四) 突触信号传递 (synapse signaling)

以神经介质为主，作用限于突触内，作用距离在 100nm 以内。属于短距离通讯。

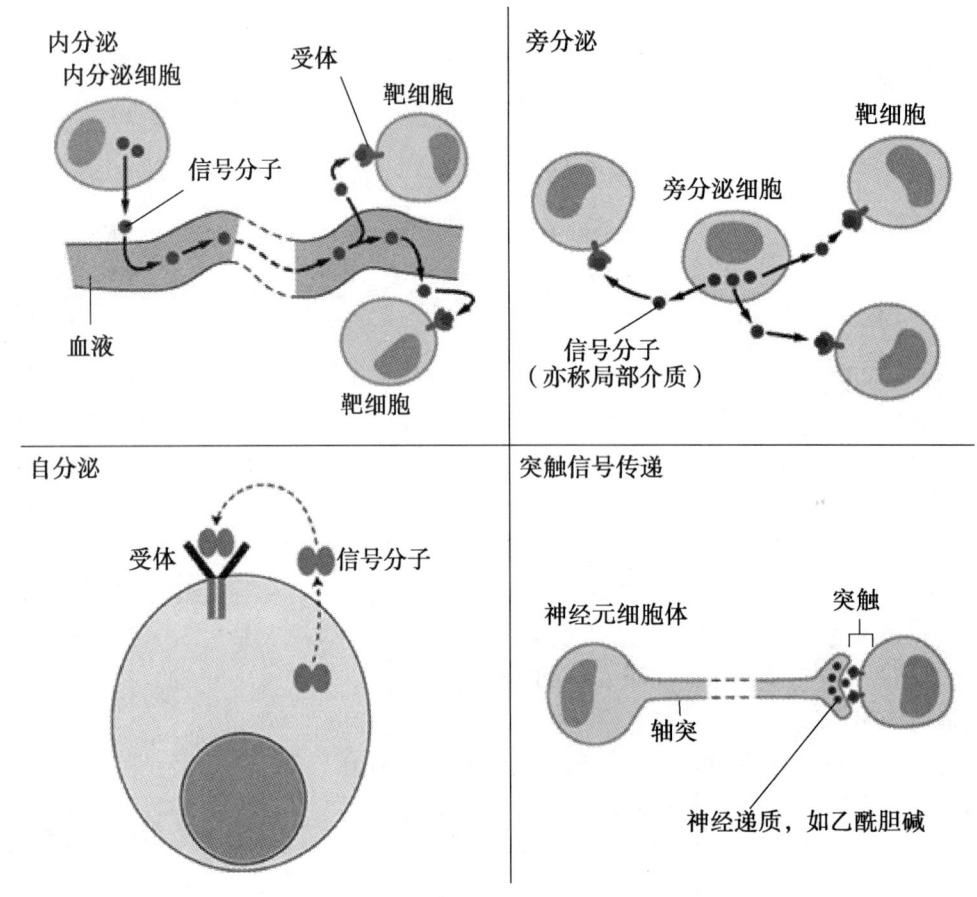

图 10-4　间接通讯的四种方式

第二节　细胞间接通讯的分子基础——信号分子及受体

人类社会通讯系统的运行，一般都要辅以含有信号意义的识别标志，比如邮递员根据门牌号投递邮件，人们则根据邮政制服识别邮递员，最后将信件传递到收信人手中，收信人看到信件内容后会产生相应的反应。同样，在细胞社会的通讯系统中，细胞自身有识别标志（如门牌号），如细胞膜表面受体，受体还能识别特异性的信号分子（犹如邮递员），最后信号分子将信息通过受体传递给细胞，细胞收到信号会产生相应的反应（通过胞内的信号转导），最终引起细胞发生新陈代谢的变化。

因此，细胞间接通讯的分子机制涉及信号分子、受体、细胞内信号转导。信号分子和受体是分子基础，信号只是个诱因，信号转导则是细胞对信号产生的应答，细胞最后的生理反应是信号作用于细胞的最终结果。相同的信号作用于不同的细胞可以引发完全不同的生理反应；不同的信号作用于同一种细胞却可以引发相同的生理反应。信号是细胞一切活动的始作俑者，因此对信号转导的研究非常重要和有用。

一、信号分子 (signal molecules)

细胞可以接受物理信号（如光、热、电流），也可以接受化学信号，细胞间的通讯中最广泛的信号是化学信号。信号分子也叫配体（ligand），源自于药理学的受体学说（receptor theory）。化学信号分子包括：氨基酸、肽、蛋白质、气体分子（NO、CO）及核苷酸、脂类和胆固醇衍生物等，按照化学性质可以把信号分子分为激素类、局部介质、神经递质等。无论何种信号分子，都要具备如下特点：①特异性：只能与特定的受体结合；②高效性：几个分子即可发生明显的生物学效应；③可被灭活，完成信息传递后被降解或修饰而失去活性，保证细胞免于疲劳。

化学信号还可以根据其溶解性分为脂溶性和水溶性化学信号两大类（图10-5）。所有的化学信号都必须通过与细胞膜表面或细胞内的受体结合，方可发挥作用。脂溶性化学信号（如甾类激素和甲状腺素）可以通过膜脂进入胞内，其受体位于胞浆或胞核内；水溶性化学信号（如神经递质、细胞因子和水溶性激素）不能进入细胞，只能与膜受体结合，经信号转导机制，通过胞内信使（如cAMP）或激活膜受体自身的激酶活性（如受体酪氨酸激酶），引起细胞的应答反应。所以水溶性信号分子又称为第一信使（primary messenger），而cAMP这样的胞内信号分子称为第二信使（secondary messenger），即细胞表面受体接受细胞外信号后转换而来的细胞内信号。其他的第二信使还有cAMP、cGMP、三磷酸肌醇（IP3）和二酰基甘油（DG），对胞外信号起转换和放大作用。

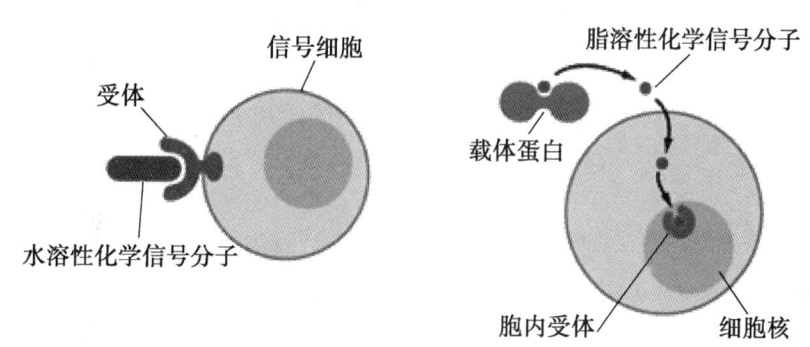

图10-5 两类化学信号分子及其受体示意图

近年来，由于细胞通讯在医学尤其是揭示肿瘤等多种疾病机制方面的重要性，使这一领域的研究十分活跃，文献和著作层出不穷。但不同的作者常常使用不同的名词来描述细胞的信息传递现象，虽然这些名词很相近，但还是略有差异的。如细胞通讯（cell communication）是指细胞间及细胞与环境的信息传递过程；细胞信号传递（cell signaling）指细胞释放信号分子，将信息传递给其他细胞，细胞通讯与细胞信号传递的意思相近，一般等同使用；细胞信号转导（signal transduction）是指细胞表面受体接受细胞外信号后，转变为细胞内信号，并发生胞内信号传递级联反应的一系列过程，最终影响细胞的生物学功能。

二、受体 (receptor)

信号分子作用的效应细胞称为靶细胞（target cell），在细胞通讯中，由信号细胞送出的信号分子必须被靶细胞接收才能触发靶细胞的应答。靶细胞对信号分子的反应特性是：①专一识别信号，如细胞在不同的发育和分化阶段，分别与不同的专一性信号分子结合；②反应差异，表现为不同的靶细胞对相同的信号分子产生不同的反应，不同信号分子间的不同组合会使靶细胞产生不同的综合性反应。例如当心肌细胞暴露于神经递质乙酰胆碱时，它降低了收缩的频率；但是当唾液腺暴露于相同的信号分子时，却能分泌唾液。

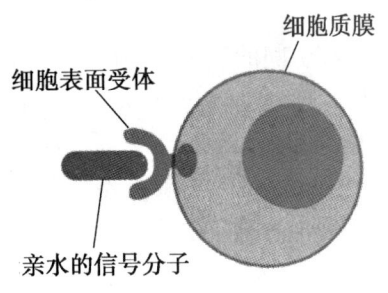

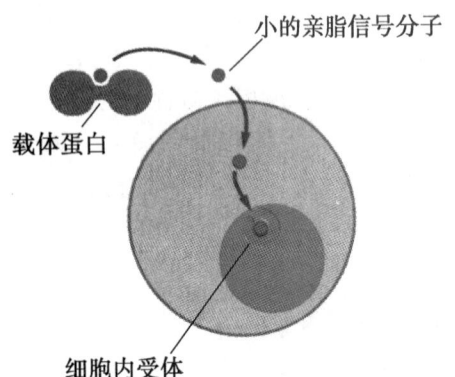

图 10-6 不同信号分子与受体的关系
(引自王金发. 细胞生物学. 北京：科学出版社，2003)

受体是一种能够选择性识别和结合特定信号分子（配体）的大分子物质，多为糖蛋白。受体至少有两个功能域：配体结合域和产生效应域。当受体与配体结合后，受体构象改变而产生活性，启动一系列生化过程，最终表现为细胞的新陈代谢效应。

受体存在的部位：受体位于细胞质膜或细胞内，所以有两类受体：细胞表面受体（cell surface receptor），位于细胞质膜上；细胞内受体（intracellular receptor），位于胞质溶胶、核基质和内质网。信号分子和受体的关系如图 10-6。

细胞内受体的信号分子一般是胞外脂溶性小分子如类固醇激素、甲状腺素、维生素 D3 和维 A 酸或胞内第二信使如 IP3。胞内受体多属于配体诱导型转录因子，配体与核内受体结合后使受体的构象改变而被激活，可与基因上游激素应答元件（HRE）结合而激活基因转录。

细胞表面受体的信号分子为亲水性分子，该类受体又可分为三种类型：离子通道偶联受体（ion-channel linked receptor）、G-蛋白偶联受体（G-protein linked receptor）和酶联受体（enzyme-linked receptor）（图 10-7）。

细胞膜表面受体介导的细胞通讯方式的一个特点是，信号分子都要与受体结合，并引发细胞内的一系列生物化学反应，直至细胞各种生物学效应的形成，我们称之为细胞信号转导。下面我们将以该类受体为主，概括介绍细胞信号转导，使大家形成一个整体、概括的认识，以便于对将来课程的学习。

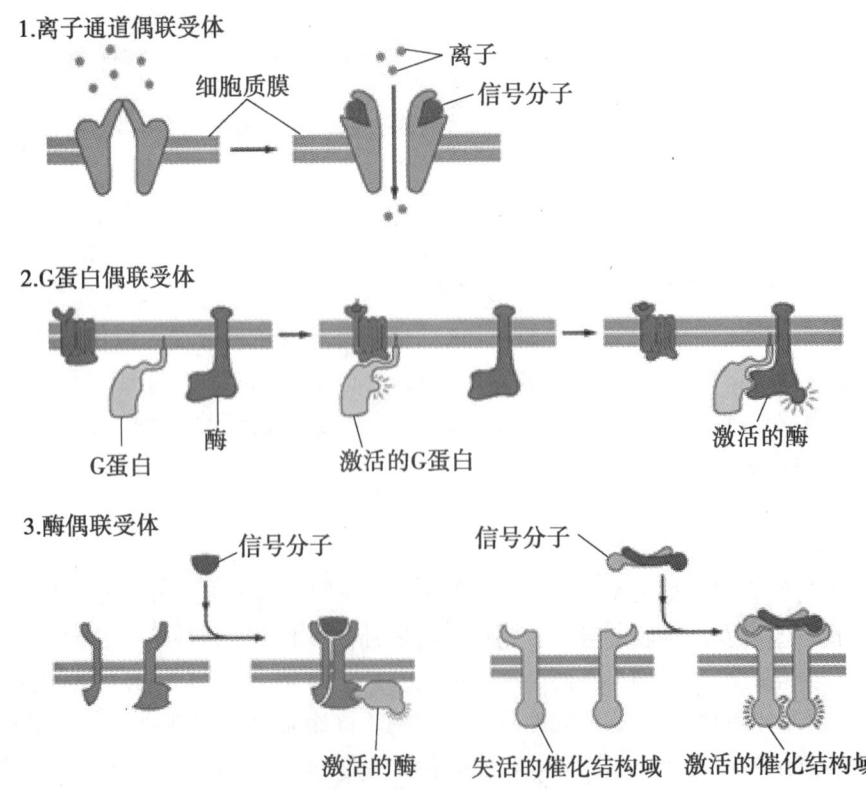

图 10-7 三种类型的细胞表面受体

第三节　膜表面受体介导的信号转导

在不同文献中，对受体和信号转导通路的命名多种多样。信号转导通路常常以相关的受体命名，如 G 蛋白偶联受体信号通路、受体酪氨酸激酶信号通路；以信号分子的类型命名，如 PDGF 信号通路、Wnt 信号通路、IL-6 信号通路；以胞内信号转导关键分子命名，如 NF-κB 信号通路、AP-1 信号通路；或者以信号转导的功能命名，如细胞凋亡信号通路、细胞增殖信号通路等。有时相同的信号通路可能在不同的文献中有不同的叫法。目前倾向于阐述某一功能及其相关的信号通路，本书沿用经典的叫法，目的是便于初学者建立一个明晰的细胞信号转导概念。应该注意的是，某一信号通路不止是单一的功能，某个细胞反应也并非只由单一信号通路造成。

一、离子通道偶联受体信号转导

离子通道由细胞产生的特殊蛋白质（都有疏水的跨膜结构域）聚集起来并镶嵌在细胞膜上，中间形成水分子占据的孔隙，这些孔隙就是水溶性物质快速进出细胞的通道。两名德国科学家埃尔温·内尔（Erwin Neher）和贝尔特·萨克曼（Bert Sakmann）因发现细胞膜离子通道，并开创用于专门研究离子通道的膜片钳技术而获得 1991 年的诺贝尔生理学奖。

离子通道偶联受体均是由多亚基组成的受体-离子通道复合体，本身既有信号结合位点，又是离子通道。其跨膜信号转导无需中间步骤，反应快，一般只需几毫秒。离子通道的开放和关闭，称为门控（gating）。根据门控机制的不同，将离子通道分为三大类：

电压门控性（voltage gated），又称电压依赖性（voltage dependent）或电压敏感性（voltage sensitive）离子通道。因膜电位变化而开启和关闭，以最容易通过的离子命名，如 K^+、Na^+、Ca^{2+}、Cl^- 通道四种主要类型，各型又分若干亚型。

配体门控性（ligand gated），又称化学门控性（chemical gated）离子通道。由递质与通道受体上的结合位点结合而开启，以递质受体命名。属于此类受体的有烟碱型乙酰胆碱受体（nAchR）、γ-氨基丁酸受体（GABAR）、甘氨酸受体、谷氨酸/天冬氨酸受体、5-羟色胺受体和 ATP、ADP、核苷酸受体等。

机械门控性（mechanogated），又称机械敏感性（mechanosensitive）离子通道。是一类感受细胞膜表面应力变化，实现胞外机械信号向胞内转导的通道，根据通透性分为离子选择性和非离子选择性通道，根据功能作用分为张力激活型和张力失活型离子通道。

此外，还有细胞器离子通道，如广泛分布于哺乳动物细胞线粒体外膜上的电压依赖性阴离子通道（voltage dependent anion channel，VDAC）、位于细胞器肌质网或内质网膜上的 Ryanodine 受体通道、IP3 受体通道。广义上，所有离子通道不仅传递了离子，同时也传递了细胞信号，都可以称为离子通道偶联受体；但有的学者特指配体门控性离子通道为离子通道偶联受体。这些只是理解不同，没有实质的区别。

烟碱样乙酰胆碱受体（nicotinic acetylcholine receptor，nAChR）的命名是因为药物烟碱能与之结合，存在于脊椎动物骨骼肌细胞以及某些鱼的放电器官细胞的质膜上。受体与乙酰胆碱结合，引起 Na^+ 通道开放，Na^+ 流入靶细胞，使质膜去极化并引起细胞收缩（图 10-8）。

> **医学应用 1　香烟**
>
> 尼古丁（烟碱）是已知的最易成瘾的物质之一，原因目前尚不清楚。初次吸烟者出现的肌无力是由于尼古丁能结合并阻断肌肉细胞表面受体，但仍无法确定尼古丁如何作用于大脑，并使人产生愉悦的感觉。有报道认为，乙酰胆碱能够激活某些细胞释放出多巴胺，而多巴胺与快乐愉悦的情绪有关联。

> **医学应用 2　毒蘑菇**
>
> 希腊人和斯堪的纳维亚人通过食用捕蝇草（Amanita muscaria）获得幻觉而产生狂暴的力量。但这是非常危险的：毒蘑菇中的毒蕈碱通过刺激其受体来发挥作用，其产生药理效应的剂量和致死剂量间的差异非常微小。另外一种毒蘑菇（A. phalloides）产生的毒素二羟基毒肽并不干扰乙酰胆碱的信号，而是干扰细胞骨架肌动蛋白。
>
> **医学应用 3　杀虫剂及神经毒气等**
>
> 杀虫剂中毒的人表现出与毒蕈碱相似的症状，是因为杀虫剂可阻断分解乙酰胆碱的乙酰胆碱酯酶。随着酶受阻，乙酰胆碱游离于细胞外，持续刺激其受体发挥作用。神经毒气致人死亡的原理与之相同（如1995 年日本奥姆真理教信徒在东京地铁释放的沙林毒气）。解救方法是给中毒者使用另一种毒素阿托品（提取自茄科植物），可拮抗毒蕈碱样乙酰胆碱受体并将其关闭。

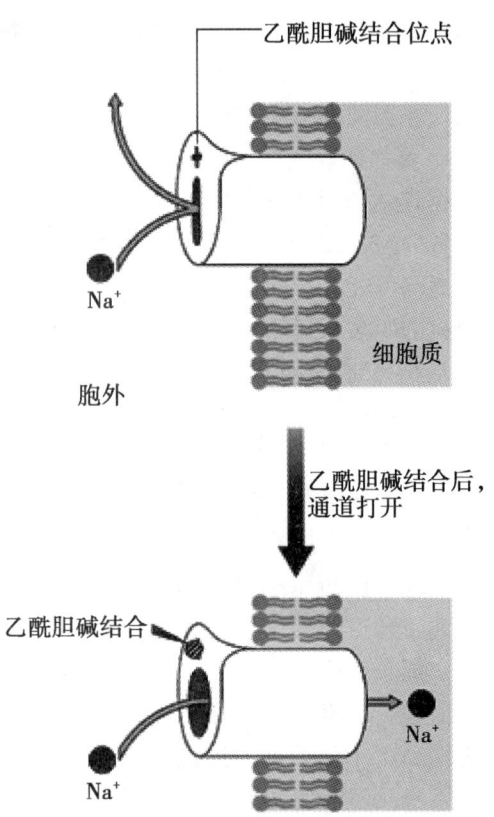

图 10-8　乙酰胆碱受体，当胞外结合乙酰胆碱时，通道打开

二、G 蛋白偶联受体信号转导

受体本身并不具有酶活性，也不直接导致第二信使的生成，但这类受体与鸟苷酸结合蛋白（guaninenucleotide binding proteins，G 蛋白）偶联，通过 G 蛋白触发多种细胞内信使系统，继而作用于下游的酶或离子通道，引起生物效应，故将这类受体称为 G 蛋白偶联受体。G 蛋白偶联受体介导多样化的细胞外信号分子的细胞应答，包括多种肽类激素、局部介质、神经递质和氨基酸或脂肪酸衍生物以及光量子等。

三聚体 GTP 结合蛋白（trimeric GTP-binding protein）简称 G 蛋白，位于质膜胞质侧，由 α、β、γ 3 个亚基组成，与 α 和 γ 亚基共价结合的脂肪酸链尾插在膜上。G 蛋白在信号转导过程中起着分子开关的作用（图 10-9），当 α 亚基与 GDP 结合时处于关闭状态，与 GTP 结合时处于开启状态，α 亚基具有 GTP 酶活性，能催化所结合的 ATP 水解，恢复无活性的三聚体状态。该信号系统中的异三聚体 G 蛋白包括激动型 G 蛋白（Gs）和抑制型 G 蛋白（Gi）。

与 G 蛋白相互作用的受体称为 G 蛋白偶联受体，是一条多肽链，且有 7 次 α 螺旋跨膜区（图 10-10），因此又称 7 次穿膜受体。受体胞外有信号分子结合位点，识别信号分子并与之结合，胞内有与 G 蛋白作用的位点。通过与 G 蛋白偶联，调节相关酶活性，在细胞内产生第二信使，从而将胞外信号跨膜传递到胞内。包括激活型受体（Rs）或抑制型受体（Ri）。

G 蛋白偶联系统由三部分组成：表面受体、G 蛋白和效应物。效应物是指直接产生效应的物质，通常是腺苷酸环化酶、磷酸脂酶等。该系统是细胞质膜上最多、最重要的信号转导系统。信号转导的大致过程是：G 蛋白能够将受体接受的信号传递给效应物，产生第二信使，促进细胞内信号转导级联反应，最终引起细胞的生物学反应。因此，该信号通路一个典型的特点是能够产生第二信使。主要包括：cAMP 信号通路（cAMP signal pathway）和磷脂酰肌醇信号通路（protein kinase C system，PKC）。

（一）cAMP 信号通路

信号分子作用于膜受体，激活 G 蛋白系统，产生 cAMP 后，激活蛋白激酶 A（PKA）进行信号的放大，故此途径也称为 PKA 信号转导系统（图 10-11，12）。信号分子包括肾上腺素（β型）受体、胰高血糖素受体、促甲状腺素受体、后叶加压素受体、促黄体生长素受体、促卵泡激素受体等。

信号的起始和转导过程：当激动型激素信号与 Rs 结合后，导致 Rs 构象改变，暴露出与 Gs 结合的位点，使激素-受体复合物与 Gs 结合；Gs 的 α 亚基构象改变，从而排斥 GDP，结合 GTP 而活化，三聚体 Gs 蛋白分离成 α 亚基和 βγ 亚基复合物；结合 GTP 的 α 亚基与腺苷酸环化酶（adenylyl cyclase, AC）结合，使 AC 活化，AC 再将 ATP 转化为 cAMP；cAMP 产生后，激活蛋白激酶（PKA）；PKA 进一步使下游酶激活（磷酸化），最终引起细胞反应。

信号的终止与抑制：依赖于 cAMP 信号的减少完成。在 G 蛋白活化一段时间后，α 亚基上的 GTP 酶活性使结合的 GTP 水解为 GDP，亚基恢复最初构象，从而与环化酶分离，环化酶活化终止，α 亚基重新与 βγ 亚基复合体结合，使细胞回复到静止状态。此外，Gi 能与 Ri 相互作用，抑制腺苷酸环化酶，降低 cAMP 水平（图 10-11）。

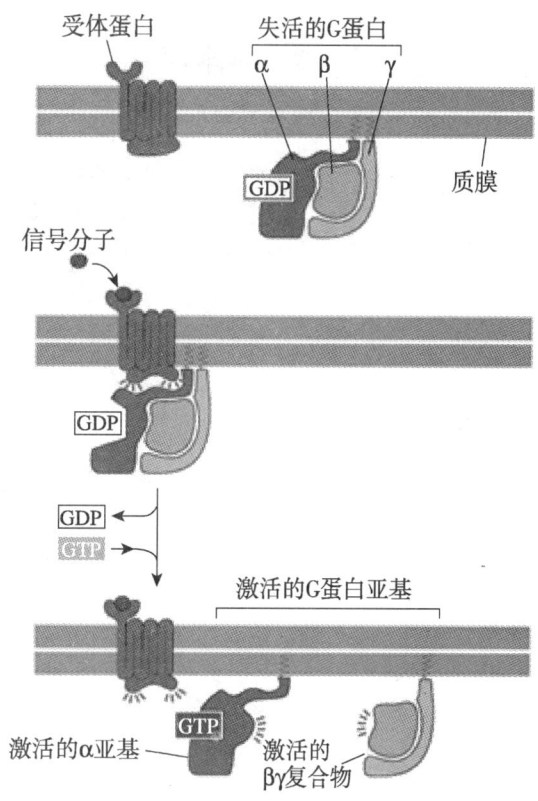

图 10-9　G 蛋白的结构及活性变化

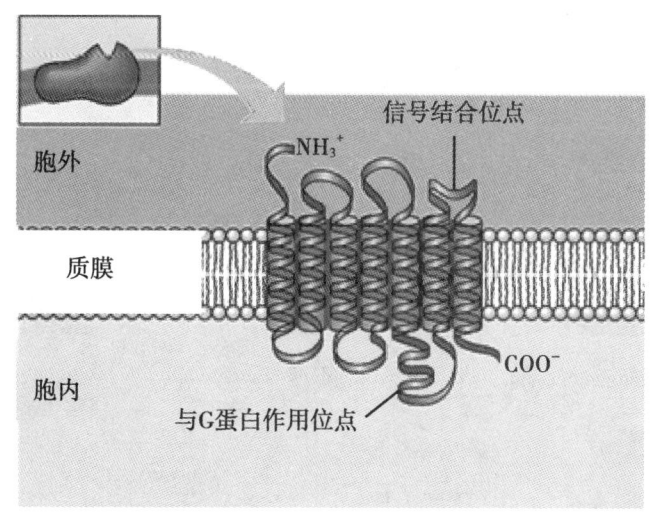

图 10-10　G 蛋白偶联受体的结构

肾上腺素受体（adrenergic receptor）是 G 蛋白偶联受体超家族中最具代表性的成员之一。通过与靶器官上的肾上腺素受体结合，激发一系列的细胞内信号传递与物质合成，从而完成化学信号的转导，参与体内多数器官生理功能的调节。受体结构、分布与功能的异常，往往与相应器官的病理改变紧密相连。因此，对于肾上腺素受体的研究，一直是分子生物学、生物物理学、细胞生物学、生理学、病理学乃至药理学等诸多学科共同关注的焦点（图 10-13）。

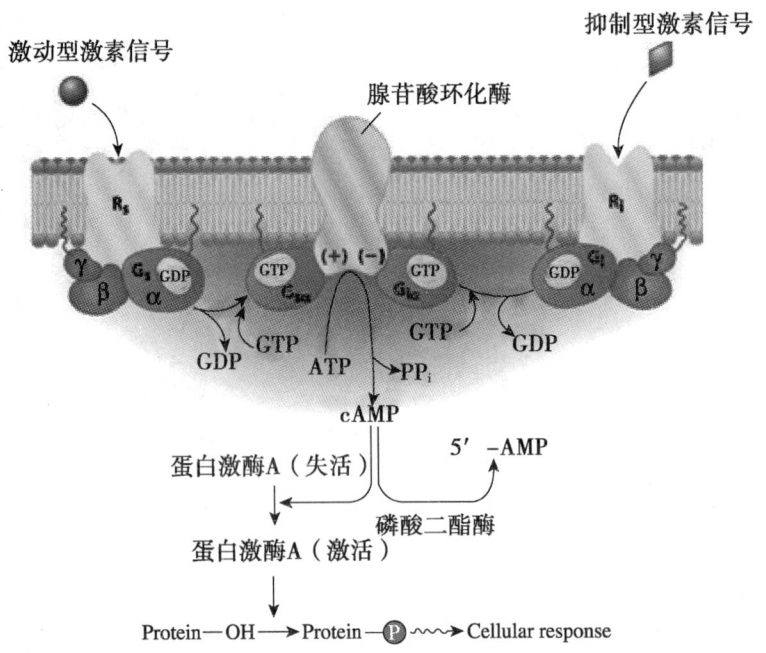

图 10-11 cAMP 信号通路的起始及第二信使的形成

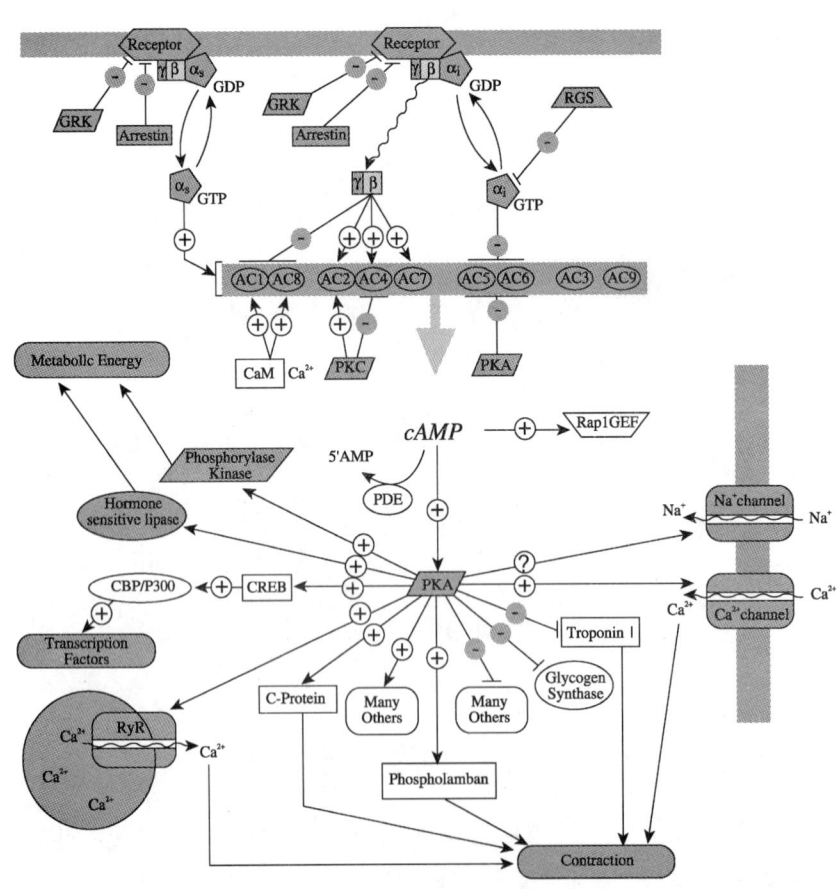

图 10-12 cAMP 信号通路详图

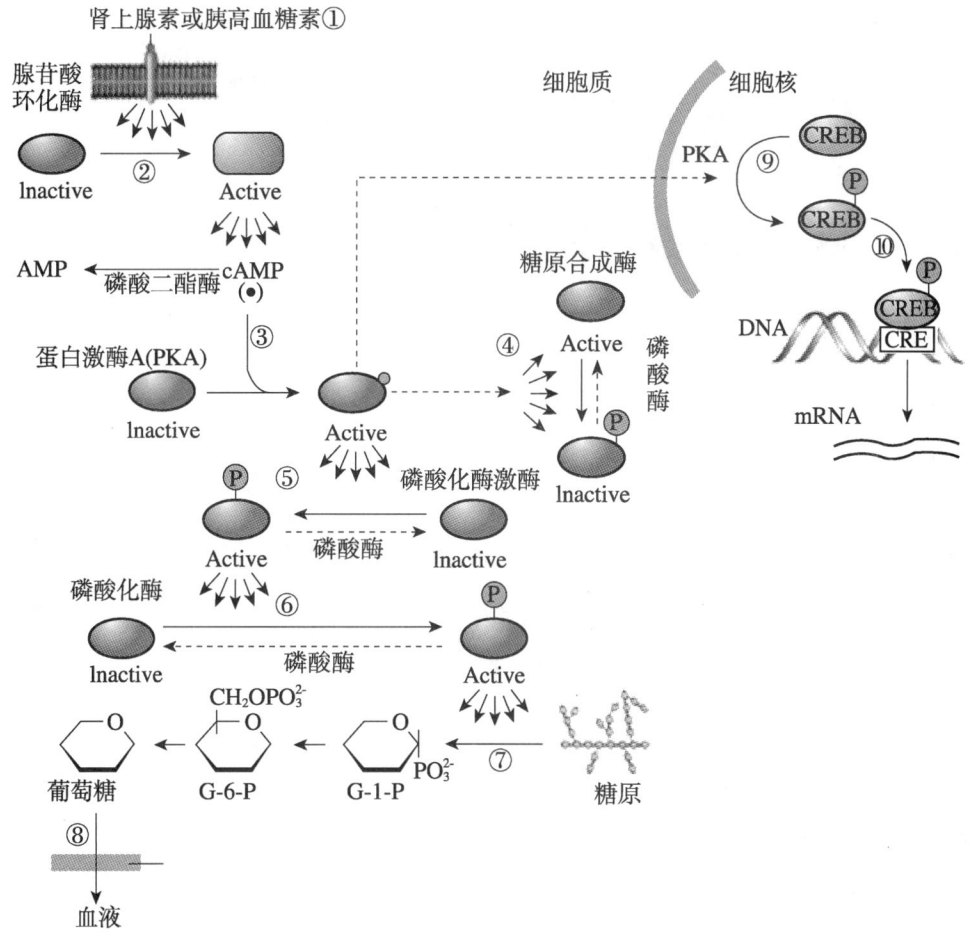

图 10-13　一个肝细胞对肾上腺素或胰高血糖素的应答（对激素刺激引致葡萄糖动员，该应答的许多步骤都伴随信号的扩增）

被 cAMP 激活的 PKA，在胞质溶胶中激活一些靶蛋白，如激活磷酸化酶激酶，激活的磷酸化酶再激活磷酸化酶，使糖原分解成 1-磷酸葡萄糖，然后进一步分解为 6-磷酸葡萄糖、葡萄糖后进入血液。有少数被激活的 PKA 可以转移到细胞核中，磷酸化被称为 CREB（cAMP response element binding）的转录因子。该信号转导途径可表示为：

信号→受体→G 蛋白→腺苷酸环化酶→cAMP→PKA $\begin{cases}\text{激活磷酸化酶等}\\\text{激活转录因子→基转录}\end{cases}$

骨骼肌细胞是 cAMP 信号通路一个很好的例子。体育比赛前的兴奋，使运动员的肾上腺分泌肾上腺素到血液中。肾上腺素和 β 肾上腺素受体的复合物能激活 Gs，从而激活腺苷酸环化酶，产生 cAMP，再激活 cAMP 依赖性蛋白激酶（PKA），使糖原磷酸化酶激酶磷酸化，最终结果就是在运动员跑步之前，肌肉就分解糖原产生 6-磷酸葡萄糖，以供比赛所需。此外，致命性疾病霍乱的多数症状是由肠道细菌霍乱弧菌（*Vibrio cholera*）释放的毒素引起的。这种毒素是一种进入大肠黏膜细胞胞质内的酶，它可将 ADP 核糖基连接到 Gs 的催化结构域防止 GTP 被水解。因此 Gs 一直在激活状态，而激活的腺苷酸环化酶持续发挥作用，cAMP 在胞质内的浓度骤升，使细胞膜上的 Cl^- 通道开放，细胞内离子外流到肠道。如果离子的流失同时伴有水持续不断的流失，就会因脱水导致死亡。

活化的 βγ 亚基复合物也可直接激活胞内靶分子，具有传递信号的功能，如心肌细胞中 G 蛋白偶联受体在结合乙酰胆碱刺激下，活化的 βγ 亚基复合物能开启质膜上的 K^+ 通道，改变心肌细胞的膜电位（图 10-14）。

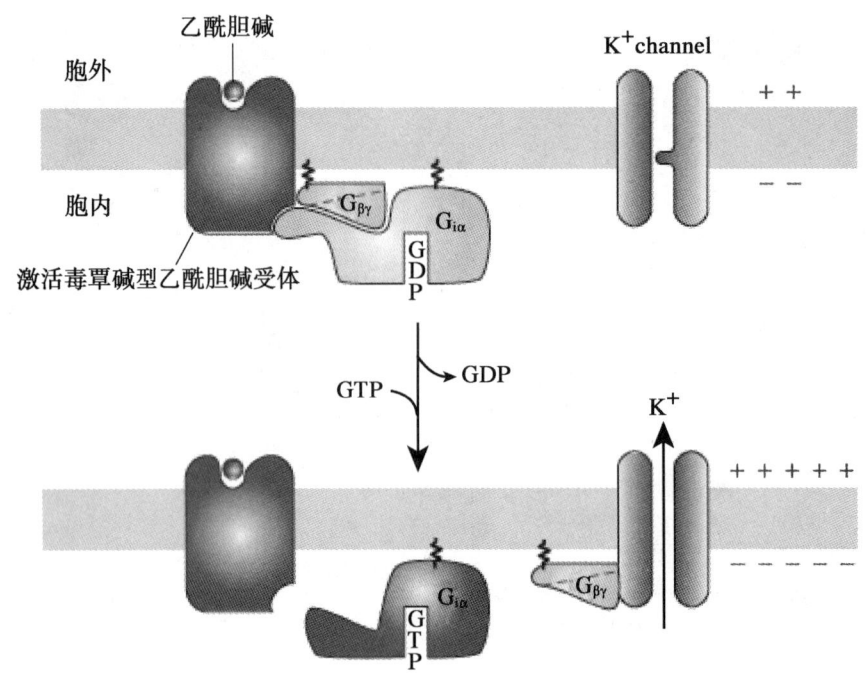

图 10-14　G 蛋白调节 K^+ 通道开放，参与心率的调节

（二）PKC 信号通路

信号的起始和转导过程：膜受体与信号分子（激素、神经递质和某些细胞因子）结合后，激活膜上的 Gq 蛋白（一种 G 蛋白），然后由 Gq 蛋白激活磷酸酯酶 C (phospholipase Cβ, PLCβ)，将膜上的磷脂酰肌醇 4,5-二磷酸 (phosphatidylinositol biphosphate, PIP2) 分解为两个细胞内的第二信使：三磷酸肌醇 (IP3) 和二酰基甘油 (DAG)，分别激活内质网钙离子通道和通过激活蛋白激酶 C (protein kinase C, PKC) 引起级联反应，进行细胞的应答。该通路也称 IP3-DAG-Ca^{2+} 信号通路（图 10-15）。

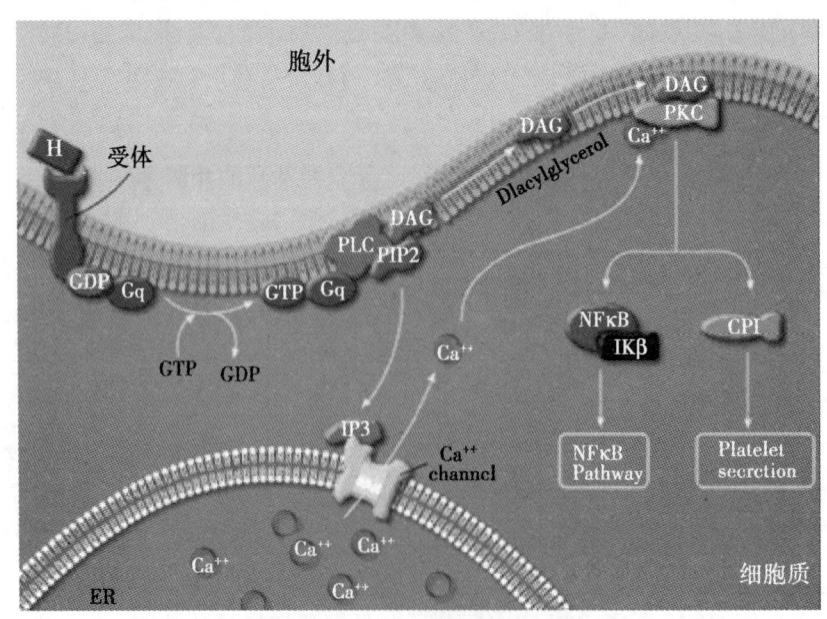

图 10-15　磷脂酰肌醇途径

IP3 与内质网上的 IP3 配体门控 Ca^{2+} 通道结合，释放内质网中的 Ca^{2+} 使胞内 Ca^{2+} 浓度升高，Ca^{2+} 进一步激活各类依赖钙离子的蛋白。DAG 结合于质膜上，可活化与质膜结合的 PKC，PKC 静息状态下以非活性形式分布于细胞质中，当 Ca^{2+} 浓度升高（如 IP3 引起），PKC 便转位到质膜内表面，被 DAG 活化，PKC 进一步使蛋白质的丝氨酸/苏氨酸残基磷酸化引起细胞产生不同的反应，如细胞分泌、肌肉收缩、细胞增殖和分化等。该信号转导途径可表示为：

信号→受体→G 蛋白→PLC $\begin{cases} PIP2 \rightarrow IP3 \rightarrow 内质网 Ca^{2+} 通道 \rightarrow 胞内 Ca^{2+} 升高 \\ DAG \rightarrow 激活 PKC \rightarrow 激活下游蛋白 \end{cases}$

信号的终止：DAG 寿命只有几秒钟，被磷酸化成为磷脂酸，进入磷脂酰肌醇循环，或被 DG 酯酶水解成单酯酰甘油。IP3 通过去磷酸化形成 IP2，或被磷酸化形成 IP4。Ca^{2+} 由质膜上的 Ca^{2+} 泵和 Na^+/Ca^{2+} 交换蛋白将其抽出细胞，或由内质网膜上的钙泵抽进内质网。

Ca^{2+} 是细胞内重要的第二信使。在静息状态下，细胞质溶胶中 Ca^{2+} 浓度很低，约 100nmol/L。当 Ca^{2+} 浓度升高时（来源于细胞外基质或内质网），不同细胞内的很多过程被激活。

医学应用 4　G 蛋白偶联受体相关药物

人类基因组中含有 1000 多个 G 蛋白偶联受体基因，占整个人类基因组的 3%。因此，G 蛋白偶联受体是药物研发中最广泛应用的成功药靶（目前药物研发中 60%～70% 的目标蛋白是 GPCR），作用于 GPCR 的药物对疼痛、认知障碍、高血压、胃溃疡、鼻炎和哮喘等各类疾病具有良好的治疗作用。这些药物包括充血性心力衰竭药物 Coreg、高血压药物 Cozaar、乳腺癌药物 Zoladex、焦虑药物 Buspar、精神分裂症药物 Clozaril。此外，Zantac 和 Claritin 的作用靶标也是 GPCR。大多数药物的作用机制是改变细胞外部的 GPCRs 结构或设计阻断的信号分子，新型药物则试图影响细胞内的相关信号途径。研究表明，这些药物能够更好地控制与止痛、炎症和心脏病有关的途径，而不影响正常功能。此外，科研人员用 G-蛋白偶联受体作为药靶进行高通量药物筛选。

三、酶偶联受体信号转导

酶偶联受体（enzyme linked receptor）分为两类，一是本身具有激酶活性，如肽类生长因子（EGF、PDGF、CSF 等）受体；二是本身没有酶活性，但可以连接激酶，如细胞因子受体超家族。这类受体的共同点是：单次跨膜蛋白；接受配体后发生二聚化而激活，启动下游信号转导。该通路对信号的反应比较慢（通常要几小时），并且需要许多细胞内的转换步骤，通常与细胞分裂相关。

已知的有六类：受体酪氨酸激酶、酪氨酸激酶连接的受体、受体酪氨酸磷脂酶、受体丝氨酸/苏氨酸激酶、受体鸟苷酸环化酶、组氨酸激酶连接的受体（与细菌的趋化性有关）。下面以受体酪氨酸激酶为例，介绍酶偶联受体的信号转导，其他几类作简要介绍。

（一）受体酪氨酸激酶和 Ras-MAP 激酶级联反应

受体酪氨酸激酶（receptor tyrosine kinase，RTKs），是最大的一类酶联受体。这类受体本身具有酪氨酸激酶活性。它们的配体多数为细胞生长因子如血小板衍生生长因子（PDGF）、表皮细胞生长因子（EGF）、成纤维细胞生长因子（FGF）等。配体与受体结合后，通过受体本身和底物蛋白酪氨酸残基的磷酸化及由此而引发的酶促级联反应，调节细胞生长、分化及代谢等。

所有 RTKs 都含有配体结合位点的细胞外结构域、单次跨膜的疏水 α 螺旋区、含有酪氨酸蛋白激酶（RTK）活性的细胞内结构域。受体酪氨酸激酶的激活都要先由两个单体形成一个二聚体，并在细胞内结构域的尾部磷酸化，然后在二聚体的细胞内结构域装配成一个信号转导复合物。

信号的起始与转导过程（图10-16）：当血小板被激活后，血小板衍生生长因子（platelet-derived growth factor，PDGF）通过调节型的胞吐途径出胞，不仅参与血液凝固，而且还引起破损的血管自我修复。血管细胞膜有PDGF受体，胞外区域结合PDGF，细胞内区域具有酪氨酸激酶的活性。因此，PDGF受体能使其他蛋白质上的酪氨酸残基磷酸化。

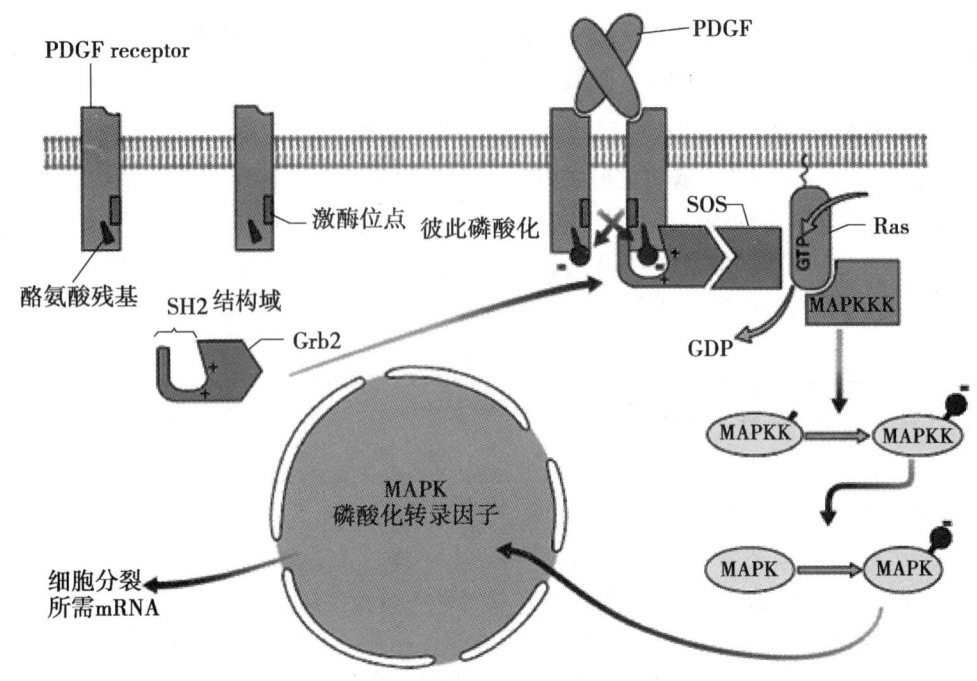

图10-16 PDGF受体激活GTP酶Ras，从而引发MAP激酶级联反应

没有结合PDGF，PDGF受体则不会将蛋白质磷酸化。PDGF能与两个受体分子结合，使这两个受体靠近而形成二聚体，并使它们在酪氨酸残基上互相磷酸化。

很多细胞质内的蛋白都有一个称为SH2的区域，磷酸化的酪氨酸恰好可附着于此。在蛋白表面凹陷底部还有带阳性电荷的精氨酸，更使得插入凹陷底部的阴性磷酸根与阳性精氨酸很好地黏附。因此，有SH2结构域的蛋白质黏附到PDGF二聚受体上。相反的，SH2结构域不与单个PDGF受体中的未带阴性磷酸基团的酪氨酸黏附。

生长因子受体结合蛋白2（growth factor receptor binding protein 2，Grb2）中含有SH2结构域。Grb2自身没有催化下游蛋白的功能，但它能招募一种称为SOS（son of sevenless的缩写）的蛋白。SOS是一个鸟苷酸交换因子，能把无活性Ras（大鼠肉瘤rat sarcoma的英文缩写）蛋白所结合的GDP交换为GTP，导致Ras活化。活化的Ras具有催化活性，可引起一系列蛋白激酶的反应，每种激酶磷酸化后再激活下一种激酶，直到激活有丝分裂原相关蛋白激酶（MAP激酶或MAPK）。使MAP激酶磷酸化的激酶称为MAPK激酶（MAPKK），使MAPKK磷酸化的激酶称为MAPKK激酶（MAPKKK）。MAPKKK是由Ras激活的。

有丝分裂原的意思是可引起有丝分裂的化学物质，它反映了PDGF等激活MAP激酶可引起细胞分裂。当MAP激酶被磷酸化后，便转位到细胞核并使转录因子磷酸化，从而激活Cyclin D基因的转录以及DNA合成和细胞分裂所需的其他蛋白。

血小板源生长因子是多种生长因子中的一种。所有生长因子作用机制几乎一样：它们的受体是酪氨酸激酶，当生长因子结合时，此酶被激发形成二聚体并互相磷酸化。磷酸化的酪氨酸招募包括Grb2等具有SH2区域的蛋白，然后激活Ras以及MAP激酶途径，引起DNA合成和细胞分裂。该信号转导途径可表示为：配体（生长因子）→受体→受体二聚化→相互磷酸化→Ras→MAPKKK→MAPKK→MAPK→进入核→启动细胞分裂相关基因表达。

信号的终止：包括受体与配体的解离、膜受体的内化降解、在蛋白磷酸酶作用下信号通路的分子失活等。

> **医学应用 5　生长因子受体阻断**
>
> 　　激活生长因子受体能通过 MAP 激酶途径引起细胞分裂，通过激活 PKB 使细胞存活。反之，关闭生长因子受体肯定能够使细胞停止分裂并杀死细胞。药物 Trastuzumab（是一种单抗）之所以能有效地减缓乳腺癌细胞生长，就是因为它阻断了表皮生长因子（EGF）与其酪氨酸激酶受体的结合，减缓了癌细胞分裂，促进癌细胞死亡。
>
> **医学应用 6　R115777 阻断 Ras**
>
> 　　Ras 通过其 GTP 酶活性水解与之结合的 GTP 后失活。基因突变的 Ras 没有 GTP 酶活性，因此是持续活化的：即 Ras 一直处于活化状态，持续激活以 MAP 激酶途径，即使没有生长因子存在，细胞分裂也会一直持续。人类癌细胞的 20% 都存在这种 Ras 突变体。药物 R115777 可以阻止 Ras 激活 MAPKKK，因此对停止失控的细胞分裂（癌细胞的特征）有帮助，用于肿瘤的治疗。

胰岛素如何发挥作用？—蛋白激酶 B 和葡萄糖转运子

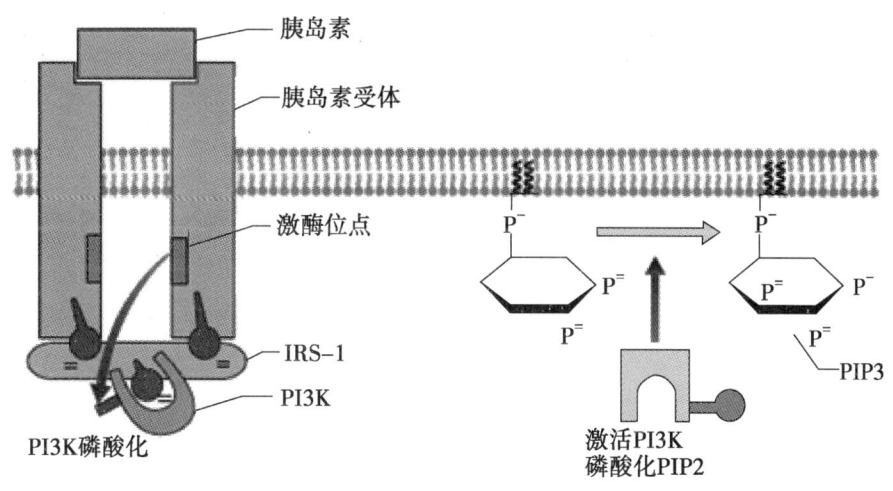

图 10-17　胰岛素受体磷酸化并使 PI3K 活化

图 10-17 显示的是胰岛素受体。像其他酪氨酸激酶受体一样，胰岛素受体也有一个细胞外结构域与递质（在此指胰岛素）结合，一条跨膜的单肽链以及具有酪氨酸激酶活性的胞内区域。与生长因子受体不同的是，即使没有胰岛素，胰岛素受体也以二聚体方式存在。当胰岛素与受体结合后，胰岛素受体的形态和方向发生变化，这就使得每个受体可以在酪氨酸上磷酸化对方。一种称为胰岛素受体底物 1（insulin receptor substrate 1，IRS-1）的蛋白也是在酪氨酸位点磷酸化。然后招募含有 SH2 区域的蛋白质，该蛋白质与胰岛素受体自身磷酸化酪氨酸位点结合或与 IRS-1 上磷酸化的酪氨酸位点结合。其中一种最重要的蛋白是磷脂酰肌醇 3-激酶（phosphoinositide 3-kinase，PI3K），它与磷酸化的酪氨酸相结合，接近的时间足够长而被磷酸化，这可以激活其活性。PI3K 将另一个磷酸基团加到肌醇头部，形成位于质膜的强电荷三磷酸磷脂酰肌醇（phosphatidylinositol trisphosphate，

PIP3)。

高度磷酸化的肌醇 PIP3 可与蛋白质中的 PH 结构域结合。在含有 PH 结构域的这类蛋白中有一种称为蛋白激酶 B（protein kinase B，PKB）的丝氨酸/苏氨酸类蛋白激酶最为重要。PKB 当位于细胞膜且与 PIP3 完全结合时可被特异性激酶磷酸化（图 10 - 18）。

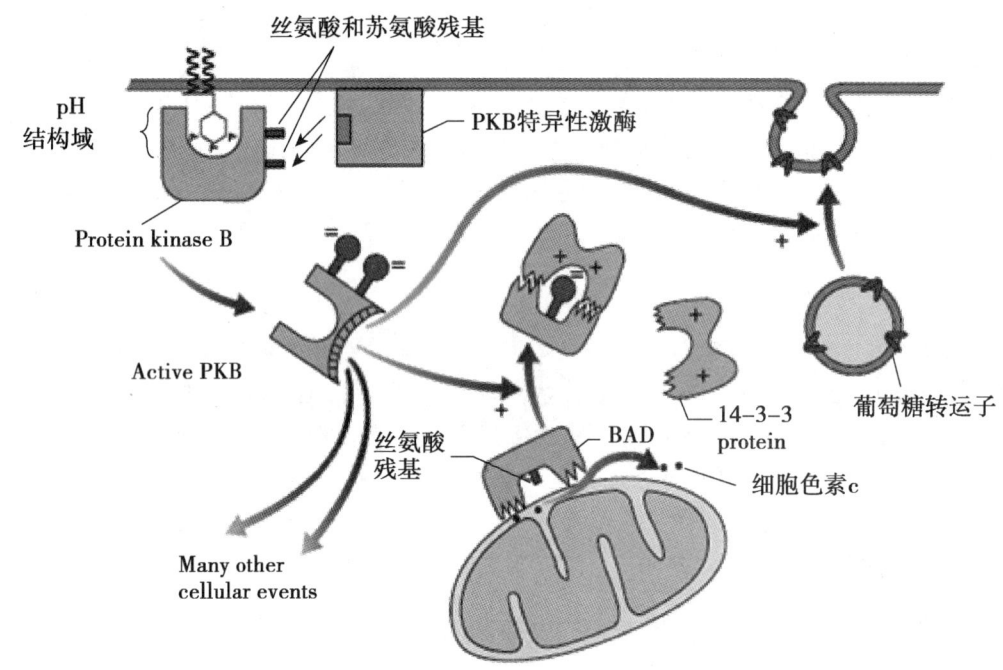

图 10 - 18　PIP3 招募 PKB 到细胞膜并激活之

活化的 PKB 可引起囊泡出胞。囊泡中含葡萄糖转运子和非活化的促凋亡蛋白（bcl-2-associated death promoter，BAD）。

在多种细胞中，尤其是脂肪细胞和肌肉细胞，葡萄糖转运子从高尔基体到细胞膜需要激活 PKB。同时，内吞的葡萄糖转运子只有在 PKB 活化时才能回到细胞膜。当我们大量进食后，胰岛素在血液中的浓度增加。胰岛素受体的激活引起 PKB 活性增强，从而使葡萄糖转运子转位到细胞膜，这使得肌肉细胞和骨骼细胞可以从细胞外基质摄取大量葡萄糖，以降低血糖浓度。肌肉细胞将葡萄糖转化为糖原；脂肪细胞将葡萄糖转化为脂肪。

（二）其他酶偶联受体及信号转导

1. **受体丝氨酸/苏氨酸激酶**（receptor serine/threonine kinases）　是单次跨膜蛋白受体，在胞内区具有丝氨酸/苏氨酸蛋白激酶活性，该受体以异二聚体行使功能。主要配体是转化生长因子-β（transforming growth factor - β，TGF - β）家族成员，对细胞具有多方面的效应。TGF - β 信号转导首先由 TGF - β 配体结合到细胞表面的 TGF - β 的 I、II 型受体，形成由 1 个配体二聚体、4 个受体分子的受体配体复合物。II 型受体磷酸化 I 型受体的丝氨酸/苏氨酸激酶区而激活 I 型受体，I 型受体再磷酸化而激活 Smad 蛋白，激活的 Smad 蛋白进入细胞核和其他的核调节因子结合，调节目的基因的转录。依细胞类型不同，可能抑制细胞增殖、刺激胞外基质合成、刺激骨骼的形成、通过趋化性吸引细胞和作为胚胎发育过程中的诱导信号等。

2. **受体鸟苷酸环化酶**（receptor guanylate cyclase）　是单次跨膜蛋白受体，胞外段是配体结合部位，胞内段为鸟苷酸环化酶催化结构域。受体的配体是心钠肽或称心钠素（atrial natriuretic peptide，ANP）和脑钠肽（brain natriuretic peptide，BNP）。当血压升高时，心房肌细胞分泌 ANPs，促进肾细胞排水、排钠，同时导致血管平滑肌细胞松弛，结果使血压下降。介导 ANP 反应的受体分布在肾和血管平滑肌细胞表面。ANPs 与受体结合直接激活胞内段鸟苷酸环化酶的活性，使

GTP 转化为 cGMP，cGMP 作为第二信使结合并激活依赖 cGMP 的蛋白激酶 G（PKG），导致靶蛋白的丝氨酸/苏氨酸残基磷酸化而活化。除了与质膜结合的鸟苷酸环化酶外，在细胞质基质中还存在可溶性的鸟苷酸环化酶，它们是 NO 作用的靶酶，催化产生 cGMP。

3. 细胞因子受体（cytokine receptors） 属于酪氨酸激酶偶联的受体（tyrosine kinase associated receptor）。细胞因子受体超家族又称造血因子受体超家族，细胞因子（cytokine）如白介素（IL）、干扰素（IFN）、集落刺激因子（CSF）、生长激素（GH）等，在造血细胞和免疫细胞通讯上起作用。细胞因子受体为单次跨膜蛋白，本身不具有酶活性，但与配体结合后发生二聚化而激活，招募胞内酪氨酸蛋白激酶（如 JAK），其信号途径为 JAK-STAT 或 Ras 途径。

（三）信号转导诱导的蛋白降解通路

前面提到的信号转导通路都是可逆性的，其失活和启动激活都同样重要。相反还有经蛋白酶解作用裂解某一组分的不可逆信号转导通路，如 Wnt、Hedgehog、Notch、NF-κB 等信号途径，这些信号途径往往影响相邻细胞的分化，也称为侧向信号发放（lateral signaling），在发育过程中起重要作用。例如：①如前所述，信号转导引起的磷酸化能够调节转录因子的活性，同样，信号转导还能够引起泛素降解抑制蛋白引发对转录因子的调控，如 NF-κB 的抑制物 I-κB 被降解后，NF-κB 转录因子活性即被激活；②早衰蛋白-1（presenilin 1）能激活 Notch 信号通路，催化膜内蛋白质水解；③Wnt 是一类分泌型糖蛋白，受体是卷曲蛋白（frizzled，Frz），Frz 作用于胞质内的散乱蛋白（Dishevelled，Dsh 或 Dvl），Dsh 能切断 β-连环蛋白（β-catenin）的降解途径，从而使 β-catenin 在细胞质中积累，并进入细胞核，与 T 细胞因子相互作用，调节靶基因的表达：Wnt→Frz→Dsh→水解 β-catenin 降解复合物→β-catenin 积累，入核→基因转录（如 c-myc、Cyclin D1）。β-catenin 被 CK I 和 GSK-3β 等在氨基端 4 个位点磷酸化，随后被 F-box 蛋白 β-TRCP（beta-transducin repeats-containing protein）识别并由 E3 泛素连接酶复合物泛素化，进入蛋白酶体（proteasome）降解。此外还有 Hedgehog 等信号途径，不再作介绍，有兴趣的同学可以阅读相关文献。

（四）黏附分子信号通路

细胞黏附分子（cell adhesion molecule，CAM）是参与细胞与细胞之间及细胞与细胞外基质之间相互作用的跨膜糖蛋白。可大致分为五类：钙黏素、选择素、免疫球蛋白超家族、整合素及透明质酸黏素。黏附分子相互作用并不仅限于细胞的黏附和附着，对细胞的分化、生长和分泌等也有显著的影响，这有赖于黏附分子将胞外信号向细胞内的传导。黏附分子所传导的信号可能作为一种辅助因素，协同其他刺激因素的作用。

（五）信号转导引起的生物学效应

信号分子通过受体及其跨膜传递，产生了包括 cAMP、cGMP、NO、IP3、DAG 和 Ca^{2+} 等第二信使，可直接作用于效应蛋白如离子通道，产生相应的细胞生物学效应；也可直接活化相应的蛋白激酶，如 cAMP 激活 PKA、cGMP 激活 PKG、NO 通过提高细胞内 cGMP 的浓度间接地激活 PKG、IP3 通过提高细胞内 Ca^{2+} 的浓度与 CaM 一起激活 Ca^{2+}-CaM 依赖性蛋白激酶、DAG 激活 PKC，所有这些蛋白激酶的激活使底物蛋白磷酸化，进而产生各种生物学变化，包括基因表达的调节。信号转导的生物学效应几乎涵盖了所有的生命现象。

1. 信号放大 胞内蛋白质磷酸化和去磷酸化可以引起级联（cascade）反应，即催化某一步反应的蛋白质由上一步反应的产物激活或抑制。级联效应对细胞至少有两方面好处：一是一系列酶促反应仅通过单一种类的化学分子便可以调节；二是使信号得到逐渐放大。例如血细胞中仅需 10^{-10} mol/L 肾上腺素，便可刺激肝糖原和肌糖原分解产生葡萄糖，使血糖升高 50%；如此微量的激素可以通过信号转导促使细胞生成 10^{-6} mol/L 的 cAMP，信号被放大了 10 000 倍（图 10-19），4 分子 cAMP 激活 2 分子 PKA，但激活的 PKA 可以磷酸化多种底物并生成多种产物分子。

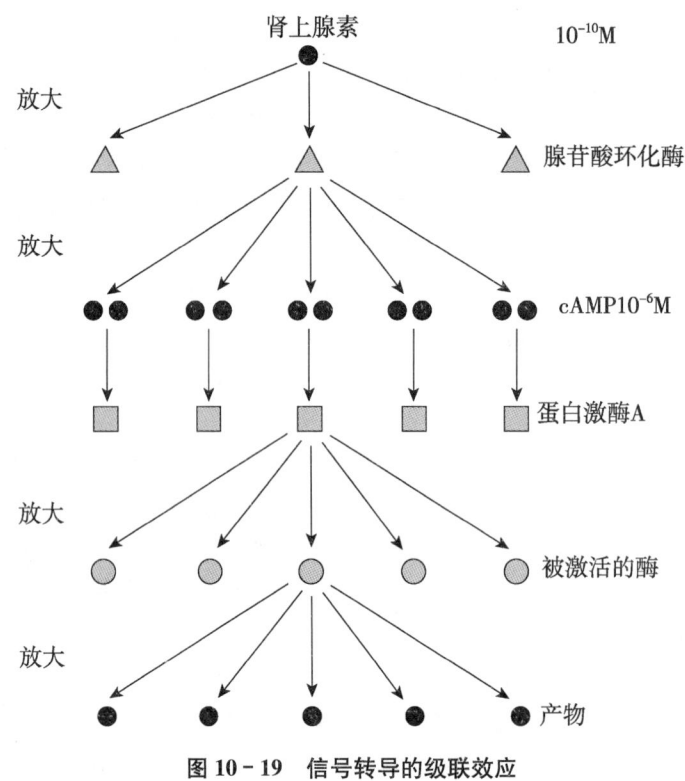

图 10-19 信号转导的级联效应

2. 信号转导调控基因的转录　虽然信号转导引起的细胞反应形式丰富多彩，根源是由于细胞内的遗传程序发生改变而造成的，即细胞外信号引起细胞表型与行为的变化，是细胞对信号转导调控基因进行转录的结果。信号转导途径最终能激活转录因子，并使它们结合于 DNA 的转录调控部位启动基因转录，也就是激活了基因表达。调控信号转导的关键是转录因子受控转位，进入细胞核。转录因子是在细胞质中合成的，但是它是在细胞核内调控基因转录的。因此，转录因子必须进入细胞核。细胞外的信号经过细胞内信号转导产生的最终产物如 PKA 或 MAPK 可以激活转录因子活性，使转录因子得以进入细胞核。进入细胞核以后，转录因子与 DNA 结合而激活转录。

3. 信号转导与细胞增殖、分化与凋亡　信号转导通过对基因转录的调节，不仅维持着细胞正常代谢，还能引起细胞表型发生变化，如对细胞增殖、分化及凋亡等的调控。

第四节　细胞内受体介导的信号传导

细胞内受体位于细胞内（胞质或核内），与以扩散方式通过细胞膜的信号分子结合。它们常常通过激活酶来发挥作用，NO 和类固醇激素就是两个例子。

NO 是存在于许多组织中的递质。它并不是储存起来再释放的，而是根据需要由精氨酸产生。NO 的作用机理是：乙酰胆碱→血管内皮细胞→Ca^{2+} 浓度升高→一氧化氮合酶激活→产生 NO→渗透入平滑肌细胞→鸟苷酸环化酶激活→产生 cGMP→激活蛋白激酶 G（PKG）→激活导致能抑制肌动蛋白-球蛋白复合物形成的通路→平滑肌舒张→血管扩张、血流通畅。NO 很容易以自由扩散的方式通过细胞膜，然后与胞质内多种 NO 受体相结合，其中一个特别重要的受体就是鸟甘酸环化酶。鸟甘酸环化酶的存在使核苷酸 GTP 转变为胞内第二信使 cGMP（图 10-20）。

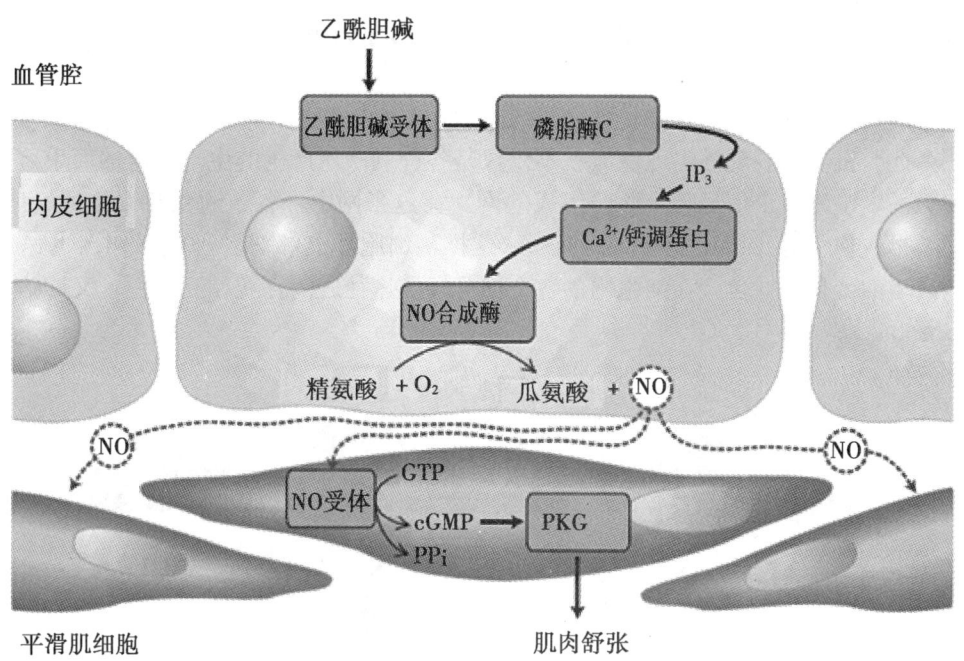

图 10-20 NO 和 cGMP 的信号转导

类固醇激素的细胞内受体如糖皮质激素受体，如果没有这种激素，该受体在胞内仍处于静止状态，因为该受体结合在一种抑制蛋白上。而当糖皮质激素受体与其配体结合时，抑制蛋白将被去除，糖皮质激素受体和其配体复合物进入细胞核，与一个 15bp 的序列结合，称之为 HRE（hormone response element，激素反应元件），其位于 TATA box 的上游。HRE 是一种转录增强序列，糖皮质激素受体与 HRE 结合可促进转录。

> **医学应用7　硝酸甘油缓解心绞痛**
>
> 1987 年发现 NO 作为一种递质可以解释为什么硝酸甘油（人们熟悉硝酸甘油作为一种炸弹而不是药物）可缓解心绞痛。心绞痛是心脏超负荷的一种疼痛表现。硝酸甘油通过身体的血液循环，慢慢分解，释放 NO，扩张血管，减轻心脏需要输送血液到全身的压力。
>
> **医学应用8　万艾可（伟哥）**
>
> 如同 cAMP 磷酸二酯酶将 cAMP 水解为 AMP，从而作为胞内信使终止其作用一样，cGMP 也是通过 cGMP 磷酸二酯酶终止其作用的。cGMP 磷酸二酯酶的亚型存在于不同的组织内。药物昔多芬，商品名为伟哥，可抑制阴茎中的这种酶。如果没有 cGMP，对到达阴茎的血流量影响不大，然而，NO 的产生，使平滑肌中 cGMP 的增加量要大于其他方式产生的 cGMP，因为此时 cGMP 的水解被抑制。这反过来又极大地刺激了蛋白激酶 G，从而激活钙 ATP 酶，降低细胞内钙的浓度，松弛血管平滑肌，产生更大的血流量。

第五节 细胞通讯网络

以上介绍的各个细胞信号转导途径都是直线式的,由于机体生存的环境非常复杂,常常是多种刺激同时作用,此时机体所表现的生理反应就不仅仅是各种刺激所产生的生理反应的简单叠加。细胞内存在一张很大的、由许多个信号转导通路组成的网。在这张网中,各条通路相互沟通、串联、影响、制约、协调,形成你中有我、我中有你的局面。这样,细胞才能够对各种刺激作出迅速而准确的响应,才能因环境的变化而变化。在细胞内的各个信号转导途径之间存在相互作用,又称信号系统之间的串扰(crosstalk)。

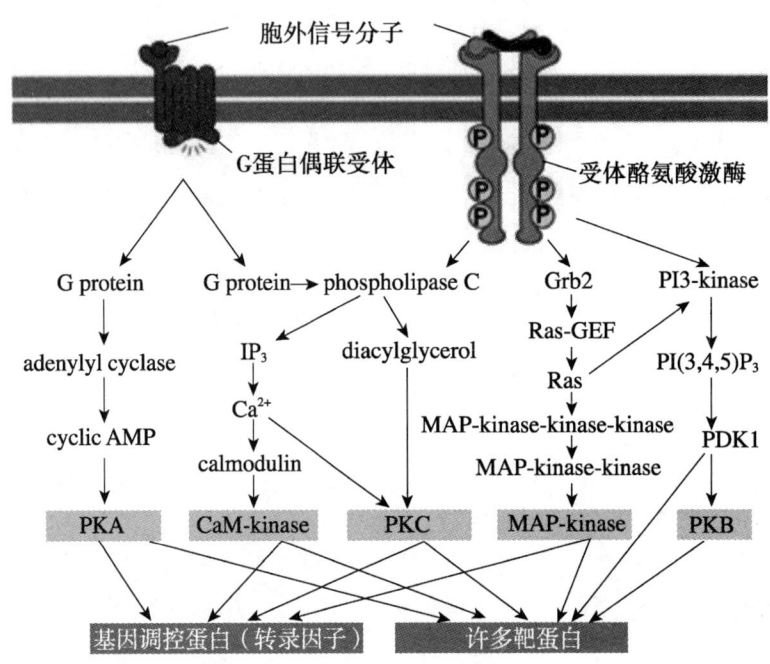

图 10-21 信号转导途径的相互作用

图 10-21 显示了在本章中讨论的两条信号途径之间的串扰,我们已经了解了这些途径如何相互作用。事实上,这些途径可以以很多方式、在很多层面上相互作用。如 GPRS 和 RTK 都可以激活 PLC,且两个通路都能作用于相同或相似靶蛋白。Ras 不仅可以激活钙离子,还可以激活很多蛋白激酶,尤其是 PKC 和钙-钙调蛋白激酶。我们对于细胞内信号系统知道得越多,就更加理解信号系统像一个网而非一系列不连续的单独途径(图 10-22)。

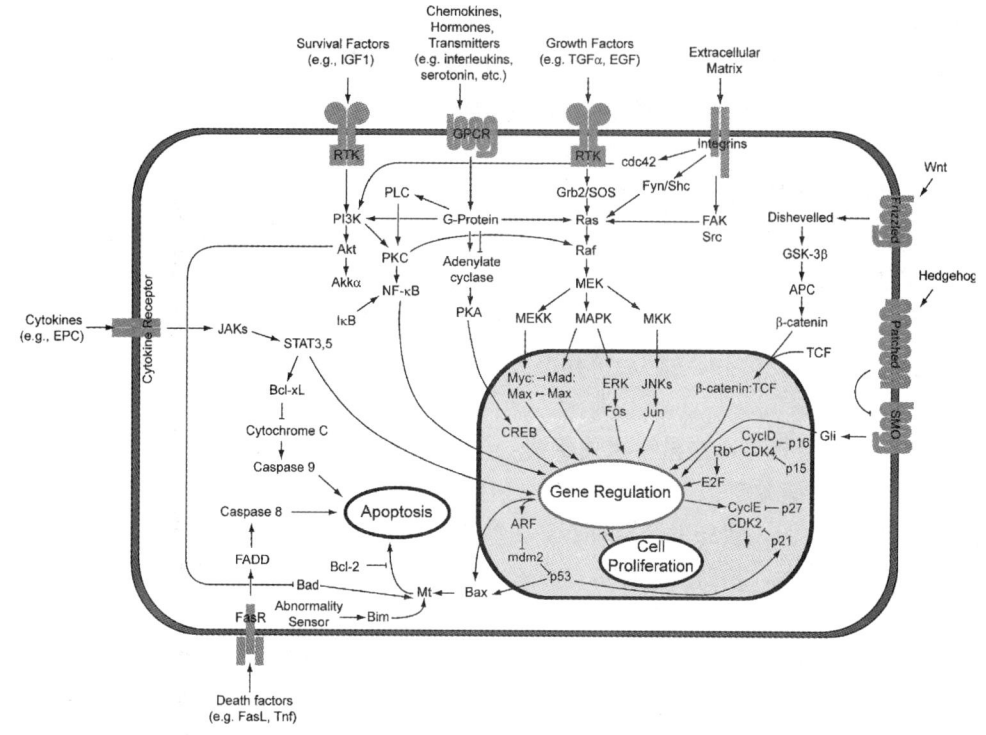

图 10-22　已证实的细胞多种信号转导途径

第六节　细胞通讯与疾病

细胞通讯在细胞增殖、生长、分化、衰老、死亡等基本生命活动中起着重要作用，也与肿瘤、心脑血管疾病、糖尿病、发育异常、神经系统疾病以及免疫性疾病的发生、发展和预后密切相关。针对这些疾病的发病机制及治疗的研究是国内外生命科学的重点研究领域。众多的信号转导途径中，无论任何环节出现异常，都可使相应的信号转导过程受阻，导致细胞的应答反应减弱、丧失或者反应过度，这均可导致疾病的发生。许多疾病都与细胞通讯相关，因此无法——说明，在此按照信号转导的通路对某些疾病作简单介绍。更多内容将在病理生理学中介绍。

（一）离子通道信号转导通路异常造成的疾病

离子通道病（channelopathy）是指离子通道的结构或功能异常所引起的疾病，如基因发生突变或表达异常、通道功能发生改变等，导致机体整体生理功能紊乱而形成疾病，主要涉及神经、肌肉、心脏、肾等。截至目前，研究较清楚的有钾、钠、钙和氯离子通道病。

1. 钾通道病　钾离子通道主要功能是调节心率、胰岛素分泌、神经递质分泌、电传导、肌肉收缩。已发现的钾通道病有：常染色体显性良性家族性新生儿惊厥、1-型发作性共济失调、阵发性舞蹈手足徐动症伴发作性共济失调、癫痫、1-，2-，5-，6-型长 QT 综合征、Jervell 和 Lange-nielsen 综合征、Andersen 综合征等。

2. 钠通道病　钠离子通道在动作电位的产生和传播中发挥重要作用。已发现的钠通道病有：高钾型周期性瘫痪、正常血钾型周期性瘫痪、部分低钾型周期性瘫痪、先天性副肌强直、各型钾加重的肌强直、先天性肌无力、3-型长 QT 综合征、2-型假性醛固酮减少症、Liddle 综合征、全面性癫痫热性发作叠加症等。

3. 钙通道病　钙离子通道存在于所有细胞中，多参与神经、肌肉、分泌、生殖等系统的生理过程。已经发现的钙通道病有：家族性偏瘫型偏头痛、低钾型周期性瘫痪、2-型发作性共济失调、Ⅶ-型脊髓小脑共济失调、中央脊髓性肌病、恶性高热、Lambert-Eaton 肌无力综合征、癫痫、中心核心病和先天性稳定性夜盲症等。

4. 氯通道病　氯离子通道广泛分布于所有细胞及溶酶体、线粒体、内质网等细胞器的质膜，作用多样。已发现的氯通道病有：先天性肌强直（Thomsen型）、隐性遗传全身性肌强直（Becker型）、囊性纤维化病、遗传性肾结石病、3-型Bartter综合征等。

（二）G蛋白偶联受体信号转导通路异常相关疾病

前面已经介绍了霍乱毒素致使GTP酶活性丧失，G蛋白偶联受体信号持续转导造成的机体病态反应。另一个比较典型的例子是肢端肥大症和巨人症，编码Gs蛋白的α亚基发生基因突变，能够自动持续激活，导致AC活性↑，cAMP↑，生长激素（GH）分泌↑。GH高分泌能增宽、增厚长骨，造成手指、脚趾和手脚掌骨变宽大，眶上嵴和下颚变大，皮肤变厚、变粗和皮下软组织堆积，以面部最明显。

（三）酶偶联受体信号转导通路异常相关疾病

如糖尿病是由于胰岛素缺乏以及胰岛素抵抗，引起的糖、脂肪及蛋白质代谢紊乱的综合征。1型糖尿病由于胰岛β细胞破坏，胰岛素绝对不足；2型糖尿病由于胰岛素受体和受体后异常造成靶细胞对胰岛素反应性降低。其中，胰岛素受体的异常是最突出的，因为它与利用胰岛素的信号转导通路有直接的关系。已知有50多种胰岛素受体异常情况，如受体数量减少、受体与胰岛素的亲和力降低、受体TPK活性降低，它们分别造成五大类糖代谢异常。受体后信号转导异常包括RS-1/2下调、编码PI3K的基因突变等。具有酪氨酸激酶活性的受体异常，不仅能导致糖尿病，还能诱发癌症、Ki-1淋巴瘤。

（四）多个环节细胞信号转导障碍与疾病

上述糖尿病其实也属于此，其他疾病如高血压、肿瘤等，都不是单一的信号转导途径就能够决定发病的，而是多个环节出现障碍以后的综合体现。肿瘤细胞癌变最基本的特征是生长失控及分化异常。本质上说与癌基因（oncogene）的激活及肿瘤抑制基因的失活有关，造成信号转导中的信号分子、受体及信号转导途径中的关键分子异常改变，促进肿瘤的发生、增殖及转移。如癌基因异常表达生长因子样物质、生长因子受体、蛋白激酶类、G蛋白、ras、c-jun、c-fos等，这些产物通过自分泌或旁分泌形式，导致肿瘤无限增殖和异常分化。

（五）受体病（receptor diseases）

因受体的数量、结构或调节功能变化，使受体不能正常介导配体在靶细胞中应有的效应所引起的疾病。主要是受体功能丧失性改变（loss-of-function alterations），包括受体下调（down regulation）和受体去敏感化（desensitization），即受体数量减少和靶细胞对配体刺激的反应性减弱。

1. 遗传性受体病（genetic disorders of receptor）　因编码受体的基因突变，使受体数量或功能异常而引起的遗传性疾病。家族性高胆固醇血症（familial hypercholesterolemia，FH）是一种常染色体显性遗传性疾病，杂合子和纯合子都发病。FH是欧美、南非等国家最常见的遗传病之一。该病的发病机制是因编码LDL（low-density lipoprotein，LDL）受体的基因突变，使细胞表面LDL受体减少或缺失，引起脂质代谢紊乱和动脉粥样硬化，最终导致心血管疾病的发生。

2. 自身免疫性受体病（autoimmune receptor disease）　因体内产生抗受体的自身抗体而引起的疾病。如重症肌无力（myasthenia gravis）是因为存在抗n-Ach受体的抗体而引起的神经肌肉间传递功能障碍的自身免疫病（autoimmune disease）；自身免疫性甲状腺病（autoimmune thyroid diseases）可分为Graves病及桥本病两种，前者表现为甲状腺功能亢进，后者表现为甲状腺功能低下，因抗促甲状腺激素（thyroid-stimulating hormone，TSH）受体的自身抗体引起的甲状腺功能紊乱而引起。

细胞通讯的重要性不言而喻，但这方面的研究可以说是方兴未艾，还有许多问题需要探讨，更多未知需要发掘并加以研究，现今取得的成果只不过是在这条道路上蹒跚学步而已。前面的道路既有难以估量的困难，也有无法预计的惊人发现在向人们招手。

（张秀军　马　曦）

第十一章 细胞增殖和细胞周期

细胞的生长和增殖是细胞生命活动的基本特征之一，也是生物体逐渐生长发育成熟的基础。细胞增殖是个极其复杂的生命活动过程。低等的单细胞生物是通过细胞分裂形成新的个体，而大多数的多细胞生物则是由一个受精卵细胞经过多次细胞分裂和细胞分化过程逐渐形成一个新的个体。

细胞周期是通过细胞的生长、分裂和分化使细胞数目增加的过程。不同的细胞都有其各自的细胞周期，但是大多分为 G_1、S、G_2 和 M 4 个时期。有些细胞会暂时离开生长周期，进入休眠状态，这个时期称 G_0 期，而这些细胞称为 G_0 期细胞。

第一节 细胞周期

细胞周期在细胞的生长、分裂及分化过程中扮演着极其重要的角色，细胞周期如果失控，很可能伴随着肿瘤的发生或者细胞的凋亡。

(一) 细胞周期的概念

细胞周期（cell cycle）是指持续分裂的细胞从产生新的细胞开始生长到再次分裂形成子细胞所经历的过程，常分为 G_1、S、G_2 和 M 4 个时期（图 11-1）。

(二) 细胞周期时相

细胞周期各个时相功能的不同，缘于生化反应合成物质的不同。根据生化反应合成物质的不同，常分为以下 4 个期：

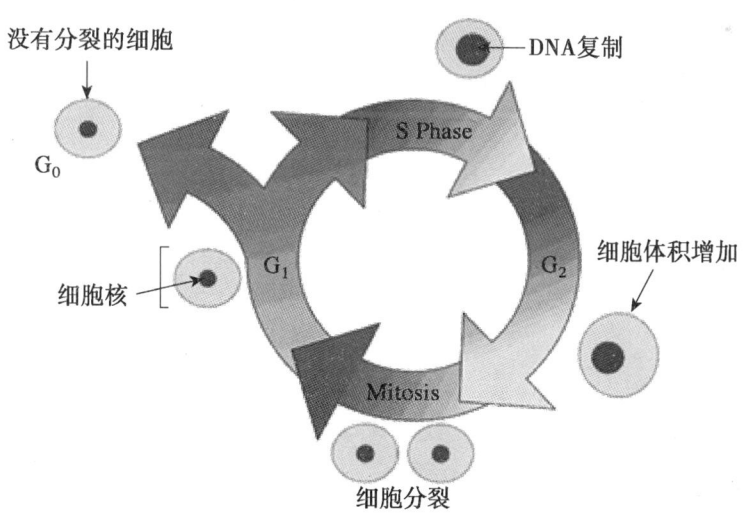

图 11-1 细胞周期

1. G_1 期（first gap） 又称 DNA 合成前期，是从有丝分裂完成到 DNA 复制前的一段时期，此期长短因细胞而异。在 G_1 期，细胞开始合成 DNA 复制所需的 rRNA、蛋白质、脂类和糖类。G_1 期后期，DNA 合成酶活性大大增加。G_1 期进入 S 期需要 S 期激活因子诱导（图 11-2）。

处于 G_1 期的细胞与 S 期细胞进行融合实验后，G_1 期细胞的核也随之进入 S 期，说明在 S 期细胞内有诱导细胞由 G_1 期进入 S 期的激活因子诱导。

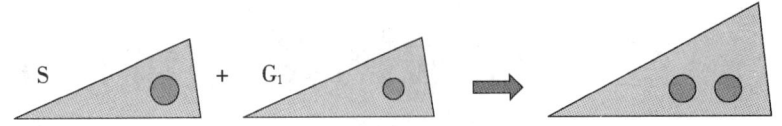

图 11-2　细胞融合实验 1

2. S期（DNA synthesisphase）　又称 DNA 合成期，是细胞周期的关键时刻。DNA 经过复制而含量增加一倍，使体细胞成为 4 倍体，每条染色质丝都转变为由着丝点相连接的两条染色质丝。并且发现，DNA 复制按一定时间顺序进行，一般为常染色质先复制，兼性异染色质次之，结构异染色质最后复制。与此同时，还合成组蛋白与非组蛋白、DNA 复制所需要的酶，以及完成中心粒的复制。S 期一般需几个小时。

3. G_2期（second gap）　又称 DNA 合成后期，为分裂期做最后准备。这一时期，中心粒已复制完毕，形成两个中心体，主要是大量合成 RNA、ATP 和微管蛋白等。G_2 期比较恒定，需用 1～1.5 小时。G_2 进入 M 期需要促成熟因子（M-phase promoting factor, or MPF）诱导（图 11-3）。

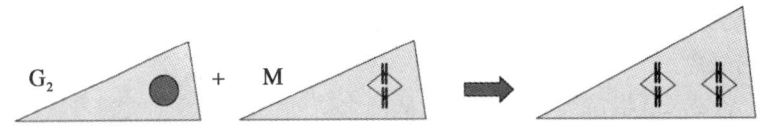

图 11-3　细胞融合实验 2

G_2 期细胞与 M 期细胞进行融合实验后，G_2 期细胞的核发生了 M 期细胞核内染色体的变化，说明在 M 期细胞内有诱导细胞由 G_2 期进入 M 期的促成熟因子诱导。

4. M期（mitosis）　又称分裂期，根据染色质变化特点人为地分为前期、中期、后期、末期。主要变化包括核解体、纺锤体形成、染色单体分离、DNA 平均分配等。此期 RNA 合成停止，蛋白质合成减少。具体的分裂过程，后面将进一步介绍。

第二节　细胞周期调控

（一）细胞周期蛋白（cyclin）

细胞周期蛋白是细胞内与细胞周期呈同步周期性浓度升降的蛋白质，它们与蛋白激酶（细胞周期蛋白依赖性激酶，CDKs）结合，并调节它们的酶活性，从而帮助推动和协调细胞周期的进行。

1. 细胞周期蛋白的发现　第一次鉴定到细胞周期蛋白是在海胆的早期胚胎细胞中。1983 年 Timothy Hunt 首次发现海胆卵细胞受精后，在卵裂过程中两种蛋白的含量随细胞周期而变化，在间期开始合成，G_2/M 期达到高峰，M 期结束后消失，下个细胞周期又重新合成，故命名为细胞周期蛋白（cyclin）。后来在青蛙、爪蟾、果蝇和酵母中均发现类似的情况。

2. 细胞周期蛋白种类及功能　目前从芽殖酵母、裂殖酵母和各类动物中分离出的周期蛋白有 30 余种，在酵母中为 Cln1、Cln2、Cln3、Clb1～Clb6，在高等动物中为 A1、A2、B1、B2、B3、C、D1、D2、D3、E1、E2、F、G、H 等。根据细胞周期不同时期分为 G_1 型、G_1/S 型、S 型和 M 型 4 类（见表 11-1）。

表 11-1 不同类型的周期蛋白

激酶复合体	高等动物		芽殖酵母	
	Cyclin	CDK	Cyclin	CDK
G_1-CDK	Cyclin D*	CDK4、6	Cln 3	CDK1（CDC28）
G_1/S-CDK	Cyclin E	CDK2	Cln 1、2	CDK1（CDC28）
S-CDK	Cyclin A	CDK2	Clb 5、6	CDK1（CDC28）
M-CDK	Cyclin B	CDK1（CDC2）	Clb 1-4	CDK1（CDC28）

* 包括 D1-3，各亚型 Cyclin D，在不同细胞中的表达量不同，但具有相同的功效

从上表可以看出，不同的周期蛋白在细胞周期中表达的时间不同，并与不同的 CDK 结合，调节不同 CDK 激酶活性。各种周期蛋白均含有一段保守氨基酸序列——周期蛋白框（cyclin box），介导周期蛋白与 CDK 结合。除此之外，不同周期蛋白又有其各自特性，如 M 期周期蛋白分子的近 N 端含有一段由 9 个氨基酸组成的特殊序列——破坏框（destruction box），其作用是参与泛素介导的周期蛋白 A 和 B 的降解。

（二）周期蛋白依赖性激酶（cyclin-dependent kinase）

1. **MPF 的发现** 细胞进入有丝分裂期会发生一系列形态结构的变化，除了染色体的变化外，还包括核膜崩解、核仁消失以及内膜系统、细胞骨架等一系列细胞器的改变。这些细胞结构是如何变化的？20 世纪 60 年代开始，人们开始了各种实验来研究引起细胞周期细胞形态变化的原因。

细胞融合实验表明，细胞是否进入下一个细胞周期时相受到细胞质中许多因子的控制（图 11-4）。同理，如果将处于 M 期细胞的细胞质注入间期细胞，间期细胞也会进入分裂期（图 11-5）。这个实验也表明了分裂细胞中具有某种导致细胞进入 M 期的物质，人们将其命名为 M 期促进因子（M-phase promoting factor, or MPF），后改为促成熟因子（maturation promoting factor）。

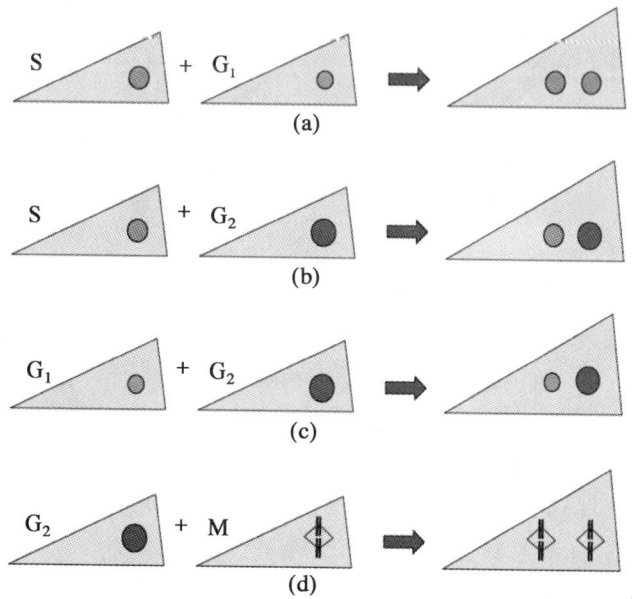

图 11-4 细胞融合实验显示胞质内含物如何调节细胞核的改变

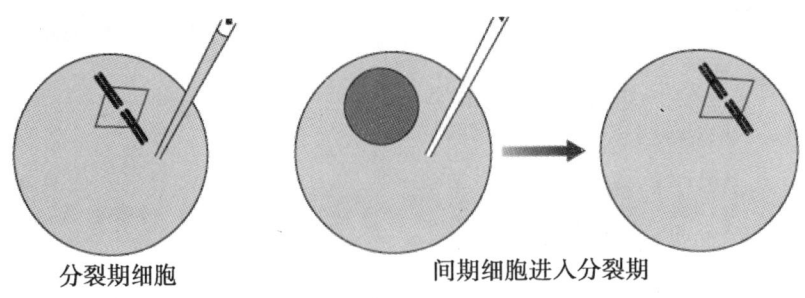

图 11-5 将分裂期细胞的胞质注入间期细胞内导致间期细胞进入分裂期

2. MPF 的作用　1988 年纯化了 MPF，并鉴定到 MPF 是由两个蛋白质组成的复合体，一个具有催化作用，被称为细胞周期蛋白依赖性激酶（cyclin-dependent kinase 1，CDK1），另一个具有调节作用，被称为细胞周期蛋白（cyclin）。激活的 CDK1 磷酸化使靶蛋白构象改变而产生相应的生理效应，如将核纤层蛋白磷酸化导致核纤层解体、核膜消失，将 H1 磷酸化导致染色体的凝缩等。这些效应的最终结果是细胞周期的不断运行。因此，CDK 激酶和其调节因子又称作细胞周期引擎。在细胞间期，细胞周期蛋白 B 含量很少，CDK1 的磷酸化作用大大减弱，这也保证了在间期细胞中 CDK 完全处于非活化状态。与此同时 CDK1 被其他蛋白激酶磷酸化，分别在第 14 位的苏氨酸残基和第 15 位的酪氨酸残基末端加上两个磷酸分子（图 11-6）。这两个氨基酸位于 CDK1 的 ATP 结合位点，磷酸化后可以阻止 ATP 结合。进入分裂期，细胞周期蛋白 B 含量逐渐增加，CDK1 与细胞周期蛋白 B 结合后的复合体也增加，但是此时的蛋白复合体由于磷酸分子的结合并不具有活性。在 G_2/M 期交界处，另外一个酶 CDC25 使磷酸移开，活性位点暴露出来，MPF 活化后可以使其他蛋白磷酸化。分裂期结束，细胞周期蛋白 B 降解，CDK1 活性消失。

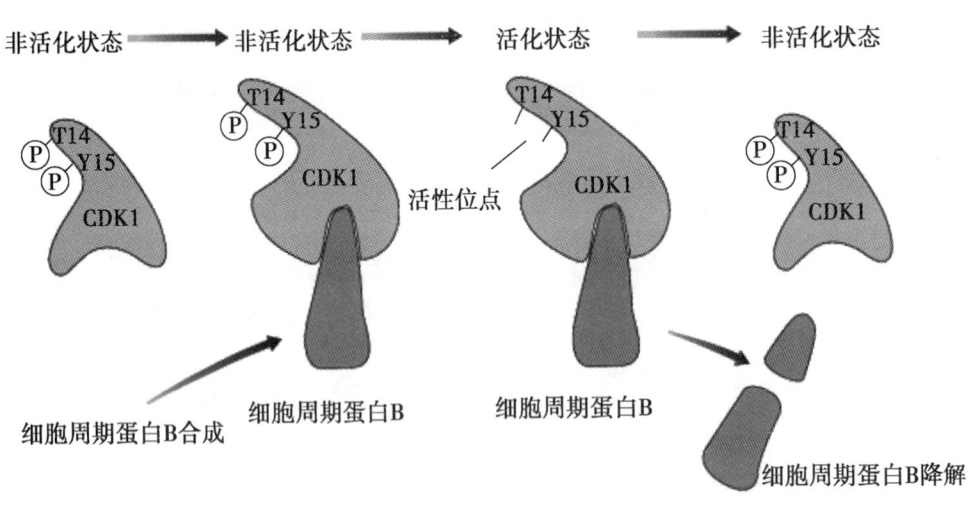

图 11-6　CDK1 和细胞周期蛋白 B 的磷酸化对细胞周期的作用

（三）细胞周期的检验点

细胞周期是高度有组织的时序调控过程，受到 DNA 损伤检验点、DNA 复制检验点和分裂检验点等细胞周期检验点的精确调控。细胞周期检验点的作用主要是调节细胞周期的时序转换，以确保 DNA 的复制、染色体的分离等细胞重要生命活动的高度精确性，并对 DNA 损伤、DNA 复制受阻、纺锤体组装和染色体分离异常等细胞损伤及时作出反应，以防止突变和遗传不稳定的发生。细胞周期检验点的功能缺陷,将导致细胞基因组的不稳定,与细胞癌变及遗传疾病的发生密切相关。因此,细胞周期检验点对于维持细胞遗传信息的稳定性和完整性以及防止细胞癌变和遗传疾病的发生起着至关重要的作用。

1. **DNA 损伤检验点（DNA damage checkpoint）** 位于 G_1/S 转换期,在哺乳动物中称为限制点或 R 点,这一时期决定细胞是否进入细胞周期。参与调控 G_1/S 转换的还有细胞大小、生长因子、药物及 DNA 损伤情况等多种机制,但目前研究较为清楚的是 DNA 损伤检验点。

DNA 因各种物理、化学等因素发生损伤后会激活 DNA 损伤检验点机制,从而阻止 DNA 继续复制,进入 DNA 修复环节。如 DNA 损伤非常严重,则激活细胞凋亡途径,阻止 DNA 损伤的细胞进行复制,从而保证细胞复制的准确性。

有些细胞暂时不通过 R 点,而是离开细胞周期,处于暂时静息的状态,我们称这个时期为 G_0 期,而这一时期的细胞就叫 G_0 期细胞（图 11-1）。G_0 期细胞在受到某些分裂原的刺激后,还可以回到细胞周期,继续进行分裂。肝细胞就属于 G_0 期细胞,正常情况下处于静息状态,如肝切除手术后,剩余肝细胞就会进入细胞周期,不断进行分裂,直到肝全部恢复。

2. **DNA 复制检验点（DNA replication checkpoint）** 处于 G_2 期结束进入 M 期之前,主要是检测 DNA 复制的完整性。如果复制出现了缺失或重复,此检验点将激活,使 CDK1 保持磷酸化状态,阻止细胞进入 M 期。同样,DNA 如损伤非常严重,则激活细胞凋亡途径,进入凋亡程序。如果条件全部合适,则细胞将会进入到 M 期。

3. **分裂检验点（mitotic checkpoint）** 又称纺锤体组装检验点（spindle organization checkpoint）,主要检测染色体动粒纤维饱和度和张力大小,保证中期染色体在排列整齐前不会启动染色单体分离和 M 期退出机制,并检测 MPF 是否失活,以保证染色体分配和细胞分裂的准确性。

> **医学应用 1　p53 基因与癌症治疗**
>
> 癌症是一种基因病,是人体细胞在外界环境作用下,内在癌基因激活和抑癌基因失活造成的。癌症已经成为严重威胁人类健康和生命的杀手。目前肿瘤的主要治疗手段是手术、放疗和化疗,治疗过程痛苦,许多癌症患者仍然难以得到根本治愈。人们越来越关注通过"治本"的方法来提高肿瘤的治愈率。
>
> p53 基因是目前研究最透彻、功能最强大的一种抑癌基因。野生型 p53 对细胞周期和凋亡起关键性作用,尤其是对受到照射、细胞毒制剂、热疗打击的癌细胞,可起到更大的杀伤作用。目前研究发现,许多肿瘤的发生都会伴随着 p53 基因失活,通过人为方式补偿 p53 基因缺失来抑制肿瘤成为人们探讨的方法之一。
>
> 国产的重组人 p53 腺病毒注射液（商品名今又生）,经过 5 年艰苦的临床试验,充分证明了对治疗头颈鳞癌是安全有效的。2003 年 10 月 16 日,国家食品药品监督管理局批准重组人 p53 腺病毒注射液新药证书,意味着世界上第一个癌症基因治疗药物在中国诞生,同时也标志着我国基因治疗癌症的临床和基因药物产业化方面都走在世界前列。p53 基因治疗肿瘤为人类征服癌症带来了新的希望和曙光。

第三节　细胞分裂

通过镜下观察,我们很容易就分辨出细胞周期中两个不同的时期。间期占了细胞周期的大约 90%,期间主要进行物质合成,如 DNA 的复制、与细胞分裂相关的酶和蛋白质的合成等,然而细胞内可见的形态变化却很小。当间期一结束,细胞进入分裂期,这个时期很短暂,但却伴随着细胞形态的明显变化。而对于有丝分裂来说，细胞分裂主要是指染色体的行为变化。

(一) 无丝分裂 (amitosis)

R. 雷马克于 1841 年在观察鸡胚的血细胞分裂过程中看到了无丝分裂。其典型过程是核仁首先伸长，在中间缢缩分开，随后核也伸长并在中部从一面或两面向内凹进横缢，使核变成肾形或哑铃形，然后断开一分为二，同时细胞也在中部缢缩分成两个子细胞。由于在分裂过程中不形成由纺锤丝构成的纺锤体，不发生由染色质浓缩成染色体的变化，故得名，亦称直接分裂（图 11-7）。

许多人在各种动植物细胞中都观察到过无丝分裂现象。但关于无丝分裂的生物学意义存在两种不同意见：许多人认为它是在病变或退化细胞中偶尔出现的特殊分裂方式；有些人认为它是存在于正常组织中的一种细胞分裂方式。这种分裂方式常出现于高度分化成熟的组织中，如蛙的红细胞分裂、某些植物的胚乳中胚乳细胞的分裂等。

无丝分裂具有独特的优越性，比如耗能少、分裂迅速、分裂时细胞核保持正常的生理功能，以及在不利条件下仍可进行细胞分裂等。但由于无丝分裂没有纺锤体的形成，分裂时遗传物质不一定能平均分配给子细胞，可能会导致遗传的不稳定性等问题。

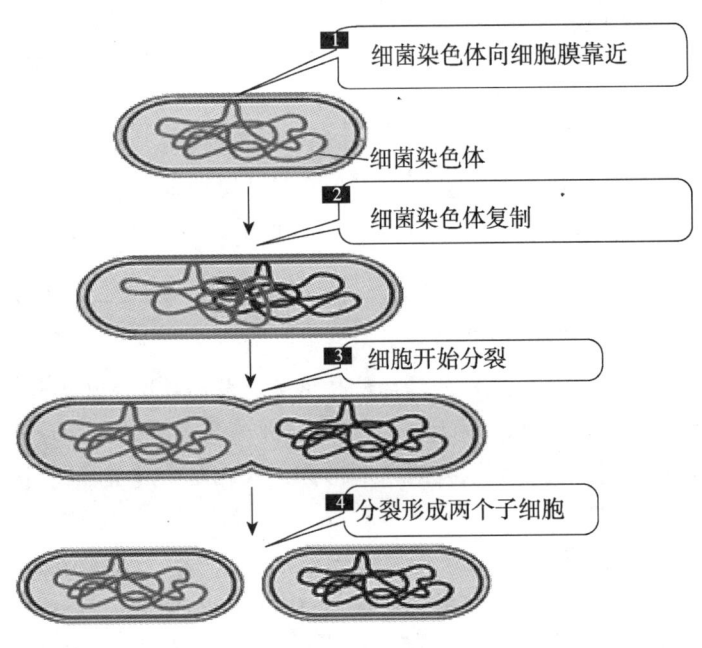

图 11-7　原核细胞的分裂过程

(二) 有丝分裂 (mitosis)

一个细胞经过有丝分裂产生两个子细胞，每个子细胞中包含了与亲代细胞相同的一套染色体。通常，我们根据染色体的形态变化人为地将有丝分裂分为 5 个时期：前期、前中期、中期、后期和末期（图 11-8）。人类的一个基因组包含了 23 条染色体，由 30 亿对碱基组成。人类细胞内包含了 46 条染色体，其中来自父母双方的各 23 条。我们把细胞内含有两个基因组染色体的个体称为二倍体 (diploid)。

1. 前期 (prophase)：染色单体出现，纺锤体形成　当细胞由 G_2 期开始向 M 期转变时，位于核边缘的中心体开始向纺锤体的两端移动，从而确立了细胞的两极，并向细胞中央发出纺锤丝。进入 M 期，细胞核开始膨大，丝状染色质开始凝聚逐渐形成线状染色体（图 11-9）。每条染色体上包含两个染色单体 (chromatids)，这说明在间期里 DNA 已经进行了复制（图 11-10）。染色质的凝聚也降低了 DNA 分子被破坏的机会。每条染色体的中央都具有一个富含卫星 DNA 的狭窄结构，称为着

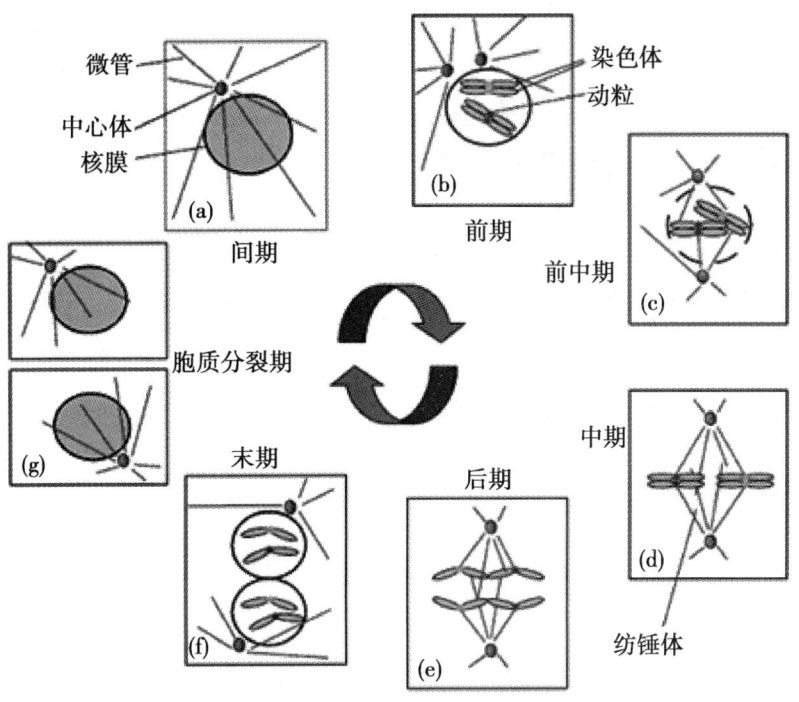

图 11-8　细胞有丝分裂过程

丝粒（centromere），着丝粒中央有两个与纺锤丝相连的三层结构，称为动粒（constriction），每个动粒位于一个染色单体上，参与染色体的运动。染色体与纺锤丝及两极的中心体一起共同构成一个纺锤样的结构，称为纺锤体（mitotic spindle）。一个纺锤体中包含两种微管结构：极微管和动粒微管。极微管由许多围绕中心体的微管蛋白组成，中心体周边的，也称星射线，长的微管能到达细胞赤道板。动粒微管直接与染色体上的动粒相连，参与染色体运动（图11-11）。随着染色体的凝聚，核仁逐渐消失。最后，核膜完全崩解，核仁完全消失，标志着前期的结束。

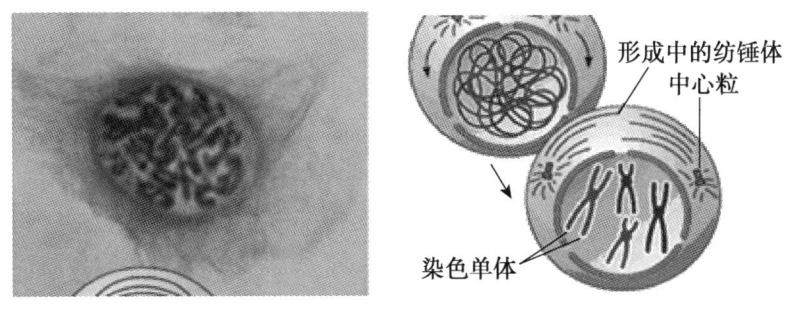

图 11-9　前期细胞

中心粒向两极移动形成细胞的极，同时染色质开始凝集形成染色体

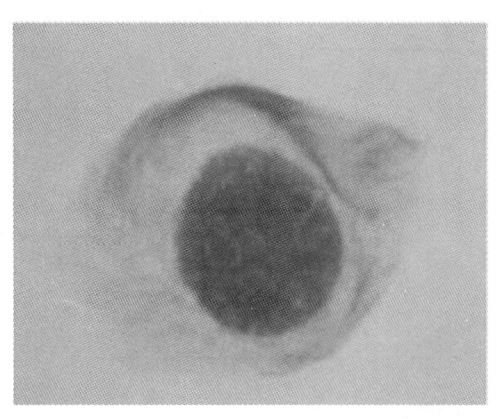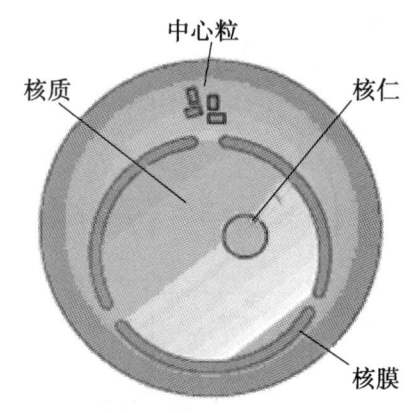

图 11-10 间期细胞
在细胞周期的 S 期，DNA 和中心粒进行了复制

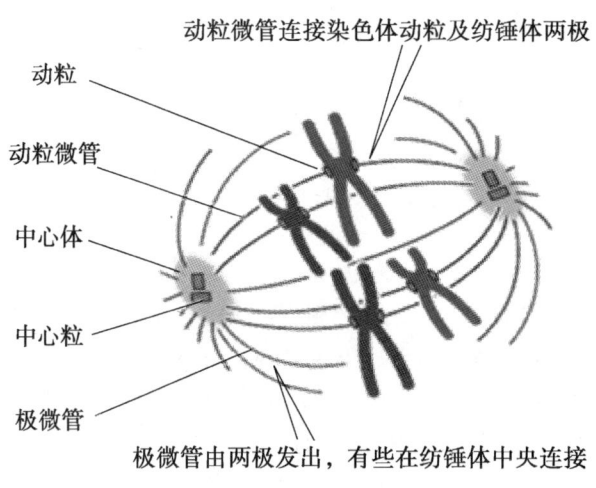

图 11-11 纺锤体的结构

2. 前中期（prometaphase） 随着核膜的消失，前中期开始。核膜的组成成分散落在胞质中，直到再次形成子代细胞的细胞核。由中心体发出的微管随机组装，动粒微管与染色体动粒随机连接，并带动染色体随机移动。由于染色单体两侧随机连接的动粒微管数量不同，所以染色体处于一种不平衡状态。因此，最初纺锤体处于不稳定状态，染色体也反复在细胞两极与赤道板间做往返运动。最后，当染色单体两侧与动粒连接的动粒微管数目相同时，染色体达到平衡，而此时的染色体全部排列到赤道板上，标志前中期结束（图 11-12）。

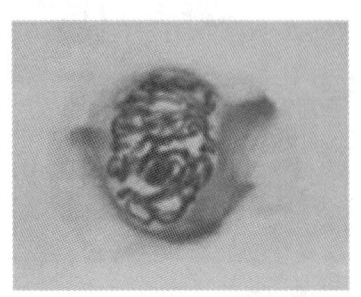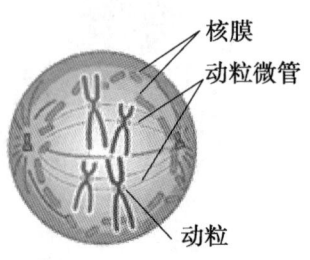

图 11-12 前中期细胞

3. 中期（metaphase） 当染色体的着丝粒全部位于赤道板上，我们说细胞进入了中期。中期染色体达到最大凝集，从形态和大小上观察都是最典型的，同时能够清楚地看到染色单体通过微管与细胞的某一极相连（图 11-13）。

中期末，染色单体随机分开向两极移动。染色单体分离是由于连接姐妹染色单体的凝聚蛋白（cohesin）被一个特殊的蛋白质——separase 水解。在此之前，separase 一直存在，但是因 securin 亚基受到抑制，而没有表现出活性。当染色单体与纺锤体连接时，securin 被水解，separase 就可以催化凝聚蛋白 Cohesin 分离使染色单体向两极移动。如果此时 securin 亚基被抑制，就会阻止姐妹染色单体分离，而使细胞停留在有丝分裂的中期（图 11-14）。

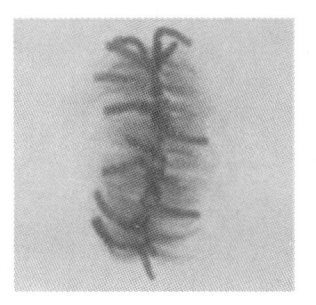
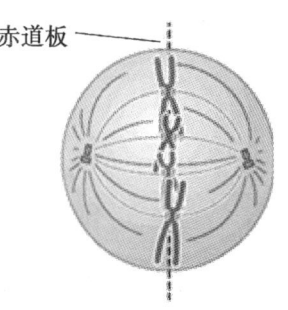

图 11-13 中期细胞

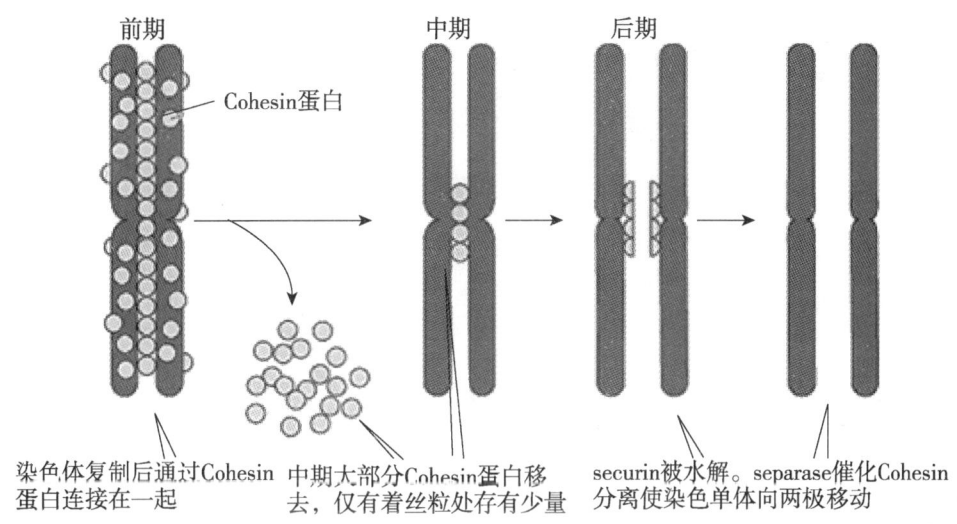

图 11-14 中期染色体分离的分子机制

4. 后期（anaphase） 目前认为染色体移动的原因可能有两个：第一，位于动粒处的蛋白质执行着"分子马达"的作用，这些蛋白质被称作胞质动力蛋白（cytoplasmic dynein），能够水解 ATP 形成 ADP，同时释放能量使染色体沿着微管向细胞两极移动。这些马达蛋白为染色体的运动提供了 75% 的动力。第二，动粒微管不断缩短，牵引染色体向两极移动，这为染色体的运动提供了另外 25% 的动力。

在后期，由于两极的极微管向对面不断延伸，致使纺锤体的两极逐渐远离，细胞两极间距离随之增大。同时染色体也在纺锤丝牵引下向两极移动，每一极会得到一套染色体（图 11-15）。染色体移动的速度很慢，大约是每分钟 1 微米，从中期分裂开始移动至到达细胞两极大约要花 10~60 分钟的时间。这个速度相当于一个人花 900 万年穿越美国。而这么慢的速度可能与确保染色体的准确分离有关。

5. 末期（telophase）：细胞核的重现 从染色体移动到细胞两极不再移动开始，细胞进入有丝分裂的末期。此时细胞两极各具有一套带有相同遗传物质的染色体，染色体开始解螺旋形成染色质，核膜、核仁将再次出现，这标志着末期的结束，细胞进入下一个间期（图 11-16）。

有丝分裂的精确程度是令人赞叹的。通过有丝分裂，一个细胞核形成了两个与亲代细胞具有完全相同遗传物质和结构的子代细胞核。当细胞核的变化完成后，细胞膜和细胞质也要发生相应的变化来完成整个细胞分裂的过程。

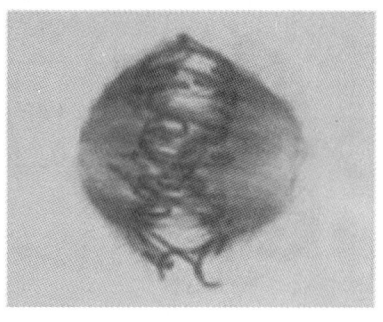 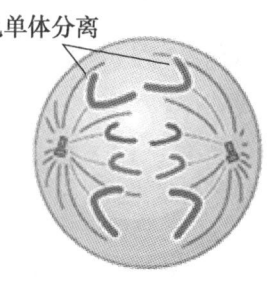

图 11-15　后期细胞

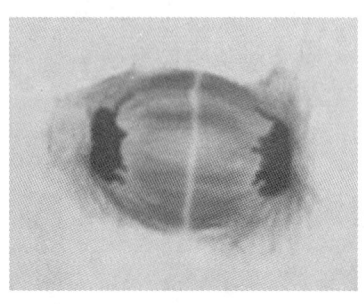 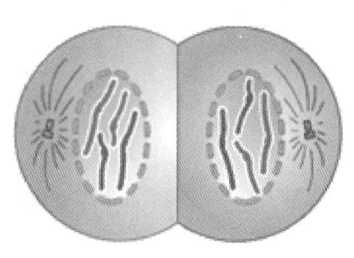

图 11-16　末期细胞

6. **胞质分裂期（cytokinesis）**　有丝分裂仅仅指核的分裂过程。细胞质的分裂是通过胞质分裂完成的，从有丝分裂末期就已经开始。不同生物体胞质分裂的方式是不同的，动、植物的胞质分离就存在显著的差异。

动物细胞的胞质分裂通常是在质膜上形成一条深沟，如同一条可见的线在两极之间被勒紧，质膜形成一个皱褶。这条线是由微丝形成，像一枚指环位于质膜下方。随着肌动蛋白和肌球蛋白的相互作用，微丝不断收缩，最终将细胞一分为二（图 11-17A）。

植物细胞因为具有细胞壁，胞质分裂过程与动物不同。随着有丝分裂末期纺锤体的解体，由高尔基复合体发出很多膜性小泡逐渐聚集到细胞赤道平面，在马达蛋白动力驱动下，这些小泡逐渐形成新的结构——细胞板，继而形成植物的细胞壁（图 11-17B）。

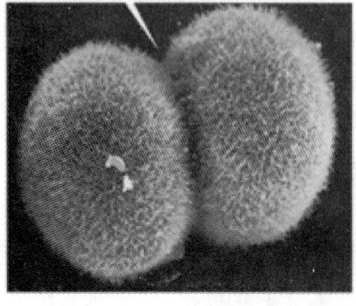 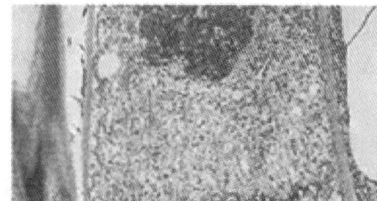

图 11-17　动物与植物细胞胞质分裂的不同

随着胞质分裂的结束，一个细胞形成两个包含了完整细胞成分的子细胞。有丝分裂是染色体平均分配的保障。而其他细胞器，如核糖体、线粒体、叶绿体等并不一定要平均分配，也不需要有丝分裂器来帮助这些细胞器在两个子细胞中进行相同的定位。所以有丝分裂是细胞核分裂的主要方式。

> **医学应用2　染色体计数**
>
> 间期细胞内的DNA分子只能通过电子显微镜观察。然而在细胞有丝分裂时，DNA凝集形成独立的染色体，我们可能很容易地就通过普通光学显微镜观察到并对其进行计数。一些遗传疾病，可以通过计数染色体而发现，如21-三体综合征，可以在镜下观察到多出一条21号染色体。此病也称唐氏综合征（Down syndrome）或先天愚型。

> **医学应用3　秋水仙素阻止有丝分裂**
>
> 秋水仙素可以阻止微管凝聚，所以在实验中常用来进行染色体的制备。注入秋水仙素后的细胞，大部分会停留在有丝分裂中期，这样对进行染色体计数及观察染色体的形态有很大帮助。

（三）减数分裂（meiosis）

体细胞的增殖通过有丝分裂进行，得到的细胞染色体数目及遗传物质与亲代细胞完全一样。而在进行有性生殖的生物体中，生殖细胞的增殖是通过减数分裂的方式进行的。通过减数分裂，细胞分裂两次，DNA复制一次，得到单倍体的生殖细胞。与有丝分裂不同，减数分裂得到的生殖细胞的遗传物质与亲代不同，而且生殖细胞间遗传物质也有差异，要弄清这一点要理解减数分裂的功能：①形成单倍体细胞；②保证每个细胞都拥有一套完整的染色体；③分裂得到的生殖细胞间存在遗传差异；④精卵结合形成受精卵后单倍体又变成双倍体进行增殖。

减数分裂共有两次分裂，为了区分，分别将两次分裂命名为减数分裂Ⅰ和减数分裂Ⅱ，每次分裂又分为前、中、后、末几个期，分别也冠以Ⅰ和Ⅱ加以区分。

1. 减数分裂Ⅰ（meiosisⅠ）　与有丝分裂相似，减数分裂之前细胞处于间期，在S期DNA进行了复制，所以每条染色体包含了两条姐妹染色单体。而在减数分裂Ⅰ具有两个有丝分裂没有的特点：①前期Ⅰ同源染色体配对；②中期Ⅰ末同源染色体分离。

（1）前期Ⅰ（prophaseⅠ）：前期Ⅰ持续时间较长，如男性精细胞的前期Ⅰ可持续一周，而女性卵细胞的前期Ⅰ可以从胚胎时期一直持续几十年。根据细胞的形态变化，可人为地将前期Ⅰ分为细线期、偶线期、粗线期、双线期和终变期5个时期。

①细线期：染色质开始凝集，螺旋化，变短变粗，形成丝状染色体。在丝状染色体上可见一系列大小不同的颗粒状结构，称为染色粒。由于两条染色单体的臂未分离，在显微镜下染色体呈细的单线状。

②偶线期：此期最显著的特征是发生了同源染色体（homologous chromosome）配对，所谓同源染色体即形态、大小、结构相同的染色体，一条来自父方，另一条来自母方，两者沿其长轴逐渐靠近，相互紧密联系在一起，此过程称为联会（synapsis）。配对的同源染色体又称为二价体（tetrad）或四分体（bivalent）。

③粗线期：染色体进一步缩短变粗，并发生等位基因之间部分DNA片段的交换和重组，在显微镜下可见非姐妹染色单体间形成了多处交叉（图11-18）。

④双线期：此期的显著特征是染色体的交叉端化。重组结束，同源染色体相互分离，交叉开始远离着丝粒，并向染色体末端移动。双线期持续时间较长，其长短变化很大（图11-19）。

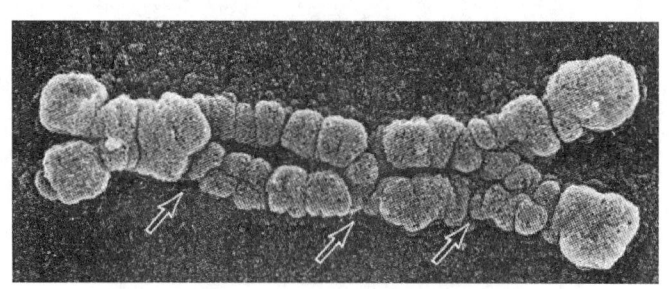

图 11-18　电镜下非姐妹染色单体间形成多处交叉

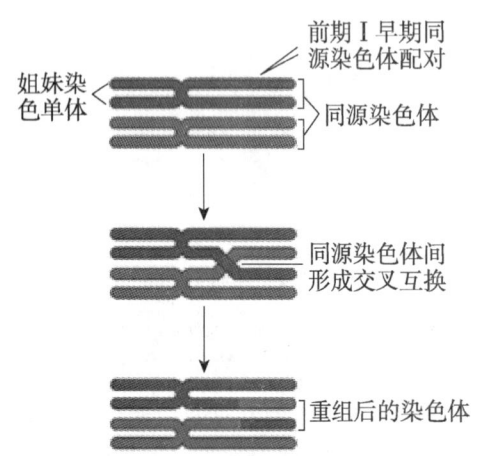

图 11-19　通过交叉互换形成重组的染色体

⑤终变期：染色体螺旋化达到最高程度，形成短棒状结构，交叉端螺旋化继续进行，核仁、核膜开始解体。终变期结束标志着前期Ⅰ完成。

（2）中期Ⅰ（metaphase Ⅰ）：此期与有丝分裂中期相似，染色体向赤道方向移动，排列到赤道面上，同时出现纺锤体的装配，纺锤体发出纺锤丝与染色体的动粒相连。不同的是，每个二价体上包含4个动粒，每条同源染色体上两个动粒分别位于两侧与纺锤丝相连。

（3）后期Ⅰ（anaphase Ⅰ）：此期的显著特征是同源染色体的分离。同源染色体被纺锤丝牵引着分别向两极移动，非同源染色体随机组合。此时，细胞每一极只得到二价体中的一半，染色体数目已经减半，但由于每条染色体上包含两条染色姐妹单体，所以 DNA 含量并没有减半。

（4）末期Ⅰ（telophase Ⅰ）：染色体到达两极不再移动标志末期Ⅰ开始，染色体开始解螺旋重新形成染色质，核膜、核仁重新出现，一个细胞分裂为两个子细胞。

2. 减数分裂间期（interkinesis）　此期时间很短，没有 DNA 合成，也不进行染色体复制。有些生物没有间期，直接进入第二次减数分裂。

3. 减数分裂Ⅱ（Meiosis Ⅱ）　减数分裂Ⅱ的过程与有丝分裂相似，中期Ⅱ染色体排列到赤道面形成赤道板，随着凝聚蛋白分解，姐妹染色单体彼此分离，分别移向细胞两极进入后期Ⅱ。染色体到达两极后标志着进入末期Ⅱ，染色体重新解螺旋形成染色质。

减数分裂Ⅱ与有丝分裂的显著不同之处有以下3个方面：①有丝分裂前有 DNA 复制，而减数分裂Ⅱ没有；②有丝分裂过程中姐妹染色单体是相同的，而减数分裂Ⅱ由于前期Ⅰ的交叉互换，两条姐妹染色单体不完全相同；③减数分裂Ⅱ位于赤道面的染色体数目是有丝分裂时的一半。

经过减数分裂，一个母细胞形成4个子细胞，每个子细胞中的染色体数目为母细胞的一半，由于交叉互换，每个子细胞与其他子细胞都存在着遗传上的差异。

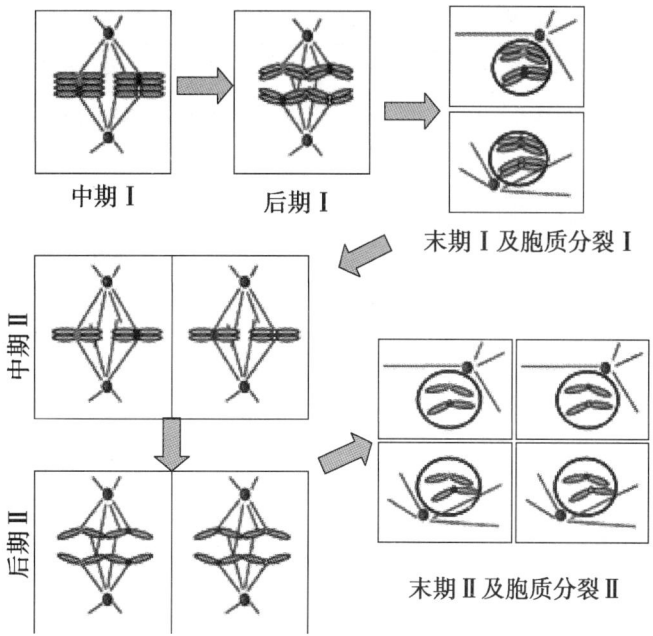

图 11-20 细胞减数分裂过程

第四节 有丝分裂与减数分裂的比较

尽管减数分裂过程中发生的许多事件与有丝分裂类似或相同,如它们都是通过形成纺锤体来牵引染色体运动实现细胞分裂,但是二者仍然存在较大差异,如有丝分裂时间短,只需1~2小时即可完成,而减数分裂的时间较长,而且变化较大,从几十小时到几年不等,关于两者的比较见表11-2和图11-21。

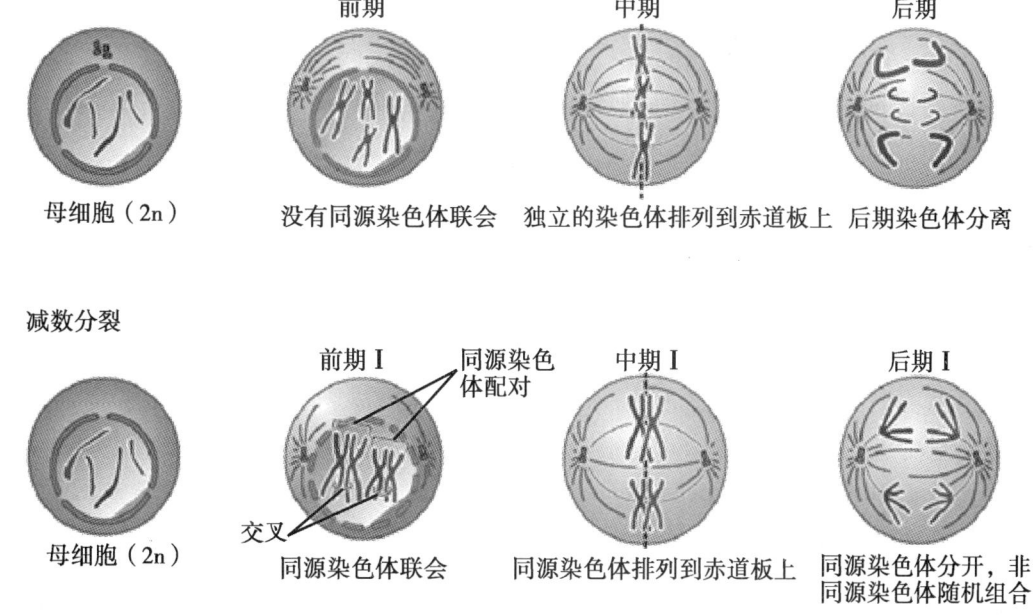

图 11-21 有丝分裂与减数分裂的区别

表 11-2 有丝分裂与减数分裂的比较

	有丝分裂	减数分裂
不同点	分裂后形成体细胞，细胞分裂 1 次，产生两个子细胞	分裂后形成生殖细胞，细胞分裂 2 次，产生 4 个子细胞
	子细胞与母细胞染色体数目相同	子细胞染色体数是母细胞的一半
	同源染色体不出现联会、四分体、分离现象	减数 I 发生同源染色体的联会、四分体、分离现象
相同点	细胞分裂过程中均出现染色体和纺锤体，染色体复制 1 次	

第五节　减数分裂的生物学意义

在减数分裂过程中同源染色体的联会与分离究竟会带来什么样的结果呢？在有丝分裂中，每条染色体都是独立的，两条染色单体在分裂后期也分别移向细胞两极，而且携带的遗传物质也是相同的，情况在减数分裂时则完全不同。

在减数分裂中，偶线期同源染色体联会，发生交叉互换，遗传物质进行了重组。在后期 I，同源染色体分离，随机进入细胞两极，每个子细胞携带的遗传物质都各不相同。设想如果一个细胞只含有两条同源染色体，那么就形成两种类型的子细胞，染色体数目越多，得到的组合数越多。比如人类一个生殖细胞中含有 23 条染色体，那么得到配子的组合数就有 2^{23}（8 388 608）种，再加上发生的交叉互换数目，重组个数将更加庞大，这是生物遗传变异发生的基础。同时形成的配子染色体数目减半，受精后，又恢复为正常染色体数，这对于保持染色体数目的恒定具有重要意义。

第六节　细胞周期与疾病

细胞周期涵盖了人的整个生命过程。从一个受精卵开始，经过细胞周期形成大量细胞发育为完整个体。细胞周期的异常也会导致人体出现相应疾病。目前，与细胞周期关系最为密切的疾病就是肿瘤。

细胞周期是一个高度有序的运转过程。如前所述，它的正确运转是在适宜的环境中通过对 Cyclin/CDK 复合物的活性进行精确调控来实现的。Cyclin、CDK 的表达异常，CDK 抑制蛋白的缺失，以及检测点的异常等都将使细胞周期发生紊乱，细胞的增殖失控，最终发生癌变。

(一) Cyclin/CDK 复合物与肿瘤发生

Cyclin 在细胞周期中进行周期性的合成和降解，不同的 Cyclin 在细胞周期的不同阶段与不同的 CDK 结合，从而激活 CDK 分子。活化的 CDK 呈现出蛋白激酶活性，使不同的底物蛋白磷酸化，从而启动或调控细胞周期的主要事件。由此可见，Cyclin 分子适时适度进行表达是细胞周期正常运转的前提。

Cyclin D1 发现最早，研究也最为深入，它是生长因子的感受器，可以将生长因子的信号传到细胞内，推动细胞周期的运行。Cyclin D1 与很多肿瘤的发生有关，在各种实体肿瘤和一些血液系统肿瘤中，均有 Cyclin D1 的异常表达。在 Cyclin D1 过量表达的情况下，细胞在没有生长因子刺激时也能增殖，这种异常增殖正是细胞癌变的基础。Cyclin D1 在肿瘤细胞中的异常主要表现为基因扩增、染色体易位以及 Cyclin D1 基因多态性的发生等。基因扩增是 Cyclin D1 基因异常中最常见的一种形式，主要发生在乳腺、食管、膀胱、肺及鳞状细胞癌中。

在血液系恶性肿瘤中，Cyclin D2 和 Cyclin D3 的异常表达比较常见，Cyclin D2 和 Cyclin D3 过量表达时，能阻断细胞的分化过程，使染色体变异逐渐积累，细胞进而发生恶性转化。

与 Cyclin 相比，肿瘤细胞中 CDK8 异常的发生频率比较低。据报道，在一些黑素瘤、肉瘤和神经胶质瘤细胞中，CDK4 的表达水平明显高于正常细胞。人们还发现在一些肿瘤细胞中 CDK4 和 CDK6 的基因会发生突变，使得周期蛋白依赖性激酶抑制因子（CM）不能与这些分子结合，从而无法发挥抑制作用。此外，在某些结肠腺瘤中，可以观察到 CDK1 和 CDK2 的过量表达。

（二）CDKs 抑制蛋白（CKI）与肿瘤发生

CKI 是 CDKs 的特异性抑制蛋白，它可以和 CDK 或 Cyclin/CDK 复合物结合，抑制 CDK 的蛋白激酶活性。在肿瘤细胞中 CKI 基因常常出现突变或者缺失，使 CKI 对 CDKs 的负向调控作用降低或者完全丧失。

p16 基因的突变和缺失广泛存在于各种肿瘤细胞中，p16 是 CKI 家族中的一员，它可以与 Cyclin D/CDK4 或 Cyclin D/CDK6 结合，抑制这些复合物的蛋白激酶活性，使细胞不能通过 G_1 期。此外，p16 还能抑制 Cyclin D1 和 CDK4 等基因的转录。一旦 p16 发生变异，细胞便可以无限制地通过 G_1 期，最终引起细胞恶性增殖。据报道，在一些神经胶质瘤、间皮瘤、急性淋巴母细胞性白血病以及来源于鼻咽、胰腺、胆道等部位的肿瘤细胞系中均出现高频率的 p16 基因缺失。

（三）p53 与肿瘤发生

在约 60% 的人类肿瘤中，均发现有 p53 的突变。p53 是最常见的肿瘤抑制基因，正常情况下，细胞中 p53 的含量很低；在 DNA 损伤或其他应激条件下，细胞中 p53 的含量增加。p53 可以激活 p21 等基因的转录，p21 能与 G_1/S-CDK 和 S-CDK 复合物结合并抑制其活性，使细胞停滞在 G_1 期，在 DNA 进行复制前赢得充足的时间对受损的 DNA 进行修复。当 DNA 大范围损伤时，p53 则诱导细胞走向凋亡。在人类肿瘤细胞中，p53 最容易发生突变。最常见的突变形式是点突变和错义突变，这些突变使得 p53 的分子构象发生变化，从而使其失去活性，这样 DNA 受损的细胞便可通过限制点，进入 S 期，继续进行细胞周期运转，使染色体的复制与分离发生异常，导致肿瘤抑制基因丢失、原癌基因活化以及染色体的数目和整倍性发生改变；此外，p53 缺失或突变还能使细胞不再发生凋亡，这样细胞就有可能很快发生恶变。

（四）细胞周期调控与肿瘤的诊断及治疗

细胞周期调控网络的深入研究将为肿瘤治疗开辟崭新的思路。首先，它可以为研制抗癌药物提供新的作用靶标。人们可以针对细胞周期调控网络中的各种关键分子来控制细胞的生长、分裂，阻止癌细胞的增殖，使肿瘤的治疗更加有的放矢。譬如，人们可以设计并运用 CKI 分子及其类似物或者 CDK 的抗体等直接抑制 CDK 的激酶活性，使增殖失控的肿瘤细胞停滞在细胞周期的某一阶段，甚至退出细胞周期，迄今为止，这是用细胞周期调控理论指导肿瘤治疗中最成功的策略之一，目前运用 CDK 分子抑制剂进行肿瘤治疗的临床实验正在进行中。

细胞周期的研究还可用于指导肿瘤的治疗方案。在外界环境不适宜时，细胞可以暂时退出细胞周期，进入静息期——G_0 期。G_0 期癌细胞对化疗药物，甚至放射线均不敏感，它往往是肿瘤复发的根源。为了尽可能地杀死 G_0 期细胞，可以先用生长因子等激活 G_0 期细胞，使其很快返回细胞周期，继续分裂增殖，然后再使用放疗或化疗药物，降低肿瘤的复发。

细胞周期调控理论大大推动了肿瘤基因治疗的发展。所谓基因治疗，是将正常基因以一定的方式导入人体靶细胞中，以纠正或补偿因基因缺陷或异常引起的功能紊乱，达到治疗疾病的目的。肿瘤基因治疗的方法很多，以细胞周期调控网络为依据的主要有两种：一是将肿瘤抑制基因导入癌细胞，在这一领域中研究最多的是 p53，目前重组人 p53 腺病毒注射液已经获得中国国家食品药品监督管理局颁发的新药证书；另一种常用的方法是将反义寡核苷酸导入靶细胞中，这些片段进入体内后可有效地抑制肿瘤发生相关基因的转录和表达，从而抑制或杀灭肿瘤细胞。据报道，将反义 Cyclin A DNA 导入人舌癌细胞后，舌癌细胞的生长速度、DNA 合成、细胞增殖以及代谢能力均下降；Cyclin D1 的反义 RNA 对胃癌细胞的恶性表型也有一定的逆转作用。

（王凌宇　韦日明）

第十二章 细胞分化与干细胞

多细胞生物机体不同类型的细胞都起源于一个受精卵，受精卵通过细胞分裂和细胞分化，产生各种不同类型的细胞，进而组成组织、器官、系统和机体。由受精卵产生的同源细胞在形态、功能和蛋白质合成方面发生稳定性差异的过程称为细胞分化（cell differentiation）。分化细胞彼此之间在形态结构和功能方面的差异实质上是由于其拥有不同的蛋白质所致，细胞中蛋白质种类的差异则是不同基因表达的结果，因此，细胞分化实质上是基因选择性表达的结果。细胞分化是多细胞生物的发育基础，贯穿整个胚胎发育过程。在胚后发育阶段，干细胞的分裂和分化，使个体得以生长、发育，并维持其机体细胞的更新。

第一节 细胞的分化潜能

（一）细胞决定

细胞分化通常是指细胞表型的变化，但细胞在发生可识别的形态和功能变化之前，就已经受到约束而向特定的方向分化，这种分化约束称为细胞决定（cell determination）。细胞决定其实是细胞受到分化因素的影响，开启或永久性关闭某些基因，控制某些特定蛋白质合成。此时，细胞虽然还没有出现可以识别的形态、功能特征，但已经具备向某一特定方向分化的能力，而且这种能力是稳定的、可遗传的，因而导致细胞分化过程的稳定性和不可逆性。因此，细胞决定其实是一种"化学分化"，是形态学分化前的细胞分化。

（二）胚胎细胞的分化潜能

一般情况下，受精卵和卵裂早期的细胞，其分化方向尚未决定，每个细胞都具有发育成为完整个体的能力。这类具有形成完整个体能力的细胞称为全能性细胞（totipotent cell）。随着卵裂的继续进行，胚胎发育为囊胚，细胞进一步分化，囊胚壁细胞将分化为滋养层细胞，将来则发育为绒毛膜和胎盘等。而囊胚的内细胞团细胞的分化潜能进一步降低，虽然此时的每个细胞都具有分化发育为各种组织细胞的潜能，但如果缺乏滋养层细胞的支持，将不能发育为一个完整的胎儿，这类能发育成各种不同组织细胞但又不具有形成完整个体潜能的细胞称为多能性细胞（pluripotent cell）。胚胎发育到原肠胚期后，内细胞团的细胞分化发育为三胚层细胞，细胞的分化潜能又进一步受到限制，每个胚层的细胞只能发育为本胚层的组织器官细胞，三胚层细胞的分化潜能虽然进一步局限，但仍具有发育成为多种组织细胞的能力，这类细胞仍然为多能性细胞。三胚层细胞进一步分化，多能细胞的分化潜能又再受到局限，不再具有分化为整个胚层组织细胞的能力，但仍然具有分化为与特定功能相关的多种细胞的能力。经过器官发生，细胞在形态上特化，在功能上专一化，不能再重新分化发育为一个完整的个体或分化成为其他类型的细胞，只能分化为某一类特定的细胞，这类细胞称为单能性细胞（unipotent cell）。胚胎发育过程中，细胞逐渐由全能局限为多能，最后成为稳定型单能的趋向，是细胞分化的普遍规律。因此，胚胎的细胞分化其实是细胞分化潜能逐渐限制的过程。

（三）体细胞的分化潜能

由于细胞分化的不可逆性，在正常生理条件下，细胞的分化状态一旦确定，将终生不变，既不能逆转也不能互变。体细胞属于高度分化的细胞，其分化潜能已经被局限，一般情况下不能再重新分化发育为一个完整的个体，也难以分化成为其他类型的细胞。但高度分化的细胞仍保持着全套的核基因组，它具有生物个体生长、发育所需要的全部遗传信息，因此，高度分化的细胞其细胞核仍具有全能性。1958年，Steward等利用胡萝卜根的韧皮部组织培养出了完整的新植株，首次证明了植物细胞的全能性。1964年，JB Gurdon将非洲爪蟾的肠上皮细胞核移入去核的爪蟾卵细胞中，经孵育得到了蝌蚪，证明了高度分化的动物体细胞核的全能性。1996年7月，Ian Wilmut等利用体细胞克隆技术培育出世界上第一只克隆羊"多莉"，进一步说明了高度分化的体细胞仍然具有一定的全能性，同时也表明了动物体细胞的分化潜能比生殖细胞要低得多。在一定条件下，高度分化的细胞可以重新分裂，改变原有的分化状态，重新恢复到胚性细胞状态，成为具有未分化特性的细胞。这种分化细胞失去特有的结构和功能变为具有未分化细胞特性的现象称为去分化或脱分化（dedifferentiation），也称为细胞分化的可逆性。

医学应用1　肿瘤细胞的分化潜能

胚胎发育过程中，细胞要经过各分化阶段，每个阶段都可形成肿瘤。良性肿瘤细胞处于分化成熟阶段，与正常细胞相似，故其恶性程度低；恶性肿瘤细胞可因其分化程度不同，恶性程度也有差异。未分化肿瘤细胞恶性程度最高，低分化、中分化和高分化的肿瘤细胞恶性程度依次递减。此外，某些分化良好的恶性肿瘤在发展过程中，也可出现去分化而变成高度恶性肿瘤，如平滑肌肉瘤、软骨肉瘤等去分化后转变为恶性纤维组织细胞瘤，这些都称为去分化肉瘤。

医学应用2　体细胞克隆技术、转基因克隆动物技术及应用

体细胞克隆技术是指将体细胞核移入去核的卵细胞中，并在一定条件下进行核卵重组，再植入代孕母体中发育成新个体的过程。转基因克隆动物技术是以已经导入了目的基因的动物体细胞为核供体，进行动物克隆以获得转基因克隆动物的技术。动物体细胞克隆和转基因克隆技术可以广泛应用于农业、人类医学、生物技术以及生命科学基础研究等诸多领域。利用动物体细胞克隆技术可以大量繁殖性状优良的家畜、培育转基因动物、挽救濒危动物、进行治疗性克隆；而转基因动物的培育又可用于人类珍贵药用和营养蛋白的生产、异种器官移植、基因表达调控的探索等。

第二节　细胞分化的分子基础

一、细胞分化的实质是基因选择性表达

虽然各种不同类型的分化细胞的结构和功能千差万别，但从蛋白质分子水平看，分化细胞间的差别源于合成的蛋白质的种类不同。蛋白质是由基因编码的，而同一机体的细胞都含有相同的基因，因此分化细胞间的差异主要是细胞中表达的基因不同所致，因此细胞分化实质上是基因选择性表达的结果。

（一）管家基因和奢侈基因

在细胞中，有些蛋白质是维持细胞生存所必需的，也是各类细胞所共有的蛋白质，这类蛋白质称为管家蛋白（house keeping protein），如膜蛋白、组蛋白、核糖体蛋白、线粒体蛋白、糖酵解酶等。编码管家蛋白的基因称为管家基因（house-keeping gene）。管家基因在各类细胞任何时期中都进行表达，因为这些基因的产物对于维持细胞的基本结构和代谢功能是必不可少的，但管家基因不参与细胞分化的决定，对细胞分化只有协助作用。另外一些蛋白质对细胞自身生存无直接影响，而与各类细胞的特殊性有直接的关系，这类蛋白质称为奢侈蛋白（luxury protein），如血红蛋白、肌动蛋白、分泌蛋白等。编码奢侈蛋白的基因称为奢侈基因（luxury gene）。奢侈基因只在特定的分化细胞和特定的

时期进行选择性表达。因此，细胞分化主要是奢侈基因中某种（或某些）特定基因的选择性表达的结果。

（二）基因的顺序表达

基因的表达不仅在不同的细胞类型中有差别，即使在同一类型细胞的不同发育阶段，基因的表达活性也不一样。在胚胎发育和分化过程中，有关的基因按一定的顺序相继活化的现象称基因的差次表达（differential expression）或基因的顺序表达（sequential expression）。研究表明，许多基因在染色体上的排列顺序和基因表达的时间顺序完全一致，如人体发育过程中的珠蛋白的基因表达就是基因顺序表达的一个典型例子。在胚胎发育过程中，人类的血红蛋白基因按顺序表达，在胚胎发育早期，先后合成 HbGowerⅠ（$\zeta_2\epsilon_2$）、HbGowerⅡ（$\alpha_2\epsilon_2$）和 HbPortland（$\zeta_2\gamma_2$）三类血红蛋白，出生前胎儿血红蛋白则以 HbF（$\alpha_2\gamma_2$）为主，而成人血液中的血红蛋白主要为 HbA（$\alpha_2\beta_2$）和少量 HbF 和 HbA$_2$（$\alpha_2\delta_2$）（图 12-1）。从各类珠蛋白在人体发育过程中的依次出现和消失与其编码基因的活化顺序相一致可以看出，细胞分化中基因的活性变化是基因差次表达的结果。

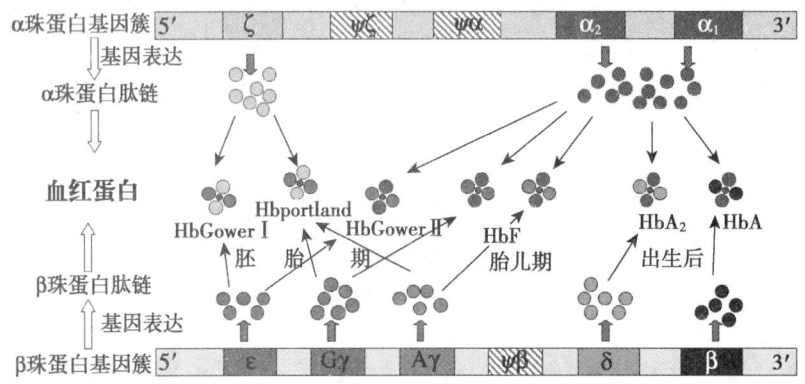

图 12-1 人类珠蛋白基因的顺序表达

二、细胞分化的基因表达调控

细胞分化是机体通过遗传的调节机制，严格按照时间、空间顺序，程序化地、精确有序地表达基因组的遗传信息，通过表达不同基因群来决定细胞的蛋白质种类和数量，因此，细胞分化的调控实质上就是基因表达的调控。基因表达调控可以在 DNA 水平、转录水平、翻译水平以及蛋白质形成后活性调节水平上进行。

（一）DNA 水平的调控

DNA 在个体生长发育和细胞分化过程中，会发生规律性的变化，从而控制基因表达和个体发育。

1. 基因丢失　某些低等生物在细胞分化过程中，其体细胞常发生部分染色质丢失现象。例如，马副蛔虫胚胎发育到一定阶段后，其体细胞的染色体发生破碎，使一些不含着丝粒的染色体断片在细胞分裂中丢失，而生殖细胞却保留着完整染色体。哺乳动物的红细胞在发育成熟过程中也出现细胞核丢失现象。这种基因丢失方式是一种正常的发育分化现象，与遗传病中染色体异常缺失不同。在细胞分化过程中，生物通过丢失某些基因的方式，来消除这些基因的活性，从而实现对基因表达的调控，这是一种极端形式的不可逆的基因调控方式。

2. 基因扩增　基因扩增是指真核细胞在发育分化或环境改变时，某些特定基因的拷贝数有选择性地大量增加的现象。这是因为在发育分化或环境改变时，细胞对某些基因产物的需求剧增，单纯靠调节基因的表达活性不能满足其需要，只有通过扩增基因的拷贝数才能在短期内产生足够基因产物。例如，在非洲爪蟾的卵母细胞中 rDNA 基因扩增现象显示，一旦卵母细胞成熟，rDNA 扩增停止，已合成的 rDNA 开始逐渐降解。受精之后，这些染色体外的 rDNA 就完全消失，而染色体的 rDNA 则行使其正常的功能。

3. **基因重排** 基因重排是指某些基因片段改变原来的存在位点，通过调整有关基因片段的衔接顺序，重排成为一个完整转录单位的现象。通过基因重排可以调节表达基因的种类和活性，使不同组织和器官的细胞产生不同的基因产物。例如，编码完整免疫球蛋白的基因是在淋巴细胞分化发育过程中，由原来分开的几百个不同的可变区基因经重新组合，与恒定区基因一起构成完整转录单位，从而产生各种不同类型的免疫球蛋白，实现免疫球蛋白的多样性。

4. **DNA的甲基化和去甲基化** DNA甲基化是指DNA分子上的胞嘧啶在甲基转移酶的催化下，被选择性地添加甲基，形成5-甲基胞嘧啶的现象。DNA甲基化能改变染色质结构、DNA构象、DNA稳定性及DNA与蛋白质的相互作用方式，降低DNA的转录活性，从而影响基因表达。如持续表达的管家基因多为非甲基化，奢侈基因在特定组织中为非甲基化或低甲基化，而在其他组织中则呈甲基化。随着个体的发育，细胞中DNA的甲基化程度越来越高。甲基化位点可随DNA的复制而遗传，使子代细胞获得与亲代细胞相同的甲基化。

DNA的甲基化可引起基因的失活，而去甲基化则能重新诱导基因表达。当组织需要某些基因表达时，这些基因就去甲基化，恢复转录活性。去甲基化可通过去甲基酶的作用或阻断DNA甲基转移酶的作用来消除甲基。哺乳动物受精后，基因组发生了一次广泛性的去甲基化。随后在卵裂过程中，基因组的去甲基化逐渐增强；进入囊胚期后，基因组的甲基化达到相当低的水平。之后，随着个体的发育，不断有基因被甲基化，不同类型的细胞建立起不同的DNA甲基化谱，使之具有不同的表达模式。

5. **组蛋白对基因表达的调控** 组蛋白带有正电荷，能与DNA链上带负电荷的磷酸基团结合，形成核小体结构，妨碍了DNA转录。活跃转录的染色质区段常缺乏核小体的结构，H_1组蛋白含量降低，核心组蛋白有乙酰化和泛素化、巯基化等现象，核小体结构不稳定或解体，染色质处于相对松弛的状态；而非转录区域染色质H_1组蛋白含量较高，核心组蛋白的去乙酰化水平高，核心组蛋白与DNA相互作用加强，导致染色质螺旋化程度增加而呈现凝缩状态。核心组蛋白的乙酰化可以中和其周围的正电荷，增加了组蛋白的亲水性，减弱了组蛋白与DNA的相互作用，暴露了DNA的转录区域。反之，去乙酰化增强了组蛋白与DNA的相互作用，遮蔽了DNA的转录区域。H_1组蛋白的存在遮蔽了基因的启动子序列，抑制基因的转录。

6. **非组蛋白对基因表达的调控** 组成染色质的非组蛋白种类繁多，性质各异，功能复杂多样，其种类、性质和数量随着物种、组织、细胞生理状态、发育和分化的不同时期等而变化，具有明显的种属和组织特异性。1976年，Gilmour和Panl将兔子的胸腺和骨髓细胞染色质的DNA、组蛋白和非组蛋白进行分离，然后进行染色质重组实验。实验结果表明，染色质重组后合成的产物RNA的种类与非组蛋白的来源一致，表明了特异的非组蛋白可能决定了相应的特定基因的转录。目前已知许多非组蛋白多为反式作用因子，可以与组蛋白竞争性与DNA结合，解除组蛋白对基因表达的抑制作用。有些非组蛋白则起着蛋白质或酶的功能，通过磷酸化或去磷酸化的方式调节基因表达。

（二）转录水平的调控

转录控制是真核生物控制基因表达最重要的调控方式，通过转录调控，控制基因在不同组织中进行差异表达。

1. **反式作用因子与顺式作用元件的相互作用** 真核细胞中存在多种特异性的DNA结合蛋白，它们能够与靶基因相邻的特定DNA序列结合，促进或抑制该基因的转录。这类特异性的DNA结合蛋白称为反式作用因子（trans-acting factor）或转录因子（transcription factor，TF）。能与反式作用因子相结合、对基因表达有调节活性的DNA序列则称为顺式作用元件（cis-acting element）。顺式作用元件包含启动子（promoter）、增强子（enhancer）和沉默子（silencer）三类，具有启动、增强和抑制基因转录的作用。反式作用因子可分为通用转录因子和基因调节蛋白两类，前者与启动子结合而启动转录，后者与增强子、沉默子相结合调节基因的转录。反式作用因子与顺式作用元件相结合，通过启动、增强和抑制基因转录起到调控基因转录活性的作用。通常是几种反式作用因子控制某一基因表达，但同一种反式作用因子也可以参与不同的基因表达调控，通过反式作用因子的组合调控作用，利用有限反式作用因子控制大量的基因表达，正是因为如此，形成了不同细胞的基因选择性表达。

2. DNA 转录后的产物还需要经过加工才能成为成熟的 mRNA，mRNA 加工涉及一系列复杂过程，包括 hnRNA 的加工修饰、选择性拼接和运输，因此，对这些过程的调节也可控制某些基因的表达。同一 mRNA 前体通过不同的加工、选择性剪接和 RNA 编辑，可以获得不同类型的成熟 mRNA。例如，Bax 基因转录出的 hnRNA 经过选择性剪接可形成 α、β、γ 三种 mRNA：①Baxα mRNA 保留全部 6 个外显子，编码 192 氨基酸；②Baxβ mRNA 保留全部外显子和第 5 个内含子（含终止密码子），实际编码 218 个氨基酸；③Baxγ mRNA 只保留 5 个外显子，删除了第 2 个外显子，实际编码 151 个氨基酸。此外，mRNA 在细胞质中的定位运输可以造成细胞内蛋白质不均一分布，通过不均等分裂影响细胞分化。

（三）翻译水平的调控

在分化细胞内并没有专门翻译某种 mRNA 的调节机制。如将兔、小鼠、鸭的编码珠蛋白的 mRNA 注入爪蟾卵母细胞中，爪蟾的卵母细胞对不同的外来 mRNA 一律翻译，说明细胞质对 mRNA 翻译无选择性。翻译水平的对基因表达的调控通常是通过调节细胞的整体翻译水平来实现的。

1. "潜伏的" mRNA 的激活　在真核生物未受精的卵细胞中，贮存着大量的 mRNA，但在受精前它们中的大多数并不能进行蛋白质的合成。一般将这些储存在卵细胞中为后期发育合成蛋白质用的、没有翻译活性的 mRNA 称为"潜伏的" mRNA（masked mRNA），又称为隐蔽信使。"潜伏的" mRNA 没有翻译活性是因为这些 mRNA 与一些蛋白质结合而被抑制了活性。在受精后几分钟，这些潜伏的 mRNA 迅速去抑制而被激活，蛋白质合成急剧增加，以满足快速卵裂的需要。通过"潜伏的" mRNA 的激活，启动母本 mRNA 翻译，控制基因的表达。

2. mRNA 稳定性的控制　真核生物基因的翻译调控的另一个重要方式是控制 mRNA 的稳定性。mRNA 的寿命越长，以它为模板进行翻译的次数越多，因此控制 mRNA 的稳定性也就可以控制基因的表达。一般来说，管家基因的 mRNA 寿命比较长，因为这些基因的产物是细胞生命活动所必需的；而有些蛋白质（如编码调节蛋白）的 mRNA 寿命比较短，这些蛋白质在细胞中的水平变化迅速，与它们的功能相适应。例如，调控细胞周期的蛋白质，其 mRNA 的半衰期仅为 10~30 分钟。

mRNA 的寿命与它的多聚腺苷酸尾巴长度有关，一旦多聚腺苷酸尾巴减少到一定长度，mRNA 会迅速降解。许多不稳定的 mRNA 在 3′端非翻译区含有一段富含 A 和 U 的核苷酸序列，这是引起 mRNA 不稳定的原因。除此之外，某些 mRNA 的稳定性还受到细胞外信号的影响。例如，在脊椎动物中，一些具有组织特异性的激素常常造成 mRNA 稳定性的差异。

3. 翻译的起始调控　大多数生物的网织红细胞是没有细胞核的，因此也没有 DNA，但细胞中存在大量的珠蛋白 mRNA，所以珠蛋白的合成调节完全依赖于翻译水平。血红素对珠蛋白合成的调控就是其中一种方式，这种调节是通过对翻译起始复合物的形成来控制的。红细胞内含有一种称为 HCR 的蛋白质（控制血红素阻遏物 hemim-controlled repressor，又称 eIF-2 激酶），无活性的 HCR 可通过磷酸化形成有活性的 HCR，而有活性的 HCR 又使 eIF-2 磷酸化并失去活性。血红素可与 HCR 结合，阻止 HCR 磷酸化。因此当有血红素存在时，HCR 失去活性，抑制 eIF-2 磷酸化，使 eIF-2 保持活性状态，促使细胞翻译起始复合物形成，开始合成珠蛋白。当细胞缺乏血红素时，因为没有血红素与 HCR 结合，HCR 磷酸化而具有蛋白激酶活性，催化 eIF-2 磷酸化致使 eIF-2 失活，抑制珠蛋白的合成（图 12-2）。

（四）翻译后加工的调控

真核生物中合成的多肽都要进行酶的切割和共价修饰，这种翻译后的加工对于酶活性的调节是非常重要的。在真核生物中许多激素的合成都是以一个共同的前体合成的，称为聚蛋白，然后切割成不

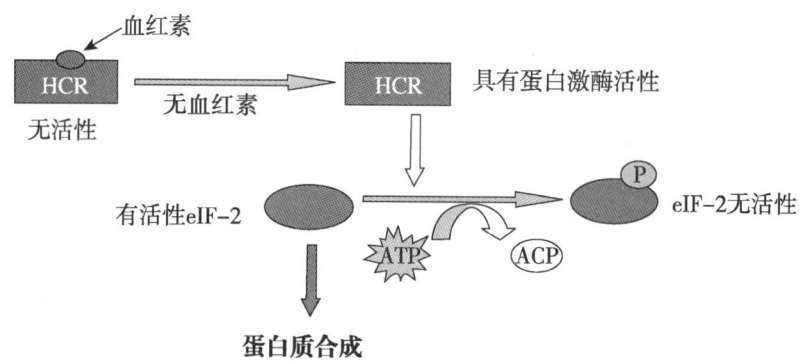

图 12-2　血红素对珠蛋白合成的调控

同的蛋白质。但是在不同的组织中，切割的方式不同，因此相同的基因在不同的组织中合成不同的激素蛋白。例如，在大鼠脑垂体的前叶和中叶都能合成多肽蛋白阿黑皮素原（POMC），POMC 经组织特异性的翻译后加工产生两套不同的多肽激素。在前叶只被切成促肾上腺素（ACTH）和 β-促脂解素（β-LPH），但是在垂体中叶，多肽激素则要被进一步切割产生 5 种不同的激素：γ-MSH、α-MSH、CLIP、γ-LPH、β-END（图 12-3）。

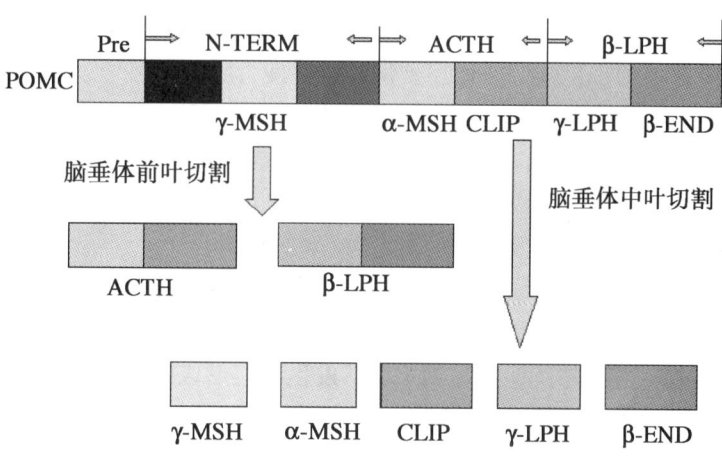

图 12-3　阿黑皮素原（POMC）的翻译后加工

第三节　影响细胞分化的因素

一、影响细胞分化的内在因素

决定胚胎细胞分化的因素很多，而且机制复杂。细胞核与细胞质的作用是影响细胞分化的主要内在因素。在细胞分化中，细胞核起重要或决定性的作用，一方面，细胞核中的基因控制了细胞质中蛋白质的合成及物质代谢，决定生物体的性状；另一方面，细胞质对核内基因的活性有控制作用，通过调节细胞核中的基因表达影响细胞分化。动物的卵母细胞中的 mRNA、蛋白质等组分在细胞质中并不是均质分布的，在受精卵卵裂时，由于卵细胞质各区的组分为非均质性，使不同的胞质组分（mRNA 或蛋白质）随卵裂分别进入不同的子细胞。细胞质组分的变化反过来又作用于细胞核，调控不同的核基因表达，使不同的子细胞合成不同类型的蛋白质，在一定程度上决定了细胞的早期分化。

因此，核质的相互作用共同影响细胞分化。

二、影响细胞分化的外在因素

(一) 环境因素

环境因素如温度、光线等对细胞分化可以产生一定的作用，进而影响生物的个体发育。如低等脊椎动物的性别分化除受遗传因素控制外，还受到温度、光照、pH、食物供给、外源激素及动物群体行为等多方面因素的影响而改变其性腺发育的方向。环境因素可能通过影响第一次不均等分裂而决定细胞的分化。但是，这些影响因素又都是通过细胞自身的遗传基础发挥作用的，因而细胞分化的基础是建立在细胞的内部，而环境因素只是条件。

(二) 细胞间的相互作用

1. 胚胎诱导 (embryonic induction)　胚胎发育过程中，一部分细胞对邻近细胞产生影响并具决定其分化方向的作用，称为胚胎诱导或分化诱导。如蛙胚发育到22天时，前脑两侧向外凸出形成视泡，视泡将诱导与其接触的上方外胚层上皮形成晶状体。如将视泡切下，移到头部任何部位，都可诱导其接触的上方外胚层发育为晶状体。这一实验表明哺乳动物早期胚胎细胞的决定，与细胞所在的细胞环境有关。胚胎诱导具有严格的组织特异性和发育时空限制，能对其他细胞的分化起诱导作用的细胞称为诱导者，被诱导而发生分化的细胞称为反应者。诱导相邻细胞发育的信号分子是一些可扩散的组织特异性蛋白质，称为成型素。诱导者的作用方式可能是为反应者提供打开基因的信息或者是激活基因转录，以指导组织特异性蛋白质合成。

2. 分化抑制 (differential inhibition)　分化抑制是指在胚胎发育中，已分化的细胞可以抑制邻近细胞进行相同分化而产生的负反馈调节作用。例如，把发育中的蛙胚置于含蛙心组织碎片的培养液中，胚胎受到抑制不能产生正常的心脏。若去除成体蛙心组织，则蛙胚发育正常。这说明，已分化的细胞可产生某种物质，抑制邻近细胞向其相同方向分化，这种物质称为抑素。分化抑制在防止器官、组织的过度发育和增殖中起着重要作用，是发育过程中常见的负反馈调节现象。分化抑制和分化诱导共同协调作用，维持正常细胞的分化和胚胎的发育过程。

3. 细胞识别 (cell recognition)　细胞识别是指细胞通过其表面的受体与胞外信号物质分子（配体）选择性地相互作用，从而导致胞内一系列生理、生化变化，最终表现为细胞整体的生物学效应的过程。细胞经过识别而选择性地与其他细胞相亲和，发生聚集形成细胞团或组织的现象称为细胞黏着 (cell adhesion)。一旦细胞识别并黏着，其质膜各部分就紧密结合成为细胞间传递离子、电荷及分子的通道。细胞识别是细胞发育和分化过程中一个十分重要的环节，在发育过程中，由于细胞间细胞黏着的强度不同，决定着细胞在内、中、外三胚层的分布。在器官形成过程中，通过细胞黏着，使具有相同表面特性的细胞聚集在一起形成器官。

三、激素对细胞分化的调控

细胞之间的分化调节方式中，除了相邻细胞之间的作用外，还有远距离的调节作用。随着机体发育，细胞数目增加，机体体积增大，结构逐渐复杂，机体对个体发育和细胞分化的控制必须在远距离情况下发挥作用，而且要对位于远处的靶细胞所出现的变化作出反应。远距离细胞的分化调节主要依赖激素的作用，激素对细胞分化的作用主要发生在胚胎发育晚期或胚后发育中，所以激素引起的反应是按预先决定的分化程序进行的，其作用主要是引起靶细胞进行分化。例如，在正常胚胎发育中，睾酮能促进生殖结节、生殖褶和生殖隆起发育为男性的外生殖器。当性腺为卵巢时，因无睾酮分泌，则生殖结节、生殖褶和生殖隆起发育为女性的外生殖器。如果男性胚胎的睾酮分泌不足则导致生殖结节、生殖褶和生殖隆起发育为女性的外生殖器，使外生殖器呈女性化；同样，如果在女性胚胎发育过程中，母体内雄性激素水平过高，则会导致外生殖器男性化。激素的作用方式主要分为两种：多肽类及儿茶酚胺类激素等属于水溶性激素，水溶性激素不能透过细胞膜进入胞内，只能与靶细胞膜受体结合，然后通过细胞内的第二信使调节基因活动；类固醇激素、甲状腺激素、维甲酸等激素为脂溶性，能透过细胞膜进入细胞内，与各自的胞内受体结合，影响细胞核内的靶基因转录。

> **医学应用 3　肿瘤细胞的诱导分化**
>
> 　　肿瘤是细胞在各种致瘤因素的作用下，失去对其生长的正常调控，导致细胞异常增生。从细胞分化理论角度分析，肿瘤细胞来源可能有两种：①由正常细胞通过逆向分化成为肿瘤细胞；②因干细胞分化异常细胞所致。目前许多研究结果多倾向于认为肿瘤来源于分化异常的干细胞，并由此创立了肿瘤干细胞学说。该学说认为，正常成体干细胞由于内源性或外源性的刺激，导致基因发生突变，正常分化过程受到干扰，出现分化偏差，转变为肿瘤干细胞。肿瘤干细胞不断增殖分化，成为肿瘤组织疯狂生长的源泉。同时，肿瘤干细胞具有干细胞的转移性，使肿瘤在机体内蔓延。迄今为止，已经在白血病、脑肿瘤、乳腺癌、前列腺癌、结肠癌、胃癌、头颈部肿瘤、肺癌、卵巢癌、黑色素瘤、胰腺癌和肝癌等恶性肿瘤中成功分离出肿瘤干细胞。肿瘤干细胞学说的提出，为肿瘤治疗提供了一种新的手段——诱导分化治疗。诱导分化是指在分化诱导剂的作用下，肿瘤细胞的形态特征、生长方式、生长速度和基因表达等表型均向正常细胞接近，甚至完全转变为正常细胞的现象。采用这一策略进行恶性肿瘤的治疗，称为分化治疗。肿瘤的诱导分化剂有多种，按照来源可分为内源性和外源性两类，前者是指肿瘤或宿主细胞所产生的具有分化诱导作用的化学物质，例如集落刺激因子、糖皮质激素、前列腺素及一些细胞因子等，后者是指肿瘤或宿主细胞不能产生而必须依赖外界补给的分化诱导剂，如维甲酸类、核苷及其类似物、抗癌抗生素类、有机化合物类等。目前，诱导分化治疗的研究非常活跃，已成为国际肿瘤研究的新热点。

第四节　干细胞

　　1998 年 11 月，James A. Thomson 和 John D. Gearhart 领导的研究小组分别报道从囊胚内细胞团和流产胎儿的生殖嵴中分离培养胚胎干细胞获得成功并建立了细胞系。这一成果被认为是生命科学研究的重大技术突破和里程碑，立即引起科学界、世界各国政府和社会各阶层的广泛重视。由于胚胎干细胞在体外具有无限增殖和多向分化的潜能，已成为生命科学和生物医药等多个领域的研究工具，利用干细胞移植可治疗各种难治性疾病，定向诱导干细胞分化与细胞工程再造各种机体组织器官以供临床治疗已成为可能。1999 年，干细胞研究又有了振奋人心的重要突破，不仅在成体各种组织发现了成体干细胞，而且证实成体干细胞不但具有定向分化为所在组织特定类型的成熟细胞，而且还可以横向分化为多种类型细胞的能力。因此，美国《科学》杂志于 1999 年将人类胚胎干细胞研究成果列为世界十大科技进展的榜首。2000 年，成体干细胞的研究成果被《科学》杂志列入世界十大科技进展之一。

一、干细胞的分类

　　干细胞（stem cell，SC）是一类具有自我更新能力和分化潜能的细胞，在特定条件下具有分化产生一种以上类型的特化细胞的能力。干细胞存在于胚胎、胎儿组织和成熟个体各种组织器官中。来自胚胎和胎儿组织的胚胎干细胞是一种高度未分化细胞，具有多向分化潜能，可分化为机体任何一种组织器官的细胞；而存在于成熟个体各种组织器官中的成体干细胞也具有自我更新能力，但分化潜能较低，通常只能分化为相应组织器官的细胞。根据干细胞的来源可将干细胞分为：

（1）胚胎性干细胞（embryonic stem cells）：包括由胚胎内细胞团分离出的胚胎干细胞（embryonic stem cell，ES 细胞）和从畸胎癌中分离到的胚胎癌细胞（embryonal carcinoma cell，EC 细胞），以及来源于早期胚胎经体外培养而筛选出来的胚胎生殖细胞（embryonic germ cell，EG 细胞）。

(2) 成体干细胞（adult stem cell，ASC）：指存在于成熟个体各种组织器官中的未分化细胞，具有自我更新能力并能够分化形成该类组织的细胞。在特定条件下，成体干细胞可通过细胞分裂和分化，形成相应组织器官的细胞，从而维持组织内环境的稳定。

根据干细胞分化潜能的大小，可将干细胞分为：

(1) 全能干细胞（totipotent stem cells）：它具有形成完整个体的分化潜能，具有这种潜能的细胞称为全能干细胞。如受精卵和卵裂早期的桑葚胚细胞。

(2) 三胚层多能干细胞（pluripotent stem cells）：如囊胚期内细胞团的细胞。单独移植内细胞团细胞到子宫并不能形成新的个体，因为它不能分化出胎盘支持胎儿生长，因此它不再具有全能性。内细胞团细胞虽然失去了发育成完整个体的能力，但仍具有分化为机体中任何一种组织器官的潜能，这类细胞称为三胚层多能干细胞。

(3) 单胚层多能干细胞（multipotent stem cells）：当胚胎发育到 3 个胚层后，细胞分化潜能进一步受限，每个胚层的细胞只能分化为该胚层的组织器官的细胞，这类细胞称为单胚层多能干细胞。如中胚层的细胞通常只能分化形成骨、肌肉、软骨、脂肪及其结缔组织等。

(4) 单能干细胞（monopotent stem cells）：也称专能或偏能干细胞（unipotent stem cells）。这类干细胞只能向一种类型或密切相关的两种类型的细胞分化，大多数成体干细胞均属于单能干细胞。

二、干细胞的生物学特性

(一) 干细胞的形态与生化特征

干细胞多为圆形或椭圆形，细胞体积小，核大，核质比高。染色质分布弥散，核仁明显，除含有游离核糖体外，其他细胞器较少且小。不同种类的干细胞具有不同的生化特征，但都具有较高的端粒酶活性。

(二) 干细胞的增殖特性

1. 干细胞增殖的缓慢性　干细胞具有自我更新能力，体外培养能无限地分裂增殖，但是干细胞分裂增殖缓慢，有时可在较长时间内处于 G_0 期，且增殖速度慢。干细胞缓慢增殖有利于其对特定的外界信号作出反应，以决定其是进行增殖还是进入特定的分化程序。干细胞进行分化时，并非直接分化为分化细胞，而是先分裂产生一类介于干细胞和分化细胞之间的过渡细胞——过渡放大细胞（transit amplifying cell）。过渡放大细胞具有较强的增殖能力，但已失去多向分化能力，只能向某类细胞定向增殖分化，故也称为定向干细胞（committed stem cell）或祖细胞（progenitor cell）。过渡放大细胞分裂速度较快，经过若干次分裂后分化为终末分化细胞。通过过渡放大细胞，可以利用较少的干细胞产生较多的分化细胞，减少干细胞基因突变的危险。

2. 干细胞增殖的自稳定性　在生物个体发育过程中，干细胞不断自我更新并维持自身数目恒定，这就是干细胞的自稳定性。干细胞通过对称分裂和不对称分裂两种方式来维持自稳定性。对称分裂（symmetry division）是指分裂后形成的两个子细胞为同型细胞，子细胞要么都是干细胞要么都是分化细胞。不对称分裂（asymmetry division）是指分裂后形成的两个子细胞为异型细胞，其中一个是保留着亲代特征的干细胞，另一个则成为功能专一的分化细胞。胚胎干细胞的分裂属于不对称分裂，通过不对称分裂，使细胞产生分化。成体干细胞的分化在低等动物（如单细胞生物及无脊椎动物）严格遵循不对称分裂的方式，而高等动物的成体干细胞的分裂方式属于种群不对称分裂（populational asymmetry division），即从单个成体干细胞的分裂来看，其分裂方式属于对称分裂，但从整个组织细胞群体上看，则属于不对称分裂。因为有一部分干细胞通过对称分裂产生子代干细胞以维持其自身数目恒定，而另一部分干细胞则分裂产生过渡放大细胞形成分化细胞来维持生理活动需要。

(三) 干细胞的分化特征

胚胎干细胞具有发育的多能性，在解除分化抑制剂作用下，可以分化发育成为机体的各种不同类型细胞和形成多种组织的能力。成体干细胞多为单胚层多能干细胞或专能干细胞，在自然条件下通常只能分化形成某一特定组织的细胞类型。但在特定的外界条件诱导下，一种组织的成体干细胞可以"横向"分化成其他组织的功能细胞。成体干细胞在适当条件下分化为其他组织细胞类型的现象，称为干细胞的可塑性（stem cell plasticity）或干细胞的转分化（trans differentiation）。1997年，Eglitis等研究发现雄性小鼠骨髓干细胞在雌鼠体内能重新分化为神经胶质细胞；1999年，Malcolm Alison等发现接受了骨髓移植的患者体内有部分骨髓干细胞生成了肝细胞。越来越多的研究结果都证实成体干细胞确实具有转分化的潜能。有关干细胞转分化的机制，目前尚未明确。一般认为，干细胞的微环境对其转化具有非常重要的作用。干细胞的微环境又称为干细胞生态龛（stem cell niche）是一系列的干细胞与细胞外所有物质共同构成的一个干细胞生长的微环境。控制干细胞增殖与分化的外部信号可以通过干细胞生态龛影响干细胞，当干细胞被置于新的干细胞生态龛后，干细胞的特性会发生改变而带有新环境的烙印，从而表现出干细胞的可塑性。

成体干细胞除了具有转分化能力外，还可以向其前体细胞逆向转化，称为干细胞的去分化（dedifferentiation）。去分化现象在植物细胞中很常见，这也是植物组织培养的理论基础。但是对于高等动物细胞是否存在逆向分化一直存在争论，证据亦较少。有实验表明，将小鼠造血干细胞植入卵泡的内细胞团后，造血干细胞分化发生逆转，提示有干细胞去分化现象。

三、胚胎干细胞

胚胎干细胞通常只是指由囊胚内细胞团细胞经体外培养、分离、克隆得到的具有发育多能性的 ES 细胞。

(一) 胚胎干细胞的获得

目前获取胚胎干细胞主要有三种途径：①从早期胚胎获得：对体外受精发育的囊胚期胚胎，采用免疫外科法去除滋养层，保留内细胞团细胞，经体外培养、分离、克隆得到的具有发育多能性的 ES 细胞（图 12-4）。②从原始生殖细胞获得：从发育5~9周的流产胎儿的生殖嵴分离出原始生殖细胞（EG 细胞）（图 12-4）。③从体细胞核移植的卵细胞获得：将体细胞核转移到未受精的去核卵母细胞中，在锶的激活下，从发育成囊胚的内细胞团中分离筛选出 ES 细胞（图 12-5）。

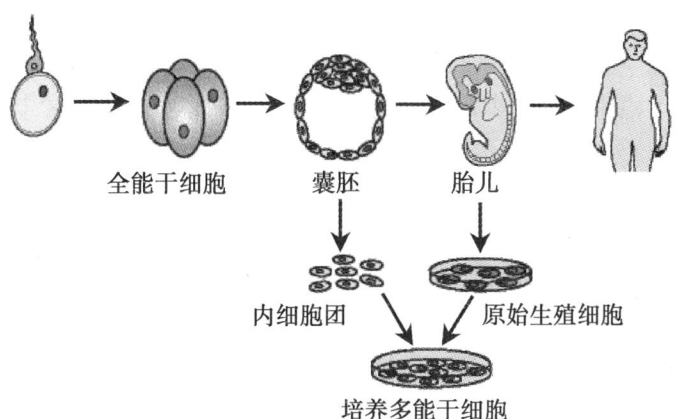

图 12-4 利用体外受精获得囊胚的内细胞团细胞或从流产胎儿的生殖嵴分离出原始生殖细胞

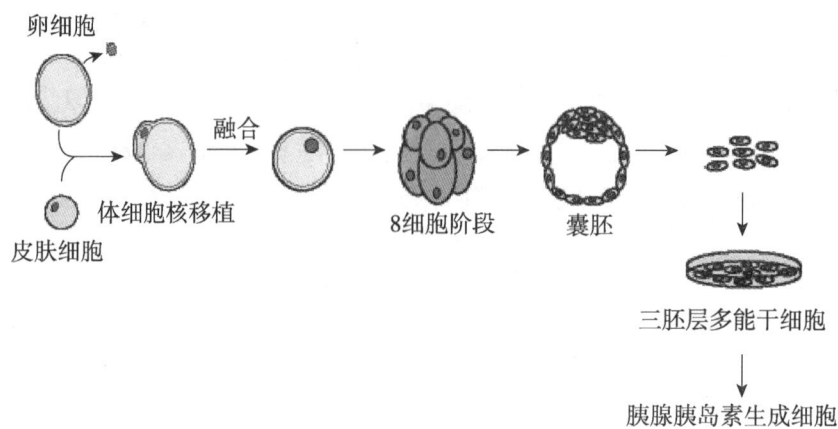

图 12-5　体细胞核移植技术用于 ES 细胞系建立

（二）胚胎干细胞的生物学特性

1. **胚胎干细胞的形态学特征**　ES 细胞除具有干细胞一些共同的形态特征外，其体外培养呈多层集落状生长，细胞紧密聚集在一起，形似鸟巢，细胞界限不清。不同物种、类型的胚胎干细胞的结构特征有一定差异。如小鼠 ES 细胞和人 EG 细胞形成的细胞集落一般呈紧密的球形，而人及某些灵长类动物的 ES 细胞形成的细胞集落相对较为扁平、松散。

2. **胚胎干细胞的特异性标记分子**　胚胎干细胞的特异性标记分子是指在胚胎干细胞未分化状态下高度表达的蛋白质分子，细胞一旦分化，这些基因的表达会迅速降低甚至关闭。目前常用于鉴别 ES 细胞的特异性标记分子主要有 Oct4、阶段性胚胎细胞表面抗原（stage specific embryonic antigens，SSEA）和碱性磷酸酶（AKP）、端粒酶（telomerase）等。①Oct4：Oct4 最早表达于胚胎 8 细胞时期，随后在桑葚胚卵裂球、囊胚期内细胞团、原始外胚层和胚胎原始生殖细胞均可检测到 Oct4 表达。Oct4 只在未分化多能性干细胞中表达，因此被广泛用于鉴定胚胎干细胞。②AKP：AKP 主要在未分化的多能性干细胞中表达，而在已分化的胚胎干细胞中 AKP 表达呈弱阳性或阴性。③SSEA：SSEA 表达于胚胎发育早期和未分化的多能性干细胞中，故常作为胚胎干细胞的标志分子。SSEA 的表达具有种属特异性，如在小鼠的 ES 细胞和 EC 细胞的表面均可检测到 SSEA1，而人的 ES 细胞、EC 细胞不表达 SSEA1，而表达 SSEA3、SSEA4。④端粒酶：染色体端粒对维护染色体结构有重要作用，端粒随着 DNA 复制次数增加而不断缩短，制约了细胞的无限增殖。端粒酶能催化染色体端粒合成，参与端粒长度的维持。ES 细胞具有很高的端粒酶活性，保证 ES 细胞能够无限增殖。

3. **胚胎干细胞的定向分化**　胚胎干细胞具有发育的多能性，在解除分化抑制剂作用下，可以分化发育成为机体的各种不同类型细胞和形成多种组织。如用胚泡注射法将供体的胚胎干细胞与受体胚泡结合在一起，然后转移到假孕母体子宫中进一步发育，可得到各种组织器官由供体的 ES 细胞和受体胚泡细胞发育而来的嵌合体动物（图12-6）。

受体胚胎供体鼠为 C57BL/6J 小鼠，毛色为黑色，受体鼠为白色 ICR 小鼠。共注射 65 个胚胎，获嵌合小鼠 2 只，毛色嵌合率在 50% 以上，以腹部、头部嵌合为主，形成浅肉色和黑色。

ES 细胞体外培养时，使用饲养层细胞（feeder cell）或在培养基中加入抑制分化的因子如白血病抑制因子（LIF）等，可以使 ES 细胞保持无限的分裂增殖和未分化状态。饲养层细胞是一些经过射线照射或丝裂霉素等处理的作为细胞附着底物的细胞，该细胞经处理后已失

图 12-6　胚胎干细胞移植获得的嵌合体小鼠

去了分裂的能力，但仍可生存并能够持续分泌促进胚胎干细胞增殖和抑制其自主分化的因子，如LIF、干细胞因子（SCF）和碱性成纤维细胞生长因子（bFGF）等。通常采用胎鼠的成纤维细胞作为饲养层细胞材料。

当改变培养条件，去除抑制分化的细胞因子，加入定向分化生长因子或化学诱导剂，ES细胞可以被定向诱导分化为机体任何一种细胞类型。目前对于ES细胞定向诱导分化常用以下三种策略：①改变细胞的体外培养条件：除去抑制细胞分化的因素，如除去饲养层细胞或LIF，或改用悬浮培养，根据诱导方向在培养基中加入不同种类的定向分化因子及化学诱导剂等，也可以将ES细胞与其他细胞一起培养，加入不同类型的细胞来诱导细胞分化。②导入外源性基因：将在特定发育阶段中起决定作用的基因导入胚胎干细胞的基因组中，使胚胎干细胞准确地分化为某一特定类型的细胞。③体内定向分化：将胚胎干细胞移植到动物体内的不同部位，在不同的微环境中，这些胚胎干细胞多数将分化为该组织特异性的细胞。

（三）胚胎干细胞的应用前景

由于在适当条件下，胚胎干细胞可被诱导分化为多种细胞、组织，也可以与受体胚胎嵌合形成嵌合体，因此胚胎干细胞在生命科学中有广泛的应用前景：①ES细胞是研究早期胚胎发育的良好模型。采用基因芯片技术，比较ES细胞、不同发育阶段的干细胞和分化细胞的基因转录与表达，可以确定胚胎发育及细胞分化的分子机制，明确各种先天缺陷的原因。②ES细胞是研究人类疾病的良好模型。对于各种人类疾病发病机制及影响因素的研究，往往需建立疾病的动物模型，但许多疾病的研究因缺少有效的动物模型而进展缓慢，而ES细胞的出现即可解决这些问题。因为干细胞具有分化为体内各种组织细胞的潜能，研究者可根据不同疾病，利用干细胞建立相应的疾病模型。③ES细胞是对药物毒性进行鉴定的理想模型。胚胎干细胞可在体外定向诱导分化成体内各种细胞类型，也可以模拟体内细胞与组织细胞间复杂的相互作用，若用它对药物进行药理和毒理实验，将更接近人体内部的各种组织器官，因此在药物检测上更安全和经济。④ES细胞是进行基因功能研究的有效手段。利用胚胎干细胞与基因打靶技术，将有助于研究功能基因在胚胎发育阶段的作用。⑤ES细胞是细胞替代治疗和基因治疗的载体。胚胎干细胞可以为细胞移植提供无免疫原性的材料，任何涉及丧失正常细胞的疾病都可以通过移植由胚胎干细胞分化而来的特异性组织细胞来治疗。胚胎干细胞还是基因治疗最理想的靶细胞，胚胎干细胞能自我复制更新，能把治疗基因带入体内，使治疗基因能够持续发挥作用。

四、成体干细胞（adult stem cells）

成体干细胞是一类存在于发育成熟机体器官组织中的具有自我更新能力和一定分化潜能的未分化细胞。成体干细胞存在于各种组织的特定位置上，一旦需要，这些细胞便可按发育途径，先进行细胞分裂，然后经过分化成为相关组织器官的特定细胞类型，以维持组织细胞的生理性更新和损伤修复，维护机体功能的稳定。成体干细胞存在的部位不一，数量较少，并随着年龄的增长不断减少，但随着各种组织成体干细胞的分离与鉴定技术逐步走向成熟，分离鉴定出的成体干细胞类型将越来越多。

（一）造血干细胞（hematopoietic stem cells，HSC）

HSC具有高度的自我更新、多向分化、跨系分化与重建长期造血的潜能。正常情况下，HSC经过不对称性分裂，一个子细胞仍保持造血干细胞的全部特征，使造血干细胞的数目和质量维持不变；另一个子细胞分化为造血祖细胞（hemopoietic progenitor cells，HPC），通过造血祖细胞快速分裂，使细胞数量逐步放大，再由造血祖细胞逐步分化为形态可辨认的前体细胞，最终分化为成熟的各种不同类型的血细胞（图12-7）。

HSC主要存在于骨髓、外周血、脐带血中，除了具有高度自我更新和自我维持外，还具有广泛的迁徙性和特异性的归巢性，能优先定位于相应的造血微环境中，并以非增殖状态和缺乏相关抗原的方式存在。HSC在组织中数量较少，主要通过其表面标志来分离、纯化，其主要分选标志为

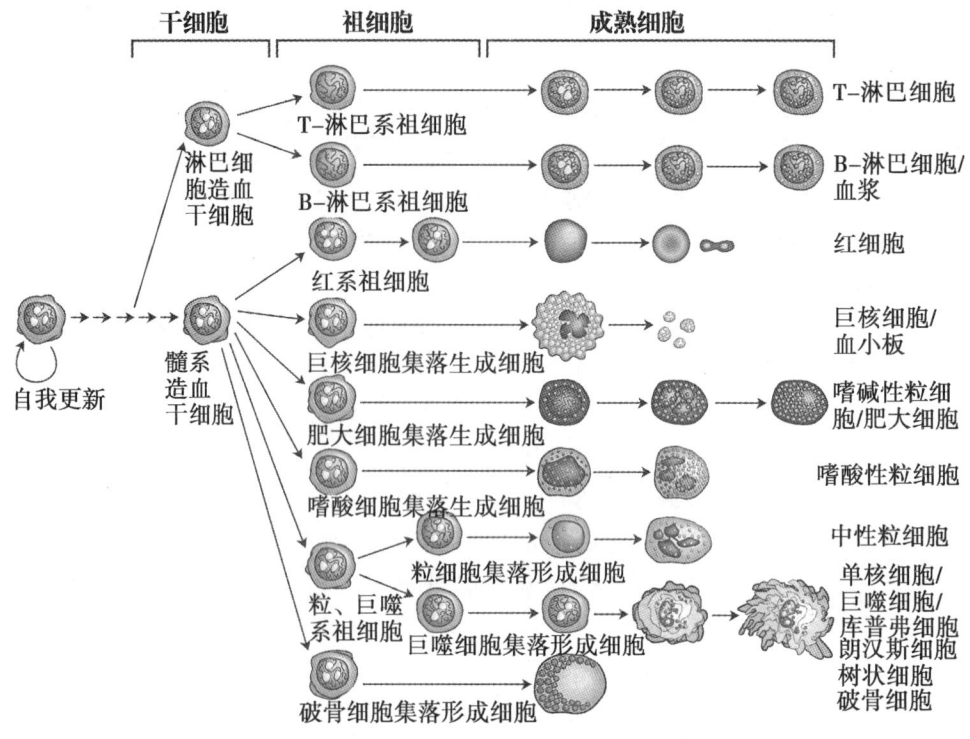

图 12-7 造血干细胞更新与分化

CD34+、CD38、Thy1+、ckit 等。

HSC 是在临床治疗中应用较早的干细胞，早在 20 世纪 50 年代，临床上就开始应用骨髓移植方法来治疗白血病。到 80 年代末，外周血干细胞移植技术开始广泛应用，但仍然受到 HLA 抗原配型的限制。脐带血 HSC 的发现，使 HSC 应用前景更为广阔。脐带血 HSC 优点在于没有来源的限制，对 HLA 配型要求不高，不易受病毒或肿瘤的污染。HSC 移植除了用于治疗急性白血病和慢性白血病外，还可用于治疗重型再生障碍性贫血、珠蛋白障碍性贫血、恶性淋巴瘤、多发性骨髓瘤等血液系统疾病以及小细胞肺癌、乳腺癌、睾丸癌、卵巢癌、神经母细胞瘤等多种实体肿瘤。由于 HSC 在体内可向肝细胞、神经组织细胞、肌肉细胞及心肌血管内皮细胞分化，并可在体内迁移至损伤部位，因此，HSC 将来还可用于组织和器官的修复与再生。

（二）间充质干细胞（mesenchymal stem cells，MSC）

MSC 是指一群具有向成骨细胞、成软骨细胞、成脂肪细胞、骨髓基质甚至肝细胞和神经细胞等细胞分化的多能干细胞。MSC 最初在骨髓中发现，后来又从脐带血、外周血、骨骼肌、软骨、肌腱、脂肪组织、血管等组织中分离出 MSC。MSC 在体内或体外特定的诱导条件下，可分化为脂肪、骨、软骨、肌肉、肌腱、韧带、神经、肝、心肌、内皮等多种组织细胞。利用 MSC 进行组织工程学研究有如下优势：①取材方便，MSC 可取自自体骨髓，也可从脐带血中分离，且在体外容易分离培养和扩增。②对机体无害，由于 MSC 取自自体，由它诱导而来的组织在进行移植时不存在组织配型及排异问题。③由于 MSC 分化的组织类型广泛，理论上可以分化为所有的间质组织细胞，可作为理想的种子细胞用于衰老和病变引起的组织器官损伤修复。脐带血间充质干细胞能表达多种胚胎干细胞的特有分子标志，具有分化潜力大、增殖能力强、免疫原性低、取材方便、无道德伦理问题的限制、易于工业化制备等特征，因此有可能成为最具临床应用前景的多能干细胞。

（三）神经干细胞（neural stem cells，NSC）

NSC 是一类具有分化为神经元、星形胶质细胞及少突胶质细胞能力的单能干细胞。存在于胚胎神经系统和成人脑侧脑室下层（SVZ）和海马齿状回两处（图 12-8）。NSC 是未分化的原始神经细胞，无论在体内还是在体外都特异性地表达一种特征性的抗原——中间丝蛋白，因其主要存在于神经上皮干细胞，故名神经巢蛋白（nestin）。NSC 具有迁移特性和良好的组织融合性，移植后的 NSC 受到病变部位神经源性信号的影响，向病变部位迁移，随后分化成特异性细胞并与病变部位组织融合。NSC 是未分化的原始细胞，不表达成熟细胞抗原，具有低免疫原性，故在移植后较少发生异体排斥反应，有利于其存活。

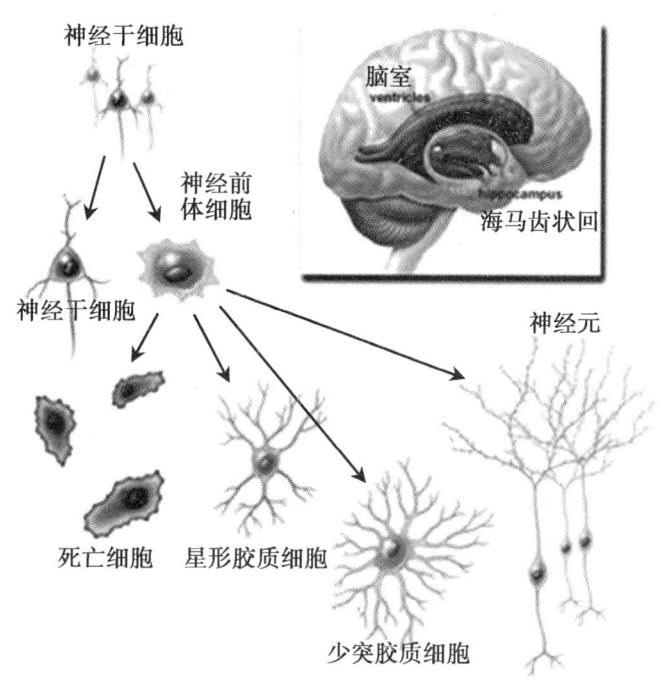

图 12-8　神经干细胞的位置与分化

许多神经系统疾病是由于疾病或损伤而使神经系统中某些类型细胞的数目减少所致，而这些细胞又不能自我修复。神经干细胞的发现为治疗多种神经系统疾病提供新的方法。目前，神经干细胞在应用方面的研究主要集中在以下 3 个方面。①细胞移植。利用 NSC 的增殖和迁移能力，通过 NSC 的移植或体内 NSC 的激活，诱导 NSC 分化进行神经自我修复，可广泛用于脑外伤、脑血管病引起的脑功能损伤、脑瘤及其他疾病的治疗。②充当基因治疗的载体。中枢神经系统损伤后自我修复效果不佳的原因，除了内源性 NSC 的数量不足外，还由于损伤局部的微环境不适宜神经细胞的再生。在这种情况下，单纯补充干细胞的数量是不够的，可以通过转基因技术，将编码神经营养因子等的基因片段导入 NSC 中，使其在移植部位进行表达，改善局部微环境，以维持细胞的生存和增殖。此外，为了达到某种特殊的治疗目的，也需要对移植的 NSC 进行基因修饰，使其在局部产生特殊的蛋白质，如用于治疗中枢神经系统肿瘤时，让其产生抗癌物质；治疗帕金森病时，让其产生多巴胺等。③有助于生命科学的研究。利用胚胎神经干细胞研究胚胎发育过程中神经系统的形成及其功能，通过比较不同发育时期相关基因表达异常，可以阐明发育过程中神经系统的异常分化与肿瘤发生，为临床应用奠定基础。

五、体细胞重编程

克隆技术是通过核移植技术把体细胞核移植到去核卵母细胞中，使分化的细胞核重编程回到未分化状态，发育为一个克隆动物或得到多潜能的 ES 细胞，但由于受到人卵母细胞来源的制约，以及伦理方面的问题阻碍了这项技术在治疗方面的应用。因此，很多科学家将注意力转移到体细胞重编程为多潜能干细胞上。体细胞重编是指将特异性细胞因子导入到体细胞中，使分化的细胞核重编程而获得诱导性多潜能干细胞（induced pluripotent stem cells，iPS 细胞）的技术。从去核卵母细胞可以使分化的细胞核重编程，科学家们猜测，卵细胞质中含有能诱导体细胞去分化的因子。有人将分化细胞与 ES 细胞融合，或是将分化的体细胞在卵细胞、胚胎干细胞或多潜能癌细胞的抽提物中孵育，发现经过以上处理的体细胞能表达出多潜能因子。

2006 年 8 月，日本京都大学再生医学研究所教授 Yamanaka 等将 Oct4、Sox2、c-myc 和 Kif4 通过逆转录病毒载体转导到小鼠成纤维细胞中，诱导成纤维细胞逆分化为多潜能干细胞（iPS 细胞）。这种 iPS 细胞具有和胚胎来源的干细胞几乎相同的特征。如将它们进行胚泡注射能产生畸胎瘤，进行诱导分化后能产生三胚层；将它们注射到囊胚中，可得到一个嵌合体胚胎，且在嵌合小鼠的许多组织器官中均能找到 iPS 来源的细胞（图 12-9）。这说明通过上述途径能使体细胞发生重编程。之后，有人将 iPS 细胞注射到一个非正常的四倍体（4n）小鼠胚胎，得到了一个 iPS 细胞来源的胚胎。2007 年 11 月，人体细胞重编程为 iPS 细胞获得成功。2009 年 7 月，中国科学家首次用 iPS 细胞克隆出完整的活体实验鼠，首次证实了 iPS 细胞具有全能性。上述这些研究成果是从干细胞研究迈向实际医疗过程中的一大步，对干细胞全能性机制研究以及器官移植、药物筛选、基因治疗等临床应用研究具有重要价值，但在获得安全、高效、实用、有临床应用价值的治疗型 iPS 细胞之前，还有许多需要深入研究的领域：①解析诱导体细胞重编为 iPS 细胞的分子机制；②研究 iPS 细胞生物特性和行为调控机制及 iPS 细胞体外定向诱导分化机制；③提高 iPS 细胞制备效率；④充分评价 iPS 细胞的临床应用安全性；⑤建立高效、安全、实用的制备人 iPS 细胞的方法；⑥在前一项研究的基础上，探索条件简便的制备"个体特异的"或"疾病特异的"治疗型人 iPS 细胞的技术路线和方法等。

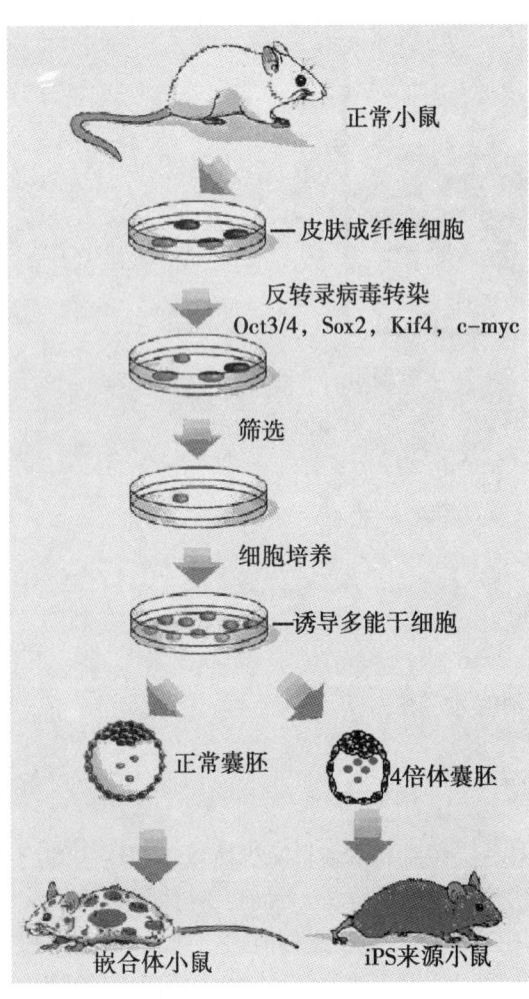

图 12-9　Yamanaka 等抽取小鼠皮肤细胞通过基因操作诱导产生的多潜能干细胞

第五节　干细胞与组织工程

组织工程是指应用生命科学和工程学原理与技术，在正确认识哺乳动物正常及病理状态下组织结构与功能关系的基础上，研究和开发用于修复、维护和促进人体各种组织或器官损伤后功能和形态的生物替代物的学科。基本原理是将体外增殖的具有特定生物学功能的种子细胞与可降解生物材料结合形成细胞-材料复合物，体外培养一定时间后植入体内，种子细胞在体内或体外不断增殖并分泌细胞外基质，生物材料被逐渐降解吸收，最终形成所需要的具有一定形态和功能的组织或器官，以修复病损和重建功能。组织工程基本要素是种子细胞、生物材料和组织构建技术。

干细胞具有高度自我更新能力、多向分化潜能、可植入性和重建系统能力等特征，因而成为再生医学中最关注的领域。近年来干细胞技术、克隆技术、体细胞重编技术等的突破，使得人类有可能体外培养某些干细胞，定向诱导分化为我们所需要的各种机体细胞以供临床治疗使用，为很多医学难题，如心脑血管疾病、糖尿病、帕金森病、老年痴呆症、自身免疫性疾病、脊髓损伤、遗传性疾病等提供了更好的治疗途径。此外，由于干细胞技术涉及胚胎干细胞技术、核移植技术与治疗性克隆、细胞重编程技术与iPS细胞、成体干细胞技术、组织工程技术等多个领域，因此，其研究除涉及上述多种疾病的再生医学治疗外，还将在基因治疗、功能基因组与蛋白质组研究、系统生物学研究、发育生物学模型、新药开发与药性评估等领域产生重要影响，并将带动新型生物医药技术和产品的发展与产业化，具有巨大的社会效益和经济效益。

由于胚胎干细胞具有无限增殖和全能分化的能力，胚胎干细胞可作为组织工程种子细胞，在组织工程和再生医学中的价值不断提升。科学家们发现，任何涉及丧失正常细胞的疾病都可以通过移植由胚胎干细胞分化而来的特异性组织细胞来治疗，如用神经细胞治疗神经退化疾病，用胰岛素细胞治疗糖尿病，用心肌细胞修复坏死的心肌等。目前研究发现多种成体干细胞在体内微环境或体外特定条件下具有可塑性，可以多向分化为其他类型的组织细胞。这也提示人类组织工程种子细胞的来源除了胚胎干细胞外，还可从自体的体细胞中获得，而不受组织相容性和伦理方面的限制。因此成体干细胞成了多种疾病细胞替代治疗和基因治疗的首选靶细胞。目前很多成体干细胞已逐渐用于临床组织器官修复、遗传缺陷性或退化性疾病的治疗，如造血干细胞移植可治疗恶性血液病、恶性肿瘤和遗传性疾病等多种致死性疾病；神经干细胞用于治疗卒中、小脑萎缩症、脊髓损伤、脑萎缩、共济失调、脑外伤后遗症、帕金森综合征、运动神经元病（ALS）、多发性硬化症、面瘫、多系统萎缩症（MSA）、老年痴呆症、视神经萎缩等。随着研究的不断深入，干细胞在再生中的应用必将产生巨大的经济及社会效益。

（韦振邦　冯治）

第十三章 细胞衰老、死亡与癌变

细胞的衰老和死亡是生物界的普遍规律，生物体内每时每刻都有细胞在衰老、死亡，同时又有新生的细胞进行补偿，细胞死亡是细胞衰老的结果，是细胞生命现象的终止。研究细胞衰老与死亡的机制及其发生规律，对于了解个体发育、基因表达与调控、疾病的发生与防治、机体的衰老与寿命等都具有极其重要的意义。

癌症是威胁人类健康最严重的疾病之一，它是由一个正常细胞本性发生改变引起的。对癌细胞的研究不仅有助于了解细胞增殖、分化与凋亡的调节机制的细节，还有助于解决人类健康所面临的严峻问题。

第一节 细胞衰老

细胞是生物体结构和功能的基本单位，也是生命活动的基本单位，细胞衰老是机体衰老和老年病发病的基础，研究细胞衰老的规律及其发生机制是细胞生物学研究的重要领域。人体内有 200 多种不同寿命的细胞，从细胞整体水平、亚细胞水平和分子水平等方面来探讨细胞衰老的机制，对于延缓个体的衰老具有重要的意义。

一、细胞衰老与 Hayflick 寿限

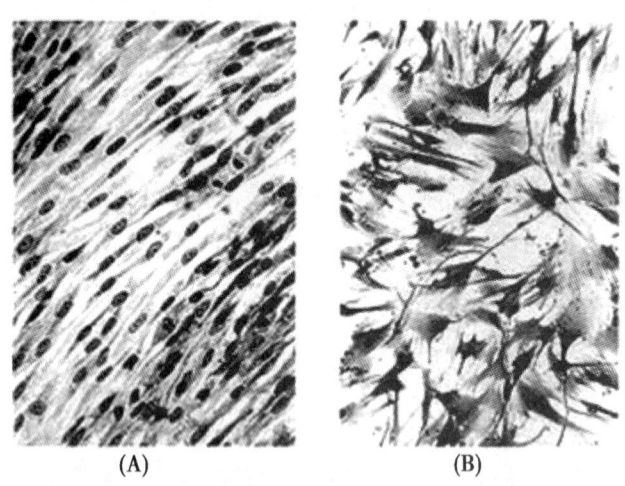

图 13-1 体外培养的青年人和老年人成纤维细胞的显微形态

(A) 只分裂了几代的年轻成纤维细胞，呈薄层、细长形态；
(B) 分裂了 50 次的衰老成纤维细胞，开始衰退，并很快死亡

细胞衰老这个词最初是由海弗立克（Hayflick）等在 20 世纪 60 年代提出来的，他们利用来自胚胎和成体的成纤维细胞进行体外培养，发现正常的细胞培养到一定时期，虽然外界条件良好，却出现生长停滞，渐渐失去有丝分裂的能力并在细胞内积累大量碎片和颗粒，最终难免死亡（图 13-1）；海弗立克等还比较了取自不同寿命长度的生物的胚成纤维细胞在体外培养条件下的传代次数和寿命的关系，发现动物体细胞在体外可传代的次数与物种的寿命有关（图 13-2），因此提出了正常的二倍体细胞在体外培养时具有有限次细胞分裂的能力，也就是说细胞的衰老控制着细胞的分裂次数，进而控制着细胞的数量，这就是著名的 Hayflick 寿限（Hayflick life span）。因此细胞衰老（cell aging, cell senescence）也称复制衰老（replicative senescence, RS），其一般含义是指体外培养的正常细胞经过有限次数的分裂后，停止分裂，细胞形态和生理代谢活动发生显著改变的现象。

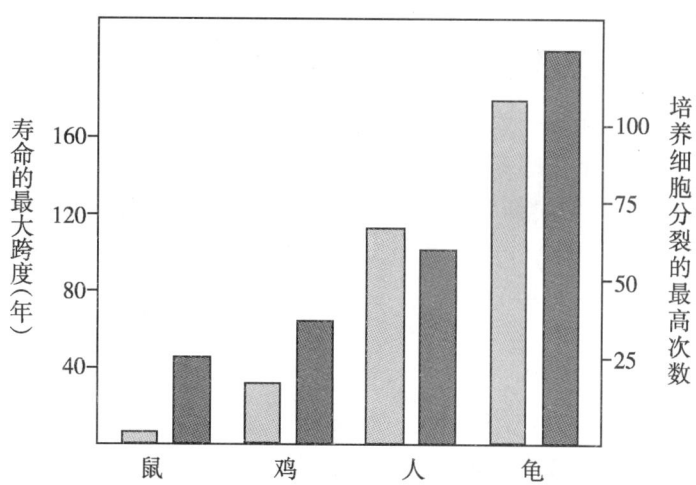

图13-2　物种的寿命与体外培养时细胞传代次数的关系
(引自王金发. 细胞生物学. 北京：科学出版社，2003)

二、细胞衰老与细胞寿命

细胞衰老是一个过程，这一过程的长短即细胞的寿命，它随组织种类不同而不同，同时也受环境条件的影响。一般情况下，能保持继续分裂能力的细胞不易衰老，而分化程度高，不分裂的细胞寿命相对较短，容易发生衰老和死亡。多细胞有机体细胞，依寿命长短不同可划分为两类，即干细胞和功能细胞。高等动物功能细胞都有最大分裂次数，细胞分裂一旦达到这一次数就要死亡。干细胞在整个一生都保持分裂能力，直至达到最高分裂次数便衰老死亡，如表皮生发层细胞、生血干细胞等。

三、细胞衰老的表现

细胞衰老主要表现在对环境变化的适应能力及维持细胞稳态能力的下降，是细胞生理、生化发生复杂变化的过程。

(一) 细胞衰老的形态改变

衰老细胞的各种结构呈退行性变化，其形态变化主要表现在细胞体积缩小，细胞皱缩，膜通透性、脆性增加，核膜内折，细胞器数量特别是线粒体数量减少，胞内脂褐素等异常物质沉积（图13-3），最终出现细胞凋亡或坏死。

(二) 衰老细胞的蛋白质合成变化

随着细胞的衰老，细胞内一系列化学组成和生化反应也发生变化，一方面，由于核糖体的效率和准确性下降、蛋白质合成延伸因子的数量和活性降低，细胞内蛋白质合成速率也降低。如老年人的白发增多，就是因为头发基部黑色素细胞酪氨酸酶活性下降的结果；超氧化物歧化酶（superoxide dismutase，SOD）在衰老细胞中表达减少，可作为衰老细胞的一种标志。另一方面，衰老细胞中会出现一些特异蛋白质，或细胞原有蛋白质发生与衰老有关的结构上的改变，如纤黏连蛋白通常是胞外基质的主要蛋白质，但在衰老细胞中这种蛋白质大量合成，可能与细胞的纤维形成有关。

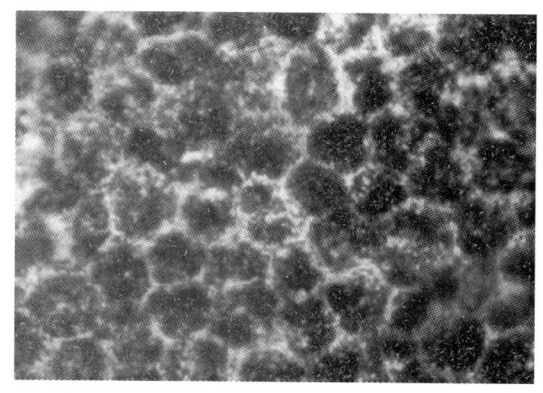

图13-3　细胞内的脂褐素

四、细胞衰老的理论

细胞的衰老是一个十分复杂的生命现象,受到遗传、社会、环境和情绪等多种因素的影响,至今仍没有一个学说或理论能够完全正确地解答衰老的原因。为此,科学家们从不同角度探索细胞衰老的机制,提出众多有关衰老起因的设想和假说,如遗传程序学说(genetic program theory)、体细胞突变论(somatic mutation theory)、错误成灾学说(error catastrophe theory)、自由基学说(free radical theory)、线粒体损伤学说(mitochondrial damage theory)等,归纳起来可分为两类:一类是遗传衰老理论,另一类是损伤积累理论。

(一) 遗传衰老理论

遗传衰老理论认为衰老是遗传决定的自然演进过程,一切细胞均有内在的预定程序决定其寿命,而细胞寿命又决定种属寿命的差异,外部因素只能使细胞寿命在限定范围内变动,不同种属的生物均按遗传上规定的"出生、发育、成熟、衰老和死亡"程序,经历着预先安排的生命过程,因而具有不同的寿命。

1. **端粒钟学说(telomere clock)** 端粒钟学说最早由 Harley 等于 1990 年提出,该学说认为,由于端粒酶的存在,生殖细胞的端粒相当稳定,不会衰老;高度分化的体细胞由于端粒酶活性处于抑制状态,细胞分裂是 DNA 不完全复制引起端粒 DNA 少量丢失,端粒随细胞的分裂不断缩短,当端粒长度缩短到一定阈值时细胞就进入衰老过程,细胞不再分裂。随后,科学家陆续提出了更令人信服的证据:1998 年,Wright 等用人的端粒反转录酶亚基因转染正常人的二倍体细胞,发现表达端粒酶的转染细胞分裂旺盛,端粒长度明显增加;Wilmut 等通过核移植技术克隆成功的"Dolly"羊,在 6 岁时提前出现了衰老的现象,进一步研究发现,Dolly 细胞中的端粒比同龄羊短了 20%,这从一个侧面说明端粒缩短是细胞衰老的重要特征之一。

2009 年诺贝尔医学奖

美国加利福尼亚旧金山大学的伊丽莎白·布莱克本(Elizabeth Blackburn)、美国巴尔的摩约翰·霍普金斯医学院的卡罗尔·格雷德(Carol Greider)、美国哈佛医学院的杰克·绍斯塔克(Jack Szostak),因发现了端粒和端粒酶保护染色体的机制,获得 2009 年诺贝尔生理学或医学奖。

---

2. **遗传程序学说(genetic program theory)** 遗传程序学说认为,生物体细胞内存在一系列特定基因,它们按照内在的预定程序控制着细胞的生长发育、衰老和死亡,细胞的一切生理功能的启动和关闭都是按照既定程序进行的,衰老是某些基因依次开启或关闭的结果。例如在小鼠肝中,胚胎早期表达的胞质丙氨酸转氨酶(cytosolic alanine aminotransferase, cALT)为 A 型,随后停止表达,但是在衰老时则表达 B 型 cALT。其他类似的衰老标志物(senescence markers)也有报道,如肝中的衰老标志蛋白 2(senescence marker protein 2)也是在老年期表达。

3. **长寿基因学说(longevity genes theory)** 在研究人类成人早衰症(Werner's syndrome,图 13-4)和婴幼儿早老症(Hutchinson-Gilford syndrome,图 13-5)时,科学家发现前者体内解旋酶存在突变,患者平均 39 岁时出现衰老,47 岁左右生命结束;婴幼儿早衰症的小孩则在 1 岁时出现明显的衰老,12~18 岁即过早夭折。由此看来物种的寿命主要取决于遗传物质,DNA 链上可能存在一些"长寿基因"或"衰老基因"来决定个体的寿限。目前已经发现的被认为可能与人类长寿相关的基因有 SOD、p53 和 APOC3 等基因,而 AORF4(mortality factor4)、SAG、p16 和 p21 等基因则被认为是与衰老相关的基因。科学家在欧洲人身上发现攸关日本人长寿的一个基因,研究显示,世界上拥有该基因的民族也能活得很长寿。德国的一项研究比较了388位逾百岁德国老人与731位年纪较小者的基因组成,结果发现百岁老人组频繁出现名为FOXO3A的基因变异。该研究检视3741名逾95岁日本老翁的基因,也获得同样结论。

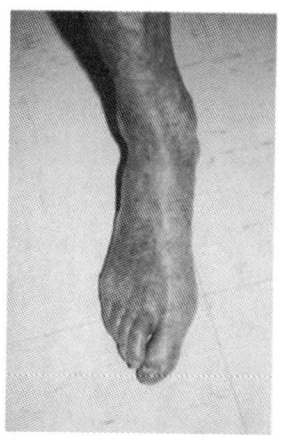

图13-4　一个37岁的成人早衰症患者

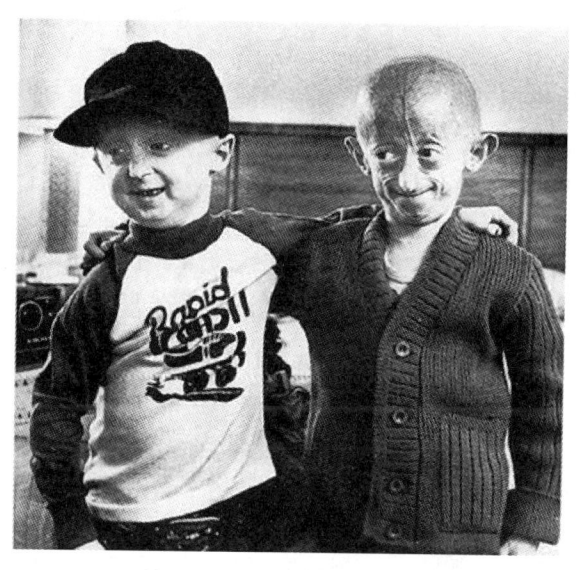

图13-5　早老症儿童与正常儿童的比较

左边是一个正常健康的9岁儿童,右边是一个患早老症的8岁儿童

(二) 损伤积累理论

衰老的损伤积累理论认为,细胞内的化学成分在受到内外环境的损伤作用后,因缺乏完善的修复,使"差错"积累,导致细胞衰老。根据对导致"差错"的主要因子和主导因子的认识不同,可分为不同的学说,这些学说各有实验证据。

1. **自由基学说 (free radical theories)**　自由基学说最初是由 Harman 于 1955 年提出来的,该学说目前已获得了大量的证据支持。该学说认为,衰老是由于自由基对细胞的损害所致。自由基是一类瞬时形成的含不成对电子的原子或功能基团,普遍存在于生物系统,主要包括氧自由基(如羟基自由基·OH、超氧自由基O_2^-和H_2O_2等)、氢自由基(·H)、碳自由基、脂自由基等,其中氧自由基的活性最强。

在正常生命活动过程中,细胞会产生自由基;此外,生物氧化、辐射、污染物的侵害都会影响自由基的产生。自由基由于活性强,很容易与细胞内的生物大分子发生反应。过多的自由基会对许多细胞组分造成损伤,自由基能使质膜中的不饱和脂肪酸氧化;使蛋白质中的巯基氧化,使蛋白质交联、变性和酶钝化;使糖类化合物降解;使 DNA 链断裂、交联,碱基羟基化和碱基切除等,同时还能抑制蛋白质、核酸和脂肪酸的生物合成,其中可能对磷脂的氧化和对 DNA 造成损伤是主要的,也是很致命的。这种损伤不断积累,从而导致细胞生理功能的衰退。老年人皮肤上的老年斑(age spot)就是自由基对细胞破坏的见证(图 13-6)。

图 13-6 老人斑:自由基攻击细胞的见证

2. **线粒体损伤学说**(mitochondrial damage theory) 线粒体是自由基浓度最高的细胞器,线粒体氧化磷酸化产生 ATP 的过程中,有 1%~4% 的氧转化为氧自由基,而 mtDNA 裸露于基质,缺乏结合蛋白的保护,容易受自由基伤害,但催化 mtDNA 复制的 DNA 聚合酶 γ 不具有校正功能,复制错误高,同时缺乏有效的修复酶,因此 mtDNA 最容易发生突变。Cortopassi 和 Amteim 用聚合酶链式反应法(PCR)检查发现,成人心脏、肌肉和脑的线粒体有 DNA 片段低水平的丢失,胎脑和胎心则无此现象。美国、加拿大、日本等国多个实验室也报道,衰老期间人体线粒体 DNA 出现异常,而且阿尔茨海默病脑组织 mtDNA 损伤甚为多见;此外,老年糖尿病亦与 mtDNA 的损伤有关等。动物实验也证实 mtDNA 有随年龄增加丢失频率升高的现象。

3. **代谢废物积累学说**(waste product accumulation theory) 这一学说认为,细胞在一生中不断地累积起有毒或无毒的废物,如细胞内的结晶体、脂褐素颗粒、某些重金属元素等,酶类无法使之溶解,无法通过细胞膜排入血液,也无法排出体外,结果废物积累起来,在细胞中占据一定的空间,机械地影响细胞代谢物的运输,阻碍其生命活动的进程,妨碍细胞的正常功能,从而伤害细胞,导致细胞的衰老。

细胞代谢产物积累至一定量后会危害细胞,引起衰老,哺乳动物脂褐质的沉积就是一个典型的例子。脂褐质是一些长寿命的蛋白质和 DNA 及脂类共价缩合形成的巨交联物。由于脂褐质结构致密,不能被彻底水解,又不能排出细胞,结果在细胞内沉积增多,阻碍细胞的物质交流和信号传递,最后导致细胞衰老。老年痴呆症就是由 β-淀粉样蛋白(β-AP)沉积引起的,因此 β-AP 可作为老年痴呆症的鉴定指标。

第二节 细胞死亡

细胞死亡是细胞生命现象的终结,正常细胞中既存在存活途径,也存在死亡途径。一个成年人大约有 3×10^{13} 个细胞,这些细胞都来自于一个受精卵,即受精卵从 1 个细胞分裂为 2 个,2 个分裂为 4 个,4 个分裂为 8 个,以此类推,经过大约 45 次分裂就可达到一个成年人所具有的细胞数目。不过,细胞分裂并不因此停止,而是在人的一生中时有发生,每隔两周就会产生 3×10^{13} 个新生的细胞,但多细胞有机体却不会无限长大，细胞数目也不会无限增多，原因就是细胞增殖、细胞存活和细胞死亡这三者间有着严格的调控机制，增殖的细胞能够通过细胞死亡来达到平衡。

在多细胞生物中，细胞死亡主要有两种不同的形式：一种为坏死（necrosis）性死亡，指由于某些外界因素，如局部缺血、高热、物理、化学和生物因素等作用下，细胞生命活动被强行终止所致的病理性和被动性的死亡过程。另一种为程序性细胞死亡（programmed cell death, PCD），是为维持内环境稳定，由基因控制的细胞自主的、有序性的死亡，它涉及一系列基因的激活、表达以及调控等作用，因而是具有生理性和选择性的。细胞的这种死亡方式也称为凋亡（apoptosis）。通常认为细胞凋亡与程序性细胞死亡是同义词，但从严格意义来讲，两者是有所区别的。一般而言，细胞凋亡是一个形态学概念，而程序性细胞死亡则是功能上的概念，它包含了细胞在特定时间范围内，按照基因程序控制下的细胞死亡过程，这一过程具有严格的基因时控性和细胞的选择性。现在，细胞凋亡和程序性细胞死亡是作为两个同义词在学术界同时并用。

一、细胞凋亡的特征

细胞凋亡与细胞坏死是两种完全不同的过程和生物学现象，在形态学、生化代谢、分子机制、细胞的结局和意义等方面都有明显的区别。

（一）细胞凋亡的形态学特征

细胞凋亡具有明显的形态学特征，包括细胞变圆，染色质聚集、分块，胞质皱缩（图 13-7）。细胞发生凋亡时，首先是染色质凝集，嗜碱性染色增强，这些染色质分布在核膜周围；接着核崩解，此时线粒体保持形态上正常；最后，细胞体积缩小，一部分细胞质和核碎片进入由膜包被的凋亡小体，这些小体内除含有核碎片和细胞器外还有核糖体，其数目不一，凋亡小体从程序性死亡细胞表面出芽脱落，并被具有吞噬功能的细胞，如巨噬细胞、上皮细胞等吞噬。细胞凋亡全部过程中细胞内含物仍在膜结构内，质膜也未破碎。因此，不会引起机体的炎症反应（图 13-8）。而细胞坏死时，由于 ATP 浓度下降，钠钾 ATP 酶不能工作，线粒体膨胀、破裂，细胞内容物泄漏，导致周围细胞出现炎症反应，这是坏死最显著的特点。

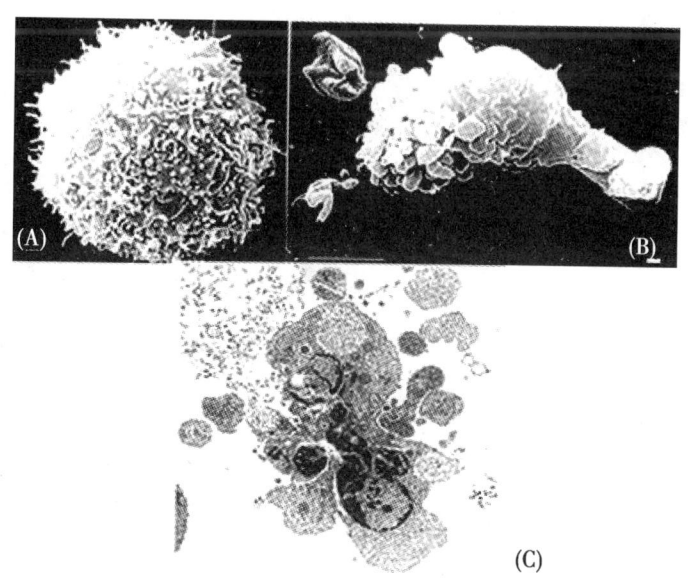

图 13-7 正常细胞与编程性死亡细胞的形态比较

(A) 扫描电镜观察的正常 T 细胞；(B) 扫描电镜观察凋亡 T 细胞的形态，表面可见许多凋亡小体；(C) 用抑制剂处理的正处于膜起泡阶段（membrane blebbing stage）的凋亡细胞的透射电镜照片

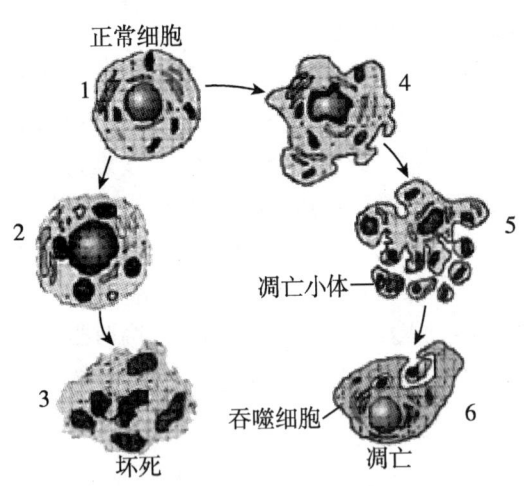

凋亡细胞通过出芽方式分解成为凋亡小体（apoptosis body），凋亡细胞的质膜性质发生改变，如表面糖基发生改变，可被巨噬细胞表面的凝集素所识别；而通常位于质膜内脂层的磷脂酰丝氨酸反转到了外脂层，使巨噬细胞对暴露的磷脂酰丝氨酸具有识别能力。最后，凋亡小体被邻近的细胞或巨噬细胞吞噬而被清除，细胞凋亡没有内容物的泄漏，不危及相邻细胞。

细胞凋亡的进程在形态学上分为 3 个阶段：①凋亡的起始。这个阶段的形态学变化表现为细胞表面的特化结构和细胞间隙消失，染色质固缩成新月形沿着核膜分布，核糖体逐渐与内质网脱离，内质网腔膨胀，并与质膜融合。②凋亡小体的形成。核染色质断裂为大小不等的片段，与一些细胞器聚集在一起，被反折的细胞质膜所包围，形成芽状突起，随后逐渐与细胞分隔，形成单个的凋亡小体。③凋亡小体逐渐被邻近的细胞或体内吞噬细胞所吞噬。

（二）细胞凋亡的生化特征

最突出的生化特征是由于凋亡细胞核酸内切酶的活化，使染色质和核小体之间的连接断裂，裂解成长度为 180~200bp 及其倍数的 DNA 片段，进行琼脂糖凝胶电泳时可呈现出特征性的 DNA 梯状条带（图 13-9），而细胞坏死时 DNA 随意裂解为长度不一的片段。因此，虽然不是所有凋亡细胞都出现 DNA 梯状条带，但人们仍将它作为鉴别是否发生程序性细胞死亡的一个重要的生化标志。

图 13-8 细胞凋亡与细胞坏死的形态学比较

1. 正常细胞；2. 坏死的早期阶段，染色体形成串状片段，细胞器膨胀；3. 坏死的最后阶段，细胞膜破裂，细胞解体，内容物散逸；4. 细胞凋亡的起始，染色质固缩、分离并沿核膜分布；5. 凋亡中的细胞，细胞膜反折，包围细胞碎片，如染色质片段和细胞器，出芽形成凋亡小体；6. 凋亡小体被邻近细胞吞噬

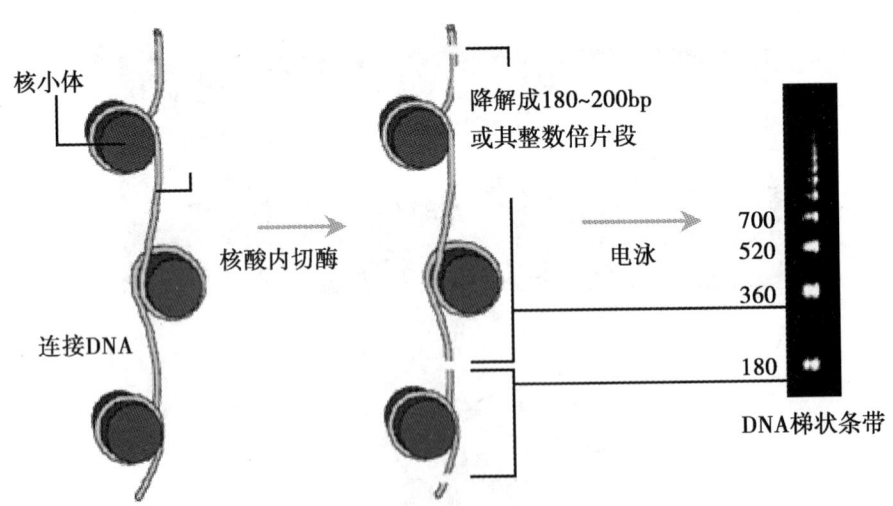

图 13-9 细胞凋亡中染色质裂解为特定的 DNA 片段

二、细胞凋亡的生物学意义

细胞凋亡是细胞的一种基本生物学现象，它在生物体的进化、内环境的稳定以及多个系统的发育中起着重要的作用，凋亡过程的紊乱可能与许多疾病的发生有直接或间接的关系，如肿瘤、自身免疫性疾病等。概括起来说，程序性细胞死亡有以下四种基本作用：

1. 保证个体的正常发育 如许多动物趾（指）的发育（图 13-10）、两栖类的蝌蚪变态（图 13-11），都是细胞凋亡的结果。

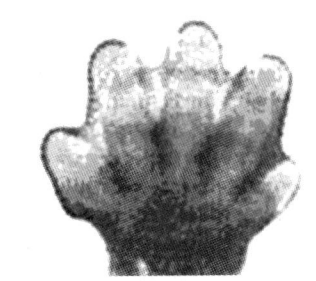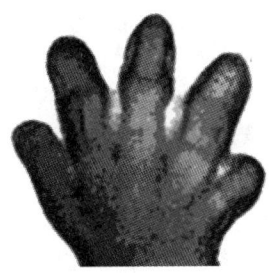

图 13-10 细胞凋亡在小鼠足趾形成中的作用
左：开始时足趾是相连在一起的；右：经编程死亡足趾分开

图 13-11 在蝌蚪向蛙发育的变态反应中的编程死亡的作用

2. 调节细胞数量 在神经系统的发育过程中，神经细胞在数量上多于靶细胞，由于靶细胞分泌的存活因子的量有限，因此神经细胞必须通过"竞争上岗"获得生存的机会，只有那些获得足够生存因子的神经细胞才能生存下去，而其他的神经细胞将会通过程序性死亡而消失（图 13-12）。

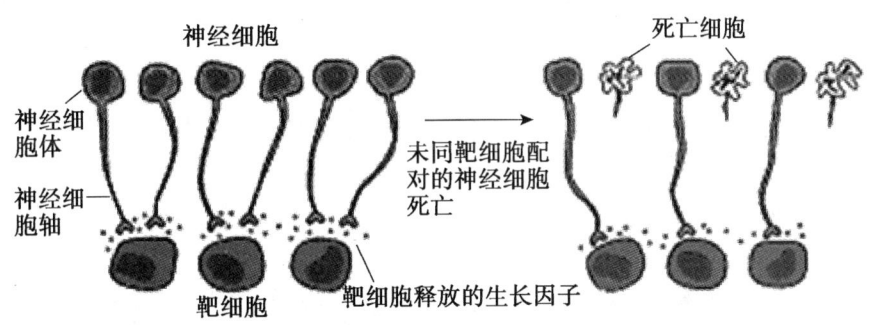

图 13-12 程序性细胞死亡对发育中的神经细胞数量的调节

3. 保持成体器官的正常体积 机体各种组织器官中，细胞的增生与死亡的数量总是处于平衡状态，这样才能避免组织和器官过分长大。例如，成体大鼠的肝被切除一部分后，肝细胞分泌生长因子的数量就会增加，刺激肝细胞分裂，修补失去的部分；药物苯巴比妥具有刺激肝细胞分裂的能力，如果给大鼠服用此种药物，可使肝长大，但在停服药物之后，肝细胞随即大量死亡，一周左右肝又恢复到原来的大小。这表明，肝是通过调节细胞分裂和死亡的速率，保持了固定的体积大小。

4. 清除完成使命的废旧细胞 如清除淋巴器官中多余的免疫细胞、成年妇女子宫内膜每月脱落，都是通过细胞凋亡实现的。

> **医学应用1 细胞凋亡与乳腺癌**
>
> 哺乳的妇女断奶后，乳房在几天内通过细胞凋亡很快恢复至静息状态，大多数产奶的分泌型上皮细胞消失，同时乳房脂肪细胞重新被激活并贮存脂类，这些过程导致上皮型乳腺向脂肪细胞占优势的静止组织转变，这一系列转变是由多个基因控制的。弄清乳腺退化机制对于了解乳腺癌的发生有重要作用，因为已经有研究证明乳腺癌的高发性与这些细胞没有进入细胞凋亡有关。
>
> **医学应用2 细胞凋亡与红斑狼疮**
>
> 系统性红斑狼疮是一种累及多个脏器损伤的自身免疫性疾病，其特征是 B 细胞多克隆活化及 T 淋巴细胞功能异常，自身抗体的产生和炎症细胞因子的释放增加。研究表明这是由于 Fas 表达缺陷，引起自身反应性 T 细胞阴性选择的凋亡功能丧失，导致 T 淋巴细胞凋亡障碍，因此在外周淋巴器官出现大量 $CD4^+$、$CD8^+$ 的 T 淋巴细胞，这些细胞具有自身反应性而引起。
>
> **医学应用3 晒伤、皮肤癌和细胞死亡**
>
> 在太阳下没有适当的保护时，紫外线（UV）就会损坏皮肤细胞中 DNA，激活 p53 基因。如果 DNA 损伤是轻微的，p53 就会诱导 p21 的表达而使细胞停止在 G_1 期，使细胞赢得时间在进入 S 期之前通过 DNA 修复系统修复损伤的 DNA。但是，如果损伤严重而不能修复，p53 即诱导晒伤的细胞发生凋亡，防止携带损伤 DNA 的细胞通过克隆性生长而导致肿瘤。

三、细胞凋亡的机制

英国人悉尼·布雷诺尔、美国人罗伯特·霍维茨和英国人约翰·苏尔斯顿，因创造性地用线虫作为实验模型，完成了器官发育过程中细胞分裂、分化细胞图谱的绘制，发现了线虫及高等动物中调控器官发育程序性细胞死亡的关键基因和功能，获得了2002年度的诺贝尔生理学或医学奖（图13-13）。

细胞凋亡是多基因严格控制的过程。这些基因在种属之间非常保守，如 Bcl-2 家族、caspase 家族，癌基因如 c-myc、抑癌基因 p53 等，因此对线虫中控制细胞死亡的基因进行研究，将有可能使科学家很快在人体中鉴定出有类似功能的相关基因，为疾病治疗提供新思路。随着分子生物学技术的发展，人们已经对多种细胞凋亡的过程有了很多认识，但是迄今为止凋亡的确切机制尚不完全清楚。

图13-13 2002年诺贝尔生理学或医学奖获得者

(一) 细胞凋亡相关的基因和蛋白质

细胞凋亡的调控涉及许多基因，包括一些与细胞增殖有关的原癌基因和抑癌基因。其中研究较多的有caspase家族、ICE、Apaf-1、Bcl-2、Fas/APO-1、c-myc、p53、ATM等。

1. caspase家族　caspase属于半胱氨酸蛋白酶，这些蛋白酶是引起细胞凋亡的关键酶，一旦被信号途径激活，能将细胞内的蛋白质降解，使细胞不可逆地走向死亡。它们均有以下特点：①酶活性依赖于半胱氨酸残基的亲核性；②总是在天冬氨酸之后切断底物，所以命名为caspase（cysteine aspartate-specific protease），全称为天冬氨酸特异性的半胱氨酸蛋白水解酶；③都是由两大、两小亚基组成的异四聚体，大、小亚基由同一基因编码，前体被切割后产生两个活性亚基。细胞中还有caspase的抑制因子，称为IAPs（inhibitors of apoptosis proteins），属于一个庞大的蛋白质家族。它们能通过BIR结构域（baculovirus IAP repeats domain）与caspase结合，抑制其活性。

2. Apaf-1　Apaf-1被称为凋亡酶激活因子-1（apoptotic protease activating factor-1），Apaf-1含有3个不同的结构域：①CARD（caspase recruitment domain）结构域，能召集caspase-9；②ced-4同源结构域，能结合ATP/dATP；③C端结构域，含有色氨酸/天冬氨酸重复序列，当细胞色素C结合到这一区域后，能引起Apaf-1多聚化而激活。Apaf-1具有激活caspase-3的作用，而这一过程又需要细胞色素C（Apaf-2）和caspase-9（Apaf-3）参与。Apaf-1/细胞色素C复合体与ATP/dATP结合后，Apaf-1就可以通过其CARD结构域召集caspase-9，形成凋亡体（apoptosome），激活caspase-3，启动caspase级联反应。

3. Bcl-2家族　Bcl-2为凋亡抑制因子，是膜整合蛋白。现已发现至少19个同源物，它们在线粒体参与的凋亡途径中起调控作用，能控制线粒体中细胞色素C等凋亡因子的释放。Bcl-2家族成员都含有1~4个Bcl-2同源结构域（BH1-4），并且通常有一个羧基端跨膜结构域（transmembrane region，TM）。其中BH4是抗凋亡蛋白所特有的结构域，BH3是与促进凋亡有关的结构域。根据功能和结构可将Bcl-2基因家族分为两类：一类是抗凋亡的（anti-apoptotic），如Bcl-2、Bcl-xl、Bcl-w、Mcl-1；另一类是促进凋亡的（pro-apoptotic），如Bax、Bak、Bad、Bid、Bim，在促凋亡蛋白中还有一类仅含BH3结构，如Bid、Bad。

虽然Bcl-2蛋白存在于线粒体膜、内质网膜以及外核膜上，但主要定位于线粒体外膜，它拮抗促凋亡蛋白的功能。而大多数促凋亡蛋白则主要定位于细胞质，一旦细胞受到凋亡因子的诱导，它们可以向线粒体转位，通过寡聚化在线粒体外膜形成跨膜通道，或者开启线粒体的PT（permeability transition）孔道，从而导致线粒体中的凋亡因子释放，激活caspase，导致细胞凋亡。

4. Fas　Fas又称为Apo-1/CD95，属TNF受体家族。Fas基因编码产物为分子量45kD的跨膜蛋白，分布于胸腺细胞、激活的T和B淋巴细胞、巨噬细胞、肝、脾、肺、心、脑、肠、睾丸和卵巢细胞等。Fas蛋白与Fas配体结合后，可激活caspase，导致靶细胞走向凋亡。

5. p53　是一种抑癌基因，其生物学功能是在G_1-S期监视DNA的完整性：如有损伤，则抑制细胞增殖，直到DNA修复完成；如果DNA不能被修复，则诱导其凋亡。研究发现丧失p53功能的小鼠胸腺细胞对糖皮质激素诱导的凋亡反应和正常细胞相同，而对辐射诱导的凋亡不敏感。

6. myc　在许多人类恶性肿瘤细胞中都发现有c-myc的过度表达，它能促进细胞增殖、抑制分化。在凋亡细胞中c-myc也是高表达，作为转录调控因子，一方面能激活那些控制细胞增殖的基因；另一方面也可激活促进细胞凋亡的基因，给细胞两种选择：增殖或凋亡。当生长因子存在，Bcl-2基因表达时，则促进细胞增殖，反之则使细胞凋亡。

7. ATM（ataxia telangiectasia-mutated gene）　ATM是与DNA损伤检验有关的一个重要基因。最早发现于毛细血管扩张性共济失调症患者，人类中大约有1%的人是ATM缺失的杂合子，表现出对电离辐射敏感和易患癌症。正常细胞经放射处理后，DNA损伤会激活修复机制，如DNA不能修复则诱导细胞凋亡。ATM是DNA损伤检验点的一个重要的蛋白激酶。

(二) 细胞凋亡的信号传导通路

自然状态下，动物体细胞内既存在分裂（增殖）、存活过程，也存在死亡的过程，这些过程要受到体内其他细胞发出的信号调节。细胞外的许多信号刺激可以诱导细胞发生凋亡，能诱导细胞凋亡的因素很多，可分为：①物理性，如射线、高温；②化学性，如细胞因子（肿瘤坏死因子）、激素、抗癌药和活性氧等；③病原体，如 HIV、EB 病毒；④细胞的缺血、缺氧、缺乏生长必需的生长因子或营养耗尽、炎症反应等也可导致细胞凋亡。上述诱导凋亡信号如何触发凋亡信号转导，启动细胞中凋亡执行器，使细胞自杀死亡等，有的还不是很清楚。目前在哺乳动物细胞中了解比较清楚的凋亡信号通路有两条（图 13-14）。

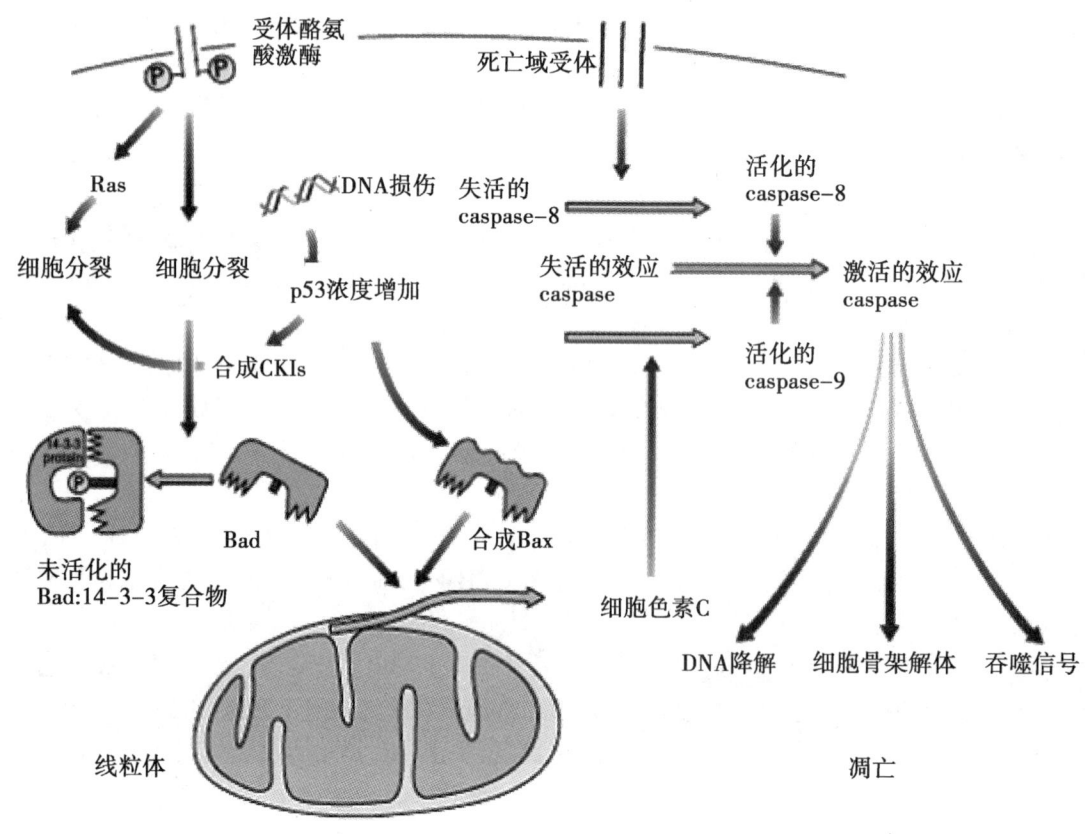

图 13-14 凋亡通路

1. **细胞表面死亡受体介导的细胞凋亡**　细胞外的许多信号分子可与细胞表面相应的受体结合，细胞表面上有专一的"传感器（sensors）"，可同死亡配体专一结合，这种传感器即为细胞表面专一受体，称为死亡受体（death receptors）。死亡受体的细胞质区近 C 末端处存在一个由大约 80 个氨基酸组成的序列，此序列称为死亡域（death domain）。当死亡受体与死亡配体结合后，死亡受体被激活，死亡域将信号传至细胞内部，即启动了细胞的程序性死亡反应体系，这种信号称为死亡信号（killer signals）或"死亡配体"（death ligands）。例如，一个细胞被病毒感染，白细胞就能够识别细胞表面的病毒蛋白，通过激活这个细胞表面的死亡受体 Fas 结合其配体，使 caspase-8 活化，活化的 caspase-8 通过水解和激活效应 caspase，引发细胞自杀，从而防止病毒的复制。

2. **线粒体介导的细胞凋亡信号通路**　细胞内的分裂、存活和死亡要受到体内其他细胞发出的信号调节。细胞存活时需要有其他细胞提供的存活因子（survival factors），如生长因子，如果细胞获得就会存活。如果去掉生长因子的供应，细胞的凋亡反应体系即被激活，则细胞死亡。正常情况下线粒体外膜的通透性一般只允许分子量小于 5000 的小分子和离子进出。当死亡信号到达线粒体后，首先引起线粒体膜通透性改变，释放凋亡相关蛋白，如细胞色素 C、凋亡诱导因子等，启动细胞的凋亡反应。

第三节 癌

据统计，目前癌症死亡居各类死因第二位，仅次于心血管病，癌细胞已作为恶性肿瘤细胞的通用名称。所谓癌细胞实际上是一种突变的体细胞，这种突变体脱离了细胞群体关于增殖和存活的控制，因此可以无限制地增殖产生肿瘤。以前的研究认为癌的发生是细胞周期失控的原因，现在越来越多的研究表明，癌的发生与细胞凋亡也有密切关系。

目前，把动物体内因分裂调节失控而无限增殖的细胞称为肿瘤细胞（tumor cell），把具有转移能力的肿瘤称为恶性肿瘤（malignancy），根据癌变涉及的细胞类型的不同，癌分为3类：①癌（carcinomas），是最常见的一种类型，主要是从组织的外表面和内表面生长的癌。如肺癌、乳腺癌和结肠癌等。②肉瘤（sarcomas），主要是源于中胚层形成的支持组织（骨、软骨、脂肪、结缔组织和肌组织等）中形成的癌。③淋巴瘤（lymphomas）和白血病（leukemias），是由淋巴和血液产生的癌。

一、癌细胞的基本特征

癌细胞核大、核仁数目多，核膜和核仁轮廓清楚。电镜下超微结构的特点是胞质中含有大量的游离核糖体和部分多聚核糖体，内膜系统特别是高尔基体不发达；微丝排列不够规律；细胞表面微绒毛增多变细；细胞链接较少。其主要特征如下：

1. 细胞生长与分裂失去控制，能够无限增殖　在正常机体中，细胞的增殖与衰老细胞的死亡是一个动态平衡，而癌细胞的增殖失去控制，称为"不死"的永生细胞，核质比例增大，分裂速度加快，使正常组织细胞的结构和功能遭到了破坏。如1951年从一位名叫海拉（Henrietta Lacks）的妇女宫颈癌细胞分离建立的HeLa细胞系，至今仍在世界许多实验室中广泛传代使用，成为研究癌症的材料。

2. 具有浸润性和扩散性　正常细胞在体外培养时，细胞通过分裂增殖并在铺满培养器皿的表面形成单层（monolayer）后即停止分裂（图13-15A，B），这种现象称为接触抑制（contact inhibition）。在相同条件下培养的恶性细胞（malignant cells）对密度依赖性生长抑制失去敏感性，因而不会在形成单层时停止生长，而是相互堆积形成多层生长的聚集体（图13-15C，D），能够突破其所在环境的束缚，进入淋巴管或血管在体内转移，在新的部位产生致死性的二级肿瘤（图13-16）。

3. 癌细胞的形态结构发生了变化　培养的正常成纤维细胞是呈扁平梭形的，当这种细胞转化成癌细胞后就变成球形了；癌细胞的细胞核也较正常细胞的大，有时形态也变得不规则，核仁也变大了，染色时核的着色也明显加深。

4. 细胞膜的表面也发生了变化　细胞膜上有糖脂、糖蛋白等物质，这些物质在细胞识别、细胞通讯和细胞连接中起着重要的作用，但癌细胞表面这些物质明显减少，糖链短缺不全，彼此间的黏着性减小，在机体内到处游走，穿入到各种组织器官中去，到处分裂、繁殖，形成肿块，这就是所谓的"癌细胞转移"。

5. 癌细胞出现染色体异常　正常细胞在生长和分裂时能够维持二倍体的完整性，而癌细胞常常出现染色体异常，主要是非整倍性（aneuploidy），有染色体的缺失或增加。一般来说，正常细胞中染色体整倍性的破坏，会激活导致细胞程序性死亡的信号，引起细胞的程序性死亡。但是癌细胞染色体整倍性的破坏，不会进入程序性死亡，因这种细胞对程序性死亡的信号已不再敏感了，这也是癌细胞区别于正常细胞的一个重要指标。

6. 细胞骨架发生变化　正常细胞的细胞质中有高度组织化的细胞骨架网络结构，而癌细胞中的细胞骨架不仅少而且杂乱无章（图13-17）。

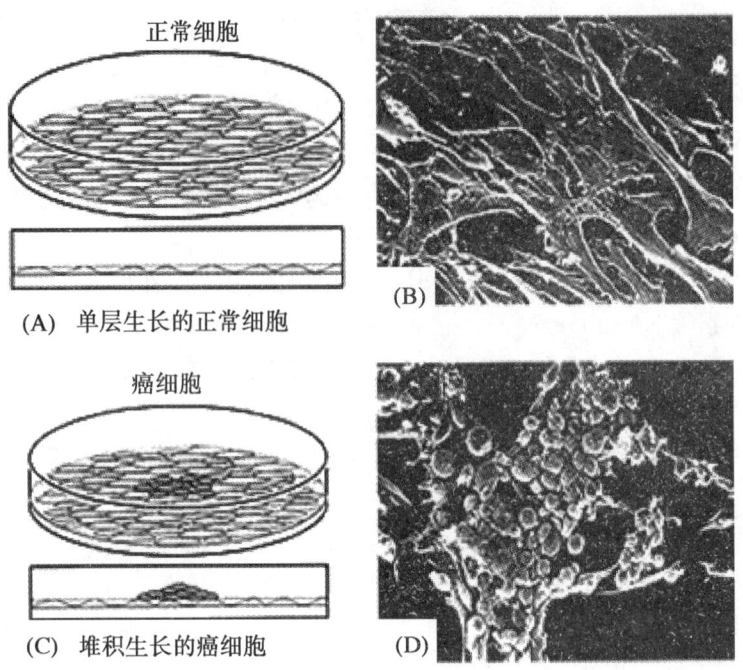

图 13-15 正常细胞与癌细胞生长特性比较
(A),(B) 正常细胞体外培养时,在培养皿表面形成单层即停止成长;(C),(D) 由病毒转化的或由致癌化学物质诱导的恶性细胞会成堆生长

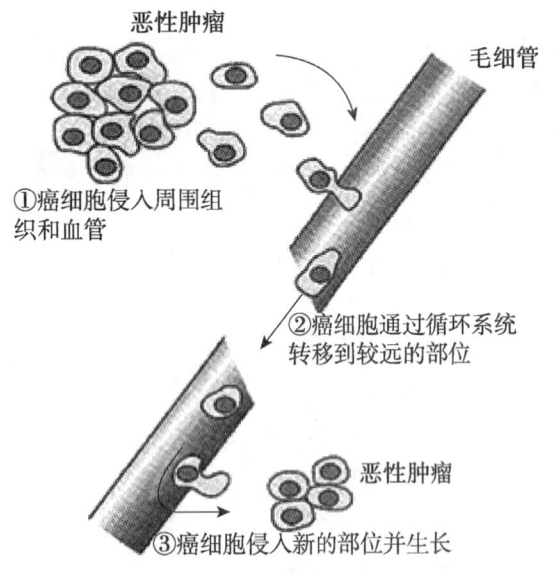

图 13-16 肿瘤转移的过程

> **医学应用 4　肿瘤及其手术治疗**
>
> 肿瘤是一种基因性疾病,主要是体细胞后天获得性 DNA 的改变导致细胞无节制地增殖,这种增殖不断侵袭周围正常组织,导致疾病。只要生长的肿瘤保持局部性,就可通过外科手术将肿瘤切除进行治疗。恶性肿瘤细胞因为扩散进入淋巴管或血管在体内转移,在新的部位产生致死性的二级肿瘤,故难以治疗。

二、肿瘤发生(tumorigenesis)的遗传学

癌的生成涉及多种基因和基因以外的变化,单独一种基因的突变不足以致癌,多种基因变化的积累才可导致细胞生长和分化机制紊乱,使细胞的增生失控而发生癌变。在这些基因的变化中最常发生的两类基因的异常变化是:癌基因及抑癌基因的变化。

(一)癌基因和抑癌基因

1. **癌基因(oncogene)** 是在自然或实验条件下,参与或直接导致正常细胞发生恶变的基因。分病毒癌基因(virusoncogene,v-onc)和原癌基因(proto-oncogene)两大类,前者为病毒中存在的、能诱导正常细胞转化为肿瘤细胞的致癌基因,后者为存在于正常细胞中的癌基因同源性序列、起调节细胞生长和分化作用。已分离的癌基因有 100 多种,根据基因的结构及其产物的功能,可将原癌

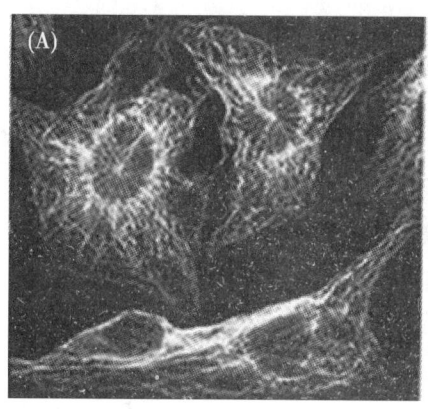 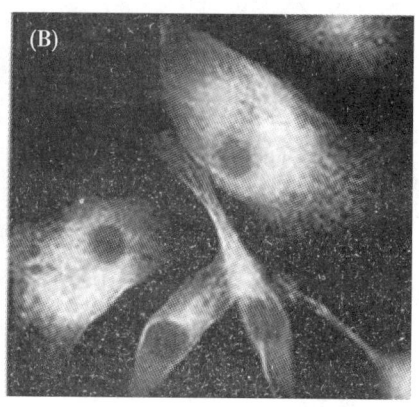

图 13-17　正常和癌细胞微管骨架的比较（用微管蛋白抗体制备的细胞微管骨架的免疫荧光照片）
(A) 用温度敏感的肿瘤病毒感染并在高温下培养的成纤维细胞，由于在高温下温度敏感病毒在转化细胞中不起作用，所以细胞骨架是正常的；(B) 同样转化的细胞在低温下培养，表现出转化的表型，细胞骨架的组织遭到破坏

基因分为五大类：①生长因子类；②生长因子受体类；③细胞内信号转导蛋白类；④蛋白激酶类；⑤细胞核内转录调节蛋白类。

原癌基因具有正常生理功能，但功能异常时又具有潜在致癌能力，其致癌能力与这类基因的异常激活有关，异常激活可发生在下列情况：①点突变；②启动子插入；③甲基化程度降低；④基因扩增与高表达；⑤基因易位或重排。激活后的原癌基因称为癌基因，不适当地表达癌基因产物，使细胞增殖控制丧失而形成癌。

2. 抑癌基因（cancer suppressor gene）　抑癌基因也称肿瘤抑制基因（tumor suppressor gene）或抗癌基因（anti-oncogene），是一类存在于正常细胞中的、与原癌基因共同调控细胞生长和分化的基因，也称抗癌基因（antioncogene）、隐性癌基因（recessive oncogene）。自从1986年人类第一个抑癌基因 Rb 被分离克隆和鉴定后，有许多抑癌基因逐步被克隆鉴定，并发现它们与许多肿瘤密切相关，迄今为止发现的常见抑癌基因有：①p53 基因：是一种与人类肿瘤相关性最高的基因；②Rb（retinoblastoma）基因；③p16 基因；④APC（adenomatous polyposia coli）基因；⑤nm23 基因；⑥MCC（mutated colorectal cancer）基因；⑦DCC（deleted in colorectal carcionoam）基因；⑧NF 1（neurofibromatosis type 1）基因；⑨WT1（Wilms tumor type 1）基因。

抑癌基因的根本作用是抑制细胞进入增殖周期，诱导终末分化和细胞凋亡，维持基因稳定，具有潜在抑制肿瘤生长的功能，当其发生突变、缺失或功能失活时，可导致细胞恶性转化而发生肿瘤，其作用机制可能是抑制原癌基因的活化及表达，或使癌基因表达蛋白产物失活等，从而对细胞增殖起负调节作用。

(二) 肿瘤的发生

在正常的二倍体细胞中，每一种抑癌基因都有两个拷贝，只有当两个拷贝都丢失了或两个拷贝都失活了才会使细胞失去增殖的控制，只要有一个拷贝是正常的，就能够正常调节细胞的周期（图 13-18A）。癌基因是细胞加速器，它们编码的蛋白质使细胞生长不受控制，并促进细胞癌变（图 13-18B）。大多数癌基因都是由与细胞生长和分裂有关的正常基因（原癌基因）突变而来。

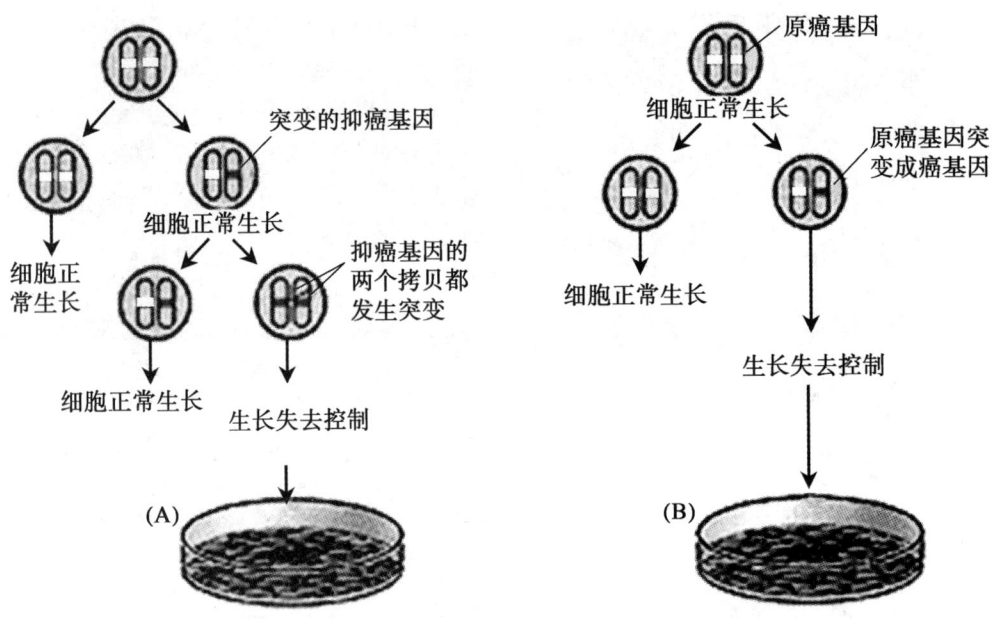

图 13-18 抑癌基因与原癌基因突变对细胞的影响
(A) 抑癌基因突变对细胞的影响；(B) 原癌基因突变对细胞的影响

(吴群英)